ARISTÓTELES

JONATHAN BARNES (Org.)

ARISTÓTELES

DIREÇÃO EDITORIAL:
Marcelo C. Araújo

CONSELHO EDITORIAL:
Avelino Grassi
Márcio Fabri dos Anjos

TRADUÇÃO:
Ricardo Hermann Ploch Machado

COORDENAÇÃO EDITORIAL:
Ana Lúcia de Castro Leite

COPIDESQUE E REVISÃO:
Bruna Marzullo
Leila Cristina Dinis Fernandes

DIAGRAMAÇÃO:
Juliano de Sousa Cervelin

CAPA:
Vinicio Frezza / Informat
Detalhe da obra Seven Sages
Mosaico da Torre Annunziata, perto de Pompeia, por volta de 100 a.C. A imagem dos filósofos e cientistas em discussão – segurando seus pergaminhos, com um globo em primeiro plano – pode ter surgido a partir de uma pintura da Academia de Platão.

Coleção Companions & Companions

Título original: *Aristotle*
© Cambridge University Press 1995
The Edinburgh Building, Cambridge, CB2 2RU, UK
40 West 20th Street, New York, NY – 10011-4211 – USA
ISBN 0-521-42294-9

Todos os direitos em língua portuguesa, para o Brasil, reservados à Editora Ideias & Letras, 2020.
6ª Reimpressão.

Rua Barão de Itapetininga, 274
República - São Paulo/SP
Cep: 01042-000 – (11) 3862-4831
Televendas: 0800 777 6004
vendas@ideiaseletras.com.br
www.ideiaseletras.com.br

Dados Internacionais de Catalogação na Publicação (CIP)
(Câmara Brasileira do Livro, SP, Brasil)

Aristóteles / Jonathan Barnes (org.); (Tradução: Ricardo Hermann Ploch Machado)
Aparecida-SP: Ideias & Letras, 2009. – (Coleção Companions & Companions)

Título original: *Aristotle*.
Vários colaboradores.
Bibliografia.
ISBN 978-85-7698-033-9

1. Aristóteles - Crítica e interpretação 2. Filosofia antiga I. Barnes, Jonathan. II. Série.

09-02551   CDD-185

Índices para catálogo sistemático:

1. Aristóteles: Obras filosóficas 185
2. Filosofia aristotélica 185

Sumário

Colaboradores – 7
Introdução – 9
Os Escritos de Aristóteles – 21
Abreviaturas – 27

1. Vida e Obra – 29
    Jonathan Barnes

2. Lógica – 59
    Robin Smith

3. Metafísica – 103
    Jonathan Barnes

4. Filosofia da Ciência – 155
    R. J. Hankinson

5. Ciência – 191
    R. J. Hankinson

6. Psicologia – 225
    Stephen Everson

7. Ética – 255
    D. S. Hutchinson

8. Política – 299
    C. C. W. Taylor

9. Retórica e poética – 329
    Jonathan Barnes

Sugestões para leitura – 361
Bibliografia – 369
Índice de passagens – 495
Índice de nomes – 513
Índice de termos gregos – 517
Índice de assuntos – 521

Colaboradores

JONATHAN BARNES é Professor de Filosofia Antiga na Universidade de Genebra. Ele foi educado em Oxford, onde lecionou por vinte e cinco anos. Suas numerosas publicações incluem *Aristotle* (1982) e a edição revisada da 'Tradução Oxford' das obras de Aristóteles (1984).

STEPHEN EVERSON foi educado no Corpus Christi College, em Oxford, e atualmente ensina filosofia no Trinity College, em Cambridge. Suas publicações incluem *Aristotle: The Politics* (1988) e uma série de *Companions to Ancient Thought* (1990-).

R. J. HANKINSON foi educado no Balliol College, em Oxford, e no King's College, em Cambridge, onde ele também foi *Fellow* de Pesquisa. Ele lecionou na Universidade McGill, em Montreal, e na Universidade do Texas, em Austin, onde ele atualmente é Professor de Filosofia. Escreveu numerosos artigos sobre filosofia e ciência gregas; seu *Galen: On The Therapeutic Method* apareceu em 1991.

D. S. HUTCHINSON estudou na Queen's University, em Kingston, e no Balliol College, em Oxford; hoje ele é *Fellow* do Trinity College, em Toronto. Ensina filosofia antiga na Universidade de Toronto e é o autor de *The Virtues of Aristotle* (1986).

ROBIN SMITH é Professor de Filosofia na Kansas State University. Suas publicações incluem traduções com comentários dos *Primeiros Analíticos* de Aristóteles (1989) e dos livros I e VIII dos *Tópicos* (1994).

C. C. W. Taylor é *Fellow* do Corpus Christi College, em Oxford. Ele é o autor de *Plato: Protagoras* (1976) e de vários artigos sobre ética, filosofia da mente e história da filosofia. É coautor (com J. Gosling) de *The Greeks on Pleasure* (1982) e coeditor (com J. Dancy e J. Moravcsik) de *Human Agency: Festschrift for J. O. Ursom* (1985).

Introdução

Jonathan Barnes

Os ensaios que constituem este livro são todos novos; mas o livro não é mais uma coletânea de Novos Ensaios sobre Aristóteles. Antes, ele é – ele se empenhou em ser – o que seu título anuncia que é: um *Companion* a Aristóteles.

É um *Companion* filosófico. O que é dizer, primeiramente, que ele aborda seu assunto de maneira filosófica: seu interesse principal não é descobrir as várias influências sobre o pensamento de Aristóteles nem desvelar as origens históricas de suas ideias e seguir seu desenvolvimento. Nem tem como principal interesse inserir a filosofia de Aristóteles no contexto intelectual mais amplo de sua época. Pelo contrário, seu interesse principal é oferecer uma exposição filosófica – e às vezes uma apreciação filosófica – das teses e dos argumentos encontrados nos escritos de Aristóteles.

Em segundo lugar, o *Companion* preocupa-se principalmente com as partes e aspectos filosóficos do pensamento de Aristóteles – isto é, com aquelas partes e aspectos que agora estamos inclinados a julgar filosóficos. O primeiro capítulo oferece algumas informações gerais sobre o homem e suas obras; mas no corpo do livro há muito pouco sobre Aristóteles enquanto historiador, e relativamente pouco sobre Aristóteles enquanto homem de ciência. É a Aristóteles, o filósofo, que este livro é dedicado. O *Companion*, por conseguinte, olha para as obras de Aristóteles do nosso ponto de vista, e não do ponto de vista de seu autor e de seus contemporâneos; ele reparte sua obra de maneiras que ele não reconhecia e talvez nem tivesse bem acolhido. Há perigos evidentes numa iniciativa como essa – podemos perder de vista conexões que eram patentes para Aristóteles, e o linguajar moderno pode dissimular seu modo de pensar original. Mas os perigos não são intransponíveis, nem é a iniciativa frivolamente anacrônica: temos um interesse legítimo no que Aristóteles representa para *nós*, como filósofos, agora.

(E pode valer a pena notar que o termo "filosofia", pelo menos no que diz respeito ao *Companion*, refere-se ao que às vezes é chamado "a tradição analítica da filosofia". Filósofos que trabalham em outras tradições estudaram Aristóteles – há, por exemplo, interpretações tomistas de Aristóteles e interpretações "continentais" de Aristóteles. O *Companion*, por razões completamente avessas à polêmica, não se dirige a essas coisas.)

Em princípio, poder-se-ia esperar que uma obra deste tipo aspirasse ser abrangente; isto é, poder-se-ia esperar que o *Companion* desse conta de toda a filosofia de Aristóteles – ou de todo modo da maioria e das mais importantes de suas ideias. Na prática, tais aspirações não podem ser realizadas dentro dos limites de um único volume: o assunto é extenso demais e difícil demais. Extenso demais: alguns aspectos do pensamento de Aristóteles que alguns filósofos julgariam importantes não foram nem sequer mencionados; e muitos pontos que muitos filósofos considerariam importantes foram apenas levemente tocados. Difícil demais: panoramas abrangentes de textos intrincados acabam se degenerando em sumários superficiais e insatisfatórios, e a intenção do *Companion* é ser antes um guia filosófico que um epítome rasteiro: os colaboradores às vezes escolheram trabalhar duro nesta ou naquela área em vez de passar levemente sobre todo seu domínio. Não obstante, o *Companion* tem como pretensão dar um tratamento razoavelmente sério a muitos dos mais importantes aspectos da filosofia de Aristóteles.

O tratamento é elementar. O *Companion* é destinado a leitores de filosofia que estão começando a tomar contato com Aristóteles. Não é um livro para estudiosos que já são aristotélicos experimentados (eles estão velhos demais para *Companions*); por outro lado, ele tampouco foi escrito para aquela fabulosa criatura, o leitor em geral. Ele é para estudantes, graduandos e pós-graduandos que adquiriram – ou gostariam de adquirir – um interesse filosófico incipiente por Aristóteles. Os estudantes não precisam saber grego ou ter tido algum contato anterior com a filosofia grega; e, embora se presuma que eles sejam estudantes de filosofia (num sentido liberal da frase), não precisam ser filósofos avançados. O que eles precisam ser é determinados – e inteligentes. Pois, embora o *Companion* se anuncie como introdutório, não tem a pretensão de ser fácil. Aristóteles é um autor difícil, e os assuntos que ele aborda são assuntos difíceis – se o *Companion* não exigisse nada de seus leitores, ele seria um guia fraco para Aristóteles.

Os colaboradores do *Companion* foram aconselhados a serem elementares; mas não, eles não foram aconselhados a serem ortodoxos. Ortodoxias acadêmicas são coisas passageiras e, em várias questões sobre a interpretação da filosofia de Aristóteles, não está claro onde fica a ortodoxia. Seja como for, é tedioso ler – e muito tedioso escrever – um panorama das ortodoxias atuais. Por outro lado, o livro não se empenhou em apresentar novidades e nunca é sub-repticiamente tolo: um *Companion* não é o lugar para divulgar velhos passatempos de estimação ou para dar a novas noções um fôlego preliminar. Em suma, as posições que o *Companion* apresenta são, em princípio e em sua maior parte, posições que a maioria dos estudiosos na tradição analítica provavelmente consideraria como inicialmente razoáveis, quer também achando que elas seriam em última instância defensáveis, quer não.

Isto pode soar como uma receita para um prato sem graça. (E certamente falta ao prato o tempero da controvérsia acadêmica, pois não foi dada aos colaboradores margem para polemizar.) A falta de graça é sem dúvida algo que os leitores devem avaliar. Mas o editor pode afirmar que os ingredientes do *Companion* não foram homogeneizados. Naturalmente, os diferentes colaboradores adotaram diferentes abordagens em relação a suas tarefas e preferiram diferentes métodos e estilos; e de tempos em tempos fica claro que eles discordam entre si quanto a questões de interpretação. O editor não tentou eliminar essas diferenças: ele regularizou as abreviações, mas não interveio em mais nada além disso. E isto não meramente por inação: a uniformidade é uma virtude enfadonha, se é que é uma virtude.

A falta de graça é o vício da autoridade. Tenha o *Companion* evitado esse vício ou não, ele certamente não tem nenhuma pretensão de autoridade – não alega prover uma exposição definitiva dos tópicos que aborda. Quer um dia exista ou possa existir uma exposição definitiva da filosofia de Aristóteles, quer não, o *Companion* não tem a menor intenção de produzi-la: ele espera conduzir leitores à filosofia de Aristóteles, não instruí-los no que pensou Aristóteles. Escrevo isto não como um ataque preventivo contra recenseadores hostis, mas como uma advertência honesta a leitores amistosos.

Suponha que você leia um capítulo do *Companion* em que se sugere que Aristóteles acreditava em tal e tal coisa ou argumentava de tal e tal modo. Se você virar a página e disser a si mesmo "Ah, então Aristóteles acreditava em tal e tal e coisa ou argumentava de tal e tal modo", então o *Companion* terá fracassado, e fracassado deploravelmente. Pois o que você deve fazer, tão logo deixe o livro de lado, é conversar consigo mesmo de uma maneira parecida com esta: "Ah, então estão dizendo que Aristóteles acreditou em tal e tal coisa ou argumentou assim e assim. Que coisa interessante – ou desconcertante, ou descabida – de se pensar. É possível que seja verdade? Qual é a melhor forma de defendê-la (ou atacá-la)? Será que ela deve ser modificada ou qualificada, ou ainda ornamentada de alguma outra maneira? A propósito, *foi* isso exatamente o que Aristóteles realmente quis dizer? Talvez não seja possível uma versão mais sutil da interpretação? Talvez uma interpretação completamente diferente? Deixe-me dar uma olhada mais cuidadosa nas próprias palavras de Aristóteles e ver o que ele de fato *diz*".

Bem, nenhum *Companion* vai evocar tais pensamentos em todos os leitores todo o tempo; mas se você nunca se flagrar pensando dessa maneira, então ou você não foi feito para Aristóteles ou deveria devolver o *Companion* à editora e pedir seu dinheiro de volta.

Aristóteles nem sempre teve uma boa recepção. Em alguns períodos e em algumas localidades, asseverou-se que sua influência na filosofia era maligna. (E eu recentemente ouvi um ganhador do Nobel afirmar – foi uma afirmação fundada na mais perfeita ignorância – que Aristóteles teve uma influência perniciosa no desenvolvimento da ciência.) Não obstante, ele sempre foi reputado um importante filósofo e sempre foi reputado um filósofo difícil. E este par de juízos torna nada surpreendente o fato de que os escritos de Aristóteles tenham sido objeto, desde a Antiguidade, de profunda e contínua atenção crítica. Artigos e livros eruditos, comentários acadêmicos e exposições populares, inquirições filológicas e investigações filosóficas, os produtos da reflexão solitária e as atas de conferências, colóquios e simpósios – escrevinhando sem parar, por dois mil anos, e nunca mais rapidamente que nas últimas décadas. Nenhum cesto de lixo é páreo para tanta coisa.

Muito dessa literatura secundária não tem nenhum mérito intelectual – com efeito, ela é produzida por razões que têm pouco a ver com o intelecto. No entanto, o material excelente, embora proporcionalmente pouco, já é o bastante em espessura: uma bibliografia sobre Aristóteles que incluísse apenas itens eminentes chegaria às muitas centenas de páginas.

O exuberante crescimento teve seu efeito pedagógico. De todo modo, estudantes em muitas universidades britânicas e norte-americanas parecem frequentemente adotar – e são tacitamente encorajados a isso – uma peculiar abordagem em relação a Aristóteles. Primeiramente, você escolhe – ou lhe é designado – um "tópico aristotélico" consolidado: a Doutrina Aristotélica do Meio-Termo, digamos. Então lhe dão uma "lista de leitura", que enumera alguns artigos e livros sobre o tópico (todos em inglês, é claro, e quanto mais recentes, melhor). Você lê alguns desses itens, nos quais o estudioso X debate com o estudioso W, e o estudioso Y com o estudioso X. Passando os olhos rapidamente por uma ou duas passagens em Aristóteles, você tenta decidir se X refutou W e se Y finalmente conseguiu pôr os pingos nos is (é claro que ele não o fez); e você escreve seu *paper* ou ensaio. Se você faz isso suficientemente bem, mais tarde você o publicará com o título "Y sobre a Doutrina Aristotélica do Meio-Termo"; você se tornará Z, e futuros estudantes tentarão decidir se Z finalmente pôs os pingos nos is...

Isto é sem dúvida uma calúnia – e talvez uma caricatura. Mas estou convencido de que não está longe da verdade. Não tenho o desejo de banir artigos sobre as críticas de Y à explicação que X dá a respeito da interpretação de Aristóteles de W. É certo que tais coisas têm suas desvantagens. (Elas são, a uma só vez, uma causa e um sintoma do extraordinário conservacionismo do interesse acadêmico em Aristóteles nos dias de hoje.) Mas elas também têm seu lugar na economia acadêmica e – mais que isso – elas eventualmente fazem avançar a compreensão que temos de Aristóteles. Todavia, seja qual for seu valor, você não deveria ter nenhum trato com elas quando está apenas começando em Aristóteles.

Pois você estará interessado no que *Aristóteles* diz, e não no que Y acha que X acha que W acha que Aristóteles disse. Esta é uma verdade frívola: se seu interesse primário está no que W disse sobre Aristóteles, então você está começando a trabalhar em W, não em Aristóteles. (É claro que se W é alguém como Alexandre de Afrodísia ou Tomás de Aquino, então o interesse pode ser admirável – mas continua a não ser um interesse em Aristóteles.) Além do mais, você deveria tentar descobrir o que Aristóteles diz lendo *Aristóteles*, não lendo o que W diz sobre Aristóteles. E esta não é uma verdade frívola – com efeito, sempre existirá a tentação de negar que ela seja uma verdade (afinal, W é muito mais fácil de ler que Aristóteles, e o que ele escreve é mais curto...). Mas é uma verdade; e se você a ignora, vai achar horrivelmente difícil enxergar Aristóteles por si mesmo – você será como um turista que viaja com um guia nas mãos e que diligentemente absorve as ideias de M. Michelin sobre Paris, enquanto apenas dá umas olhadelas na cidade ela mesma.

Por essas razões, o *Companion* oferece uma breve lista de Seleções para Próximas Leituras (bem como uma Bibliografia padrão);[1] e, de sua própria parte, ele é em princípio uma obra de pano de fundo. Aristóteles (cabe repetir) é difícil: todos que o leem – mesmo estudiosos eminentes e de idade – procuram alguma ajuda nas traduções não oficiais e nos comentários. Mas, quando, por exemplo, volto-me ao magnífico comentário de Sir David Ross sobre a *Física* de Aristóteles, não o faço para descobrir o que o culto Sir David pensava – eu o faço para descobrir o que Aristóteles pensava. Falando de maneira geral, tenho pouco interesse em descobrir quais são as opiniões de Y (a não ser que Y seja eminente e esteja morto – ou seja um amigo ou inimigo ainda vivo). Pelo contrário, leio o comentário de Y para descobrir o que Aristóteles estava falando nesta ou naquela passagem espinhosa. Com alguma sorte (e às vezes bem por acaso), Y pode ajudar-me a ler Aristóteles. Mas, num sentido, não estou lendo Y: Y é transparente, leio Aristóteles através dele. Da forma como entendo, esta é a função verdadeira e ordinária de um comentário.

E isso se aplica, sem nenhuma reserva, ao *Companion*. Então não leia o *Companion* para descobrir o que, por exemplo, Barnes pensa sobre a

---

[1] Mas por que uma bibliografia? Talvez alguns leitores (não aqueles para os quais o corpo do *Companion* dirige-se em primeiro lugar) a achem útil; e, de qualquer modo, a editora exigiu uma.

metafísica de Aristóteles; não fique pensando se Barnes realmente quer dizer isto ou aquilo; não pergunte se o que *Barnes* diz é verdade – pergunte, antes, se o que Barnes diz é *verdade*. (Questões sobre Barnes têm um interesse arrebatador para Barnes, não há dúvida sobre isso – mas você não deveria dar a mínima para elas.) Em suma, leia o *Companion* para ajudar-se a si mesmo com *Aristóteles*. Diferentemente de um comentário, ele não vai – salvo incidentalmente – lhe ajudar a vencer particulares trechos de texto difícil. Pelo contrário, ele deve prover uma forma mais geral de auxílio e deve ser usado da forma como turistas inteligentes usam um guia de viagem a respeito de uma cidade que eles ainda não conhecem, mas esperam admirar e amar.

Por que frequentar Aristóteles? Por que estudar Aristóteles? (Ler e estudar são ocupações diferentes; e o *Companion* foi escrito antes para aqueles que querem ver a si mesmos como estudantes que para leitores que apenas gostam de ler.)

Há vários contextos diferentes em que essa questão pode ser colocada: "Por que estudar Aristóteles – com efeito, por que alguém deveria mesmo fazer filosofia?", "Por que estudar Aristóteles – por que filósofos devem estudar as obras de seus predecessores mortos?", "Por que estudar Aristóteles – por que um estudante dos mortos grandiosos não deveria voltar-se antes a Platão ou a Descartes ou a Kant?". Não vou dizer nada sobre a primeira destas questões – você já a terá respondido por si mesmo.[2] Mas a terceira e segunda questões pedem um ou dois parágrafos.

Por que Aristóteles em vez de Platão, Descartes ou Kant? De fato, por que chegar a fazer uma escolha? Por que não estudar o grupo? A implacável deusa Tempo não vai permitir; você precisa de tempo para estudar as obras de um filósofo considerável, seja qual for a profundidade e os propósitos do estudo; e, numa meia dúzia de anos de estudo – ou, para falar a verdade, no curso de uma vida filosófica –, ninguém é capaz de estudar mais que um punhado desses heróis. Se um ou dois, quais um ou dois? Qualquer

---

[2] Para a resposta do próprio Aristóteles à pergunta, veja pp. 256-257.

escolha razoável será determinada em larga medida pelo gosto e capacidade individuais. Por exemplo, se você não nenhum interesse particular pelo mundo antigo, mas uma paixão pelos românticos alemães e alguma noção de alemão, então você terá uma razão para preferir Kant a Aristóteles. E há razões pessoais similares para optar por Aristóteles.

Mas não é só isso, há ainda mais um pouco a dizer. Pois Aristóteles detém uma posição de importância sem paralelo na história da filosofia – e ele é um filósofo tremendamente bom para ser proveitoso. Compare-o primeiramente com Descartes. A influência de Descartes na história do assunto é bem conhecida: depois dele, e em grande medida como um resultado de sua obra, os filósofos passaram a considerar questões epistemológicas como questões primordiais e fundamentais em filosofia. Descartes influenciou profundamente a maneira como as pessoas olhavam para a filosofia e a maneira como os filósofos faziam filosofia. Isto já é razão suficiente para ler Descartes. No entanto, em contraste com Aristóteles, o escopo filosófico de Descartes era limitado; e – deixe-me confessar – sempre achei que Hobbes foi um juiz perspicaz quando observou que "A cabeça de M. des Cartes não tende para a filosofia".

Agora compare Aristóteles com Platão. A influência de Platão só é menor que a de Aristóteles,[3] e seu leque de interesses filosóficos era vasto. De mais a mais, seus talentos filosóficos – a capacidade de ver onde reside um problema, a aptidão para apontar uma linha de investigação promissora saindo de um beco sem saída, o dom de produzir argumentos relevantes – eram certamente maiores que os de Descartes. Isso é razão suficiente para ler Platão. Mas as posições filosóficas de Platão são predominantemente falsas, e em sua maior parte evidentemente falsas; seus argumentos são predominantemente ruins, e em sua maior parte evidentemente ruins. Estudar Platão, com efeito, fará você perceber quão difícil é a filosofia, e o estudo tem uma fascinação e um prazer particulares. Mas também pode

---

[3] Alguém – foi A. N. Whitehead? – observou que a filosofia ocidental é uma série de notas de rodapé a Platão. Um apotegma espirituoso, mas falso: substitua "Platão" por "Aristóteles" e o aforismo ficará, por assim dizer, menos falso.

ser uma coisa desalentadora: na maioria das vezes, o estudante de Platão se preocupa com uma peculiar questão: Como e por que Platão chegou a considerar opiniões tão exóticas, a propor argumentos tão *outré*?

O que os publicitários chamam de *knocking copy*[4] é de mau gosto. E é claro, essas comparações poderiam ter sido feitas de maneira mais sutil. E é claro, tanto Descartes quanto Platão são filósofos da Primeira Divisão. Não obstante, Aristóteles é superior a eles, sem controvérsias. E esta é certamente uma excelente razão – não uma razão invencível, mas uma excelente razão mesmo assim – para estudar Aristóteles, se é que você se preocupa em estudar a história da filosofia.

E por que estudar a história da filosofia? Químicos naturalmente não estudam a história da química, nem físicos estudam a história da física; e no entanto todos os estudantes de filosofia devem gastar uma parte substancial de seu tempo com a história da filosofia. Por quê?

Durante as últimas décadas, esteve em voga recomendar o estudo da história da filosofia – e por conseguinte de Aristóteles em particular – mais ou menos da seguinte forma. "Como filósofos, não estamos interessados, em primeiro lugar, em história ou interpretação: ao lermos as obras de Aristóteles, nós as lemos como obras de filosofia – nós as lemos com o mesmo objetivo e com a mesma atitude que temos ao ler as últimas produções da Cambridge University Press. Afinal de contas, Aristóteles foi um filósofo ilustre, e ele estava trabalhando nos mesmos problemas em que nós estamos trabalhando: talvez seus *insights* nos tornem capazes de resolver os problemas por nós mesmos; eles certamente vão tornar-nos capazes de ver mais claramente quais são os problemas e qual é a melhor forma de atacá-los. Mais uma vez, os ocasionais lapsos de Aristóteles podem ser filosoficamente instrutivos: ao notarmos como ele deixou de ver alguma coisa, nós podemos aguçar nossa própria visão. Além do mais, mesmo onde os interesses filosóficos de Aristóteles acabam por não cruzar com os nossos, eles podem ter valor filosófico para nós: se ele se digladia com um proble-

---

[4] N.T.: Termo usado para designar o anúncio publicitário que afirma que o produto concorrente é de qualidade inferior ao ora anunciado.

ma que não mais parece dizer-nos respeito, ou se ele passa superficialmente por uma questão que muito nos ocupa, as diferenças entre ele e nós podem justamente nos forçar a refletir de forma mais profunda sobre nossas próprias pré-concepções."

Esta linha de pensamento oferece uma razão puramente filosófica para estudar Aristóteles. Ela certamente não é uma linha de pensamento desprezível, e seus proponentes podem indicar casos em que a reflexão sobre Aristóteles levou um filósofo moderno a realizar importantes inovações filosóficas. (Dois exemplos famosos: tanto a introdução, por Brentano, do conceito de objeto intensional quanto a invenção da lógica polivalente, por Lukasiewicz, dependeram de seus estudos dos escritos de Aristóteles.) Mas, embora eu consinta em afirmar que ler Aristóteles – como olhar para o nada ou rabiscar um pedaço de papel – pode fornecer inspiração filosófica, não penso que os filósofos devam ser aconselhados a estudar Aristóteles dando como razão para isso uma possível e abundante recompensa filosófica.

Por um lado, se você estudar Aristóteles seriamente, vai rapidamente ficar envolvido nos detalhes dos argumentos de Aristóteles e nos problemas de seu texto: você vai ficar preocupado com questões exegéticas e históricas. (Se tais questões não ocupam sua atenção, então você não é um estudante de Aristóteles.) Em termos aproximados – ao menos esta é a minha própria experiência –, quanto mais você se concentra em Aristóteles e quanto mais seriamente o estuda, tanto menos você reflete sobre os problemas filosóficos e tanto menos faz filosofia "pura".[5] Por outro lado, o desejo de obter algum lucro filosófico não estimula um estudo imparcial dos textos de Aristóteles. Você vai, de forma sensata, preocupar-se mais com o que Aristóteles *pode* ter dito ou *pode* ter querido dizer do que com o que ele efetivamente disse e efetivamente quis dizer, e muito do trabalho exigido pelo estudo acadêmico parecerá – será – irrelevante para seus fins. Afinal, uma leitura incorreta ou preguiçosa de um texto pode ser mais fecunda fi-

---

[5] Não estou dizendo que você não vai fazer *nada* de filosofia pura – embora este tenha sido o destino de mais de um estudioso. Mas você certamente vai fazer menos filosofia pura. É claro, nunca se faz muita filosofia pura: a maioria das coisas publicadas nas revistas são contribuições para a história – a história bem recente – do assunto.

losoficamente que um estudo profundo e preciso. (Tanto Brentano quanto Lukasiewicz não entenderam direito Aristóteles.) A justificativa filosófica para estudar a história da filosofia não é justificativa coisa nenhuma para estudar a *história* da filosofia: ela é uma razão para fingir que o assunto não tem história.

Assim, não se deve insistir na razão puramente filosófica para o estudo de Aristóteles.[6] Então a única motivação possível para estudar Aristóteles é puramente histórica? Afinal de contas, Aristóteles é uma figura histórica; estudando seu pensamento, você está fazendo história, queira ou não; e a curiosidade histórica está longe de ser uma motivação ignóbil.

Já ouvi dizerem que filósofos *devem* sentir essa curiosidade histórica, que seria *errado* alguém estudar questões filosóficas e, no entanto, não ter o mínimo interesse pela maneira como os filósofos do passado abordaram essas questões. Esta asseveração – que presumivelmente deveria transmitir uma verdade moral – parece-me ser tão razoável quanto a afirmação paralela de que biólogos devem sentir curiosidade histórica pelo trabalho de biólogos do passado. Isto é, a asseveração parece-me ser completamente desarrazoada. Também ouvi dizerem que filósofos *necessariamente* sentem um interesse histórico pelo seu assunto; a filosofia – diferentemente da biologia ou da caça de trufas – é, num sentido importante, inseparável de sua história, de maneira que ser um filósofo é, *ipso facto*, ter interesse na história da filosofia. Esta asseveração metafísica dificilmente pode ser avaliada antes de ser articulada com muito mais clareza e precisão. Mas parece ser razoavelmente claro que, não importa como ela seja articulada, a afirmação vai acabar se mostrando falsa – pois ela certamente terá a consequência de que nem Gottlob Frege nem Ludwig Wittgenstein eram filósofos. (E nenhum filósofo vai sustentar que *nenhum* destes grandes homens fez filosofia.)

Aqui vai uma outra asseveração. Se você é um filósofo, então é muito provável que tinha interesse na história da filosofia, ou ao menos na obra de

---

[6] E ela de fato acabou levando a muito trabalho de terceira classe: seguro no conhecimento de que meu objetivo é filosófico, não vou esforçar-me para produzir algo que tenha algum mérito acadêmico; garantido pela ideia de que sou, afinal de contas, um historiador, espero ir levando com filosofia desleixada.

algumas das mais eminentes figuras nessa história. Se você é fascinado por questões filosóficas, então é provável que você seja fascinado pela maneira como outros tentaram responder – e formular – questões filosóficas. (E mais particularmente: se você é um filósofo trabalhando numa dada tradição, então é provável que esteja interessado nos representantes anteriores da tradição.) Esta asseveração não é uma platitude; nem é universalmente verdadeira. Mas eu a tomo como verdadeira, como uma verdade psicológica geral.

"Mas suponha que eu não seja um necrófilo intelectual – suponha que eu não tenha gosto por Aristóteles ou Platão ou Descartes ou algum outro pensador morto. Suponha que eu ache que não há compensação em ler suas obras, que elas sejam frustrantes ou simplesmente enfadonhas – e agora?" Já conheci pessoas que não gostam de ostras e champanhe, e conheço pessoas que não suportam as óperas de Richard Strauss. Eles são, eu penso, desventurados; mas não são delinquentes – e não vejo razão por que eles deveriam ser forçados a comer ou beber ou ouvir essas coisas. Se você não tem gosto e não consegue desenvolver gosto por Aristóteles, então isso é lamentável. Mas não é um pecado: você não deve estudar Aristóteles rangendo os dentes e com ódio no coração – você não deve estudá-lo, ponto final.

Os Escritos de Aristóteles

Em 1831, Immanuel Bekker editou o texto grego das obras sobreviventes de Aristóteles. O "Aristóteles de Bekker" já não é mais o texto com mais autoridade e mais atualizado dos escritos de Aristóteles (para quase toda obra, há uma edição posterior e superior); mas ele permanece a edição *standard*, na medida em que os estudiosos continuam a se referir a Aristóteles segundo a forma de Bekker. Assim sendo, eu poderia dizer: "Aristóteles descreve sua metodologia científica em *HA* A 6, 491a9-14...". A referência "*HA* A 6, 491a9-14" oferece, primeiro, o título da obra em questão (*HA* abrevia *História dos Animais*); em seguida, o número do livro (o "A", aqui, é um alfa grego e refere-se ao primeiro livro da *História*); depois o número do capítulo (o numeral arábico "6");[1] e finalmente o código Bekker: número da página, número da coluna, números das linhas (aqui, as linhas 9 a 14 da coluna da esquerda na página de número 491).

Diferentes estudiosos preferem diferentes abreviações (as abreviações usadas no *Companion* estão listadas abaixo); alguns estudiosos referem-se aos livros por meio de números em vez de letras gregas, e alguns nem sequer se referem aos livros; diferentes edições das obras de Aristóteles usaram diferentes divisões em capítulos, e novamente alguns estudiosos não se referem a capítulos. Mas o Bekker raramente vai decepcioná-lo: praticamente todas as edições mais recentes dos textos gregos trazem as referências de Bekker em suas margens; praticamente todos os livros e artigos sobre

---

[1] Os estudiosos têm o costume de falar das obras de Aristóteles como estando divididas em livros, e os livros divididos em capítulos; mas o que eles entendem como livros corresponde mais ou menos aos capítulos modernos, e o que eles querem dizer com capítulos, mais ou menos às seções modernas. A 6, em termos modernos, é a sexta seção do primeiro capítulo.

Aristóteles usam o código Bekker; e as traduções mais decentes dão os números Bekker ou na margem ou no topo da página.

O Aristóteles de Bekker contém várias obras que não são de autoria do próprio Aristóteles: escritas por mãos posteriores (e desconhecidas), elas acabaram entrando – por razões incertas e sem dúvida variadas – no *corpus* dos escritos de Aristóteles. É costume estigmatizar as obras espúrias com colchetes. Dessa forma, uma referência aos *Problemas* será feita normalmente com "[Aristóteles], *Prob*" em vez de "Aristóteles, *Prob*".

Inversamente, nem todas as palavras genuinamente de Aristóteles podem ser encontradas em Bekker; pois suas obras perdidas (isto é, aquelas entre suas obras que não sobreviveram à Antiguidade e com as quais a tradição manuscrita medieval não entrou em contato) deixaram alguns vestígios dispersos aqui e ali – uma referência, uma descrição, uma paráfrase, uma citação. A maioria desses "fragmentos" são curtos e sem substância; a forma padrão de referir-se a eles é com um numeral arábico seguido do símbolo "R^3": a referência designa o número do fragmento na terceira edição do *Aristoteles qui ferebantur librorum fragmenta*, de Valetin Rose, publicado em Leipzig em 1886. (Muitas vezes há textos mais recentes e melhores que o de Rose, mas continua a ser conveniente usar os números de Rose como referências.) Fragmentos substanciais de duas obras perdidas sobreviveram – talvez. Primeiramente, há um texto, quase completo, da *Constituição de Atenas* (que muitos estudiosos atribuem à "escola de Aristóteles" em vez de ao próprio Aristóteles): ele foi descoberto em um papiro egípcio no final do penúltimo século: as referências dão as seções nas quais o primeiro editor dividiu o texto. Em segundo lugar, muitos estudiosos acreditam que a maior parte do *Protrepticus* foi conservada, em paráfrase, pelo filósofo Jâmblico em sua própria obra de mesmo nome.[2] Aqui é conveniente fixar as referências à edição mais completa dos textos, o *Aristotle's Protrepticus*, de Ingemar Düring, que foi publicado em Gotemburgo em 1961.

Tudo no Aristóteles de Bekker, juntamente com uma generosa seleção dos "fragmentos", está traduzido para o inglês em *The Complete Works of*

---

[2] Jâmblico viveu de por volta de 245 d.C. a por volta de 325 d.C.

Aristotle – a versão revisada da "Tradução Oxford", editada por Jonathan Barnes e publicada em Princeton em 1984. Há muitas outras boas traduções disponíveis, pois a maioria das obras de Aristóteles foi traduzida para o inglês várias vezes. Toda tradução adultera; e mesmo as melhores traduções contêm erros. Leitores que não podem confrontar uma versão em inglês (ou em português) com o original grego, entretanto, não estão inteiramente desamparados: confrontar uma versão inglesa com outra vai frequentemente sugerir a possibilidade de um erro ou infelicidade, mesmo que isso não venha a revelar como o erro deve ser corrigido ou como a infelicidade deve ser evitada.

Na tabela a seguir, a primeira coluna lista os itens contidos no Aristóteles de Bekker. Itens espúrios estão marcados com um asterisco. A segunda coluna indica as páginas Bekker ocupadas pela obra. A terceira coluna dá a abreviação usada no *Companion*.

Alguns estudiosos usam os títulos latinos para as obras de Aristóteles; outros preferem uma linguagem moderna: aqui eu segui *The Complete Works* – inglês, com algumas exceções em latim.[3] Diferentes estudiosos, como eu já disse, preferem diferentes abreviações, e a escolha que fiz aqui é uma barafunda, às vezes abreviando um título inglês, às vezes um latino. Essas pequenas incongruências podem ser desagradáveis esteticamente; mas elas não vão dar lugar a confusões.

Categorias	1-15	*Cat*
Da Interpretação	16-24	*Int*
Primeiros Analíticos	24-70	*An. Pr*
Segundos Analíticos	71-100	*An. Post*
Tópicos	100-164	*Top*
Refutações Sofísticas	164-184	*SE*
Física	184-267	*Phys*

---

[3] N.T.: Na grande maioria das vezes, apresentamos a tradução do título inglês utilizado no *Companion* para referências à obra. As exceções são alguns títulos em português e em latim que já estão consagrados em nosso país.

Dos Céus	268-313	Cael
Da Geração e Corrupção	314-338	GC
Meteorologia	338-390	Meteor
*Do Universo	391-401	Mund
De Anima	402-435	An
Da Sensação e Sensíveis	436-449	Sens
Da Memória	449-453	Mem
Do Sono	453-458	Somn
Dos Sonhos	458-462	Insomn
Da Adivinhação nos Sonhos	462-464	Div. Somn
Da Longevidade e Brevidade da Vida	464-467	Long. Vit
Da Juventude, Velhice, Vida e Morte	467-470	Juv
Da Respiração	470-480	Resp
* Do Alento	481-486	Spirit
História dos Animais[4]	486-683	HA
Partes dos Animais	639-697	PA
Movimento dos Animais	697-704	MA
Progressão dos Animais	704-714	IA
Geração dos Animais	715-789	GA
* Das Cores	791-799	Col
* Das Coisas Ouvidas	800-804	Aud
* Fisiognomonia	805-814	Physiog
* Das Plantas	815-830	Plant
* Das Coisas Maravilhosas Ouvidas	830-847	Mirab
* Mecânica	847-858	Mech
* Problemas	859-967	Prob
* Das Linhas Indivisíveis	968-972	Lin. Insec
*A Situação e os Nomes dos Ventos	973	Vent
* Sobre Melisso, Xenófanes e Górgias	974-980	MXG
Metafísica[5]	980-1093	Met

[4] Livro 10, e talvez outras partes, espúrio.
[5] Livro K = 11 provavelmente espúrio.

Ética a Nicômaco	1094-1181	EN
* Magna Moralia⁶	1181-1213	MM
Ética a Eudemo	1214-1249	EE
* Das Virtudes e dos Vícios	1249-1251	VV
Política	1252-1342	Pol
* Economia	1343-1353	Econ
Retórica	1354-1420	Rhet
* Retórica a Alexandre	1420-1447	Rhet. ad Alex
Poética	1447-1462	Poet

---

⁶ Mas alguns defendem sua autenticidade.

Abreviaturas

An	*De Anima*
An.Post	*Segundos Analíticos*
An.Pr	*Primeiros Analíticos*
Aud	** Das Coisas Ouvidas*
Cael	*Dos Céus*
Cat	*Categorias*
Col	** Das Cores*
Div.Somn	*Da Adivinhação nos Sonhos*
Econ	** Economia*
EE	*Ética a Eudemo*
EN	*Ética a Nicômaco*
GA	*Geração dos Animais*
GC	*Da Geração e Corrupção*
HA	*História dos Animais*
IA	*Progressão dos Animais*
Insomn	*Dos Sonhos*
Int	*Da Interpretação*
Juv	*Da Juventude, Velhice, Vida e Morte*
Lin. Insec	** Das Linhas Indivisíveis*
Long. Vit	*Da Longevidade e Brevidade da Vida*
MA	*Movimento dos Animais*
Mech	** Mecânica*
Mem	*Da Memória*
Meteor	*Meteorologia*
Met	*Metafísica*
Mirab	** Das Coisas Maravilhosas Ouvidas*
MM	** Magna Moralia*

Mund	*Do Universo
MXG	*Sobre Melisso, Xenófanes e Górgias
PA	Partes dos Animais
Phys	Física
Physiog	*Fisiognomonia
Plant	*Das Plantas
Poet	Poética
Pol	Política
Prob	*Problemas
Resp	Da Respiração
Rhet	Retórica
Rhet.ad Alex	*Retórica a Alexandre
SE	Refutações Sofísticas
Sens	Da Sensação e Sensíveis
Somn	Do Sono
Spirit	*Do Alento
Top	Tópicos
Vent	*A Situação e os Nomes dos Ventos
VV	*Das Virtudes e dos Vícios

1 Vida e Obra

Jonathan Barnes

I. A personalidade de Aristóteles

Aristóteles usava barba? Retratos antigos em bustos mostram uma figura austera e imponente: um rosto alongado, uma cara sisuda – e uma barba exuberante. Por outro lado, um biógrafo antigo nota que "ele tinha pernas finas e olhos pequenos; vestia roupas elegantes e anéis em seus dedos – e fazia a barba".[1] Os testemunhos podem ser prontamente harmonizados: não há dúvida de que o jovem Aristóteles era um personagem vistoso que seguia a última moda, ao passo que o Aristóteles que posou para o busto era sábio e bem-sucedido (e talvez um pouquinho maçante). Mas tal harmonização está equivocada em princípio; pois ela não consegue entender nem o busto nem o biógrafo. Era natural que os filósofos antigos usassem barba – a barba era a insígnia de seu ofício. Logo, era provável que um busto de Aristóteles recebesse uma bela juba, não importando qual fosse a real aparência de Aristóteles. Mais uma vez, biografias antigas não são culinária *cordon-bleu* com fatos – elas são cozidos rústicos, com os raros pedaços de fato boiando num molho de inferências duvidosas e histórias nas quais não se pode confiar. Temos pouca razão seja para atribuir uma barba a Aristóteles, seja para acreditar que ele tinha o rosto liso.

O estado do queixo de Aristóteles é, sem dúvida, de interesse filosófico menor; mas o que vale para sua barba vale igualmente para o resto dele: sabemos muito pouco sobre seu corpo e muito pouco sobre sua alma. Fontes posteriores nos oferecem diversas informações; mas elas não nos dizem muita coisa, e seria imprudente acreditar na maior parte do que elas

---

[1] Diógenes Laércio, *Vidas dos Filósofos* V I.

dizem.² Tampouco deveríamos ficar tentados a fazer inferências de natureza pessoal com base nas obras filosóficas de Aristóteles: tais inferências raramente são confiáveis, e os escritos de Aristóteles, de todo modo, são extraordinariamente impessoais.

Mas uns poucos documentos pessoais sobreviveram: alguns poemas, um deles um elogio de Platão; fragmentos de cartas, dos quais uns poucos têm alguma possibilidade de ser genuínos; e o testamento de Aristóteles. O texto do testamento é aparentemente autêntico, e, embora em vários lugares seja difícil acompanhá-lo e traduzi-lo, o teor geral é claro. Cito-o aqui por extenso: ele não precisa de comentário.³

> Ninguém deseja nada de mal; mas, se alguma coisa acontecer, Aristóteles fez as seguintes estipulações:
>
> Antípatro⁴ deve ser o executor em todos os assuntos e para sempre; mas até que Nicanor⁵ chegue, Aristômenes, Timarco, Hiparco, Dióteles e Teofrasto (se ele quiser e puder) deverão tomar conta das crianças e de Herpília⁶ e da herança.
>
> Quando minha filha tiver idade, eles devem casá-la com Nicanor, e se algo acontecer a ela (tomara que não, e certamente não acontecerá) antes de seu casamento ou depois de ter casado, mas antes que haja filhos, então Nicanor será o responsável por administrar os negócios de meu filho e dos outros de maneira digna tanto dele quanto de nós. Nicanor cuidará de minha filha e de meu filho Nicômaco da forma que ele julgar apropriada à situação deles, embora ele seja ao mesmo tempo pai e irmão deles.
>
> Se alguma coisa acontecer a Nicanor antes disso (tomara que não), seja antes que ele tenha tomado minha filha em casamento, seja de-

---

² A *Vida* de Aristóteles, de Diógenes, tem menos de 20 páginas, das quais menos de dez são dedicadas à biografia propriamente. As outras *Vidas* de Aristóteles que sobreviveram são ainda mais curtas. Todo o material bibliográfico foi coligido em I. Düring, *Aristotle in the Ancient Biographical Tradition* (Göteborg, 1957).

³ O testamento é encontrado em Diógenes Laércio, *Vidas dos Filósofos* V 11-16; veja também abaixo, pp. 255-256.

⁴ O governador macedônico de Atenas.

⁵ O filho adotado de Aristóteles.

⁶ Segunda mulher de Aristóteles.

pois, mas antes que haja filhos, então, se ele fez quaisquer preparativos, eles terão efeito. Se Teofrasto desejar viver com minha filha, valerão as mesmas estipulações que com Nicanor; se ele não desejar, então os executores devem consultar-se com Antípatro e administrar os negócios tanto de minha filha quanto de meu filho da maneira como acharem melhor.

Os executores e Nicanor, em memória de mim e de Herpília, e de como ela foi boa para mim, devem tomar conta de tudo – e, em particular, se ela quiser ter um marido, eles devem prover que ela seja dada em casamento de uma maneira que não seja indigna de nós. Além do que tenha sido dado a ela previamente, eles devem dar-lhe um talento de prata da herança e três servas mulheres, se ela desejar, e a criada que ela possui e o escravo de Pirro. Se ela desejar viver em Cálcide, ele deverá ter a casa de hóspedes no jardim; se em Estagira, a casa da família; e, não importando qual dessas duas coisas ela queira, os executores devem mobiliá-las com o que lhes parecer adequado e satisfatório a Herpília.

Nicanor também deve cuidar para que o escravo Mírmeco seja levado a seu povo de maneira digna de nós, juntamente com os seus pertences que recebemos. Eles devem libertar Ambracis e dar-lhe, no casamento de minha filha, quinhentos dracmas e a criada que ela possui. Devem também dar a Tale, além da criada que ela possui (aquela que foi comprada), mil dracmas e uma criada. Para Simo, além do dinheiro que já foi dado a ele para comprar outro escravo, eles devem ou comprar-lhe um escravo ou dar-lhe dinheiro. Tico deve ser libertado no casamento de minha filha, tal como Filo e Olímpio e seu filho. Não vendam nenhum dos escravos que me serviram, mas deem-lhes emprego; e, quando eles estiverem de idade, libertem-nos como eles merecem.

Eles também devem cuidar de que as estátuas que encomendei a Grílon sejam finalizadas e instaladas – as de Nicanor e Próxeno[7] (que eu pretendia encomendar), e da mãe de Nicanor; em relação à estátua de Arimnesto, que já está finalizada, instalem-na como um monumento a ele, uma vez que ele morreu sem filhos. Eles devem dedicar a estátua de minha mãe a Demétrio em Nemeo ou onde parecer melhor.

---

[7] Tio de Aristóteles.

Onde quer que façam minha sepultura, eles devem pegar e depositar os ossos de Pitíade, exatamente como ela ordenou.[8] E Nicanor, se ainda estiver vivo (e tenho orado por ele para isso), deve instalar estátuas em pedra, de quatro cúbitos de altura, para Zeus, o Salvador, e Atena, a Salvadora, em Estagira.

II. A vida de Aristóteles

Ele nasceu em 384 a.C., no pequeno vilarejo de Estagira, no norte da Grécia. Seu pai, Nicômaco, era um médico, amigo e médico particular do Rei Amintas da Macedônia. Sua mãe, Féstia, era de família rica.

Em 367, ele se mudou para Atenas, onde se tornou membro do círculo intelectual centrado em Platão. Não há dúvida de que ele aprendera um pouco de filosofia enquanto garoto em Estagira; talvez ele tivesse lido alguns dos diálogos filosóficos de Platão, e talvez se mudado para Atenas precisamente para estudar filosofia com Platão. Mas não há evidência incontestável que corrobore essas suposições banais. Nem mesmo sabemos exatamente o que Aristóteles encontrou em Atenas.

Platão era uma figura célebre – talvez uma figura controversa. Sua fama atraíra intelectuais estrangeiros; e o círculo platônico – a "Academia de Platão" – incluía alguns dos mais eminentes filósofos e cientistas da época. O círculo se encontrava ou na casa de Platão ou no ginásio público da Academia. Havia discussões. E havia ensino. Pois a Academia também era, em certo sentido, uma escola (e existia uma rivalidade selvagem entre ela e o estabelecimento que o orador Isócrates montara para a educação política da juventude ateniense). Aristóteles pode ser convenientemente chamado de um estudante da Academia na medida em que recebia seu ensino lá; e, além disso, a Academia pode ter tido algumas das características de um clube moderno – sócios sêniores e júniores, diretores, encontros regulares, jantares.[9] Mas não devemos imaginar a Academia como uma universidade

---

[8] Pitíade foi a primeira mulher de Aristóteles e a mãe de seus dois filhos.
[9] Mas o testemunho mais antigo dessas características refere-se ao período após a morte de Platão.

ou uma faculdade: em particular, não devemos pensar em programas formais e cursos formais, em exames e graus.

Ele ficou em Atenas pelos próximos vinte anos, sempre associado à Academia; certamente passava muito de seu tempo escutando filósofos e cientistas, e eventualmente escrevendo e ensinando. É razoável supor que os membros da Academia debatiam os assuntos que Platão discutia em seus diálogos – ética e teoria política, psicologia, metafísica e epistemologia e lógica. Além disso, sabemos que Platão incentivava o estudo da matemática e da astronomia. E há alguma razão para pensar que outras ciências menos abstratas não eram deixadas de fora.

Platão morreu em 347, e Aristóteles deixou Atenas. A razão por que ele deixou a cidade é incerta, mas existem hipóteses mencionando razões políticas. Aristóteles tinha conexões macedônicas, e relata-se que os atenienses (um relato de autoridade reconhecidamente duvidosa)[10] instalaram uma inscrição em sua homenagem, agradecendo-o, em particular, por ter intervindo junto ao rei da Macedônia no interesse deles. Mas em 347 a cidade de Olinto, ao norte, acabara de sucumbir ao exército macedônico, e o partido antimacedônico de Atenas, liderado pelo orador Demóstenes, estava em ascensão. Aristóteles não era – nem naquela época nem nunca – um cidadão ateniense, e sua situação pode ter ficado delicada.

Seja lá como tenha acontecido, ele foi com Xenócrates, um colega de Academia, para Atarneus, na costa da Ásia Menor: Hérmias, o "tirano" do lugar, tinha conexões com a Academia, e parece ter havido uma pequena comunidade acadêmica em Atarneus. Hérmias acolheu Aristóteles e deu a ele e seus amigos "a cidade de Assos para viver, onde eles passavam seu tempo com filosofia em reuniões no pátio; e Hérmias deu-lhes tudo que precisavam".[11] Aristóteles casaria com a sobrinha de Hérmias, Pítia; e quando, em 341, Atarneus foi tomada pelos persas e Hérmias torturado até a morte, Aristóteles escreveu um poema comovente em sua memória.

---

[10] Uma *Vida* de Aristóteles árabe: veja Düring, op.cit., p. 215.
[11] O relato vem da história da filosofia do epicureano Filodemos: Filodemos, ou sua fonte, é hostil a Aristóteles – não obstante, sua estória pode ser verdadeira.

De Atarneus Aristóteles se mudou para a cidade de Mitiline, na ilha de Lesbos. Lá ele conheceu Teofrasto, um nativo da ilha, que se tornaria seu pupilo mais famoso. É razoável supor – há evidências circunstanciais nas obras de Aristóteles – que ele dedicou parte de seu tempo na parte oriental do Egeu ao estudo da biologia marinha.

Depois de Mitiline, um breve período em Estagira. E depois, em 343, Felipe II, rei da Macedônia sucedendo a seu pai Amintas, convidou Aristóteles para a corte em Mieza – e para ser o preceptor de seu filho, Alexandre.[12] Foi assim que começou a associação entre a mente mais poderosa da época e o homem mais poderoso. A união aguçou a imaginação romanesca e numerosas estórias foram criadas. Mas o que Aristóteles disse a Alexandre, o Grande, e Alexandre a ele, nós não sabemos. (Historiados procuram em vão por influências aristotélicas na carreira sanguinária de Alexandre; e filósofos não acharão nada – ou praticamente nada – nos escritos políticos de Aristóteles que denuncie algum interesse na sorte do império macedônico.)

Em 335 Aristóteles voltou para Atenas. A Academia de Platão estava prosperando sob nova direção, mas Aristóteles preferiu montar seu próprio estabelecimento e, enquanto os platônicos andavam e falavam na Academia, Aristóteles fazia o mesmo no Liceu.

Uma dúzia de anos mais tarde, Alexandre, o Grande, morreu; logo depois disso, em 322, Aristóteles deixou Atenas. Ele fez isso, e isto é o que alegam que ele disse, "para que os atenienses não cometessem um segundo crime contra a filosofia"[13] – para que eles não o condenassem à morte tal como o fizeram com Sócrates. É uma bonita estória, e sem dúvida inventada. No entanto, uma segunda estória, igualmente bonita, talvez seja verdadeira. Uma carta de Aristóteles a Antípatro, não é impossível que seja genuína, continha esta sentença: "No que diz respeito à honra que me foi concedida em Delfos e da qual agora fui despojado, não estou nem imensamente preocupado nem imensamente despreocupado".[14] E nós sabemos o que era essa honra; pois uma inscrição,

---

[12] Teofrasto também foi convidado, assim como o sobrinho de Aristóteles, Calístenes, que posteriormente Alexandre mandara executar.

[13] Aelian, *Varia Historia* III 36.

[14] Fragmento 666 R³ = Aelian, *Varia Historia* XIV 1.

datada de por volta de 330, foi encontrada em Delfos, na qual Aristóteles (e também Calístenes) é "louvado e coroado".[15] A inscrição foi encontrada em pedaços, no fundo de um poço. Quando da morte de Alexandre, um sentimento antimacedônico intensificou-se e ganhou viva expressão. Aristóteles tinha estreitas e notórias conexões com a Macedônia. Em Delfos eles o despojaram de sua honra e lançaram a inscrição honorífica poço abaixo. E talvez a atmosfera em Atenas novamente tenha incentivado Aristóteles a se afastar.

De qualquer maneira, ele se retirou para Cálcide, na ilha de Euboea, onde a família de sua mãe tinha propriedades. E ali, dentro de um ano, morreu.

O Liceu sobreviveu a ele, assim como a Academia sobreviveu a Platão. Teofrasto se tornou o diretor da escola.

III. Os escritos de Aristóteles

Chega da vida exterior de Aristóteles. E quanto ao homem interior? O que pode ser dito à maneira de uma biografia *intelectual*? O que, em particular, se conhece de sua personalidade filosófica e de seu desenvolvimento filosófico? Comecemos perguntando, de forma bem tosca, o que ele *escreveu*. Três das *Vidas* de Aristóteles da Antiguidade contêm catálogos de seus escritos; vou reproduzir a lista transmitida por Diógenes Laércio. A fonte original desse catálogo é objeto de controvérsia (ele veio, afinal, do Liceu ou saiu de um catálogo da grande biblioteca em Alexandria?); e seu grau geral de credibilidade é incerto. Ele não é completo – omite algumas das obras sobreviventes de Aristóteles mais célebres. Contém algumas coisas que certamente não foram escritas por Aristóteles – todas as listas de livros da Antiguidade têm seus itens espúrios. Ele inclui alguns "duplos" – isto é, a mesma obra pode estar incluída duas vezes, com dois títulos diferentes. Mas, com todos os seus defeitos – e pela razão que o próprio Diógenes Laércio oferece –, vale a pena lê-lo por inteiro.[16]

---

[15] Veja, por exemplo, Dittenberg, *Sylloge*³ 275.
[16] O texto é encontrado em Diógenes Laércio, *Vidas dos Filósofos* V 22-27. Eu traduzi os títulos na ordem em que aparecem no texto de Diógenes; mas os agrupamentos, indicados pela paragrafação, são de minha responsabilidade. (Devo notar que às vezes não está claro qual texto grego imprimir, e às vezes não está claro como traduzir o texto grego que está impresso.)

Ele escreveu um vasto número de livros, os quais achei apropriado listar devido à excelência do homem em todos os campos de investigação: –

[A] Da Justiça, 4 livros; Dos Poetas, 3 livros; Da Filosofia, 3 livros; Do Estadista, 2 livros; Da Retórica, ou Grilo, 1 livro; Nerinto, 1 livro; Sofista, 1 livro; Menexeno, 1 livro; Erótico, 1 livro; Banquete, 1 livro; Da Riqueza, 1 livro; Protréptico, 1 livro; Da Alma, 1 livro; Da Oração, 1 livro; Do Bom Nascimento, 1 livro; Do Prazer, 1 livro.

[B] Alexandre, ou Em prol das Colônias, 1 livro; Da Realeza, 1 livro; Da Educação, 1 livro; Do Bem, 3 livros; Excertos das Leis de Platão, 3 livros; Excertos da República, 2 livros; Economia, 1 livro; Da amizade, 1 livro; Do sofrer ou ter sofrido, 1 livro.

[C] Das Ciências, 2 livros; Da Erística, 2 livros; Soluções Erísticas, 4 livros; Divisões Sofísticas, 4 livros; Dos Contrários, 1 livro; Dos Gêneros e Espécies, 1 livro; Das Propriedades, 1 livro; Cadernos de Argumentos, 3 livros; Proposições sobre a Virtude, 3 livros; Objeções, 1 livro; Das coisas ditas de várias maneiras ou por adição, 1 livro.

[D] Dos Sentimentos ou Da Raiva, 1 livro; Ética, 5 livros.

[E] Dos Elementos, 3 livros; Do Conhecimento, 1 livro; Dos Princípios, 1 livro.

[F] Divisões, 16 livros; Divisão, 1 livro; Do Questionar e Responder, 2 livros; Do Movimento, 2 livros; Proposições, 1 livro, Proposições Erísticas, 1 livro; Silogismos, 1 livro; Primeiros Analíticos, 9 livros; Grandes Segundos Analíticos, 2 livros; Dos Problemas, 1 livro; Metódica, 8 livros; Do que é melhor, 1 livro; Das Ideias, 1 livro; Definições anteriores aos Tópicos, 1 livro; Silogismos, 2 livros; Silogismos e Definições, 1 livro; Do desejável e dos acidentes, 1 livro; Pré-Tópicos, 1 livro; Tópicos visando definições, 2 livros; Sentimentos, 1 livro; Divisão, 1 livro; Matemática, 1 livro; Definições, 13 livros; Argumentos, 2 livros; Do Prazer, 1 livro; Proposições, 1 livro.

[G] Do Voluntário, 1 livro; Do Nobre, 1 livro.

[H] Teses para argumentos, 25 livros; Teses sobre o amor, 4 livros; Teses sobre a amizade, 2 livros; Teses sobre a alma, 1 livro.

[I] Política, 2 livros; Lições sobre Política (como as de Teofrasto), 8 livros; Dos Atos Justos, 2 livros.

[J] Compilação de Artes, 2 livros; Arte da Retórica, 2 livros; Arte, 1 livro; Arte (outra obra), 2 livros; Metódica, 1 livro; Compilação da Arte de Teodeto, 1 livro; Tratado da Arte da Poesia, 2 livros; Entimemas Retóricos, 1 livro; Da Grandeza, 1 livro; Divisões de Entimemas, 1 livro; Da Dicção, 2 livros; Do Conselho, 1 livro; Compilação, 2 livros.

[K] Da Natureza, 3 livros; Física, 1 livro; Da Filosofia de Arquita, 3 livros; Da Filosofia de Espêusipo e Xenócrates, 1 livro; Excertos do Timeu e das obras de Arquita, 1 livro; Sobre Melisso, 1 livro; Sobre Alcmeon, 1 livro; Contra os Pitagóricos, 1 livro; Sobre Górgias, 1 livro; Sobre Xenófanes, 1 livro; Sobre Zenão, 1 livro; Sobre os Pitagóricos, 1 livro.

[L] Dos Animais, 9 livros; Dissecações, 8 livros; Seleção de Dissecações, 1 livro; Dos Animais Compostos, 1 livro; Dos Animais Mitológicos, 1 livro; Da Esterilidade, 1 livro; Das Plantas, 2 livros; Fisiognomonia, 1 livro; Medicina, 2 livros.

[M] Das Unidades, 1 livro; Sinais de Tempestade, 1 livro; Astronomia, 1 livro; Óptica, 1 livro; Do Movimento, 1 livro; Memória, 1 livro.

[N] Problemas Homéricos, 6 livros; Poética, 1 livro.

[O] Física (ordenados alfabeticamente), 38 livros; Problemas adicionais, 2 livros; Problemas-padrão, 2 livros; Mecânica, 1 livro; Problemas de Demócrito, 2 livros; Do Imã, 1 livro; Conjunções de Astros, 1 livro; Miscelânea, 12 livros; Explicações (organizados por assunto), 14 livros.

[P] Demandas, 1 livro; Vitoriosos Olímpicos, 1 livro; Vitoriosos na Música em Pítia, 1 livro; Da música, 1 livro; Sobre Pítia, 1 livro; Lista dos Vitoriosos em Pítia, 1 livro; Vitórias na Dionísia, 1 livro; Das Tragédias, 1 livro; Registros Teatrais, 1 livro; Provérbios, 1 livro; Regras para Refeições, 1 livro; Leis, 4 livros.

[Q] Categorias, 1 livro; Da Interpretação, 1 livro.

[R] Constituições de 158 Estados (organizados por tipo: democrático, oligárquico, tirânico, aristocrático).

[S] Cartas a Felipe; Cartas sobre o Selimbrianos; Cartas a Alexandre (4), a Antípatro (9), a Mentor (1), a Aristo (1), a Olímpio (1), a Heféstio (1), a Temistágoras (1), a Filoxeno (1), a Demócrito (1).

[T] Poemas, começando com: "Ó Sagrado, mais honrado dos deuses, que tudo alcança..."; Elegias, começando com: "Filha de uma mãe de belas crianças...".

A massa, como Diógenes insiste, é em si mesma impressionante: mais de 150 itens, chegando no total a uns 550 livros – o equivalente, talvez, a mais ou menos seis mil páginas modernas. Mais impressionante que a massa é o alcance.

Da forma como sobreviveu, o catálogo está desordenado; mas ele preserva os vestígios de uma ordenação original, e as divisões que eu impus ao texto não são completamente artificiais. A lista presumivelmente começa, no grupo [A], com o que eram – ou que posteriormente foi tomado como – as obras de juventude, sendo que ao menos algumas delas foram escritas em forma de diálogo. O grupo [B] não tem nenhuma homogeneidade evidente; mas no grupo [C] encontramos um conjunto coerente de títulos lógicos. Os grupos [F] e [Q] também são de conteúdo lógico, e assim a lógica é responsável por mais de um quarto dos itens na lista. Com o grupo [D], sobre questões éticas, nós podemos ligar os títulos no grupo [G] e talvez os presentes no grupo [H] – a ética assim é responsável por menos de um vigésimo da lista. O grupo [E] pertence ou à lógica ou à filosofia da ciência ("física"); neste último caso, podemos associá-lo com o grupo [O] e também com o grupo [K], sobre a história da física. O grupo [I] é política, e o grupo [J] é retórica e poética (junte a ele o grupo [N]); os grupos [L] e [M] lidam com ciência. No grupo [P] encontramos o que pode ser chamado de obras públicas de Aristóteles. Os grupos [R], [S] e [T] não precisam de comentário.

As obras sobreviventes, umas trinta no total, chegam a menos de 2.000 páginas modernas.[17] Possuímos, portanto, mais ou menos um terço do material que o catálogo reconhece como aristotélico – e menos de um terço da *oeuvre* total de Aristóteles, na medida em que o catálogo omite obras importantes como o *De Anima*, *Partes dos Animais* e a *Geração dos Animais*, e contém apenas uma versão mutilada da *Ética*.[18] Certas grandes áreas de estudo nós conhecemos apenas por meio do catálogo, salvo por algumas poucas dicas em outros lugares. Assim, as obras históricas de Aristóteles – sobre as listas de vitoriosos olímpicos e de vitoriosos pitianos e dos vencedores na Dionísia em Atenas – representam uma parte considerável da pesquisa acadêmica; e suas 158 *Constituições*, das quais apenas uma sobreviveu, eram um formidável exercício em ciência política

---

[17] A tradução Oxford revisada (acima, pp. 22-23) contém 2.383 páginas, excluídos os fragmentos; mas isso inclui certo número de obras espúrias.

[18] Ele tampouco contém a *Metafísica* enquanto tal – mas alguns de seus títulos podem representar livros individuais ou partes de nossa *Met*.

descritiva.¹⁹ Apesar disso, nosso *corpus* moderno representa a maior parte dos principais interesses de Aristóteles e todos os seus principais interesses filosóficos. O tanto de espaço que o *corpus* destina para diferentes assuntos pode não ser proporcional ao espaço e tempo que Aristóteles efetivamente dedicou a esses assuntos; mas é razoável acreditar que o *corpus* não descaracteriza radicalmente os interesses e realizações de Aristóteles.

De onde veio nosso *corpus*? Corria uma estória na Antiguidade que contava uma narrativa fantástica sobre a biblioteca de Aristóteles: Teofrasto a herdou quando da morte de Aristóteles; ela depois passou para o sobrinho de Teofrasto, Neleu, que a levou para uma cidade chamada Sépsis, na Ásia Menor, onde a escondeu numa caverna. Dois séculos depois, os manuscritos foram redescobertos, embolorados e comidos por vermes. Eles foram transferidos primeiro para Atenas e depois para Roma, onde o filósofo peripatético Andrônico finalmente preparou uma edição.

Há uma estória moderna que leva a narrativa ainda mais longe. Por dois séculos depois da morte de Teofrasto, o aristotelismo teve pouca ou nenhuma influência filosófica, uma vez que os documentos essenciais estavam enterrados em Sépsis e não podiam ser lidos. Então a edição de Andrônico trouxe Aristóteles de volta ao mundo: o sol nasceu e o mundo filosófico voltava a estar aquecido e iluminado. E o Aristóteles que lemos – o "Aristóteles de Bekker"²⁰ – provém diretamente de Andrônico.

A estória antiga pode ser verdadeira, total ou parcialmente – é difícil tomar uma decisão quanto a ser ou não cético sobre Sépsis.²¹ Mas a estória

---

[19] A *Constituição de Atenas* foi preservada não na tradição manuscrita, mas num papiro que teve a sorte de sobreviver num depósito de lixo egípcio. A maioria dos estudiosos supõe que não foi o próprio Aristóteles que escreveu as *Constituições* – ele pode ter oferecido algum tipo de supervisão geral, mas elas foram certamente o trabalho de seus pupilos. Há poucas evidências para essa suposição.

[20] Acima, pp. 21-22.

[21] N.T.: "It is hard to decide whether to be sceptical about Scepsis." Aqui o autor brinca com o parentesco etimológico entre o nome da cidade grega e a palavra "cético", parentesco que fica um pouco obscurecido por conta da grafia das palavras correspondentes em português.

moderna deve ser descartada. A estória antiga não afirma ou implica que as *obras* de Aristóteles desapareceram por dois séculos: ela diz apenas que seus *livros* desapareceram. Provavelmente indivíduos privados, certamente no Liceu e em Atenas, conservaram cópias e relatos de ao menos algumas de suas obras; e é fantasioso acreditar que seu pensamento foi simplesmente esquecido. É verdade que, depois de Teofrasto, a escola peripatética foi vítima de um declínio; mas não existe razão para explicar isso pela estória de Sépsis – tampouco é verdade que, uma vez Andrônico tendo realizado seu trabalho, Aristóteles imediatamente retomou sua posição de direito no céu.

A edição de Andrônico, entretanto, era algo bem real; e é também razoável pensar que o nosso Aristóteles provém em última instância de seu Aristóteles. O que Andrônico fez? Em que sua edição – em que nossa edição – difere da que Aristóteles efetivamente escreveu? A resposta, em termos aproximados, é provavelmente esta: foi o próprio Andrônico que compôs as obras que hoje lemos.

Não estou querendo dizer que Andrônico inventou as coisas, nem mesmo que ele próprio escreveu muitas das sentenças que encontramos na obra. Pelo contrário, ele as compôs no sentido de montá-las: "Ele dividiu as obras de Aristóteles e de Teofrasto em tratados, agrupando os assuntos apropriados".[22] Nós lemos os *Tópicos* de Aristóteles como uma única obra em oito livros. O catálogo em Diógenes Laércio não menciona os *Tópicos*; mas contém *Do desejável e dos acidentes* (1 livro), que certamente corresponde ao nosso *Top* 3. Mais uma vez, *Dos Gêneros e Espécies* (1 livro) pode corresponder a *Top* 4, e *Das propriedades* (1 livro) a *Top* 5. Em relação a *Top* 1-2, nós talvez olhemos para *Definições anteriores aos Tópicos* (1 livro) e talvez para *Pré-Tópicos* (1 livro); e *Top* 6-8 pode provir de *Tópicos visando definições* (2 livros) e *Do Questionar e Responder* (2 livros). Será que Andrônico reuniu esses itens e os transformou nos nossos *Tópicos*?

Quaisquer sugestões específicas desse tipo são, é claro, inteiramente especulativas; mas é razoável aceitar a tese geral que elas ilustram especu-

---

[22] É o que diz Porfírio, que citou Andrônico como um predecessor de sua própria edição das obras de seu mestre, Plotino: veja *Vida de Plotino* 24.

lativamente. E a aceitação da tese vai influenciar a maneira como lemos os tratados de Aristóteles. Os *Tópicos* formam, de fato, um trabalho mais ou menos unificado. Mas a unidade foi composta por Andrônico – e não podemos ter certeza de que também Aristóteles a tinha em mente. Em particular, não podemos interpretar os *Tópicos* – ou qualquer outro tratado – supondo que ele seja uma unidade aristotélica.

Como Andrônico ousou editar Aristóteles? Qual era a natureza do material que ele editou? Vou realizar uma abordagem lateral dessas questões, começando com a questão dos méritos literários de Aristóteles.

Vários autores da Antiguidade elogiavam seu estilo: a maioria dos leitores modernos acha que lhe falta refinamento. É verdade que existem umas poucas passagens acabadas; mas o resto é tosco. Esse caráter tosco não é desagradável (e se você ama o pensamento de Aristóteles, vai passar a amar seu estilo), mas é inegável: a sintaxe é crua, a ornamentação é rara, as transições são abruptas e as conexões opacas: o modo de expressão raramente parece ter sido escolhido tendo em vista algum objetivo estético, e muito frequentemente é difícil discernir o objetivo intelectual – ler Aristóteles, assim diz o poeta Thomas Gray, é como comer forragem ressecada. Os admiradores de Aristóteles da Antiguidade realmente admiravam *isso*? Talvez não; pois seus juízos a respeito do estilo de Aristóteles provavelmente se referiam a suas obras "exotéricas", e não às "esotéricas".

A distinção entre as obras esotéricas de Aristóteles e as exotéricas vem da Antiguidade. Em termos aproximados, acreditava-se que as obras exotéricas tivessem sido escritas para o grande público: elas eram sérias, mas não eram difíceis e técnicas – e sem dúvida eram escritas com estilo e elegância. Nenhuma dessas obras sobreviveu, e delas nós podemos formar apenas uma impressão parcial e insatisfatória com base nos poucos fragmentos que por sorte foram conservados. Em contrapartida, as obras esotéricas eram coisas técnicas, feitas para serem usadas por filósofos e no interior da escola: elas não eram "escritas para publicação" e não recebiam um acabamento literário – com efeito, elas não chegavam nem perto de ser textos literários. Todas as obras sobreviventes de Aristóteles são esotéricas nesse sentido.

Estudiosos modernos ofereceram uma outra explicação sobre os itens esotéricos. Comumente se diz que as obras sobreviventes são notas de aula: elas são as notas que Aristóteles garatujava e depois usava para dar aulas (e em alguns casos elas talvez sejam anotações feitas por seus pupilos).[23] Esta ideia se ajusta confortavelmente à noção de esotérico; pois as aulas de Aristóteles, e portanto quaisquer notas de aula, terão sido paradigmaticamente esotéricas – coisas "no interior da escola". A ideia também explica por que as obras de Aristóteles são tão bruscas e iliterárias; você não considera que suas notas de aula sejam prosa publicável. Novamente, ela explica por que há relativamente poucas ilustrações e quase nenhuma piada: essas coisas eram adicionadas na sala de aula – apenas maus professores escrevem seus gracejos de antemão.

Mais interessante ainda é que a ideia explica as várias inconsistências e incongruências que têm sido descobertas – ou imaginadas – nas obras de Aristóteles. Pois notas de aula geralmente servem por muitos anos, seu conteúdo vai sendo emendado e protelado com cada exposição sucessiva. À época de sua morte, Aristóteles sem dúvida teria dado sua série de lições sobre ética uma dúzia de vezes ou mais. Suas notas de aula teriam denunciado esse fato: haveria uma camada básica de texto, representando a primeira versão de seu curso; mas esta camada básica teria sido sobrescrita em vários lugares e para propósitos diferentes – algumas passagens teriam sido apagadas e substituídas por parágrafos defendendo uma tese inteiramente diferente; outras passagens teriam sido modificadas de maneiras mais sutis, a tese ou o argumento sendo qualificado de forma a dar conta de objeções; outras passagens ainda teriam recebido adições que, em vez de modificar ou destruir o texto original, o reforçam; e assim por diante. E teriam existido várias camadas desse tipo de coisa, o texto da primeira revisão sendo substituído

---

[23] Vários exemplos desse tipo de coisa sobreviveram da Antiguidade tardia; assim, aquilo a que nos referimos como o *Comentário dos Primeiros Analíticos de Aristóteles* de Amônio é na realidade um registro das aulas de Amônio que foi escrito e conservado por seus pupilos.

pelo de uma segunda revisão... Além do mais, Aristóteles nem sempre teria eliminado o material anterior quando este ficasse datado; e seus manuscritos – e por conseguinte os textos que, em última instância, nós lemos – teriam contido "duplos": tanto X quanto Y serão impressos, muito embora Aristóteles pensasse que Y deveria tomar o lugar de X, e não suplementá-lo.

A ideia é sedutora; mas ela repousa sobre a perigosa suposição de que Aristóteles ensinava e trabalhava de maneira muito parecida ao modo como um professor de filosofia do século XX pode ensinar e trabalhar. Mantenhamos distância dessa ideia.

Ou será que podemos adotar a ideia sedutora se chutarmos a suposição perigosa? Considere, esquecendo todas as ideias sobre as aulas, os "duplos" aristotélicos. Estes me parecem ser bastante reais: às vezes uma passagem X é de fato seguida bem de perto por uma passagem Y que diz praticamente a mesma coisa que X, com palavras ligeiramente diferentes. Agora Aristóteles está normalmente economizando sua tinta – ele não se repete: a hipótese tentadora, então, é que X e Y são versões concorrentes das mesmas sentenças, e que uma foi escrita para substituir a outra. É difícil ter alguma certeza sobre os duplos: onde alguns estudiosos veem uma palpável repetição, outros – mais sagazes – desvelam diferenças sutis e propositais que mostram que os dois conjuntos de sentenças foram escritos para ficarem juntos. Mas tanto faz; de minha parte, acho difícil não imaginar que *alguns* dos supostos duplos sejam efetivamente duplos.

Neste caso, Aristóteles certamente revisou seus textos. E uma vez que admitamos que revisões aconteceram, é legítimo – e certamente irresistível – procurar outras evidências de revisão. Pois é difícil que os duplos sejam as únicas manifestações de novas ideias. Às vezes, por exemplo, uma sentença parecerá ter sido encaixada de forma pouco elegante no texto: remova a sentença e agora tudo fica mais fluente. Então talvez Aristóteles tenha adicionado a sentença numa revisão posterior. Frequentemente Aristóteles vai defender um ponto não por meio de um argumento, mas por meio de uma sequência de considerações. Tais sequências podem ser facilmente expandidas; e em alguns casos uma mudança na escolha das palavras ou uma sutileza na argumentação levantam à suspeita de que esta ou aquela consideração foi adicionada à sequência depois de sua primeira composição.[24]

Esses fatos não corroboram a sedutora ideia de que as obras sobreviventes de Aristóteles eram notas de aula; mas elas sugerem que os escritos eram, em grande medida, planos de trabalho – e esta sugestão tem os mesmos poderes explicativos da ideia sedutora.

Esses pensamentos são importantes para o tópico que será discutido na próxima seção. Deixe-me aqui voltar a Andrônico. Podemos supor com razão que ele tinha a aspiração de produzir uma edição sistemática das ideias de Aristóteles. Ele tinha vários manuscritos à mão, alguns deles talvez escritos pelo próprio Aristóteles, e outros deles, cópias posteriores. Os textos evidentemente não eram textos literários, e sim planos de trabalho; e, embora alguns dos papéis possam ter sido reunidos num livro ou tratado, muitos deles eram curtos e sem ligação com os outros. Andrônico fez uma seleção (usando que critérios?); ele reuniu alguns dos papéis selecionados como partes sucessivas de uma única obra e editou uma compilação de tratados. Alguns dos itens na compilação continuaram bem fracos, outros eram substanciais. Alguns possuíam coerência interna, outros eram relativamente frouxos. Andrônico dificilmente teria modificado o conteúdo das posições de Aristóteles; e é manifesto que ele não se intrometeu muito no estilo. Mas não há dúvida de que ele realizou um pouco de trabalho editorial: provavelmente adicionou algumas referências cruzadas e pode ocasionalmente ter interpolado uma sentença ou outra para ligar um ensaio num tratado ao seu sucessor.

Tudo isso é, por si mesmo, muito fascinante. E também tem alguma importância filosófica. Você não pode ler Aristóteles da mesma forma como pode ler Platão ou Descartes ou Kant: quando você pega a *Metafísica* ou a *Ética a Nicômaco*, você não está pegando um texto filosófico acabado,

---

[24] Os vários livros dos *Tópicos*, digamos, poderiam ter sofrido frequentes revisões desse tipo, já que em boa parte de sua extensão eles simplesmente reúnem diferentes formas de argumento.

comparável ao *Teeteto* ou às *Meditações* ou à *Crítica da Razão Pura*.[25] Convém supor que você está pegando um conjunto de papéis reunidos por um editor posterior; e convém supor que você está lendo uma compilação dos planos de trabalho de Aristóteles. De todo modo, você certamente deve ler os esboços de Aristóteles da mesma forma como você leria as notas que um filósofo escrevera para seu próprio uso. As sentenças são muito intrincadas – às vezes telegráficas: você tem de expandi-las e ilustrá-las. Os argumentos são entimemáticos – ou meras dicas: você tem de fornecer as premissas que estão faltando. As transições são súbitas – e frequentemente implícitas: você tem de articular, suavizar e explicar.

É difícil ler um texto dessa maneira. É também desafiador – e divertido. Há perigos: a leitura disciplinada vai se atenuando e vira interpretação imaginativa – e depois associação livre. Mas os perigos podem ser evitados. E realmente não há outra maneira de tomar esses textos.

IV. O desenvolvimento filosófico de Aristóteles

Aristóteles via todas ou a maioria de suas obras como partes de, ou contribuições para, um todo sistemático? Ele era um obrador sistemático, um pensador sistemático, um escritor sistemático? Existe algo como "aristotelismo"?

Por séculos essas questões foram respondidas com uma afirmativa segura – e então você recebia um plano geral do sistema aristotélico de pensamento. A cultura acadêmica do século vinte tem predominantemente preferido o que parece ser uma abordagem mais sofisticada dos textos. É um mero truísmo dizer que Aristóteles não pode ter escrito todas as suas obras na mesma semana; e é um fato que existem diferenças – talvez até mesmo completas contradições e inconsistências – entre as obras e no interior das obras. (Dessa maneira, há duas explicações bem diferentes do prazer no interior do que chamamos a *Ética a Nicômaco*. A questão "Você

---

[25] Paralelos modernos *aproximados* podem ser encontrados entre as obras de Hegel – ou de Wittgenstein.

pode *provar* definições?" é respondida de maneiras contraditórias nos *Tópicos* e nos *Segundos Analíticos*.) Do truísmo e do fato, estudiosos inferiram, de forma muito segura, que o pensamento de Aristóteles tem de ter mudado no curso de sua vida; e eles tentaram, mais audaciosamente, escrever uma história de seu desenvolvimento intelectual. Em vez de um Aristóteles estático e sistemático, temos uma personagem dinâmica.

A conclusão moderna, a de que as ideias filosóficas de Aristóteles têm de ter passado por um desenvolvimento e de que as obras sobreviventes representam diferentes estratos de seu pensamento, sem dúvida parecerá de uma obviedade ofuscante – não é claro que o pensamento de todo filósofo se desenvolve e deixa traços de seu desenvolvimento em seus escritos? E como uma tese abstrata – como a afirmação formal de que Aristóteles às vezes mudou de ideia –, ela dificilmente pode ser negada. No entanto ficou provado que é surpreendentemente difícil tornar o abstrato concreto e juntar matéria à forma – descrever o desenvolvimento efetivo das ideias de Aristóteles.

O pioneiro dos "estudos de desenvolvimento" foi o estudioso alemão Werner Jaeger. Seu livro *Aristóteles – Fundamentos de seu desenvolvimento*, que foi publicado pela primeira vez na Alemanha, em 1923, determinou os rumos dos estudos acadêmicos sobre Aristóteles por meio século. Jaeger partiu de dois fatos sobre a carreira de Aristóteles: primeiro, o fato de que Aristóteles era pupilo de Platão e passou quase vinte anos como aprendiz na Academia; em segundo lugar, o fato de que, depois da morte de Platão, Aristóteles mergulhou-se em estudos empíricos, e notoriamente em pesquisa biológica detalhada. Dessa forma, Aristóteles saiu do platonismo para o empirismo. Enquanto jovem na Academia, ele estava sob a influência filosófica de Platão – como poderia ter sido diferente? E por algum tempo ele abraçou o platonismo, com as ideias transcendentes e tudo o mais – de que outra maneira o jovem poderia ter reagido? À medida que foi amadurecendo, ele gradualmente passou a achar as noções metafísicas de Platão bem pouco satisfatórias. A reflexão metodológica e o exercício efetivo da filosofia o levaram de forma progressiva na direção do empirismo: de um método empírico que dava à observação autoridade sobre a teoria, e de uma epistemologia empirista que insistia que todos os nossos conceitos e todo nosso conhecimento têm de estar fundados, em última instância, nos dados da percepção. Esse empirismo foi confirmado durante seu interlúdio científico na parte oriental do Egeu, onde ele se ocupava com seus estudos de zoologia. Quando voltou para Atenas e para a filosofia, o empirismo permaneceu – e marcou todo seu pensamento, mais notoriamente sua teoria política.

Tendo em mente essa tese geral, que postula uma mudança do platonismo para o empirismo, Jaeger então examinou minuciosamente as obras sobreviventes. A tese lhe permitiu datá-las (ou datar suas partes) umas em relação às outras: se A é mais empírica que B, então A veio depois de B; se B é mais platônica que A, então B veio antes de A. E uma vez que as obras tenham sido arranjadas em ordem cronológica, a tese geral pode ser ampliada e transformada numa história específica: podemos ler os escritos de Aristóteles na ordem em que ele os escreveu e assim reconstruir sua biografia intelectual em todos os seus detalhes.

A maioria dos estudiosos levou a sério o trabalho de Jaeger. Alguns aceitaram não apenas a tese geral, mas também grande parte da detalhada estória com a qual o próprio Jaeger a suplementou. Outros pensam que a tese geral é *grosso modo* correta, mas preferem um conjunto diferente de detalhes: eles discordam a respeito da datação desta ou daquela obra, do grau de empirismo que pode ser encontrado aqui e do grau de platonismo ali. Outros, no entanto, antipatizam não apenas com a detalhada estória de Jaeger, mas também com sua tese geral; apesar disso, porém, eles aprovam seu método e seus princípios: no fundo, ele estava certo – apenas seus fatos que eram falsos. Deveríamos antes imaginar Aristóteles que era um jovem zangado que contestou vigorosamente a metafísica de seu mestre e defendeu um robusto empirismo – e que depois ficou mais afável e refletiu novamente sobre o que seu mestre defendia, e descobriu que o platonismo não era afinal de contas uma filosofia tão ruim. Não do platonismo ao empirismo, mas do empirismo ao platonismo.

De minha parte, sou moderadamente cético em relação a todo o empreendimento. É inteiramente razoável pensar, em termos gerais, que as posições de Aristóteles se alteraram: elas talvez amadureceram ou talvez perderam força – ou talvez simplesmente mudaram. E, nuns poucos casos individuais, pode ser possível estabelecer com algum grau de probabilidade que esta particular porção de texto foi escrita antes daquela particular porção. Mas eu duvido de que estejamos em posição de dizer muito mais que isso; e certamente nenhuma biografia intelectual escrita até hoje obteve – ou mereceu obter – aprovação geral.

Há boas razões para ser cético. Primeiramente, nós sabemos muito pouco sobre a atitude que Aristóteles em sua juventude tinha para com Platão. Não há dúvida de que Aristóteles foi profundamente influenciado por seu mestre, e as obras sobreviventes estão embebidas do pensamento de Platão – há inumeráveis alusões aos escritos e ideias de Platão, algumas delas explícitas e a maioria implícitas; há passagens em que textos platônicos individuais são sujeitados a um exame crítico continuado (assim, a *Política* faz a crítica da *República* e das *Leis*); há textos aristotélicos centrais para os quais as posições de Platão são evidentemente uma importante fonte de inspiração e perplexidade (assim, os dois últimos livros da *Metafísica* são em larga medida instigados por noções platônicas sobre a matemática); e – de maneira mais vaga, mas mais importante – áreas inteiras dos interesses filosóficos de Aristóteles foram modeladas e determinadas pelos interesses filosóficos de Platão. Não há dúvida sobre a dívida de Aristóteles para com Platão. Mas ela não foi meramente uma dívida de juventude – pois esses empréstimos nunca foram pagos ou perdoados; tampouco sua moeda era a crença –, pois as passagens em questão não retratam Aristóteles como um platônico, como alguém que aderia às principais doutrinas de Platão.

O que importa no presente contexto são os primeiros escritos de Aristóteles: estes sobrevivem apenas em uns poucos fragmentos, e os fragmentos não contêm material suficiente para mostrar que tipo de filósofo era o jovem Aristóteles; em particular, eles não provam nem que ele era um platônico nem que ele não era um platônico. (Com efeito, normalmente é difícil ter certeza a respeito de quão fielmente esses "fragmentos" relatam as palavras do próprio Aristóteles; e mesmo quando é razoavelmente manifesto que Aristóteles escreveu esta ou aquela sentença individual, é provável que a sentença esteja aberta a duas ou três interpretações incompatíveis e igualmente plausíveis.) É ainda possível que algumas dessas primeiras obras sejam um dia recuperadas – numa prateleira esquecida de uma biblioteca ou nas areias do Egito. Mas até que esse esplêndido evento chegue, é melhor que continuemos em silêncio sobre a parte inicial da carreira de Aristóteles.

Uma segunda razão para ser cético diz respeito à datação, seja ela absoluta ou relativa, das obras sobreviventes. Há muito pouco com o que trabalhar. Nenhuma das obras de Aristóteles foi explicitamente datada pelo seu autor,[26] tampouco alguma fonte externa data qualquer uma delas para nós. Não existem diários ou cartas para nos contar sobre os modos e hábitos de composição de Aristóteles.[27] É bem verdade que existem nas obras várias referências a eventos históricos; e uma referência histórica desse tipo nos oferece, em princípio, um *terminus post quem* – isto é, ela fixa a data mais *anterior* em que a obra que a contém poderia ter sido escrita. Assim, se os *Segundos Analíticos* casualmente se referem a uma batalha que teve lugar num certo ano, ficaremos inclinados a inferir que os *Segundoss Analíticos* foram escritos entre aquele ano e a morte de Aristóteles. Mas, na realidade, referências desse tipo são surpreendentemente raras; e de todo modo inferências com base nelas – por razões que já devem estar claras – estão longe de ser confiáveis. Mesmo que fizéssemos todas as inferências possíveis e tratássemos a todas como confiáveis, não chegaríamos muito longe na direção de estabelecer uma cronologia das obras de Aristóteles.

Com alguma justiça, é possível dizer que apenas a cronologia *relativa* importa do ponto de vista filosófico: se estamos preocupados em interpretar as posições filosóficas de Aristóteles, então pode ser importante saber se a *Ética a Eudemo* foi escrita antes ou depois da *Ética a Nicômaco*; mas terá um interesse muito menor saber se uma foi escrita neste ano e a outra naquele. Agora pode parecer como se possuíssemos certa quantidade de evidências sólidas e objetivas para a datação relativa das obras de Aristóteles. Pois Aristóteles refere-se a seus próprios escritos de forma bem frequente

---

[26] Aristóteles *poderia* ter datado suas obras – Epicuro datou muitas das suas.
[27] Confronte com o caso de Cícero, cujas cartas sobreviventes nos contam uma enormidade de coisas sobre como e quando ele escreveu suas obras filosóficas.

– no curso de uma discussão é bem comum que ele diga "Já lidei com este ponto em tal e tal lugar", ou ainda "Vou tratar deste assunto em outro lugar". E essas remissões internas deveriam possibilitar-nos datar as obras relativamente umas às outras: se A remete-se de volta a B, então B tem de ter sido escrita antes de A; se A remete-se adiante a B, então B tem que ter sido escrita depois de A.

Mas as remissões são uma decepção e um devaneio. Se nós as coligirmos e as compararmos todas, vamos nos dar conta de que elas são inconsistentes – elas implicam que A foi escrita antes de A. Além disso, a vasta maioria delas podem ser facilmente apartadas de seus contextos: tudo indica que elas sejam adições tardias ao texto, inseridas ou pelo próprio Aristóteles ou por um editor posterior,[28] e então a "cronologia" que elas sugerem diz respeito não à ordem em que Aristóteles compôs as obras, e sim à ordem na qual, por suposição dele ou de seu editor, seu público as ouviria ou leria A maioria dos estudiosos hoje concorda que as remissões não podem ser usadas para datar os textos em que elas se encontram inseridas.

Que outras evidências podem invocadas para corroborar uma cronologia relativa? Sofisticados estudos acadêmicos modernos às vezes recorrem ao que é chamado de "estilometria". O "estilo" que a estilometria mede não é um artifício literário consciente; ele diz respeito antes a fatos linguísticos que normalmente nenhum leitor ou autor nota. (Um estilometrista pode considerar, digamos, o comprimento médio das sentenças em diferentes obras, ou o número médio de sentenças que terminam com um particípio, ou a distribuição de partículas, preposições e conjunções.) Suponha, então, que o "estilo" de A revele-se nitidamente diferente do "estilo" de B. (As sentenças de A são em média consideravelmente mais longas que as de B; A tem uma forte inclinação a usar uma ou duas partículas que são raras em B; e assim por diante.) Desse modo, uma explicação plausível

---

[28] *Rhet* remete-se de volta, e mais de uma vez, a *An.Pr.*; mas cada umas das referências pode ser retirada de seu contexto sem deixar nenhuma marca; e, até onde sei, nenhum estudioso tomou essas remissões individuais como indicação de uma ordem de composição.

dessa diferença será que A e B foram escritas em períodos diferentes. E se é possível mostrar que uma terceira obra, C, está no meio do caminho entre A e B segundo essas dimensões estilísticas, então se tornará algo tentador formular a hipótese de que C foi escrita entre A e B.

A estilometria faz uso de buscas por computador e emprega sutis testes estatísticos. Por essas razões, ela atraiu vários esquisitões e afastou muitos estudiosos. Mas não há dúvida de que ela é, em geral, uma coisa potencialmente séria. Aqui a questão é se ela pode ser seriamente aplicada às obras de *Aristóteles*. E penso que existem razões para dar uma resposta moderadamente pessimista à questão – razões que adiarei por um ou dois parágrafos.

Os estudiosos tradicionais tradicionalmente recorreram a argumentos "filosóficos" em vez de "estilísticos", argumentos que tendem a ser formulados mais ou menos da seguinte maneira: Suponha que A não esteja em acordo com B, ou que A aborde o mesmo assunto que B, mas de um jeito diferente – então A é mais tardia que B, se A for mais madura que B. Só que, em sua forma mais geral, este tipo de argumento é irremediavelmente grosseiro. Pois o juízo que A é "mais madura" que B é inquietantemente subjetivo; e a suposição de que os filósofos "amadurecem" com a idade – e amadureçam de uma maneira mais ou menos linear – precisa apenas ganhar expressão para ser tirada de cena. Há uma versão limitada do argumento que parece bem mais promissora. Suponha que A resolva um problema que B deixou sem solução – então A é mais tardia que B. Ou, antes (para evitar qualquer espécie de indeterminação ou subjetividade no juízo): Suponha que B diga "Aqui está um problema que não consigo resolver, a saber...", ao passo que A diga "Eu agora resolvi o velho problema, portanto..." Em tal caso, podemos datar A depois de B de forma segura. Sem dúvida – mas agora nosso argumento "filosófico" não tem quase nenhuma utilidade prática; pois praticamente não existem textos aristotélicos que formam pares da maneira como a versão limitada do argumento exige.

Não há esperança de encontrar uma *via media* entre a versão irremediavelmente grosseira e a inutilmente impraticável? Há; e em uns poucos casos parece-me que argumentos passavelmente plausíveis estão à disposição. Mas esses poucos casos são realmente poucos.

Há uma terceira razão geral para ser cético em relação a hipóteses cronológicas. Eu já mencionei a hipótese plausível segundo a qual os escritos sobreviventes de Aristóteles são planos de trabalho, papéis que foram submetidos a várias revisões e modificações nas mãos de seu autor. Nós poderíamos muito bem nos perguntar *quando* Aristóteles revisou suas coisas – ao fim de uma manhã de trabalho? Depois de refletir por uma semana? Meses, anos, décadas depois? E podemos igualmente nos perguntar *com que frequência* ele fazia revisões. Estas são questões legítimas – e, mais uma vez, não podemos respondê-las senão por meio de especulações e conjecturas. Mas o simples fato – ou talvez eu deva dizer o suposto fato – da revisão tem consequências para a questão da cronologia aristotélica.

Suponha que a obra A tenha sido iniciada em 350, revisada extensivamente alguns anos depois, levemente retocada em por volta de 340 e finalmente repensada uma década depois. Suponha que a obra B tenha sido iniciada em 345, revisada cuidadosamente em 335, olhada novamente mais ou menos um ano depois e depois abandonada. Bem, qual foi escrita antes, A ou B? Se sua intenção é produzir uma cronologia dos escritos de Aristóteles, você vai colocar A antes de B (justificando que a primeira versão de A precedeu a primeira versão de B) ou vai colocar B antes de A (justificando que a versão final – não digamos definitiva – de B era posterior à versão final de A)? Está bem claro que você não vai dizer nenhuma dessas coisas; pois está bem claro que é um completo absurdo falar de cronologia nesses termos. Se os textos de Aristóteles sofreram revisões do tipo que eu delineei, então não faz sentido perguntar se A veio antes ou depois de B – e portanto não faz sentido tentar oferecer uma cronologia dos escritos de Aristóteles.[29]

---

[29] É claro que os escritos de Aristóteles tiveram uma cronologia; mas as verdades dessa cronologia não vão incluir nem a sentença "Os *Analíticos* foram escritos depois da *Metafísica*" nem a sentença "Os *Analíticos* não foram escritos depois da *Metafísica*" (nem mesmo uma das seguintes sentenças: "*Met* A foi escrito antes de *Met* B" e "*Met* B foi escrito antes de *Met* A"). A cronologia é simplesmente fina demais para ser reconstruída por nossos métodos tradicionais – e suspeito que ela é fina demais até mesmo para os sofisticados métodos da estilometria.

Por essas razões, então, eu tendo a ser cético. Mas longe de mim querer defender algo tão excitante como um ceticismo radical. Aqui e ali, como eu já disse, podemos de fato fazer afirmações cronológicas que possuem certa plausibilidade; e algumas dessas afirmações não são totalmente desprovidas de significado filosófico. (Por exemplo, acredito que o núcleo da teoria da demonstração que é exposta nos *An.Post* foi desenvolvida antes da bem-acabada teoria da silogística exposta nos *An.Pr*; e creio que isto tem alguma relevância em relação à maneira como devemos interpretar algumas das posições de Aristóteles a respeito natureza da ciência.) Mas afirmações desse tipo raramente serão feitas com alguma certeza; elas não conseguem levar à formulação de uma cronologia dos escritos de Aristóteles, e elas não serão equivalentes a nada que poderíamos chamar de uma biografia intelectual.

V. O SISTEMA DE PENSAMENTO DE ARISTÓTELES

Há menos de um século, a maioria dos estudiosos – como eu já disse – teria afirmado sem nenhuma hesitação que Aristóteles era um construtor de sistemas e que seu pensamento formava um todo unificado. Essa ortodoxia tradicional foi derrubada e, em seu lugar, começou-se a supor que o pensamento de Aristóteles era algo dinâmico e em constante desenvolvimento. Mas há uma falsa antítese no ar; pois é evidente que desenvolvimento e construção de sistemas não são atributos antitéticos, na medida em que mesmo o mais rígido dos filósofos sistemáticos teria se desenvolvido – ele não teria nascido um bebê construtor de sistemas. Dessa forma, o Aristóteles dinâmico e o Aristóteles sistemático não devem ser pensados como inimigos irreconciliáveis: talvez o jovem Aristóteles estivesse se desenvolvendo precisamente num construtor de sistemas maduro.

Apesar disso, pode-se pensar que dois fatos depõem contra a suposição tradicional de que havia um sistema aristotélico. Primeiramente, considere o fato de que apenas uma pequena porção da obra de Aristóteles efetivamente sobreviveu. É claro que isto não mostra que Aristóteles não tinha um sistema – mas certamente torna difícil acreditar que *nós* podemos recuperar esse sistema: possuímos apenas umas poucas peças do quebra-cabeça, e elas não bastam para determinar o desenho original ou mesmo seus contornos aproximados. Podemos conjecturar que Aristóteles era um construtor de sistemas (ou que ele não era): seria precipitado arriscar quaisquer ideias sobre o formato de seu sistema.

Esta linha de pensamento tem uma rara qualidade – ela é pessimista demais. Ela presume, com efeito, que o acaso determinou quais pedaços de Aristóteles sobreviveram e quais pereceram; mas não é assim. Nosso Aristóteles – a compilação das obras sobreviventes de Aristóteles – deve sua origem não às devastações e às prodigalidades do acaso, mas ao trabalho de estudiosos na Antiguidade, pois, como eu já disse, é fortemente provável que nosso *corpus* tenha como base a seleção feita por Andrônico, uma seleção realizada presumivelmente com a intenção de oferecer uma exposição razoavelmente completa e razoavelmente balanceada da filosofia de Aristóteles. Se isso é verdade, então é razoável procurar por um sistema em nosso *corpus* se um dia já foi razoável procurar por um sistema no pensamento de Aristóteles. É claro nosso *corpus* pode ainda ser algo distorcido; pois os estudiosos na Antiguidade não eram menos cegos e menos imparciais que seus sucessores modernos. Mas não é simplesmente vão procurar por um sistema.

Em segundo lugar, considere novamente o caráter dos escritos sobreviventes de Aristóteles. Se Aristóteles revisava seu material de tempos em tempos, se ele efetivamente foi reescrevendo e repensando até os últimos de seus dias, então certamente seu pensamento era excessivamente fluido e excessivamente flexível para constituir um sistema. Ao menos foi isso que muitos estudiosos modernos imaginaram; e, por conseguinte, eles fizeram o retrato de um Aristóteles não sistemático.

O Aristóteles não sistemático é comumente caracterizado pela palavra "aporético" (ou "aporemático"). *Aporia* é a palavra grega para "embaraço" ou "dificuldade", e o próprio Aristóteles frequentemente usa o substantivo e seus vários cognatos: ele frequentemente traça um panorama das *aporiai*, dos embaraços ou problemas em uma determinada área – e então tenta resolvê-los. Um filósofo aporético é um filósofo que supõe que a enunciação e a solução dos embaraços formam o coração da atividade filosófica: não se espera que filósofos dessa linhagem construam edifícios elaborados, não se espera que eles apresentem seu "sistema" de coisas; nem mesmo se espera que eles produzam "teorias"; ao invés disso, problemas detalhados e variados se apresentam a uma mente filosófica nesta e naquela área, e a tarefa de princípio do filósofo, ou talvez sua única tarefa, é resolver esses problemas – ou dissolvê-los.

Aristóteles era aporético neste sentido? Certamente *aporiai* frequentemente vêm à tona no curso de uma jornada filosófica – assim (para tomar o exemplo mais proeminente), o terceiro livro (Livro Beta) da *Metafísica* consiste numa sequência de *aporiai* que certas noções filosóficas parecem gerar. É certo também que as observações ocasionais de Aristóteles sobre a metodologia filosófica insinuam uma atitude aporética. Deste modo:

> Aqui [isto é, discutindo a *akrasia*, ou a falta de autocontrole] como em outros lugares, temos primeiro de expor o que parece ser o caso; então, tendo discutido primeiramente os embaraços, temos de tentar, se possível, manter a verdade de todas as opiniões respeitáveis sobre o assunto – ou, se não for possível, então a maior parte e as dotadas de maior autoridade. Pois, se resolvermos as dificuldades e deixarmos as opiniões respeitáveis intactas, teremos oferecido uma prova suficiente do assunto (*EN* 1145b1-7).

Você expõe "o que parece ser o caso" – o que inclui todas as "opiniões respeitáveis" sobre o assunto; você então traça um panorama dos embaraços que esse material engendra; você tenta resolver as dificuldades sem abalar muitas opiniões respeitáveis. E aí? E aí nada: sua tarefa filosófica está concluída.

De maneira mais geral, ao ler as obras de Aristóteles, você não tem a impressão de que está gradualmente ganhando familiaridade com uma construção sistemática. Pelo contrário, parece que você é levado por uma série de salas de exibição, cada uma delas abastecida com problemas e dificuldades: os problemas e dificuldades podem ser considerados deste ou daquele ângulo; eles são tomados e examinados; diferentes análises são testadas; várias tentativas de solução são propostas. Mas – na maior parte – nada de sistemático parece surgir, e às vezes não aparece nada de definitivo. Antes, Aristóteles ainda está procurando pela resposta – e convidando-nos a procurar com ele.

Tudo isso é verdade – até certo ponto; e também ajuda a explicar por que Aristóteles exerceu uma atração tão poderosa sobre um certo de tipo de filósofo moderno – e aporético. Mas a verdade nisso é compatível com uma versão modificada da visão sistemática do empreendimento de Aristóteles. Em algumas de suas obras – talvez de maneira mais patente na *Metafísica* –, Aristóteles é, de fato, predominantemente aporético. Mas, em outros lugares – nos *Primeiros Analíticos*, digamos, ou no *de Caelo* –, a discussão é menos marcada por embaraços e menos tentativa, e há passagens diretas e claras contendo robusta doutrina. E na maioria de suas obras ele está no meio do caminho. Por um lado, está claro que as obras sobreviventes não estão preocupadas em apresentar um sistema acabado de pensamento: o *corpus* certamente não é sistemático nesse sentido. Por outro lado, há alguma razão em atribuir a Aristóteles a convicção de que, em princípio, os problemas com os quais ele estava se debatendo podiam ser resolvidos, as obscuridades que o faziam tropeçar podiam ser iluminadas, e o conhecimento que ele – como todo homem, por sua natureza – estava perseguindo podia em algum momento ser capturado, organizado e contemplado como uma totalidade. Havia um sistema *in posse*, mas não *in esse*; um sistema potencial, mas não um sistema de fato.

Como pareceria o sistema? Aristóteles não acreditava numa ciência única e unificada: a totalidade do conhecimento – do conhecimento genuinamente científico – está dividida em disciplinas independentes ou ciências. Algumas dessas ciências são teóricas, outras práticas, outras produtivas – dependendo de se o objetivo delas é a descoberta de verdades, a realização de ações ou a produção de objetos. Entre as ciências produtivas estão a poética e a retórica. As ciências práticas incluem a ética e a política (nós estudamos ética, Aristóteles declara, não para saber que tipos de homens são bons, mas para nós mesmos nos tornarmos homens bons). As ciências teóricas se subdividem em teológicas, matemáticas e naturais. As ciências matemáticas são o que elas parecem ser: Aristóteles tinha um ávido interesse nelas, mas reconhecia não ser um especialista. As ciências naturais incluem a física, química, meteorologia, biologia, zoologia e botânica – assuntos aos quais Aristóteles dedicou uma grande parte de seu tempo e seus escritos. E finalmente há a "teologia", ou a ciência dos itens imutáveis, que Aristóteles sustenta ser superior a todos os outros estudos e à qual são dedicados os ensaios em sua *Metafísica*.

Aristóteles não dá qualquer tipo de elaboração a essas ideias, e existem algumas obscuridades nelas.[30] Ele está bem mais preocupado em insistir que as ciências não são unificadas: não há um conjunto único de verdades do qual todas elas são derivadas, um conjunto único de conceitos que dá estrutura a todas elas, um método único que todas elas têm de seguir, um padrão único de rigor científico que todas elas têm de atender. Em tudo isso, Aristóteles era conscientemente pluralista – e conscientemente antiplatônico. Não obstante, as ciências, ou de qualquer maneira as ciências teóricas, têm algo em comum.

Aristóteles, como Platão, estava impressionado pelo progresso realizado na mais bem-sucedida das ciências gregas, a geometria; ele estava particularmente impressionado pela maneira como a geometria podia ser apresentada como uma área unificada de conhecimento. E ele exigia, com efeito, que as características que davam à geometria sua unidade fossem transferidas, na medida do possível, às outras ciências teóricas. Em suma, o conhecimento deve ser sistematizado segundo a forma das ciências dedutivas axiomatizadas. As verdades que constituem cada umas das ciências estão divididas em duas classes: as verdades primeiras, ou princípios, e as verdades derivadas, ou teoremas. Os princípios de uma ciência – os axiomas da geometria, por exemplo – não precisam de prova: eles são primeiros e autoexplicativos. Os teoremas são provados com base nos princípios: as provas, que têm de possuir a forma de argumentos dedutivos válidos ou silogismos, explicam os teoremas e fundamentam o conhecimento que temos deles no nosso conhecimento dos princípios. Uma ciência possui um conjunto finito e unitário de princípios, e ele constitui um corpo fechado de verdades explicadas ou autoexplicativas.

As próprias obras científicas de Aristóteles não apresentam as coisas dessa maneira rigorosa: elas contêm poucas deduções formais; raramente identificam os primeiros princípios; não possuem a disposição ordenada

---

[30] Onde, por exemplo, a lógica deveria estar localizada? Ela é uma ciência teológica?

e unidade que uma ciência acabada possuiria. As *Partes dos Animais* de Aristóteles, digamos, não é uma obra fortemente sistemática. Apesar disso, Aristóteles tinha ideias sistemáticas sobre a ciência à qual *PA* dá sua contribuição. E, aqui e ali em *PA*, o sistema coloca a cabeça de fora. E é assim, de maneira mais geral, com a filosofia de Aristóteles. Nosso *corpus* não é um corpo de trabalho fortemente sistemático. A despeito disso, Aristóteles tinha ideias sistemáticas sobre a natureza do empreendimento ao qual ele dava sua contribuição. E aqui e ali em suas obras o sistema coloca a cabeça de fora.

2 Lógica

Robin Smith

Aristóteles reivindica um tipo especial de prioridade para seus tratados sobre lógica. Em todos os outros assuntos, ele se vê como continuador de uma linha de trabalho que começou antes dele e apresenta suas próprias teorias como desenvolvimentos ulteriores daquilo que ele recebeu de seus predecessores. Em relação ao estudo do argumento, entretanto, Aristóteles viu-se numa situação diferente: "No que diz respeito a este assunto, não é o caso que uma parte já tenha sido trabalhada previamente e outra parte, não; ao contrário, não existia absolutamente nada" (*SE* 34, 183b34-36). Aristóteles não quer dizer que ninguém havia argumentado antes dele ou mesmo que ninguém antes dele havia tentado ensinar como argumentar. O que ele afirma – e não temos razão para colocar isso em dúvida – é que ele foi o primeiro a conceber um tratamento sistemático da inferência correta. Enquanto tal, Aristóteles foi o fundador da lógica. Isto torna a amplitude de suas teorias lógicas ainda mais notável. Seus *Primeiros Analíticos* contêm a exposição completa de uma teoria da inferência (usualmente chamada de "silogística"), desenvolvida com um rigor matemático impressionante. A primeira lógica da história também foi a mais influente, com uma importância sem paralelo na filosofia pós-helenística, na filosofia islâmica medieval e especialmente no pensamento medieval europeu: com efeito, por muitas gerações de filósofos, lógica aristotélica e lógica eram idênticas. Apenas no século XX ela foi finalmente suplantada, como resultado do trabalho de Frege e seu sucessores. Mas mesmo com a lógica matemática moderna destronando Aristóteles, ela também forneceu os materiais para uma melhor compreensão do que ele havia alcançado: estudos recentes têm revelado uma forte afinidade nos métodos e interesses entre Aristóteles e a teoria lógica dos dias de hoje, mesmo que os resultados de fato obtidos por ele deixem a desejar de acordo com os padrões modernos.

Mas se a silogística é a parte mais brilhante das realizações de Aristóteles como um lógico, ela não é de forma alguma o todo delas. Muitas de suas posições sobre raciocínio, argumento e linguagem são relativamente independentes dela, e muitas dessas posições são de grande importância para a compreensão de suas outras obras. Mesmo grandes partes de seus tratados sobre argumentos quase não mencionam a silogística. Há ainda menos traços nas obras sobre ciência natural, ética ou política: se algum acidente histórico nos tivesse privado da exposição da silogística nos *Primeiros Analíticos*, poderíamos ler praticamente todas essas obras sem nos dar conta da perda. Em contrapartida, suas posições sobre definição, demonstração, argumento dialético, necessidade e possibilidade e predicação são ubíquas nos tratados.

Neste capítulo, eu tentei equilibrar essas preocupações, dando um tempo aproximadamente igual à silogística, devido a seu significado intrínseco, e ao restante das doutrinas lógicas de Aristóteles, devido a sua importância em suas outras obras.

Aristóteles não tinha uma palavra para a lógica como um todo nem nos deixou um único tratado que desse conta de toda a lógica. O que temos em vez disso são tratamentos de duas espécies de raciocínio e argumentação: *demonstrações*, que produzem provas científicas, e *argumentos dialéticos*, encontrados nos debates e nas conversas entre pessoas. A demonstração é o principal assunto dos *Segundos Analíticos*, ao passo que os *Tópicos* dão um método de uso para os argumentos dialéticos. Outros tratados estão intimamente relacionados com cada um destes. Os *Primeiros Analíticos* descrevem a si mesmos como um prefácio a uma teoria da demonstração e têm laços estreitos com os *Segundos*, embora a silogística ali apresentada pretenda ser a explicação correta de todo tipo de argumento. Quanto à dialética, as *Refutações Sofísticas* são um apêndice aos *Tópicos*, terminando com o que claramente deveria ser o capítulo final daquela obra. Dois outros curtos tratados arrematam as obras lógicas. *Da Interpretação* oferece uma teoria da estrutura das proposições e suas condições de verdade, que é em grande parte pressuposta pelos *Primeiros Analíticos*. O tratado que conhecemos como as *Categorias* é mais difícil de classificar. Uma antiga tradição o tomava como um prefácio a toda a lógica, oferecendo uma teoria dos significados dos termos que compõem as proposições. Interpretado dessa maneira, entretanto, sua metade final (capítulos 10-15) não faz sentido (assim, há uma tradição igualmente antiga que considera essa parte espúria ou fora de seu lugar). Mas uma tradição ainda mais antiga deu a ele o título "Materiais Preliminares para os *Tópicos*", dando a entender que as *Categorias* têm mais ou menos a mesma relação com os tratados dialéticos que *Da Interpretação* tem com as obras sobre demonstração. Com base nisso, estou inclinado a contar as *Categorias* entre as obras dialéticas. A estas pode ser adicionada a *Retórica*, que diz que sua teoria da oratória repousa sobre a teoria dialética nos *Tópicos* (uma asserção corroborada pelos estreitos paralelos entre as obras). Seis desses sete tratados (excluindo a *Retórica*) eram conhecidos pelos comentadores antigos sob o título coletivo *Organon* ("Instrumento") e considerados como as obras que deviam ser estudadas em primeiro lugar ao nos aproximarmos da filosofia de Aristóteles. Nem o título nem o agrupamento são reconhecidos por Aristóteles, mas remissões entre os tratados mostram que ele os via como intimamente conectados.

Há também discussões sobre argumentação dispersas por outras obras. A mais extensa destas é *Metafísica* IV, cuja tarefa é a de mostrar que ninguém pode rejeitar o princípio de não contradição e ainda tomar parte num discurso significativo. Passagens mais breves sobre argumentos e metodologia são encontradas na maior parte dos tratados (várias passagens são discutidas abaixo; veja também *EN* VI.3-6, *Met* I.1-2, *PA* I.1).

Parte I. A teoria do argumento de Aristóteles

Os dois tipos de argumento: dedução e indução

O argumento é um discurso que tenta provar um ponto: qualquer argumento tem como intenção dar razões para aceitar alguma proposição. Chamemos a proposição que um argumento tenta sustentar de sua *conclusão* e aquelas proposições que ela apresenta como essa sustentação de suas *premissas*. Aristóteles reconhece dois tipos de argumentos que sustentam suas conclusões de maneiras fundamentalmente diferentes. A primeira é a *dedução*:

Uma dedução é um argumento no qual, supostas certas coisas, uma outra coisa, diferente das coisas supostas, decorre com necessidade por conta de elas serem como são (*An.Pr* I.1, 24a18-20).

O que Aristóteles define aqui (e essencialmente nos mesmos termos em *Top* I.1, *SE* i, *Rhet* I.1) é a relação de consequência lógica ou implicação: uma dedução é um argumento no qual a conclusão decorre necessariamente das premissas. Em termos modernos, deduções são *argumentos válidos*. O principal assunto da teoria lógica, tanto da moderna quanto da antiga, é justamente essa relação de consequência lógica.

Aqui seria apropriado fazer um comentário sobre a palavra "dedução". A palavra grega que Aristóteles usa é *sullogismos*, que, no uso ordinário, pode significar "cômputo" ou "cálculo". Platão usa essa palavra e também o verbo associado de tirar uma conclusão. A palavra portuguesa "silogismo" é sua descendente histórica, e de fato a linha de descendência vem não apenas do grego, mas de Aristóteles. Entretanto, essa mesma história torna "silogismo" uma má tradução de *sullogismos* em Aristóteles. Os lógicos normalmente usam "silogismo" *querendo referir-se* a uma das formas específicas de argumento válido que Aristóteles discute em *An.Pr* I.1-6, mas a definição de *sullogismos* dada por Aristóteles compreende uma classe muito mais ampla: praticamente qualquer argumento válido, ou ao menos qualquer argumento com uma conclusão diferente de alguma de suas premissas. Se traduzirmos *sullogismos* por "silogismo", o vasto escopo dessa definição fica obscurecido, bem como a natureza de parte do trabalho teórico em lógica feito por Aristóteles. Nos *Primeiros Analíticos*, Aristóteles tenta mostrar que qualquer argumento válido pode ser transformado num argumento que utiliza apenas aquelas formas dedutivas chamadas hoje em dia de silogismos. Esta é uma afirmação substancial (e, do ponto de vista da teoria lógica moderna, é também demonstravelmente falsa). Entretanto, se traduzirmos *sullogismos* por "silogismo", nós a tornamos verdadeira, mas trivial: "Todo silogismo é um silogismo". (Uma observação parecida pode ser feita a respeito de sua afirmação de que nenhum *sullogismos* pode ter apenas uma premissa. Aristóteles pensa que vale a pena defendê-la; mas, se, como os comentadores antigos pensavam, ela é simplesmente parte da definição – implícita no plural "supostas certas *coisas*" –, então a observação é trivial, e os argumentos redundantes.)

Além das deduções, Aristóteles (como os filósofos modernos) reconhece um segundo tipo de argumento: a *indução* (*epagôgê*). Uma indução é um argumento que passa "dos particulares ao universal", isto é, infere uma afirmação geral de um certo número de suas instâncias, como no seguinte exemplo:

Sócrates tem duas pernas.
Platão tem duas pernas.
Aristóteles tem duas pernas.
Portanto, todos os humanos têm duas pernas.

A conclusão deste argumento introduz o termo "humanos", que não é encontrado nas premissas. Como se justifica isso? Explicações modernas da indução diriam que os casos individuais precisam de uma descrição mais completa:

Sócrates é humano e tem duas pernas.
Platão é humano e tem duas pernas.
Aristóteles é humano e tem duas pernas.

Aristóteles, entretanto, pode em vez disso ter pensado que uma outra premissa está pressuposta:

Sócrates tem duas pernas.
Platão tem duas pernas.
Aristóteles tem duas pernas.
Sócrates, Platão e Aristóteles são humanos.

Indiferentemente de como os interpretemos, os argumentos indutivos têm uma propriedade que os distingue de maneira precisa das deduções: eles podem ser tornados inválidos *adicionando* uma premissa do tipo certo. Suponha que adicionemos a seguinte premissa a nosso exemplo:

Monosceles é humano e não tem duas pernas.

Um único humano de uma perna como Monosceles – um único *contraexemplo* – é suficiente para bloquear a inferência indutiva de um número qualquer de casos à generalização "Todos os humanos têm duas pernas". Um bom argumento indutivo, então, também tem de supor que não existem contraexemplos. Poderíamos tentar adicionar ainda uma outra premissa que dissesse isso explicitamente:

I. Não há nenhum outro humano que não tem duas pernas.

Mas esta nova premissa é quase que equivalente à conclusão "Todos os humanos têm duas pernas". Nós assim salvamos argumento apenas sob pena de trivializá-lo. Ao invés disso, poderíamos tentar:

II. Sócrates, Platão e Aristóteles são todos os humanos que existem.

É claro que a nova premissa é falsa, mas, se adicionarmos um número suficiente de casos (isto é, um para cada ser humano) e um número suficiente de nomes à lista, nós poderíamos em princípio torná-la verdadeira. Tal reformulação nos dá um bom argumento, mas apenas porque o torna *dedutivamente* válido. Ela também torna muito difícil que tais argumentos apareçam, uma vez que o número de casos exigido será enorme, e seria difícil ou impossível obter o conhecimento de que esses são todos os casos que há. Como uma terceira possibilidade, poderíamos adicionar uma premissa deste tipo:

III. Sócrates, Platão e Aristóteles são todos os humanos que observamos.

Com o acréscimo desta premissa, o argumento não é meramente uma dedução e ainda captura um importante uso das induções, a saber, o de tirar conclusões sobre o que nós ainda não encontramos com base em generalizações sobre o que já encontramos. A filosofia moderna da ciência concentra-se precisamente nesse tipo de inferência: o "problema da indução" é o problema de explicar a confiabilidade de argumentos do tipo "Todo A observado até agora é B; logo, todo A é B irrestritamente".

Não é fácil dizer de qual dessas possibilidades Aristóteles toma o partido, se é que toma o de alguma, uma vez que o que ele tem a dizer sobre a indução é muito mais breve e muito menos sistemático do que o que ele diz sobre a dedução. Ele se mostra pouco preocupado com o "problema da indução" moderno, e assim é pouco provável que qualquer coisa como III estivesse em operação. Entretanto, há diferentes textos que favorecem I e II respectivamente. Nos contextos dialéticos, em que argumentos assumem a forma de disputas entre dois oponentes (veja abaixo), Aristóteles diz que um contendor que aceitou certo número de instâncias de uma generalização tem de concordar com a generalização ou oferecer um contraexemplo. Isso favorece a existência de uma premissa pressuposta do tipo I: Se não consigo pensar em nenhum humano que não tenha duas pernas, então, com efeito, eu admiti que não existem humanos que não têm duas pernas.

Em outras partes, Aristóteles parece estar inclinado a tratar ao menos algumas induções como estando fundadas numa premissa do tipo II. Isso fica mais evidente em relação a induções nas quais os casos dizem respeito a espécies, e não a indivíduos, como neste exemplo:

Videiras são decíduas.
Carvalhos são decíduos.
Olmos são decíduos.
(Diversos outros casos, um para cada espécie latifoliada)
Videiras, carvalhos, olmos etc. são todas as espécies latifoliadas que existem.
Portanto, todas as espécies latifoliadas são decíduas.

Aqui, a premissa de tipo II não está nem perto de ser tão intratável quanto no exemplo anterior. O número de diferentes espécies é certamente muito menor que o número de indivíduos, e, para Aristóteles, ele é permanentemente fixo, uma vez que as espécies não surgem nem deixam de existir. Mas, mesmo que esta seja a maneira como Aristóteles pensa as induções nas quais os "particulares" são espécies em vez de indivíduos, é difícil imaginá-lo estendendo esta análise a induções como a de nosso primeiro exemplo (e há evidências suficientes de que ele contava tais argumentos entre os indutivos).

De fato, Aristóteles simplesmente não nos oferece nada parecido com uma teoria completa dos argumentos indutivos, e qualquer tentativa de reconstruir uma teoria com base em suas dispersas observações está fadada a incluir algo de especulação. Embora ele atribua à indução um papel epistemológico crítico como nosso meio de alcançar o conhecimento de generalizações, ele nunca tenta estipular regras sistemáticas para argumentos indutivos (embora haja dicas nessa direção em *Top* VIII).

A LINGUAGEM DA SILOGÍSTICA

Deduções (e induções) são compostas de sentenças capazes de ser verdadeiras ou falsas: *asserções* ou *declarações* (*apophanseis*), como Aristóteles as chama em *Da Interpretação*. Segundo ele, essas asserções tomam uma de duas formas. Numa *afirmação*, algo é "afirmado de" alguma outra coisa: "Sócrates é humano" afirma a humanidade de Sócrates, "Cavalos são animais" afirma "animais" de "cavalos". Numa *negação*, algo é negado de alguma outra coisa: "Sócrates não está andando", "Cavalos não são peixes". Desse modo, qualquer asserção consiste, segundo Aristóteles, em duas partes: um *predicado*, que é ou afirmado ou negado de algo, e um *sujeito*, do qual o predicado é afirmado ou negado.

Podemos distinguir entre asserções individuais, nas quais o sujeito é um particular concreto como Sócrates, e asserções gerais, nas quais o sujeito é um termo geral ou *universal*, como cavalo. Indivíduos normalmente não podem servir senão de sujeitos, ao passo que universais também podem servir de predicados. Dizemos "Cavalos são animais" e "Mustangues são cavalos" de maneira igualmente natural. Mas, quando tentamos forçar "Sócrates" na posição de predicado, o que obtemos não mais parece ser uma predicação, e sim um tipo de identificação: "Aquele homem é Sócrates" é equivalente a "Aquele homem e Sócrates são o mesmo". Uma outra distinção é que predicações gerais admitem determinações de quantidade, como "todo", "algum", "nenhum": "Todo cavalo é um mamífero", "Alguns cavalos não são dóceis". Com as predicações individuais, tais quantificadores parecem violar a gramática.

Devido a essas e outras diferenças, os lógicos modernos consideram que "Sócrates é humano" e "Todo ateniense é humano" têm formas lógicas diferentes, apesar de serem superficialmente semelhantes. Toma-se "Sócrates é humano" como uma predicação com Sócrates como sujeito, ao passo que "Todo ateniense é humano" não contém de forma alguma "todo ateniense" como sujeito, mas diz, ao contrário, "Para qualquer coisa que você tome, se é ateniense, então é humano". Aristóteles também reconhece que predicações gerais e individuais são diferentes, mas, a despeito disso, ele julga que ambas têm a forma sujeito-predicado. Lógicos modernos discordariam disso por razões fundamentais (razões que não desenvolverei aqui).

Predicações com sujeitos universais podem ser diferentes em *quantidade*: um predicado pode ser afirmado ou negado de todos de um sujeito ("Todo humano é racional", "Nenhum humano é grego") ou apenas de alguns dele ("Alguns cachorros não são ferozes"). Estas distinções tornam complexa uma relação fundamental entre proposições, a de *contradição*. No caso de uma predicação individual, há uma relação simples entre uma afirmação e sua negação correspondente: a proposição "A é B" afirma exatamente o que a proposição "A não é B" nega, e, destas duas, exatamente uma tem de ser verdadeira e uma falsa. O que corresponde a esta relação no caso universal? Como Aristóteles mostra (*Int* 7), o esquema a seguir oferece as correspondências corretas:

"Todo A é B" e "Algum A não é B" são contraditórias.
"Nenhum A é B" e "Algum A é B" são contraditórias.

Note ainda que "Todo A é B" e "Nenhum A é B" não são contraditórias: elas não podem ser ambas verdadeiras, mas podem ser ambas falsas. "Algum A é B" e "Algum A não é B" estão ainda mais longe de serem contraditórias, visto que elas podem ser ambas verdadeiras (embora para Aristóteles elas não possam ser ambas falsas).

Sentenças desses quatro tipos são *sentenças categóricas*. Uma convenção – não aristotélica, mas mesmo assim útil – que data da Idade Média designa cada tipo de sentença com uma vogal: "a" para "pertence a todo", "e" para "não pertence a nenhum", "i" para "pertence a algum", "o" para "não pertence a algum". As sentenças categóricas podem então ser abreviadas usando a sequência "predicado-tipo de sentença-sujeito", desta maneira:

AaB = A pertence a todo B (Todo B é A)
AeB = A não pertence a nenhum B (Nenhum B é A)
AiB = A pertence a algum B (Algum B é A)
AoB = A não pertence a algum B (Algum B não é A)

Do ponto de vista da lógica moderna, apenas um número limitado de sentenças pode ser representado desta forma. Aquelas que envolvem composição sentencial ("Se ou chover amanhã ou não tivermos mais dinheiro, então não prosseguiremos em nossa jornada, a não ser que nós dois recebamos uma ajuda inesperada e a chuva que porventura venha a cair seja tanto breve quanto leve"), predicados relacionais ("Sócrates era mais velho que Platão", "Sócrates está sentado entre Platão e Aristóteles") e quantificação múltipla ("Toda pessoa conhece alguém que não a conhece") resistem bravamente a serem colocadas em forma categórica. Para os lógicos modernos, as sentenças categóricas são meramente uma espécie de proposição. Aristóteles, entretanto, parece sustentar que toda sentença declarativa pode ser analisada em termos de sentenças categóricas. Por conseguinte, estudando as sentenças categóricas, ele julgava estar estudando *o que pode ser dito*, sem nenhum espécie de restrição. Este último ponto é essencial para entender a teoria da validade de Aristóteles. Na realidade, essa é uma teoria da validade para argumentos compostos de sentenças categóricas, mas, uma vez que Aristóteles pensava que todas as proposições podiam ser analisadas como proposições categóricas, ele considerava que a silogística era a teoria da validade em geral.

A TEORIA DA VALIDADE: ARGUMENTOS NAS FIGURAS

Entre os alicerces da silogística de Aristóteles está uma teoria sobre uma classe específica de argumentos: argumentos que têm como premissas exatamente duas sentenças categóricas com um termo em comum. São possíveis três formas dessa combinação: o sujeito de uma premissa pode ser o predicado da outra, as premissas podem ter o mesmo predicado, ou as premissas podem ter o mesmo sujeito. Aristóteles chama essas três configurações, respectivamente, "primeira figura", "segunda figura" e "terceira figura".

Primeira figura		Segunda figura		Terceira figura	
predicado	sujeito	predicado	sujeito	predicado	sujeito
A	B	A	B	A	B
B	C	A	C	C	B

Ele então pergunta: Em cada uma dessas figuras, que combinações de sentenças categóricas implicam alguma conclusão que contém justamente os dois termos que as premissas *não* têm em comum? Passando sistematicamente por todas as 16 combinações de premissas em cada figura, Aristóteles ou prova que se segue uma certa forma de conclusão ou prova que não se segue nenhuma conclusão que contém justamente aqueles termos.

Antes de considerar essas provas, é conveniente fazer alguns esclarecimentos preliminares (terminológicos e de outras espécies). Aristóteles chama o termo que aparece em ambas as premissas de termo *médio*; os outros dois termos, que aparecem como sujeito e predicado da conclusão, são os *extremos*. Ele também faz uma distinção entre o extremo *maior* e o extremo *menor* que requer algumas explicações. Na primeira figura, Aristóteles apenas investiga se se segue uma conclusão que tem como predicado o extremo que é usado como predicado em sua premissa e tem como sujeito o extremo usado como um sujeito. Em outras palavras, uma dedução da primeira figura tem, para ele, a seguinte forma:

A (predicado de) B
B (predicado de) C
Portanto, A (predicado de) C

Aristóteles chama de "A" (o predicado da conclusão e o extremo que aparece como o predicado de uma premissa) o *termo maior* e chama de "C" (o sujeito da conclusão e o extremo que aparece como sujeito de uma premissa) o *termo menor*. Ele ainda chama as premissas que contêm esses termos de premissas maior e menor, respectivamente. No interior da primeira figura, então, os termos maiores e menores têm diferentes funções nas *premissas*. Esta distinção não pode ser aplicada à segunda e à terceira figuras, mas Aristóteles continua chamando o predicado e o sujeito da conclusão, respectivamente, de termos maior e menor. Ao enunciar as formas, o costume de Aristóteles é dar em primeiro lugar a premissa maior.

O próximo ponto é mais que terminológico. Depois de definir "dedução", Aristóteles distingue entre deduções "completas" (ou "perfeitas") e "incompletas" (ou "imperfeitas"). Uma dedução completa é uma dedução que tem a propriedade adicional de "não precisar de um termo vindo de fora para tornar a necessidade óbvia": isto é, ela é um argumento em que a conclusão não apenas decorre das premissas, mas decorre de maneira *óbvia*. Uma dedução incompleta ainda é uma dedução, mas sua validade não é óbvia, e ela requer prova: isso consiste em inserir passos de raciocínio adicionais entre as premissas e a conclusão que "tornam a necessidade óbvia". Aristóteles diz que as seguintes deduções da primeira figura são completas:

AaB, BaC;	portanto, AaC	(*Barbara*)[1]
AeB, BaC;	portanto, AeC	(*Celarent*)
AaB, BiC;	portanto, AiC	(*Darii*)
AeB, BiC;	portanto, AoC	(*Ferio*)[2]

Provas por "Complementação"

Aristóteles então se volta para a segunda e terceira figuras e usa esses silogismos da primeira figura, juntamente com certas outras regras, a fim de construir provas para as deduções nelas, todas as quais ele considera incompletas. Essas outras regras envolvem a *inversão*: "inverter" uma sentença categórica consiste em permutar seu sujeito e predicado. Aristóteles observa que algumas formas implicam suas inversas:

AeB implica *BeA* ("Nenhum cachorro é cavalo" implica "Nenhum cavalo é cachorro").

AiB implica *BiA* ("Alguns cachorros são animais de estimação" implica "Alguns animais de estimação são cachorros").

---

[1] Os curiosos nomes que seguem estas combinações são artifícios mnemônicos medievais para as formas; embora não sejam aristotélicos, eles são comumente encontrados na literatura, e vale a pena conhecê-los.

[2] As vogais indicam, na ordem, os tipos de premissas e conclusão. Assim, *Celarent* indica uma combinação de premissas *ea* e conclusão *e*; saber que isto está na primeira figura nos permite reconstruir a forma.

Obviamente, essa relação é simétrica, uma vez que a inversa da inversa de uma sentença é a própria sentença. Nem sentenças *a* nem sentenças *e* se invertem, mas uma sentença *a* implica a sentença *i* correspondente como os termos transpostos:

AaB implica *BiA* ("Todos os cachorros são animais" implica "Alguns animais são cachorros").

Aristóteles chama isso de "inversão acidental".

O exemplo a seguir ilustra como as provas de Aristóteles para a segunda e terceira figuras funcionam. Seu objetivo aqui é mostrar que a combinação *ae* na segunda figura resulta numa conclusão *e*:

> Se M pertence a todo N, mas a nenhum X, então N também não pertencerá a nenhum X. Pois se M não pertence a nenhum X, então X também não pertence a nenhum M; mas M pertence a todo N; portanto, X não pertencerá a nenhum N (pois aqui temos a primeira figura). E já que a privativa se inverte, N também não pertencerá a nenhum X (*An.Pr* 1.5, 27a9-12).

A prova dada neste texto pode ser exposta formalmente assim:

1. MaN		Se M pertence a todo N
2. MeX		mas a nenhum X,
Para provar: NeX		então N também não pertencerá a nenhum X.
3. MeX	(2, premissa)	Pois, se M não pertence a nenhum X,
4. XeM	(3, inversa-e)	então X também não pertence a nenhum M;
5. MaN	(1, premissa)	mas M pertencia a todo N;
6. XeN	(4, 5, Celarent)	portanto, X não pertencerá a nenhum N (pois aqui temos a primeira figura)
7. NeX	(6, inversa-e)	E já que a privativa se inverte, N também não pertencerá a nenhum X.

Esta prova pode ser lida como um esquema para construir uma dedução sem lacunas que parte de premissas das formas MaN, MeX a fim de obter uma conclusão NeX. As letras de Aristóteles têm um papel bem parecido com o da figura numa prova geométrica grega e das letras que rotulam suas partes.[3]

Aristóteles às vezes tem de usar um outro padrão de prova, a saber, a *complementação por impossibilidade*. Ele junta às premissas a negação da conclusão desejada e, partindo disso e de uma das premissas originais, deduz a contraditória (ou contrária) da outra premissa. Isto mostra que as premissas originais e a negação da conclusão não podem ser todas verdadeiras; por conseguinte, se as premissas são verdadeiras, então a negação da conclusão tem de ser falsa (isto é, a conclusão tem de ser verdadeira). Um exemplo (*Baroco* da segunda figura, tomado de *An.Pr* I.5, 27a37-b1):

1. MaN	premissa	Se M pertence a todo N
2. MoX	premissa	mas não pertence a algum X,
Para provar: NoX		é necessário que N não pertença a algum X
4. NaX	(negação de NoX)	Pois, se ele pertence a todo X
5. MaN	(premissa 1)	e M é também predicado de todo N,
6. MaX	(4,5, Barbara)	então é necessário que M pertença a todo X;
7. MoX	(premissa 2)	mas a suposição era que ele não pertence a algum.

A prova termina aqui: a linha 6 é a contraditória da premissa 2, e assim a suposição de que NaX é verdadeira conduz a uma impossibilidade. A "impossibilidade" é uma impossibilidade *dadas as premissas*:

---

[3] O nome medieval para essa forma, *Camestres*, também cifra essa prova. A letra "s" (*conversio simplex*) significa "aplique a inversão-e ou a inversão-i à proposição cuja vogal precede"; a inversão-e é usada no passo 4 na premissa e, e no passo 7 no resultado intermediário XeN. A letra inicial "C" é a primeira letra de *Celarent*, indicando a forma de primeira figura, da qual se lançará mão na prova (passo 6). A letra "m" (*movere*) significa "permutar premissas", indicando que as premissas têm de ser invertidas para que se obtenha a primeira figura (Aristóteles nunca supõe que a ordem das premissas afeta a validade de uma dedução, embora ele geralmente *enuncie* as premissas numa ordem fixa). Em outros nomes, "p" depois de uma vogal indica que a inversão de um *a* para um *i* (*conversio per accidens*) tem de ser usada.

se as premissas MaN e MoX são ambas verdadeiras, então a suposição subsequente de NaX conduz ao par impossível MaX, MoX.

REFUTAÇÕES POR CONTRAEXEMPLO

Estabelecer que certas formas de premissas sempre têm como resultado uma conclusão é metade da tarefa de Aristóteles. Para ter uma teoria lógica completa, ele também tem de mostrar que essas são *todas* as formas de concluir. Para mostrar que um argumento é inválido, basta mostrar que sua conclusão *pode* ser falsa quando suas premissas são todas verdadeiras. A técnica lógica padrão para fazer isso é o *contraexemplo*: descrever uma situação possível em que o argumento tem premissas verdadeiras e uma conclusão falsa. Mas a preocupação de Aristóteles é com as formas dos argumentos, não com os argumentos, e uma forma de argumento é válida apenas se todas as suas instâncias são válidas. Por conseguinte, um contraexemplo a uma forma de argumento será qualquer argumento daquela forma com premissas verdadeiras e uma conclusão falsa. Aristóteles poderia percorrer todas as possíveis combinações de premissas e formas de conclusão e oferecer contraexemplos para as que são inválidas. Em vez disso, ele mostra que certos pares de premissas "não silogizam" ao mostrar que, não importa qual das quatro formas possíveis de conclusão nós tentemos empregar, o resultado é sempre inválido. Ele faz isso por meio de uma engenhosa e eficiente técnica que encontra sua melhor explicação com base em um exemplo. Para provar que a combinação AaB, BeC na primeira figura não silogiza, ele diz:

> Pois nada decorre necessariamente como resultado de que as coisas sejam assim. Pois o primeiro pode pertencer igualmente a todos e a nenhum dos últimos, de maneira que nem uma [conclusão] particular nem uma [conclusão] universal sejam necessárias; e já que nada é necessário por meio desse estado de coisas, não há dedução. Termos para pertencer a todos são animal-homem-cavalo, para não pertencer a nenhum, animal-homem-pedra (*An.Pr* I 4, 26a3-9).

Eis como isso funciona. Suponha que animal, homem e cavalo sejam os termos (em ordem de aparição) num par de premissas das formas AaB, BeC: as premissas são, então, "Animal pertence a todo homem" e "Homem não pertence a nenhum cavalo", e elas são evidentemente verdadeiras. O mesmo também vale para os termos animal, homem e pedra. No primeiro caso, entretanto, acontece que "Animal pertence a todo cavalo" é verdadeira, ao passo que, no segundo, "Animal não pertence a nenhuma pedra" é verdadeira:

CASO I
Animal pertence a todo homem
Homem não pertence a nenhum cavalo
Animal pertence a todo cavalo

CASO II
Animal pertence a todo homem
Homem não pertence a nenhuma pedra
Animal não pertence a nenhuma pedra

Estes dois casos mostram que é possível haver conjuntos de proposições verdadeiras destas duas formas:

CASO I
AaB
BeC
AaC

CASO II
AaB
BeC
AeC

Agora suponha que haja uma *forma* de argumento válida na primeira figura com premissas AaB, BeC. Sua conclusão tem de ter uma das quatro formas possíveis: AaC, AeC, AiC, AoC. Mas o Caso I mostra por contraexemplo que ela não pode ser AeC ou AoC (já que AaC é inconsistente com cada uma destas), e o Caso II é igualmente um contraexemplo relativo a ela ser AaC ou AiC. Aristóteles refere-se a este tipo de argumento por contraexemplo como "prova por termos".

Com essas técnicas, Aristóteles estabelece que as seguintes formas, e tão-somente elas, são formas de dedução válidas nas três figuras:

Primeira figura:	AaB, BaC; portanto, AaC	*Barbara*
	AeB, BaC; portanto, AeC	*Celarent*
	AaB, BiC; portanto, AiC	*Darii*
	AeB, BiC; portanto, AoC	*Ferio*
Segunda figura:	MaN, MeX; portanto, NeX	*Camestres*
	MeN, MaX; portanto, NeX	*Cesare*
	MeN, MiX; portanto, NoX	*Festino*
	MaN, MoX; portanto, NoX	*Baroco*

Terceira figura:	PaS, RaS; portanto, PiR	*Darapti*
	PeS, RaS; portanto, PoR	*Felapton*
	PiS, RaS; portanto, PiR	*Disamis*
	PaS, RiS; portanto, PiR	*Datisi*
	PoS, RaS; portanto, PoR	*Bocardo*
	PeS, RiS; portanto, PoR	*Ferison*

Aristóteles acaba não mostrando a invalidade das outras combinações premissa-conclusão para premissas concludentes, por exemplo, ele não dá contraexemplos para AaB, BaC; portanto, AeC. Há ainda um outro ponto que ele não trata sistematicamente. Um par de premissas da primeira figura pode implicar uma conclusão que tem o termo maior como *sujeito* e o termo menor como *predicado*:

A (predicado de) B
B (predicado de) C
Portanto, C (predicado de) A

Há, de fato, cinco formas válidas desse tipo (os lógicos medievais as classificavam como uma quarta figura além das três de Aristóteles). Aristóteles reconhece todas elas, em vários lugares nos *Primeiros Analíticos*, como uma espécie de apêndice à primeira figura. Entretanto, ele não oferece provas sistemáticas de sua validade e não oferece contraexemplos para rejeitar combinações inconcludentes (Teofrasto preencheu essa lacuna, tratando-as sistematicamente como formas "indiretas" da primeira figura).

No curto espaço de texto dos *Primeiros Analíticos* I.4-6, então, Aristóteles ofereceu um tratamento magistral de seu assunto: para toda combinação de tipos de premissas nas três figuras, ele ou deu uma prova para mostrar que decorre uma certa forma de conclusão ou mostrou por contraexemplo que não decorre nenhuma conclusão. Ademais, seus métodos lhe permitem afirmar que, de certa maneira, as formas da primeira figura são suficientes para todas as deduções que partem de premissas nessas figuras. Mas Aristóteles vai ainda mais longe. As deduções de primeira figura *Darii* e *Ferio* podem ser complementadas por argumentos por impossibilidade usando formas da *segunda* figura. Com *Darii*, por exemplo, é assim:

1. Aab	(premissa)
2. BiC	(premissa)
3. Suponha AeC	
4. BeC	(1,3 *Camestres*)
5. BiC	(premissa 2)
6. AiC	(negação de 3: prova por impossibilidade)

Por conseguinte, diz Aristóteles, já que *Camestres*, por sua vez, foi provada partindo de *Celarent* da primeira figura, podemos oferecer uma prova estendida de *Darii* partindo de *Celarent*. De maneira similar, *Ferio* pode ser derivada de *Celarent* por meio de *Cesare*. Esses resultados ilustram um importante ponto de afinidade entre Aristóteles e os lógicos modernos: ele quer estudar as propriedades estruturais globais de seu sistema dedutivo – quer fazer *metalógica*, em termos modernos – em vez de simplesmente checar quais argumentos existentes são válidos e quais inválidos.

Preocupações metalógicas dominam o restante dos *Primeiros Analíticos*. Tendo mostrado que toda "dedução nas figuras" pode ser complementada usando apenas formas universais da primeira figura, ele então passa à questão mais geral de saber se isso vale para *toda* dedução. Alguns estudiosos interpretam que ele está ao menos tentando provar a *completude* da silogística num sentido bem definido e bastante moderno: sempre que um conjunto qualquer de sentenças categóricas implica uma conclusão, é possível construir, usando as formas da silogística, uma cadeia de inferências de duas premissas partindo daquelas premissas para obter aquela conclusão. (Tenha Aristóteles enunciado e provado com sucesso esse resultado ou não, pode-se mostrar que ele é verdadeiro.) Além disso, Aristóteles ainda tenta mostrar que qualquer argumento válido pode ser reduzido a inferências silogísticas. Isto depende de mostrar que todo argumento ou consiste inteiramente em sentenças categóricas ou pode ser reformulado com tais sentenças. Ele argumenta em *An.Pr* I.23 que qualquer argumento tem de tentar estabelecer uma conclusão categórica, e assim tem de possuir premissas categóricas; em *An.Pr* I.32-44, ele reflete sobre como colocar vários tipos de argumentos aparentemente não categóricos em suas três figuras. No todo, entretanto, essa parte de seu projeto é muito menos convincente, e ele próprio admite a dificuldade em "reduzir" certos argumentos, particularmente argumentos por impossibilidade.

Problemas na interpretação da silogística

A teoria lógica moderna rejeita a silogística como uma teoria geral da validade porque sua teoria das formas proposicionais é limitada demais. Entretanto, é possível interpretar a silogística como um fragmento de uma teoria lógica mais geral como a lógica de predicados. Uma maneira de fazer isso é traduzir os tipos de sentenças categóricas para a lógica de predicados da seguinte forma:

AaB = Para qualquer x, se x é um B, então x é um A
AiB = Para algum x, x é um B e x é um A

As traduções de AeB e AoB são, então, as negações delas:

AoB = Para algum x, x é um B, mas x não é um A
AeB = Para qualquer x, não ambas: x é um B e x é um A

Mas as regras de inversão de Aristóteles não funcionam com essas traduções. A dificuldade é que as traduções de AiB e AoB afirmam a existência de algo, ao passo que as traduções de AaB e AeB não. Mesmo se nada for um B ou um A, pode ser verdade sobre todas as coisas que, *se* algo é um B, *então* ele é um A. Como resultado disso, a inversão AaB, BiA fracassa. O desfecho é que *Darapti* e *Felapton* da terceira figura tornam-se inválidos.

É possível pensar que isso apenas mostra que essas traduções são inadequadas, mas elas trazem à baila um ponto importante: Aristóteles emprega tacitamente certos pressupostos sobre o *teor existencial* dos termos. A maneira mais simples de preservar seus resultados é supor que *todos* os termos têm um teor existencial (e neste caso a silogística pode ser interpretada como uma teoria das relações de classes não vazias). Isso tem amparo intuitivo: se eu disser "Todas as minhas filhas são brilhantes", você vai concluir que eu tenho filhas.

Uma dificuldade de outra espécie é dar algum sentido à própria relação "pertence a". O problema é que todos os termos na silogística podem aparecer tanto como sujeitos quanto como predicados (Aristóteles insiste nisso em *An.Pr* I.27). O que podem ser os termos, se eles devem funcionar dessa maneira? De um ponto de vista moderno, a resposta mais satisfatória é que eles designam *classes*: podemos então interpretar AaB como "A contém B", AiB como "A tem uma interseção com B", e AeB e AoB como as negações destas. Tal interpretação às vezes bate com a de Aristóteles, mas às vezes, não. Em particular, parece que ele leva a sério o paralelo entre "Algumas pessoas têm nariz arrebitado" e "Sócrates tem nariz arrebitado": cada uma delas atribui a propriedade de ter nariz arrebitado a seu sujeito. Mas é absurdo supor que uma classe tem a propriedade "nariz arrebitado".

Proposições modais e a silogística modal

O *Da Interpretação* também estende seu tratamento das relações de contradição a proposições modalmente qualificadas, isto é, a sentenças categóricas com "necessariamente" e "possivelmente" anexadas a elas. Será útil comparar seus resultados com a lógica modal moderna. Os lógicos hoje em dia geralmente são da opinião de que "necessariamente" e "possivelmente" são interdefiníveis de uma forma bem simples: "necessariamente" = "não possivelmente não", e assim "possivelmente" = "não necessariamente não". Os lógicos modernos também supõem que "necessariamente p" e "possivelmente p" são, de forma bem simples, mais forte e mais fraca que "p": "Necessariamente p" implica "p", e "p" implica "possivelmente p". As posições de Aristóteles são mais complicadas. Ele aceita que "Necessariamente p" implica "p" e frequentemente diz que o que é necessário é "o que não pode ser de outro jeito". Entretanto, ele distingue dois sentidos de "Possivelmente p". No sentido privilegiado por ele, "Possivelmente p" é equivalente a "p não é nem impossível *nem necessária*". Segundo esta análise, a negação de "Possivelmente p" é "*Ou* necessariamente p ou necessariamente não p". Além disso, "p" não implica "Possivelmente p", mas "Possivelmente p" implica e é implicada por "Possivelmente não p". E ele, ainda por cima, reconhece que "Possivelmente p" pode ser usada para querer dizer "Não necessariamente não p", mas trata isto como um uso secundário ou aberrante (em *An.Pr* I.13-22, ela é às vezes chamada de "possibilidade que não está de acordo com a definição").

Quando essas distinções são aplicadas a sentenças categóricas, as coisas ficam realmente muito difíceis. Como, por exemplo, deveríamos interpretar "Possivelmente nenhum cavalo é branco"? Para Aristóteles, isso afirma, de *todo* cavalo, que ele é possivelmente não branco e portanto possivelmente branco; logo, "Possivelmente AeB" implica "Possivelmente AaB" (e a inversa também vale). Da mesma maneira, "Possivelmente AiB" e "Possivelmente AoB" implicam uma a outra. Aristóteles tenta formular uma silogística modal geral em *An.Pr* I.8-22; o resultado é muito menos satisfatório que sua silogística não modal ou "assertórica". Algumas de suas afirmações são notoriamente difíceis de entender. A mais amplamente discutida delas é o problema dos "dois *Barbaras*". Aristóteles sustenta que "Necessariamente AaB; BaC; portanto, necessariamente AaC" é válida, mas que "AaB; necessariamente BaC; portanto, necessariamente AaC" não é. A primeira dessas inferências é notável por derivar uma conclusão necessária de premissas que não são todas necessárias. Muitos lógicos posteriores a Aristóteles sustentaram que isso é inaceitável – entre eles, o camarada de toda a vida de Aristóteles, Teofrasto, que retirou a regra problemática de sua própria silogística modal em prol da regra mais simples de que a modalidade da conclusão é sempre a modalidade mais fraca pertencente a alguma das premissas. Vários comentadores também chamaram a atenção para o fato de que a regra problemática parece comprometer Aristóteles com resultados contraditórios a respeito de outras combinações de premissas. Em anos recentes, intérpretes têm despendido muita energia em esforços para encontrar alguma interpretação da silogística modal que seja consistente e não obstante preserve todos (ou quase todos) os resultados de Aristóteles; de maneira geral, os resultados de tais tentativas têm sido decepcionantes. Creio que isso simplesmente confirma que o sistema de Aristóteles é incoerente e que nenhum tipo de trabalho de funilaria pode salvá-lo. (É claro, isso ainda deixa em nossas mãos o intrincado problema de por que Aristóteles teria desenvolvido tal sistema.) Afortunadamente para o estudante de Aristóteles, a silogística modal é em larga medida autônoma: praticamente nada nas obras de Aristóteles, mesmo contando os *Analíticos*, parece dedicar alguma atenção a ela.

O PROBLEMA DOS ENUNCIADOS DE FUTURO CONTINGENTE

Embora não esteja intimamente conectado à silogística, é conveniente mencionar aqui o problema sobre a necessidade e a possibilidade que Aristóteles discute em *Da Interpretação* 9. Como indicado acima, um dos principais assuntos dessa obra é a determinação das negações de cada forma de asserção. A negação de uma proposição *p* nega exatamente o que *p* afirma. Bem, parece que *p* e sua negação bastam para exaurir todas as possibilidades lógicas; ou *p* ou sua negação tem de ser verdadeira. Mas, se *p* é verdadeira, então sua negação é falsa; e se a negação de *p* é verdadeira, então *p* tem de ser falsa. Este é o *princípio do terceiro excluído*; para qualquer proposição *p*, ou *p* ou sua negação tem de ser o caso.

Aristóteles normalmente toma este como um dos princípios mais seguros. Entretanto, em *Int.* 9, ele menciona um embaraço relativo a sua aplicação a enunciados no futuro sobre assuntos contingentes, isto é, sobre coisas que podem ou não acontecer. A sentença "Haverá uma batalha naval amanhã" é, agora, verdadeira ou falsa? Segundo os princípios de Aristóteles, parece que ela ou sua negação "Não haverá uma batalha naval amanhã" tem de ser verdadeira. Mas Aristóteles considera igualmente óbvio que o passado é imutável, de modo que todas as verdades enunciadas no passado são verdades necessárias. Suponha, por conseguinte, que alguém disse ontem, ou há dez mil anos, que haveria uma batalha naval amanhã. Se a declaração era verdadeira *naquele momento*, no passado, então *agora* é uma verdade necessária sobre *amanhã* que haverá uma batalha naval; de maneira semelhante, se ela era falsa quando foi proferida, então agora é uma verdade necessária que ela era falsa, e portanto é necessário que *não* haja uma batalha naval. E, diz Aristóteles, certamente não faz diferença se alguém efetivamente *proferiu* tal sentença: o mesmo argumento vale se supusermos apenas que alguém *pode* ter feito isso. O desfecho é que, seja lá o que aconteça, isso que acontece não poderia acontecer senão como acontece. Isto ameaça solapar nossos conceitos de ação deliberada, pois parece que não podemos, por meio da ponderação, ter qualquer efeito sobre o que acontece, ou mesmo sobre o que fazemos. Partindo de princípios lógicos relativamente simples, então, nós chegamos a uma espécie de fatalismo.

É bem mais fácil expor o problema de Aristóteles aqui do que explicar sua solução: a literatura sobre esse breve capítulo ao longo dos últimos quarenta anos passados é enorme. Alguns concluem que, a fim de preservar a deliberação, Aristóteles restringe a lei do terceiro excluído e sustenta que os enunciados de futuro contingente não são nem verdadeiros nem falsos: *agora*, não é nem verdadeiro nem falso que amanhã haverá uma batalha naval. Também tem sido proposto (e negado) que ele chega a esse problema apenas por inferir, equivocadamente, "Ou necessariamente *p* ou necessariamente não *p*" de "Necessariamente (ou *p* ou não *p*)".

PARTE II. OS USOS DO ARGUMENTO

CIÊNCIAS DEMONSTRATIVAS[4]

Os *Segundos Analíticos* de Aristóteles, em especial seu primeiro livro, dizem respeito ao conhecimento num sentido preciso, sentido para o qual ele usa a palavra *epistêmê* (uma das várias palavras gregas para conhecimento). Uma *epistêmê* nesse sentido técnico é um corpo de conhecimento sobre algum assunto, organizado num sistema de *provas* ou *demonstrações*: um bom equivalente moderno é "ciência", contanto que deixemos de lado suas conotações de confiança no método experimental. O modelo de Aristóteles para uma ciência eram as disciplinas matemáticas da aritmética e da geometria, que, em seu tempo, já estavam sendo apresentadas como séries sistemáticas de deduções partindo de primeiros princípios básicos.

O conceito central dos *Segundos Analíticos* é a *demonstração* (*apodeixis*), que Aristóteles define como "uma dedução que nos faz conhecer". Dessa maneira, demonstrações são uma espécie de dedução. Em termos gerais, Aristóteles supõe que as deduções possuem poder epistêmico: se eu sei que as premissas de uma dedução são verdadeiras, então aquele conhecimento, juntamente com minha compreensão da dedução, pode ter como resultado

---

[4] Veja também capítulo 4, pp. 155-159.

que eu também conheça sua conclusão. Aristóteles geralmente associa este poder de transmissão epistêmica com a dedução (ele pensa que isso também vale para a crença). Pareceria, então, que uma explicação do conhecimento que resulta de demonstrações seria simplesmente uma explicação do que é conhecer as premissas de uma demonstração; o conhecimento da conclusão seguir-se-ia automaticamente. Entretanto, Aristóteles considera o conhecimento científico como conhecimento num sentido específico: conhecer algo cientificamente é *saber a causa ou razão por que tem de ser como é e não pode ser de outra maneira* (*An.Post* I.2). Disso decorre obviamente que nada pode ser conhecido cientificamente a não ser aquilo que não pode ser outra maneira, e que um conhecimento científico tem de consistir no conhecimento de causas; de maneira menos óbvia, também decorre que um conhecimento científico daquilo que não tem causa é impossível.

Esta concepção parece excluir qualquer conhecimento de fatos meramente contingentes. Se supusermos (como Aristóteles faz) que a maior parte do que acontece no mundo dos objetos sensíveis particulares é contingente, podemos esperar que a ciência assim concebida estará bastante empobrecida. De fato, Aristóteles sustenta que não há conhecimento científico real de indivíduos ou de fatos individuais *enquanto indivíduos*. Entretanto, uma ciência de indivíduos é possível na medida em que eles estão subsumidos a universais imutáveis.

Ter conhecimento científico de p é, então, conhecer por que p é verdadeira, é saber a resposta à questão "Por que p é o caso?". Esta resposta terá a forma "Porque q e r, do que decorre p". Para que tal resposta seja adequada, as premissas q e r têm no mínimo de ser verdadeiras, e a conclusão p tem de seguir-se delas. Uma demonstração, portanto, tem de ser um argumento válido com premissas verdadeiras que se sabe serem verdadeiras. Aristóteles, entretanto, impõe ainda outras condições. Primeiramente, as premissas têm de ser verdades de um tipo especial: Aristóteles diz que elas têm de ser primeiras (*prôta*) e não mediadas (*amesa*). Em segundo lugar, as premissas têm de manter uma relação apropriada com a conclusão: têm de ser *anteriores* a ela; "mais bem conhecidas" ou "mais inteligíveis" que ela; e a causa ou explicação dela. Existe alguma controvérsia a respeito da interpretação de qualquer uma dessas expressões; aqui está uma das possíveis explicações, entre outras.

Há várias maneiras pelas quais uma proposição pode ser dita anterior a uma outra. A pode ser epistemicamente anterior a B, se A é mais óbvia ou mais certa que B; ou A pode ser causalmente anterior a B, se A causou B e não o contrário; ou A pode ser anterior a B num sentido lógico, se A é de alguma maneira naturalmente apropriada para servir como uma premissa da qual B decorre. De fato, todos esses sentidos entram na concepção aristotélica da prioridade das premissas das demonstrações relativamente às conclusões. É plausível sustentar que uma demonstração só pode produzir conhecimento de sua conclusão ao transmiti-lo das premissas, e portanto as premissas têm de possuir um estatuto epistêmico mais elevado que o da conclusão: elas têm de ser "mais inteligíveis". Já que Aristóteles pensa que isso é necessariamente assimétrico, de modo que o processo de demonstração é sempre descendente, segue-se que demonstrações não podem formar um sistema circular no qual tudo serve tanto como premissa quanto como conclusão. Em vez disso, como Aristóteles esforça-se arduamente para argumentar, a própria possibilidade do conhecimento demonstrativo requer que haja alguns pontos de partida ou princípios (*archai*) conhecidos de um modo que *não* depende de demonstrações. Esses princípios são então as proposições primeiras, uma vez que são anteriores a tudo o mais.

Que proposições são primeiras nesse sentido? Para parte de sua resposta, Aristóteles utiliza-se da silogística. Qualquer proposição verdadeira que pode ser demonstrada tem de ser demonstrada por meio de uma dedução com base em outras verdades, e, se essa demonstração tem a forma silogística, então ela tem de ter um termo médio. Inversamente, se existem verdades que *não podem* ser demonstradas, então é preciso que não existam tais premissas verdadeiras e, por conseguinte, que não exista tal termo médio: uma verdade com essa seria "não mediada". Esta designação é especialmente apropriada para o caso de proposições do tipo *a*. AaB somente é demonstrável se ela pode ser deduzida de outras proposições AaC, CaB; neste caso, Aristóteles concebe o termo médio C como algo colocado entre os extremos A e B e que serve como a causa que os vincula. Verdades não mediadas, dessa maneira, seriam anteriores a qualquer outra coisa, e portanto, neste sentido, primeiras.

Em qualquer uma das maneiras de compreender a anterioridade, as proposições primeiras não terão explicações. Este é, para Aristóteles, um ponto da maior importância. Uma vez que o conhecimento científico é, por definição, um conhecimento de causas, e uma vez que esses primeiros princípios não têm causas, a fundação última do conhecimento científico tem de ser algo distinto do conhecimento científico. Para usar um termo moderno, a imagem aristotélica da ciência é *fundacionista* no sentido em que ele pensa que a demonstração só é possível se existem verdades primeiras conhecidas sem fazer apelo a demonstrações.

O primeiro livro dos *Segundos Analíticos* explicita muitos dos detalhes da estrutura das ciências demonstrativas, os critérios que as premissas das demonstrações devem satisfazer e a natureza dos primeiros princípios. Mas toda essa descrição permanece uma mera possibilidade teórica a menos que tenhamos alguma razão para acreditar que os princípios possam vir a ser conhecidos por nós. Aristóteles tenta fornecer tal razão bem no final do tratado (II.19), quando promete contar-nos, "a respeito dos princípios, como eles vêm a ser conhecidos e qual é o estado que os torna conhecidos" (99b17-18). A breve exposição que se segue a isso é uma das que causa mais perplexidade no *corpus* inteiro.

Aristóteles inicia sua exposição com um embaraço. Por um lado, não pode acontecer de termos uma espécie de conhecimento inato dos princípios, uma vez que esses princípios geralmente não são conhecidos pela maior parte das pessoas ou por qualquer um que ainda não tenha realizado uma investigação filosófica: seria absurdo supor que tivéssemos dentro de nós o tipo mais elevado de conhecimento sem que nos déssemos conta disso. Por outro lado, se o conhecimento dos princípios é realmente o primeiro conhecimento de todos, então pareceria que, se não o possuímos, nunca podemos adquiri-lo; pois, diz Aristóteles, nós sempre adquirimos conhecimento com base em conhecimentos prévios, de modo que nós já temos de possuir algum conhecimento para adquirir qualquer outro. Como, então, os princípios podem vir a ser conhecidos por nós?

A resposta começa por notar que de fato temos uma capacidade inata ou congênita, a percepção, por meio da qual adquirimos conhecimento. Nossas capacidades sensoriais não são (para Aristóteles) aprendidas: não aprendemos como ver cores ou ouvir sons. Em vez disso, as capacidades de ter essas percepções surgem em nós naturalmente, e as percepções, por sua vez, são produzidas pela ação dos objetos exteriores sobre nós. De alguma maneira, então, um certo tipo de conhecimento das cores é inato em nossos órgãos sensíveis, embora seja preciso que um objeto exterior colorido o torne efetivo. Aristóteles então descreve uma série de tipos mais complexos de experiência, começando com a simples percepção do que está presente, passando pela memória do que foi percebido e finalmente chegando a uma consciência ou reconhecimento de um universal presente numa série de percepções. Cada avanço depende, de alguma maneira, da repetição: muitas percepções levam a uma única memória persistente, muitas memórias da mesma coisa levam a uma "experiência", e muitas experiências levam, em algum momento, ao reconhecimento, por parte da alma, de um universal presente em todas elas. O "estado" que tem ou constitui esse conhecimento é chamado *nous*: há um embate vigoroso entre os intérpretes em relação a traduzir isto por *mente*, *intelecto* ou *intuição*, e mesmo em relação a considerá-lo como o nome de uma faculdade mental, uma condição ou alguma outra coisa.

A exposição que acaba de ser feita parece ser uma explicação da aquisição e formação de conceitos universais, embora seja algo bastante controverso tanto como ela deve funcionar quanto como ela resolve o problema de Aristóteles. Numa interpretação, ele supõe que a alma tem uma capacidade inata, análoga a uma capacidade perceptiva, para reconhecer universais depois de ver muitas de suas instâncias: "A alma é constituída de maneira a ser capaz de realizar isso", ele diz. Isso pode ser interpretado como dizendo que todos os universais já estão presentes na alma e apenas precisam ser atualizados pela experiência sensória; assim, alguns intérpretes sustentaram que a teoria de Aristóteles é, em última instância, um tipo de inatismo platônico, e o *nous* um conhecimento intuitivo de primeiros princípios autoevidentes. Mas a ênfase de Aristóteles no papel da experiência leva outros a concluir que sua concepção é fundamentalmente empirista. Em qualquer um dos casos, há uma aparente lacuna entre aquilo a que esse processo levaria, a saber, a apreensão de *conceitos* universais, e o que é preciso para o conhecimento científico, a saber, chegar a conhecer a *verdade* dos primeiros princípios proposicionais. Se, como é frequentemente defendido, os primeiros princípios assumem a forma de definições, então talvez essa lacuna possa ser transposta ao supormos que conhecer um conceito é equivalente a conhecer sua definição. Mas não é algo fácil reconciliar isso com a afirmação feita por Aristóteles em outros lugares de que definições tão-somente não podem estabelecer que algo é o caso.

DEFINIÇÃO E DIVISÃO[5]

Embora o conhecimento científico consista no conhecimento de demonstrações, Aristóteles também tem muito a dizer sobre outro tipo formalizado de expressão: as *definições*. Ele define "definição" como "um relato que significa o que é ser algo" (*logos hos to ti ên einai sêmainei*). Enquanto explicações da natureza de uma coisa, as definições são os produtos da investigação científica e filosófica, não da lexicografia (podemos, seguindo uma tradição posterior, chamá-las de definições *reais*). Encontrar definições era evidentemente uma preocupação capital da Academia de Platão (o próprio Aristóteles já vê essa preocupação em Sócrates). Aristóteles também considera que as definições são importantes, mas ele toma o cuidado de distinguir a definição da explicação. Embora a definição não seja o assunto de qualquer tratado aristotélico existente, ela é um assunto proeminente em vários lugares, especialmente nos *Segundos Analíticos* II e nos *Tópicos*.

Geralmente, Aristóteles supõe que as definições devem ter uma certa forma, que já encontramos presente nos diálogos tardios de Platão (*Sofista*, *Filebo*). Platão emprega o seguinte procedimento de "Divisão" para encontrar definições. Para determinar o que é X, primeiramente determine o tipo mais amplo ou classe G em que X está compreendido. Em seguida, divida G nas suas maiores partes (usualmente em duas: G_1 e G_2, digamos) e determine em qual dessas partes X está compreendido. Suponha que seja G_1; divida G_1, por sua vez, em $G_{1,1}$ e $G_{1,2}$ e localize X em uma delas. O procedimento continua até que se atinja alguma subdivisão idêntica a X. A natureza de X então é dada pela divisão inteira, que pode ser representada como uma árvore invertida:

---

[5] Veja também o capítulo 4, pp. 173-176.

$$
\begin{array}{c}
G \\
\diagup \ \diagdown \\
G_1 \quad\quad G_2 \\
\diagup \ \diagdown \\
G_{1,1} \quad\quad G_{1,2} \\
\diagup \ \diagdown \\
G_{1,1,1} \quad\quad G_{1,1,2} = X
\end{array}
$$

Nesse processo, cada divisão consiste em subdividir algum tipo (*genos*) em partes tomando como base uma diferença relevante (*diaphora*). O tipo "animal", por exemplo, pode ser subdividido em "animal terrestre", "animal aquático" e "animal voador"; as diferenças são, então, "terrestre", "aquático" e "voador". Combinar o tipo com a diferença é o que define cada parte. Este é, em última instância, o padrão para uma definição aristotélica. Definir uma coisa é determinar em que tipo ela está compreendida (seu *genus*) e que característica a diferencia no interior daquele tipo (sua *differentia*). Posto numa fórmula: uma definição aristotélica consiste em um gênero mais a diferença.

Mas Aristóteles critica de forma aguda a compreensão que Platão tem do método de divisão. Em *An.Pr* I.31, ele diz que os platônicos consideram de maneira equivocada a Divisão como uma espécie de prova. Ao invés disso, diz Aristóteles, tudo o que uma Divisão poderia provar seria uma trivialidade. Suponha que desejemos definir "humano". Começamos com o gênero "animal" e o dividimos em, digamos, "animal imortal" e "animal mortal". Disso pode ser extraída uma espécie de dedução: Todo humano é um animal; todo animal é ou mortal ou imortal; portanto, todo humano é ou mortal ou imortal. Mas o que nós queremos saber é: qual deles? O Divisor simplesmente afirma "Mortal"; mas isto é exatamente aquilo que precisa ser provado. No entanto, apesar dessas críticas, Aristóteles expõe em outros lugares um procedimento para encontrar ou mesmo estabelecer definições que dificilmente se pode distinguir da Divisão (veja *An.Post* II.13, *Top* VII.3).

Em *An.Post* II.2-10, Aristóteles novamente considera a relação entre demonstração e definição, agora perguntando se é possível dar uma demonstração (no sentido restrito) de uma definição ou alcançar o conhecimento produzido por uma demonstração, mas usando uma definição. Em geral, ele argumenta que essas coisas são impossíveis. Entretanto, há uma classe de definições que, ele diz, são um tipo de demonstração condensada. Por exemplo, suponha que a causa do barulho chamado trovão seja a extinção do fogo nas nuvens. Uma demonstração explicando por que troveja poderia então ser: "Em todo lugar em que o fogo é extinto, há um barulho; nas nuvens, o fogo é extinto; portanto, há um barulho nas nuvens". Isto responde à questão "Por que há trovões?", isto é, "Por que há aquele barulho nas nuvens?". Com uma certa mudança na forma, entretanto, isso se torna uma resposta à pergunta "O que é o trovão?". "O trovão é a extinção do fogo nas nuvens."

O papel exato desempenhado pelas definições numa ciência demonstrativa é controverso. Se as definições não podem ser demonstradas, então pareceria que elas apenas poderiam aparecer nas ciências como princípios, e Aristóteles também diz que ao menos alguns dos princípios são definições. Em outros lugares, parece que ele sugere a posição mais difícil de que *todos* os princípios são definições.

PALAVRAS DITAS DE MUITAS MANEIRAS[6]

Aristóteles também dedica alguma atenção ao projeto de distinguir diferentes significados de palavras (uma tradição herdada dos sofistas, por exemplo, Pródico). Isto está registrado nas discussões de equivocidade em *Top* I.15 e no "léxico filosófico" de *Metafísica* V. Essas distinções podem não desempenhar, por si mesmas, um papel nas demonstrações, mas são parte importante dos alicerces de muito de sua argumentação. Ele reconhece que falácias sofísticas (e erros filosóficos mais sérios) frequentemente dependem do uso equívocado de um termo, e uma compreensão minuciosa dos usos é um instrumento crucial para se defender delas.

OS PREDICÁVEIS

Assinalamos acima a preferência de Aristóteles por definições por gênero e diferença. Essas noções são, na realidade, parte de um sistema mais

---

[6] Veja também abaixo, capítulo 3, pp. 110-116.

elaborado para classificar conexões entre termos, o qual vemos estar pressuposto (embora nunca explicado completamente) nos *Tópicos* e em outros lugares. Se A é o gênero de B, então B é evidentemente um tipo, mas não o único, de A. Isso quer dizer que o gênero de uma coisa "diz o que ela é": se animal é o gênero de cavalo, então o que um cavalo é, é um animal. Uma diferença de uma coisa, entretanto, não diz o que ela é, mas apenas dá uma marca dela. Por exemplo, se a diferença dos mamíferos no interior do gênero animal é "peludo", essa diferença não diz por si mesma o que um animal é: em resposta à questão "O que é aquilo?", feita a respeito de um mamífero, por exemplo, um cavalo, seria bem estranho dizer "peludo". Aristóteles faz isso se tornar uma distinção geral de predicados. Alguns dos predicados que se aplicam a uma coisa dizem o que ela é: Aristóteles diz que estes são "predicados no o-que-ela-é"; a convenção moderna os chama de "predicados essenciais". Alguns predicados, então, são essenciais, e outros não são, e os predicados essenciais de uma coisa incluem sua definição e seu gênero.

Mas as definições podem ser caracterizadas de outra maneira. A definição de A deve aplicar-se a tudo a que A se aplica e a mais nada: nas palavras de Aristóteles, A e sua definição têm de "contrapredicar" uma com a outra. Esta é uma condição necessária, mas não suficiente, para ser uma definição, uma vez que alguns termos contrapredicativos não fornecem a natureza daquilo com o qual eles contrapredicam ("capaz de rir", por exemplo, não define "humano"). Por conseguinte, Aristóteles distingue entre a definição de uma coisa , que não apenas contrapredica, mas também explica sua natureza, e seu *proprium* ou *propriedade singular* (*idion*), que meramente contrapredica.

Até aqui, nós assinalamos quatro relações que um predicado pode ter com um sujeito: propriedade singular, gênero, diferença e definição. Todos compartilham a característica de que estão *necessariamente* associadas ao seu sujeito. Outras são acidentais ou incidentais no sentido em que tanto podem pertencer quanto não pertencer. Por exemplo, um certo cavalo pode estar acordado num certo instante e dormindo num outro; e alguns cavalos são machos enquanto outros são fêmeas. "Acordado", "dormindo", "macho", "fêmea" são, portanto, *acidentes* de "cavalo".

Essas cinco relações entre predicado e sujeito – definição, propriedade singular, gênero, diferença, acidente – formam o pano de fundo para a discussão de Aristóteles sobre as definições. Mais tarde comentadores as chamaram de os "predicáveis", e eles se tornaram uma das porções mais familiares do jargão aristotélico, especialmente na Antiguidade tardia e na Alta Idade Média. A maneira como Aristóteles apresenta essa estrutura nos *Tópicos* sugere que ela não é sua própria invenção, embora ele claramente a tenha desenvolvido à sua maneira. E além disso ela frequentemente range nas juntas. Por exemplo, ele dá duas definições diferentes de "acidente" nos *Tópicos*: "o que pode tanto pertencer quanto não pertencer a uma e à mesma coisa" e "o que pertence, mas não é definição, propriedade singular ou gênero"; embora ele as trate como equivalentes, está longe de ser óbvio que elas sejam. As posições de Aristóteles sobre as diferenças são também problemáticas e talvez inconsistentes (nos *Tópicos*, esse predicável recebe apenas uma forma de reconhecimento secundário).

As Categorias[7]

Há um outro conjunto de categorias intimamente relacionadas aos predicáveis: *as* "Categorias", talvez a noção mais intensamente discutida de todas as noções aristotélicas. Não é algo fácil descrevê-las em termos neutros. Intérpretes estão profundamente divididos sobre como precisamente elas devem ser entendidas. Talvez o melhor caminho seja começar com dois textos:

> devemos discernir as categorias de predicações em que as quatro predicações mencionadas são encontradas. Estas são dez em número: o-que-é, quantidade, qualidade, relação, lugar, tempo, posição, posse, agir, padecer. Um acidente, um gênero, uma propriedade singular e uma definição sempre estarão em uma dessas categorias (*Top* I.9, 103b20-25).
>
> Das coisas ditas sem qualquer combinação, cada uma significa ou substância ou quantidade, ou qualificação, ou um relativo, ou onde, ou quando, ou estar-numa-posição, ou ter, ou agir, ou ser-afetado. Para dar

---

[7] Veja também abaixo, capítulo 3, pp. 116-120.

uma ideia aproximada, exemplos de substância são homem, cavalo; de quantidade: quatro pés, cinco pés; de qualificação: branco, gramatical; de um relativo: dobro, metade, maior; de onde: no Liceu, no mercado; de quando: ontem, ano passado; de estar-numa-posição: está-deitado, está-sentado; de ter: veste-sapatos, veste-armadura; de agir: cortar, queimar; de ser-afetado: ser-cortado, ser-queimado (*Cat* 4, 1b25-2a4; trad. Ackrill).

Essas listas podem ser vistas de ao menos três maneiras. Primeiramente, a passagem das *Categorias* parece listar *tipos de predicados*, isto é, tipos de expressão que podem ser predicadas de alguma outra coisa. Nessa interpretação, as categorias surgem da reflexão sobre os tipos mais gerais de questões que podem ser feitas sobre uma dada coisa: "O que ela é?", "Quanto?", "Que tipo?", "Onde?", "Quando?" e assim por diante. Respostas apropriadas para qualquer uma dessas questões individuais não farão sentido como respostas para qualquer outra.

Uma segunda interpretação, ligada de maneira mais estreita aos predicáveis, é que as categorias são *gêneros supremos*. Uma dada coisa estará sob muitos gêneros, alguns superiores, outros inferiores: cavalos estão sob o gênero mamífero e também sob o gênero animal. Se procurarmos por gêneros progressivamente mais altos sob os quais uma coisa está, devemos esperar que o processo eventualmente pare em algum gênero supremo: as categorias são esses gêneros supremos. Assim, substâncias ou entidades, como pessoas e cavalos, são um tipo de coisa; qualidades como a brancura são outro tipo de coisa; relações, como o dobro, são outro; e assim por diante para cada categoria.

Uma terceira interpretação é que as categorias são *tipos de predicação*: cada categoria dá uma relação possível entre predicado e sujeito. Segundo esta posição, algumas predicações dizem de seu sujeito "o que ele é", outras como ele é, outras quanto ele é e assim por diante. Isto está bastante de acordo com o significado de "categoria", que é simplesmente a palavra grega para predicação (*katêgoria*), e parece ser uma interpretação plausível da passagem dos *Tópicos*. Textos podem ser aduzidos para corroborar cada uma dessas três interpretações (com ainda outras nuances). Seria bem despropositado eu optar aqui exclusivamente por uma ou outra.

Os nomes da maioria das categorias são, no grego, expressões interrogativas ou indefinidas: "o que é?" (*ti estî*); "quanto?" (*poson*); "que tipo?" (*poion*); "em relação a quê?" (*pros ti*); "onde?" (*pou*); "quando?" (*pote*).

Vários substantivos abstratos foram tradicionalmente usados na tradução ("quantidade", "qualidade" etc.), e eles são tanto convenientes quanto usados amplamente, mas não são bem traduções. O termo "substância" (*ousia*) é um tipo diferente de caso. Este é um importante termo filosófico para Aristóteles, com um significado parecido com "entidade" ou "realidade". Na *Metafísica*, Aristóteles supõe que perguntar "O que é ser?" ou "O que existe?" equivalem a perguntar "O que é substância?" ou "Quais são as substâncias?". (Para mais sobre este ponto, veja o capítulo sobre a metafísica de Aristóteles.) Na passagem dos *Tópicos*, a primeira categoria é identificada com a frase "o que é" (*ti esti*).

Bem, as categorias figuram numa importante doutrina, presente na *Metafísica* e em outros lugares, que diz respeito ao ser (ou "ser") e, talvez, a certas outras noções de ampla aplicabilidade, como o bem [*goodness*]. Aristóteles diz que "aquilo que é" não é realmente um gênero. Ao invés disso, o que "é" ou "existe" significa: depende da categoria da coisa que se está dizendo que existe. Assim, a existência é um tipo de coisa para uma substância ou entidade como um cavalo, e um outro tipo de coisa para uma qualidade como o branco e assim por diante. De maneira similar, Aristóteles às vezes diz que "bom" tem significados que variam de acordo com a categoria de seu sujeito. Ele também sustenta que o sentido primeiro de "é", quando usado "sem qualificação" – isto é, quando significa "existir" –, é o sentido que ele tem em conexão com coisas na categoria de substância ou entidade. Coisas de outras categorias apenas podem ser de uma maneira que depende das substâncias: uma qualidade, por exemplo, apenas pode ser se é a qualidade de uma substância que é.

Não encontramos essa doutrina no *Organon*, embora encontremos as categorias sendo empregadas de várias maneiras nos argumentos. Talvez a mais importante delas esteja num argumento presente nos *Segundos Analíticos* para corroborar a tese de que uma ciência demonstrativa tem de repousar sobre primeiras premissas indemonstráveis. Em *An.Post* I.3, Aristóteles rejeita a possibilidade de que uma verdade científica qualquer possa ser deduzida de outras verdades, de modo que haja um regresso infinito de "demonstrações" – e portanto nenhuma demonstração efetiva. Ele depois defende essa rejeição com um argumento (em *An.Post* I.19-22) que pretende mostrar que tal regresso infinito simplesmente não pode acontecer. Fazendo um uso sofisticado dos resultados advindos da silogística, ele primeiramente argumenta que, se houvesse tal regresso infinito, então teria de haver sujeitos possuindo um número infinito de predicados; em seguida, ele apela às categorias para argumentar que não pode haver tal sujeito. Nos *Tópicos*, as categorias são usadas em várias estratégias argumentativas; por exemplo: pode-se mostrar que duas coisas estão em gêneros diferentes ou que dois usos de uma palavras têm significados diferentes, mostrando que elas estão sob categorias diferentes. Em *An.Pr* I.25, as categorias parecem entrar em cena como gêneros supremos. A lista completa das dez categorias é encontrada nas duas passagens citadas acima dos *Tópicos* e das *Categorias*. Muitas outras listas de categorias são encontradas, mas com oito, seis, cinco e até mesmo quatro membros: substância, quantidade e qualidade estão invariavelmente presentes, outras vão e voltam, e "ter" e "posição" estão unicamente nas *Categorias* e nos *Tópicos*.

O ARGUMENTO DIALÉTICO

A demonstração é um dos principais cenários em que argumentos são usados; a outra prática argumentativa que Aristóteles discute é o *argumento dialético*. Os *Tópicos* dizem que eles nos apresentam um método dialético. Para entender o método, devemos ter alguma ideia daquilo para que ele é um método. De fato, estudiosos têm opiniões divergentes sobre como o argumento dialético deve ser definido. A posição que apresento aqui é um tanto heterodoxa; tentarei indicar quais são algumas das principais alternativas.

Os *Tópicos* de Aristóteles não foram escritos para nós; eles foram escritos para um público de contemporâneos de Aristóteles que já conheciam o que era o argumento dialético. Portanto, Aristóteles pressupõe uma certa compreensão de seu assunto. Se quero aprender como ser um melhor cozinheiro, procurarei um manual que me diz como cozinhar melhor; não preciso que me digam o que é comida ou o que significa "cozinhar" (se precisasse, eu dificilmente poderia querer melhorar nisso). Mas, se eu realmente não sei o que é cozinhar, um livro de receitas provavelmente não vai me dizer. Acredito que nossa situação em relação aos *Tópicos* e o argumento dialético é mais ou menos como essa. Aristóteles pressupõe uma certa familiaridade com a prática dialética; nós, em contrapartida, temos de tentar reconstruí-la. Um bom lugar para começar é por volta de um século antes de Aristóteles.

A palavra "dialético" vem de um verbo, *dialegesthai*, que significa "argumentar". Argumentos são disputas verbais em que cada uma das partes ataca e defende posições; argumentos podem ser vencidos e perdidos. Aqui já temos uma importante distinção em relação às demonstrações, nas quais não entram em jogo o ataque e a defesa. O argumento dialético difere do raciocínio demonstrativo por ser intrinsecamente um tipo de troca entre participantes que de alguma maneira atuam como oponentes. No interior dessa ampla descrição, certos tipos de argumentação se tornaram particularmente associadas com o termo "dialético" no século anterior a Aristóteles. O filósofo Zenão introduziu um estilo de argumento que refutava opiniões contrárias deduzindo delas consequências absurdas. Num espírito diferente, Sócrates considerava que sua missão filosófica na vida era uma espécie de procedimento de teste e exame das crenças de outrem por meio do questionamento. O objetivo de Sócrates era revelar a seus concidadãos que eles sabiam menos do que pensavam saber, e dessa forma incentivá-los a buscar a sabedoria. Para alcançar esse fim, ele começaria uma conversa com alguém, pedindo-lhe sua opinião sobre um ou outro assunto. Em seguida, colocaria uma série de outras questões até que tivesse levado o respondente a admitir posições inconsistentes com as que ele havia admitido anteriormente. Contra a acusação de que ele trapaceara ou enganara seus interlocutores, Sócrates sempre responderia que ele mesmo não expressou opinião nenhuma: todos os seus argumentos foram construídos com as respostas do interlocutor. Por conseguinte, suas refutações eram construídas à base das crenças daquele interlocutor, ou ao menos das crenças que foram expressas.

Platão começou na filosofia inspirado por Sócrates, e a maior parte de suas obras escritas têm a forma de diálogos nos quais Sócrates questiona diversos interlocutores. Esses retratos de trocas dialéticas são, para Platão, mais que um expediente de apresentação: ele dá o nome "dialético" ao método da própria filosofia. Os intérpretes divergem amplamente a respeito do que Platão tem em mente quando ele fala de dialética filosófica, e não vou tentar resolver essa questão aqui. É significativo, no entanto, que em sua *República* o último estágio da educação proposta por ele para seus filósofos-governantes seja um treinamento na "dialética" que inclui submeter opiniões a um escrutínio crítico numa maneira reminiscente de Sócrates. De fato, parece que Platão institui disputas argumentativas formais como parte do programa de sua Academia. O livro VIII dos *Tópicos* claramente pressupõe disputas estruturadas, com regras e juízes, e Aristóteles presume que seus leitores têm um bom conhecimento da natureza desses encontros – tornando as coisas piores para nós, que muito nos beneficiaríamos de um pouco mais de explicações. Nessas disputas, um participante assumia o papel "socrático" e fazia perguntas, enquanto o outro respondia a elas. O respondente escolhia, ou lhe era determinada, uma tese para defender; o objetivo do questionador era refutar a tese. A fim de fazer isso, o questionador tentaria fazer com que o respondente aceitasse premissas das quais decorresse tal refutação. Todavia, o questionador podia apenas fazer perguntas que podiam ser respondidas com um "sim" ou "não"; questões como "Qual é a maior cidade da Lacedemônia?" não eram permitidas.

Esse esporte argumentativo – podemos chamá-lo de "dialética ginástica" – pode ter sido praticado largamente como uma forma de educação, treinando seus participantes em habilidades lógicas como a avaliação de argumentos e a detecção de consequências de uma dada proposição. Entretanto, trocas dialéticas formais poderiam bem ter servido a objetivos mais elevados. Explorar as consequências de diferentes posições é uma parte crucial de sua avaliação, e os debates institucionalizados poderiam ter sido um bom meio de praticar essa espécie de exploração. Talvez os debates servissem ao mesmo propósito que as trocas nas conferências e revistas acadêmicas de hoje em dia. A esse respeito, é significativo que Aristóteles usualmente inicie seu próprio tratamento de um assunto passando em revista as opiniões de seus predecessores e assinalando as inconsistências que podem ser deduzidas delas (ele depois apresenta sua própria posição como uma resposta a esses embaraços).

Mas o argumento dialético pode ser tomado de forma a incluir mais que essas trocas orientadas por regras. Argumentar com outros fazendo-lhes perguntas e tirando conclusões de suas respostas é dificilmente algo que

Sócrates teve de inventar. É, por exemplo, uma maneira natural de proceder num ambiente forense, e Atenas tinha tribunais muito ativos. Falando de maneira geral, a prática de argumentar com outros usando como base para isso as próprias opiniões deles e de certificar premissas fazendo perguntas pode ser descrita como "argumento dialético". Vemos isso confirmado por uma das características que Aristóteles diz distinguir os argumentos dialéticos das demonstrações: aqueles que demonstram não fazem perguntas, aqueles que argumentam dialeticamente fazem. Eu proporia, então, como uma definição de argumento dialético em seu sentido mais geral, *o argumento dirigido a outra pessoa que se desenrola fazendo perguntas.*

Ora, as pessoas geralmente tendem a responder de acordo com o que acreditam; portanto, o argumento dialético pode ser descrito como algo fundado nas opiniões da pessoa à qual ele é dirigido. Nesse respeito, também, ele se distingue da demonstração, que tem de deduzir partindo de princípios primeiros, e não partindo do que as pessoas acham: com efeito, diz Aristóteles, tipicamente será o caso de a maioria das pessoas não ter familiaridade com os primeiros princípios ou mesmo os rejeitar. Assim, diz Aristóteles, as premissas dos argumentos dialéticos têm de ser "aceitas" (*endoxos*).

A maioria dos intérpretes é da opinião que o termo *endoxos* se aplica a uma classe especial de proposições e supõe que uma característica essencial dos argumentos dialéticos é que seus raciocínios partem desses *endoxa* (crenças comuns, opiniões respeitáveis). Assim, frequentemente se supõe que a passagem a seguir é uma definição dos *endoxa*: "Coisas aceitas são as que assim parecem para todos ou para a maioria das pessoas, ou para os sábios – ou para todos eles, ou para a maioria deles, ou para os mais famosos e célebres" (*Top* I.1, 100b21-23). Estou inclinado, ao invés disso, a pensar que esta passagem lista diferentes *tipos* de *endoxa*. O propósito de Aristóteles nos *Tópicos* é explicitar um método para ter sucesso num argumento dialético. Uma vez que as premissas dialéticas têm de ser certificadas por meio de um questionamento, é importante saber o que o oponente está inclinado a aceitar ou rejeitar. Podemos fazer isso de maneira mais eficiente se tivermos listas das coisas que pessoas de diferentes grupos aceitam: coisas que todos aceitam, coisa que os sábios aceitam etc. Como evidência em favor dessa interpretação, note que Aristóteles repete a lista de tipos de proposição acima em *Top* I.10, 104a8-11, mas dessa vez expressamente como *tipos de endoxa*.

O que um método dialético deve fazer é nos tornar capazes de deduzir a conclusão que queremos das premissas concedidas pelo oponente com o qual nos defrontamos. Isto pode ser realizado se pudermos encontrar premissas que têm duas propriedades: (1) a conclusão desejada decorre delas, e (2) o respondente vai concedê-las. Ter uma variedade de inventários daquilo em que uma variedade de classes de pessoas acredita – o que todos acreditam, o que a maioria acredita, o que os sábios acreditam etc. – seria útil para estabelecer que premissas um oponente aceitaria: preciso apenas determinar em qual classe se situa meu oponente e escolher o inventário relevante. Aristóteles compara isso à arte da medicina, que estuda o que é saudável para este ou aquele *tipo* de pessoa, mas não o que é saudável para Sócrates ou Platão: igualmente, a dialética como uma arte estuda o que é crível para tipos de pessoas.

Obviamente, de nada adianta sair propondo quaisquer premissas aceitáveis para um interlocutor: temos de ser capazes de encontrar premissas das quais decorre a conclusão desejada. Para esse propósito, Aristóteles fornece (em *Top* II-VII) uma compilação de regras argumentativas que ele chama de *topoi*: "localidades" ou "lugares". O termo provavelmente vem de antigos sistemas para memorizar listas de itens associando cada item com um conjunto padronizado de lugares imaginários; de todo modo, são esses sistemas que dão aos *Tópicos* seu nome. Cada uma dessas regras é um dispositivo para descobrir premissas das quais se pode deduzir uma dada conclusão. Elas repousam sobre uma classificação de conclusões segundo a forma: cada uma delas dá formas de premissas das quais uma dada forma de conclusão pode ser deduzida. Entretanto, não há nada próximo de uma classificação sistemática de todos os argumentos válidos e tampouco Aristóteles está preocupado em provar que as regras que ele oferece estão corretas.

Em toda parte, o método dialético dos *Tópicos* requer a aplicação conjunta das "localidades" e dos inventários de opiniões. Para encontrar meu argumento, eu primeiramente procuro uma localidade apropriada a minha conclusão desejada e a uso para descobrir premissas que seriam úteis; em seguida, consulto o inventário de opiniões relevante para ver se aquelas premissas são encontradas ali. Se elas são, tenho meu argumento; tudo o que resta é formulá-lo na forma de questões e apresentá-las ao meu oponente. Supondo que meus inventários de opiniões estejam construídos de forma apropriada e que eu tenha estimado corretamente que tipo de pessoa é meu oponente, eu posso razoavelmente contar que minhas premissas serão aceitas. Para contextos mais amplos de aplicação, isso é provavelmente tudo que se pode pedir de um método de argumentação (pois pode ser que eu acabe encontrando um adversário especialmente conflituoso ou alguém que sustente opiniões bizarras). No contexto da dialética ginástica, porém, podem bem ter existido alguns padrões governando o comportamento do respondente. Por exemplo, Aristóteles indica que um respondente que concedeu uma série de instâncias da forma "Este F é G" tem então, quando perguntado "Todo F é G?", de concordar ou oferecer um contraexemplo; caso contrário, o questionador poderia acusar uma transgressão. É plausível que o respondente também fosse julgado por respostas em conformidade com um certo tipo de pessoa (ou talvez com uma certa posição filosófica). Assim compreendida, as trocas ginásticas teriam sido uma forma particularmente vívida de exercício filosófico.

A dialética é uma atividade competitiva, e Aristóteles dá justa ênfase à importância da estratégia. Faz diferença que questões eu pergunto primeiro: se meu oponente vê para onde estou indo, ele pode tentar evitar dar-me as premissas de que preciso. Por conseguinte, pode ajudar que eu proponha as premissas numa ordem que cause confusão, talvez misturando certo número de premissas irrelevantes a fim de esconder meu argumento até que seja tarde demais. Aristóteles discute estes e muitos outros artifícios, alguns no limiar da trapaça, em *Tópicos* VIII. No entanto, isso não deve distrair nossa atenção de uma das características fundamentais dos argumentos dialéticos da forma como ele os concebe: eles devem ser válidos. Numa dedução dialética não menos que em uma demonstração, a conclusão é uma consequência necessária das premissas. Portanto, não é nenhuma surpresa que Aristóteles diga que seu método dialético tem valia nas investigações filosóficas, ao menos na medida em que ele provê as ferramentas críticas de que se precisa para trazer à luz os embaraços e problemas presentes nas posições geralmente aceitas sobre um assunto.

Alguns intérpretes viram um papel bem maior para a dialética na filosofia e na teoria científica. Como assinalado acima, Aristóteles precisa de uma explicação de como podemos vir a conhecer os primeiros princípios indemonstráveis das ciências. *Tópicos* I.2 foi lido como afirmando que a dialética tem algum poder para alcançar esses princípios, e passagens em outras obras sugerem que opiniões sustentadas de maneira geral podem funcionar como um importante tipo de ponto de partida para a investigação. Uma sentença bastante discutida na *Ética a Nicômaco* (VII.1, 1145b2-7) diz que, ao menos na esfera da ética, uma medida suficiente da correção de uma explicação é que ela resolva todos os embaraços contidos nas opiniões comumente sustentadas sobre um assunto e, não obstante, retenha tantas dessas opiniões quanto possível. Este é mais um assunto sobre o qual a opinião acadêmica está profundamente dividida.

REFUTAÇÕES SOFÍSTICAS

Aristóteles distingue regularmente o argumento dialético do argumento "litigioso" ou "sofístico", um tipo de combate verbal que visa vencer por qualquer meio, honesto ou desonesto. Argumentos sofísticos apenas *parecem* ser bons argumentos dialéticos: ou eles parecem ser deduções, mas não são, ou se baseiam em premissas que parecem ser aceitáveis, mas não são. A primeira espécie de falta é hoje usualmente chamada de *falácia*: um argumento inválido, mas aparentemente válido. A segunda espécie pode de início soar paradoxal: como pode apenas *parecer* a mim que concordo com uma premissa? Mas muitos dos exemplos de argumentos sofísticos mostram muito bem como isso é possível:

Tudo o que você não perdeu, você ainda tem? – Sim.
Pois bem, você perdeu chifres? – Não.
Portanto, você tem de ter chifres.

O problema com esse argumento não é que ele é inválido, mas que sua primeira premissa – apenas de sua aparência inicial de inocência – não é verdadeira: depois que ouvimos o argumento, queremos reformulá-lo como "Tudo o que *eu uma vez tive e* não perdi, isso, eu ainda tenho".

Como mostra o *Eutidemo* de Platão, evidentemente havia praticantes dessa espécie de argumento litigioso na antiga Atenas, embora seja um pouco difícil ver quando e por que eles começaram nesse ofício. Aristóteles cataloga uma variedade de falácias e premissas enganadoras nas *Refutações*

Sofísticas e diagnostica suas falhas. Tratamentos modernos da falácia em manuais ainda seguem notavelmente, senão embaraçosamente, muito de sua classificação.

ARGUMENTOS RETÓRICOS[8]

A arte da retórica, diz Aristóteles, deveria realmente ser vista como uma "excrescência" da arte dialética e do "estudo político do caráter": a retórica combina os procedimentos argumentativos da dialética com um estudo dos tipos de públicos que se podem encontrar e das premissas que cada tipo vai achar persuasivas. Com efeito, isso simplesmente resulta da diferença entre argumento dialético e oratória. Aqueles que argumentam dialeticamente têm de depender das respostas do respondente para obter suas premissas, mas eles sabem quando seus respondentes assentiram ou dissentiram a uma premissa. Oradores, entretanto, não fazem perguntas, mas discursos, e portanto têm de ser capazes de julgar por si mesmos se suas premissas estão ao gosto de seus públicos. Por conseguinte, eles têm de realizar um estudo cuidadoso daquilo que será persuasivo para qual tipo de público.

Assim como com sua arte dialética, o método retórico de Aristóteles é fortemente influenciado por suas circunstâncias históricas: dessa forma, ele tem de lidar com as características particulares dos discursos forenses, discursos feitos para uma assembleia deliberativa, encômios públicos etc. Esses detalhes, juntamente com seu tratamento do estilo, são alheios à esfera da lógica. No que diz respeito à construção dos argumentos, entretanto, Aristóteles deixa claro que os argumentos retóricos são, para ele, apenas argumentos com outro tipo de vestimenta. Para começar, existem dois tipos principais de argumento retórico: o *exemplo*, que ele trata como o equivalente retórico da indução, e o *entimema* (consideração ou razão), a contraparte retórica da dedução. Assim como as deduções recebem a maior parte da atenção nos *Tópicos*, o estudo dos argumentos na *Retórica* diz respeito em primeiro lugar aos entimemas, e aqui a dependência para com a teoria dialética é especial-

---

[8] Veja também abaixo, capítulo 9, pp. 339-344.

mente clara: *Rhet* II.23 é uma listagem altamente condensada de *topoi* que remete, em sua maior parte, aos *Tópicos*. As posições a respeito da natureza do argumento dialético expressas em vários lugares em *Rhet* I.1-2 também lembram aquelas expressas em *SE* 11.

Em conclusão

A silogística é a primeira tentativa séria na história de oferecer uma teoria abrangente da inferência; ao desenvolvê-la e empregá-la nos *Segundos Analíticos*, Aristóteles nos oferece os primeiros esboços de uma metalógica. E sua silogística modal, com todos os seus problemas, é também a primeira tentativa de formular uma teoria da necessidade e da possibilidade. Essas teorias, por sua vez, têm implicações para as posições de Aristóteles sobre a argumentação – demonstrativa, dialética, retórica – e para sua concepção de filosofia. Converter todos esses ingredientes num todo harmonioso, numa teoria da argumentação que tudo abrangesse e que servisse a todos os propósitos, teria sido uma tarefa verdadeiramente gigantesca (poder-se-ia dizer que os lógicos ainda estão trabalhando nisso hoje em dia, e ainda de maneira fragmentária). O próprio Aristóteles provavelmente considerava tal teoria abrangente um ideal – talvez ainda outro ponto em que ele dá o modelo para seus sucessores – e pensava que tinha algumas ideias sobre a direção em que ela deveria ser desenvolvida, mas suas obras lógicas dão mais a impressão de uma pesquisa em andamento (frequentemente com notas indicando que certos pontos precisam de mais estudo) que de um sistema acabado. Talvez o veredicto mais justo a respeito de suas realizações é o que ele mesmo oferece no final das *Refutações Sofísticas*, muito embora ele provavelmente tenha escrito essas palavras antes de compor os *Analíticos* e o *Da Interpretação*:

> E se, após refletir sobre o assunto, parecer a vocês que nosso estudo, partindo dessas coisas como que de seu começo, pode ser favoravelmente comparado com nossas outras investigações que foram desenvolvidas com base no material que nos foi legado, então continua a caber a todos vocês, nossos ouvintes, perdoar suas insuficiências e dar muitas graças por suas descobertas (*SE* 34, 184b2-8).

3 Metafísica

JONATHAN BARNES

1. O QUE É METAFÍSICA?

A palavra "metafísica" não é aristotélica, e a *Metafísica* de Aristóteles recebeu seu título de um editor posterior.[1] Mas existe um assunto, vaga e diversamente chamado de "sabedoria" ou "filosofia" ou "filosofia primeira" ou "teologia", que Aristóteles descreve e explora em sua *Metafísica*; e o assunto lida com muitos temas que hoje poderíamos caracterizar como metafísicos. A *Metafísica* é, na maior parte de sua extensão, uma obra de metafísica, e Aristóteles faz observações sobre questões metafísicas alhures em suas obras, notoriamente nas *Categorias*, obra que alguns com efeito classificariam como um ensaio de metafísica.

Quais eram as alegações metafísicas de Aristóteles, e o que é a *Metafísica* de Aristóteles? A última questão é a mais fácil. A obra, na forma como hoje a temos, está dividida em quatorze livros de extensão e complexidade desiguais. O livro Alfa é introdutório: articula a noção de uma ciência dos princípios primeiros ou causas das coisas e oferece uma história parcial do assunto. O segundo livro, conhecido como "Alfa Menor", é uma segunda introdução, com conteúdo predominantemente metodológico. O livro Beta é uma longa sequência de embaraços ou *aporiai*: possíveis respostas são ligeiramente esboçadas, mas o livro é antes programático que definitivo. O livro Gama é o que parece começar com o assunto mesmo: ele caracteriza algo que chama de "a ciência do ser enquanto ser" – e então se dedica a uma discussão do princípio de não contradição. A seguir, no livro Delta, vem o "léxico filosófico" de Aristóteles: uns quarenta termos filosó-

---

[1] A frase grega *ta meta ta phusika* significa "O que vem depois da *Física*" – mas o que precisamente o editor tinha em mente é discutível.

ficos são explicados, e seus diferentes sentidos são rapidamente expostos e ilustrados. O livro Épsilon é breve: volta à ciência do ser enquanto ser e também faz algumas observações sobre a verdade.

Os livros Zeta, Eta e Teta estão conectados e juntos formam o núcleo da *Metafísica*. Seu tópico geral é a substância: sua identificação, a relação que ela mantém com a matéria e a forma, com a atualidade e a potencialidade, com a mudança e a geração. O argumento é tortuoso ao extremo e está longe de ser claro quais são as posições finais de Aristóteles sobre o assunto – se é que ele tinha alguma posição final. O livro seguinte, Iota, ocupa-se com as noções de unidade ("unicidade") e identidade. O livro Capa consiste num sumário de Gama, Delta e Épsilon e de partes da *Física*. No livro Lambda, voltamos ao estudo dos entes e dos princípios primeiros: o livro contém a teologia de Aristóteles, sua explicação dos "motores imóveis", que são em algum sentido as entidades supremas de seu universo. Finalmente, os livros Mi e Ni abordam a filosofia da matemática, discutindo em particular o estatuto ontológico dos números.

Esse sumário grosseiro indica de maneira suficientemente clara que nossa *Metafísica* não tem nenhuma estória contínua para narrar. Com efeito, existem remissões de um livro a outro e há passagens que fazem a ligação entre livros consecutivos. Mas esses textos dão apenas uma aparência ilusória e superficial de unidade. Há dois livros introdutórios, sendo que nenhum deles genuinamente introduz o material que será tratado no restante da obra. A lista de embaraços no livro Beta sugere um programa de estudo – ou mesmo uma sequência de capítulos; mas o programa não é seguido nos livros posteriores: alguns dos embaraços que o constituem são extensamente discutidos, outros são meramente relanceados ou ainda ignorados. O léxico filosófico, que tem uma posição estranha, discute muitos termos que não têm nenhuma importância no resto da obra; e ignora vários termos de importância considerável. O livro Capa, que muitos estudiosos corretamente consideram não ter sido nem sequer escrito por Aristóteles, não tem um lugar na compilação. O livro Mi, que repete certos parágrafos de Alfa quase que *verbatim*, tem o mesmo assunto de Ni; mas os dois livros não formam um todo.

Uma leitura atenta da *Metafísica* não revela nenhuma unidade tênue ou subjacente: a obra é antes uma compilação de ensaios que um tratado concatenado. A compilação foi presumivelmente feita por Andrônico para sua edição das obras de Aristóteles. Por que estes ensaios particulares foram compilados e por que eles foram posicionados nesta particular ordem são questões para as quais não aparece nenhuma resposta razoável.

A *Metafísica* é uma mixórdia, uma barafunda. Isto, por si só, poderia fazer-nos ficar em dúvida quanto à possibilidade de extrairmos dos ensaios que a constituem qualquer conjunto coerente de teorias metafísicas e atribuí-las a Aristóteles; e poderíamos também nos perguntar se podemos descobrir ou caracterizar qualquer ciência ou disciplina ou assunto único ao qual os diversos ensaios, cada um a sua maneira, dão uma contribuição. Com efeito, tão logo nos perguntemos a questão mais elementar, a saber, "O que é a metafísica aristotélica? Que estudo Aristóteles acha que está realizando nesses ensaios?", nós nos encontraremos numa situação de perplexidade. Pois os textos parecem oferecer-nos três ou até mesmo quatro respostas: as respostas certamente são diferentes umas das outras, e parece à primeira vista que são, na verdade, incompatíveis umas com as outras.

O livro Alfa nos convida a estudar as causas ou explicações das coisas e em particular descreve "a ciência que estamos procurando" como "uma ciência que investiga os princípios primeiros e causas" (A 2, 982b8). Em Gama, somos apresentados ao estudo do ser enquanto ser:

> Há uma ciência que investiga o ser enquanto ser e os atributos que pertencem a isso em virtude de sua própria natureza (Γ 1, 1003a21-22).[2]

Aristóteles deixa ao menos uma coisa perfeitamente clara: essa ciência não está limitada a uma certa espécie ou tipo de ente – ela abrange absolutamente tudo o que existe. E, no entanto, em seguida o livro Épsilon parece restringir nosso estudo à teologia e seus objetos àqueles itens que são divinos:

> Se existem substâncias inamovíveis, então a ciência que lida com elas tem de ser anterior, ela tem de ser filosofia primeira (E 1, 1026a29-30).

---

[2] Para uma tradução corrigida, veja abaixo, p. 106.

(O contexto mostra que as "substâncias inamovíveis" são divindades.) Finalmente, o livro Zeta parece restringir nosso assunto de maneira bem diferente:

> A questão que, tanto agora quanto no passado, é continuamente colocada e continuamente causa embaraços é esta: O que é ser? Isto é, o que é substância? (Z 1, 1028b2-4).

Essa eterna questão define a natureza das investigações de Aristóteles, ao menos para uma grande parte da *Metafísica*, e assim oferece implicitamente uma quarta explanação do estudo ou ciência da metafísica.

A ciência dos princípios primeiros, o estudo do ser enquanto ser, teologia, a investigação da substância – quatro descrições compatíveis da mesma disciplina ou, ao contrário, várias descrições diferentes de várias disciplinas diferentes? Será que não há uma disciplina única que pode ser identificada como a metafísica aristotélica? E talvez esse pensamento não deva inquietar-nos: precisamos apenas nos lembrar de que a *Metafísica* foi composta por Andrônico, não por Aristóteles. Mas as quatro descrições têm ao menos uma coisa em comum: elas são misteriosas e obscuras. A primeira coisa a fazer é dissipar um pouco da escuridão. Vou começar com o "ser enquanto ser".

II. O ESTUDO DO ENTE ENQUANTO ENTE[3]

Primeiramente, eis aqui um parágrafo do livro Gama, cuja primeira sentença eu já citei. (A tradução aqui difere em um pequeno, mas vital, respeito.)

> Há uma ciência que investiga o ente enquanto ente e os atributos que convêm a ele em virtude de sua própria natureza. Isso não é o mesmo que qualquer uma das assim chamadas ciências especiais; pois nenhuma

---

[3] N.T.: "Ente enquanto ente" traduz "beings *qua* being". A locução "ser enquanto ser", por sua vez, traduz "being *qua* being". Veja abaixo a explicação do autor sobre a diferença entre as locuções.

delas lida de maneira geral com o ente enquanto ente – antes, cada uma recorta uma parte do ser e investiga os atributos dessa parte (isso é, por exemplo, o que as ciências matemáticas fazem) (Γ 1, 1003a20-26).

A ciência é em algum sentido completamente geral ou universal, uma vez que é colocada em contraste com as ciências especiais, cada uma das quais "recorta" uma porção da realidade e a estuda. (Em *An.Post*, Aristóteles observa que as ciências são definidas e individuadas pelo tipo de item que estudam: assim, a aritmética é a ciência que lida com unidades e suas propriedades.) Nossa ciência, por outro lado – ou a metafísica, como por conveniência vou continuar a chamá-la – lida com os entes em geral.

A palavra "ser" nesse contexto tem o sentido de "existir": a metafísica estuda os entes na medida em que estuda os itens que existem. Ela estuda existentes, ou entidades, enquanto existentes. (Isto é negado por alguns estudiosos que em vez disso supõem que a palavra "ser" está sendo usada aqui em algum sentido mais generoso.) Na seção anterior, eu escrevi "… ser enquanto ser" na minha tradução de Γ 1; e, de fato, é padrão na literatura moderna caracterizar a metafísica como a ciência do ser enquanto ser. Mas essa caracterização é falsa e desencaminhadora: ela é desencaminhadora na medida em que a primeira ocorrência da palavra "ser" será naturalmente lida como um substantivo abstrato ("vamos estudar o ser ou a existência"); e é falsa na medida em que a frase grega, embora esteja no singular (*to on*), é propriamente vertida aqui por um plural inglês (*beings*, itens que existem). Nossa ciência estuda entes, não o ser; ela estuda as coisas que existem.

Mas isso é o que, em certo sentido, toda ciência faz – o que mais, afinal de contas, há para estudar? Nossa ciência é destacada das outras ciências não por estudar entidades, mas, ao contrário, por estudá-las "enquanto entes" ou "enquanto existentes". A frase "enquanto ente" não modifica aqui o substantivo "ente", como se as palavras "ente enquanto ente" servissem para selecionar um *gênero* particular de ente. Isso seria em si mesmo absurdo e contradiria diretamente o que Aristóteles diz sobre a universalidade da ciência. "Ente enquanto ente" não é nem sequer uma frase (tão pouco quanto "Aristóteles devagar" é uma frase na sentença "Eu leio Aristóteles devagar"). Pelo contrário, "enquanto ente" tem afinidade com o verbo "investigar": a expressão indica a maneira ou modo como as entidades devem ser investigadas.

O que é investigar o ente enquanto ente? O que, de maneira mais geral, é estudar Fs enquanto G? A palavra "enquanto" significa algo como "na medida em que eles são": estudar Fs enquanto G é estudar Fs na medida em que eles são G: isto é, é estudar aqueles traços dos Fs que pertencem a eles visto que são G. Desse modo, você poderia estudar Fs enquanto G, ao passo que eu os estudo enquanto H: talvez você estude manuscritos medievais enquanto obras de arte, ao passo que eu as estudo enquanto fontes de testemunho a respeito de textos da Antiguidade – podemos estar interessados nos mesmos itens (podemos visitar as mesmas bibliotecas e manusear os mesmos documentos), mas você vai concentrar-se num aspecto deles, e eu em outro. De acordo com Aristóteles, os cientistas naturais estudam os objetos físicos enquanto corpos moventes, ao passo que os geômetras os estudam enquanto sólidos tridimensionais.[4] Em frases da forma "estudar Fs enquanto G", o termo que substitui F estabelece o *domínio* do estudo, e o termo que substitui G estabelece o aspecto ou o *foco* do estudo.

Os metafísicos, então, ao estudarem o ente enquanto ente, consideram as entidades em geral – tudo o que existe – como seu domínio e concentram-se no fato de que os itens no interior do domínio *existem*. E quando Aristóteles diz que nossa ciência "investiga o ente enquanto ente e os atributos que convêm a ele em virtude de sua própria natureza", a palavra "e" é, como dizem os gramáticos, epexegética: ela equivale a "isto é". Estudar o ente enquanto ente é simplesmente estudar aqueles atributos que convêm às entidades em virtude do fato de que elas são entidades.

E que espécie de traços são atributos de entidades enquanto entes? Aristóteles afirma que a unidade ou unicidade é esse traço, uma vez que tudo – tudo o que existe – é *uma* coisa. E se nossa ciência trata da noção de unidade, então ela tem de discutir seu oposto, a pluralidade – e por conseguinte também a alteridade, a diferença e a contrariedade.

---

[4] Veja abaixo, p. 125.

E de maneira similar com todos os outros itens como esses. Uma vez que esses são traços essenciais da unidade enquanto unidade e do ente enquanto ente – e não enquanto número ou linha ou fogo –, é manifesto que faz parte dessa ciência investigar sua essência e suas propriedades (Γ 2, 1004b4-7).

Uma linha pode ser diferente de outra linha; mas ser diferente não é algo peculiar às linhas, e linhas não são diferentes, na medida em que são linhas: elas são diferentes na medida em que são entidades.

O livro Iota discute o conceito de unidade ou unicidade, ao lado de diversas noções relacionadas. Está claro que, ao menos nesse livro, Aristóteles está envolvido na prática da ciência que ele descreve no começo de Gama. O próprio livro Gama contém uma longa discussão do princípio de não contradição. Por quê?

Temos de dizer se cabe a uma ciência ou a diferentes ciências a investigação das verdades chamadas na matemática de axiomas e das substâncias. É manifesto que a investigação delas cabe a uma ciência, a saber, a ciência do filósofo; pois essas verdades valem para tudo o que é, e não para algum tipo especial de coisa em separado dos outros – todos os homens as usam, pois elas são verdadeiras do ente enquanto ente (Γ 3, 1005a19-24).

Com o termo "axioma", Aristóteles provavelmente visa designar aquelas verdades primeiras que são comuns a todas as ciências ("todos os homens as usam"): assim, o princípio de não contradição, em particular, e as leis da lógica, em geral, são axiomas e não estão ligados a nenhum tópico particular. Isto é, os axiomas valem para absolutamente tudo – e assim eles são estudados pela metafísica.

Desse modo, a metafísica é, com efeito, o estudo de conceitos e verdades "indiferentes ao tema", de conceitos inteiramente abstratos que podem ser aplicados a todo e qualquer assunto e de verdades inteiramente gerais que são verdadeiras de todo e qualquer assunto. Em termos muito aproximados, metafísica, como o livro Gama a descreve, é lógica. Podemos ter algumas dúvidas sobre a caracterização que Aristóteles dá do assunto. (Por exemplo, por que restringir a lógica a *entidades*? O princípio de não contradição não vale para, digamos, personagens fictícios tanto quanto para personagens reais? Ou ainda, a palavra "enquanto" é apropriada? Não há dúvida de que cada entidade é *uma* coisa – mas ela é uma coisa enquanto ente ou na medida em que existe? É em virtude de ser uma entidade que meu gato é *um* em vez de uma ninhada inteira?) Mas essas dúvidas são marginais; podemos razoavelmente pensar que temos uma apreensão satisfatória de como pareceria de fato a ciência do ente enquanto ente.

III. Existência

E talvez não tenhamos problemas em admitir que *há* tal ciência: pois como duvidar da existência da lógica? No entanto, era justamente aqui que Aristóteles tinha suas dúvidas. Pois a metafísica, entendida como a ciência do ente enquanto ente, parece ser uma ciência sem assunto:

> Não é possível que a unidade ou a existência constituam um gênero de coisas; pois as diferenças [*differentiae*] de qualquer gênero têm, cada uma delas, de existir e ser uma, e é impossível que um gênero seja predicado de suas diferenças (B 3, 998b21-24).

"A existência não é um gênero de coisas" – ou, na versão tradicional, "o ser não é um gênero [*genus*]". Agora as ciências são definidas pelo gênero de seu assunto; mas, se não existe algo como a classe ou gênero das entidades, então não há nada sobre o qual a metafísica verse – por conseguinte, não há algo como metafísica. A metafísica tem a pretensão de estudar toda entidade (ou, se você preferir, tudo). Mas não há uma totalidade como a totalidade das entidades; esse bicho chamado tudo não existe.[5]

O argumento de Aristóteles no livro Beta pode parecer pouco convincente; mas ele ainda tem outra razão para negar que as entidades formem

---

[5] Sentenças quantificadas ("Tudo é F", "Algumas coisas são G") são inteligíveis apenas na medida em que o domínio de quantificação é especificado – apenas na medida em que você pode dizer sobre o que as sentenças estão falando. E dizer que elas estão falando sobre *tudo* não é, na opinião de Aristóteles, especificar domínio algum.

um gênero ou que (de acordo com a frase tradicional) "ser seja um gênero". A razão funda-se no pensamento de que "diz-se que as coisas são de diversas maneiras" – no pensamento de que o verbo "ser" (ou "existir") é homônimo. Aristóteles tinha uma aguda sensibilidade para homonímias e era muito estimulado por elas em seus escritos filosóficos. As *Categorias* começam com algumas reflexões sobre a homonímia e a sinonímia; há um capítulo sobre o assunto no primeiro livro dos *Tópicos*; o léxico filosófico no livro Delta da *Met* é dedicado a distinguir os diferentes usos de certos termos filosóficos; as *Refutações Sofísticas* analisam, entre outras coisas, falácias fundadas em ambiguidades; e não é raro ver Aristóteles fazendo a observação de que esta ou aquela teoria filosófica está equivocada porque não consegue notar uma homonímia crucial. Ademais, ele teorizava sobre o assunto, distinguindo diferentes tipos ou gêneros do fenômeno.

A ambiguidade, como nós normalmente a entendemos, é a multiplicidade de sentidos: uma palavra é ambígua quando ela tem mais de um significado. Aristóteles às vezes fala usando esses termos; mas sua forma mais comum de evocar o fenômeno da homonímia é dizer algo que tenha a forma "Fs são assim chamados de várias maneiras" ou "As coisas são chamadas Fs de várias maneiras". Assim, a teoria das "quatro causas" pode ser introduzida por uma observação cujo teor é afirmar que as causas são assim chamadas de diferentes maneiras.

Fazendo essa observação, Aristóteles está querendo dizer que a palavra "causa" – ou, antes, a palavra grega *aitia* – é ambígua? Se é esse o caso, então ele não está de forma alguma expondo uma teoria das quatro causas: não há quatro tipos distintos de causa – ao contrário, a palavra "causa" é usada em quatro sentidos diferentes. (Falar de quatro tipos de causa seria como falar de três tipos de guia: o livro, o meio-fio e a profissão.) E isso não encaixa direito com a maior parte do que Aristóteles diz sobre as causas. Pelo contrário, ele parece sustentar que há quatro *tipos* ou gêneros de causa, de maneira que ele está comprometido com a posição segundo a qual a palavra "causa" ou *aitia* (como ela é usada em sentenças que dizem respeito à teoria) tem um significado único e não é ambígua. Mas, embora a palavra "causa" tenha apenas um sentido (pertinente), pode ser que o que está envolvido em x ser a causa de y seja diferente do que está envolvido em z ser a causa de w – talvez x seja causa de y na medida em que x é o objeto que *produziu* ou fez y, ao passo que z é a causa de w na medida em que z é a *matéria* ou material [*stuff*] de que w é composto. Em geral, Fs são assim chamados de várias maneiras se o que está envolvido em x ser F é diferente do que está envolvido em y ser F.

Vou usar a palavra "homonímia" ao invés de "ambiguidade" quando estivermos discutindo as reflexões de Aristóteles sobre as diferentes maneiras como certos termos são usados. Aristóteles parece tratar o que chamamos de ambiguidades como casos especiais de homonímia; mas isso seria um erro.[6] Novamente, e talvez de forma mais clara, nem todas as homonímias são ambiguidades.[7] Assim, Aristóteles sustenta que "dizemos homonimicamente do necessário que ele é possível" (*An.Pr* 32a20). Ele não quer dizer o absurdo de que um *sentido* da palavra "possível" é "necessário"; ele quer dizer que, em alguns casos, o que faz de um item possível é precisamente o fato de que ele é necessário.

Diz-se que as coisas são de diversas maneiras; com efeito, há diferentes grupos de diferentes maneiras em que se diz que as coisas são. A homonímia que nos diz respeito aqui é explicada na seguinte passagem do livro Zeta, passagem que remonta ao livro Delta:

> Diz-se que as coisas são de muitas maneiras, como eu disse anteriormente em minhas observações sobre a homonímia: ser significa o que uma coisa é (isto é, este tal-e-tal), e qualidade e quantidade e cada uma das outras coisas predicadas dessa maneira (Z 1, 1028a10-13).

---

[6] Aristóteles sustenta que "grave" é homônima entre "A doença é grave" e "A voz é grave". Isso é presumivelmente um caso de ambiguidade (a palavra "grave" tem dois sentidos diferentes). É um caso de homonímia? Uma coisa é uma doença ser grave e outra coisa uma voz ser grave? Não há dúvida de que é – mas apenas do mesmo modo como uma coisa é uma doença ser grave, e outra coisa um remédio ser fraco; e este último fato não dá origem a uma homonímia. Nós não encontramos, nas obras de Aristóteles, uma explicação clara e unificada da homonímia e sua relação com a ambiguidade; nem mesmo nos comentários de seus intérpretes modernos.

[7] Com efeito – veja a última nota –, há razão para pensar que *nenhuma* homonímia é uma ambiguidade.

Esse texto foi submetido a uma variedade de interpretações. Se ele é tomado de maneira direta, tal como está, então Aristóteles está afirmando que o verbo "existir" é homônimo entre suas ocorrências nas sentenças, digamos, "Gatos existem" (na qual ele se aplica a um "este tal-e-tal" ou uma substância) e "Cores existem" (na qual ele se aplica a uma qualidade). Você pode dizer verdadeiramente dos gatos que eles existem; e você pode dizer verdadeiramente das cores que elas existem (de modo que, num sentido, tanto gatos quanto cores são entidades). Mas gatos não existem da mesma maneira que as cores existem: o que está envolvido na existência de um gato é diferente do que está envolvido na existência de uma cor. Desse modo, gatos e cores não estão compreendidos num gênero comum – eles não são ambos membros do gênero *entidade*.

E assim é o próprio empreendimento metafísico que parece ficar ameaçado. Suponha que decidamos fazer uma investigação sobre chaves [*keys*].[8] Depois de demoradas pesquisas, concluímos que há várias espécies interessantemente diferentes de chaves – os dispositivos de metal para trancar e destrancar portas, os hieróglifos nas margens dos mapas [legenda], a escala que fixa um certo trecho de música [clave] e assim por diante. Um crítico aristotélico faz a observação de que "chaves não são um gênero", pois chaves são assim chamadas de diferentes maneiras – uma coisa é um pedaço de metal ser uma chave, outra coisa é um conjunto de símbolos constituir uma chave e assim por diante.[9] A observação do crítico está bem colocada; ela revela o absurdo de nosso empreendimento original: não há algo como *o* estudo das chaves – há vários estudos distintos, sendo que cada um deles pode ser chamado de estudo das chaves, e não podemos começar a estudar

---

[8] N.T.: Manteve-se a palavra utilizada pelo autor, mesmo que ela tenha outro significado em português, a fim de evitar que o texto tivesse de sofrer alterações muito radicais.

[9] Ou "chave" é meramente ambígua? Eu originalmente falara de guias aqui – mas é evidente que "guia" é uma mera ambiguidade. Talvez "bom" fosse um exemplo melhor? Coisas boas não constituem um gênero na medida em que uma coisa é um argumento ser bom e outra bem diferente, digamos, um jantar ser bom; e não obstante a palavra "bom" não é ambígua entre casos desse tipo. Logo, não há uma ciência das coisas boas...

chaves sem antes especificar de que maneira estamos tomando a palavra. Se entidades são como chaves, não há algo como a metafísica.

Em algum ponto de sua carreira, Aristóteles talvez tenha sido levado pelo argumento que acabei de expor a negar que pudesse haver uma ciência da metafísica. Tenha isso acontecido ou não, ele certamente veio a acreditar que podia responder ao argumento e resgatar a metafísica. Sua resposta depende de encontrar um caminho intermediário entre termos homônimos e não homônimos. No primeiro capítulo das *Categorias*, ele distingue entre "homônimos" e "sinônimos": dois itens são homônimos se existe uma palavra que se aplica a cada um deles, mas em sentidos diferentes; dois itens são sinônimos se existe uma palavra que se aplica a cada um deles no mesmo sentido. Dessa forma, Sírio e Rex são homônimos na medida em que a palavra "cão" se aplica aos dois, mas significa, num caso, um animal e, no outro, uma estrela; Rex e Fido são sinônimos na medida em que a palavra "cão", no seu sentido animal, aplica-se aos dois.

As *categorias* adicionam aos homônimos e sinônimos aquilo que Aristóteles chama de "parônimos": dois itens são parônimos se um derivativo de uma palavra que se aplica a um dos itens se aplica ao outro. Eu e minha aparência são parônimos na medida em que "macho" se aplica a mim e "masculina" se aplica a minha aparência.[10] Os parônimos estão, num sentido, no meio do caminho entre homônimos e sinônimos. Mas esse meio-termo não oferece repouso para a metafísica. Antes, Aristóteles descobre um outro lugar para repousá-la, lugar que encontra sua melhor apresentação nos termos de um de seus exemplos ilustrativos.

Tome a palavra "saudável": um atleta, um esporte, uma compleição e uma dieta, digamos, podem todos ser convenientemente chamados de "saudáveis". Milo é saudável, bem como o é a luta livre – mas eles não são saudáveis da mesma maneira: Milo ser saudável não é o mesmo que a luta livre ser saudável. (Milo e a luta livre não são sinônimos em relação

---

[10] N.T.: O jogo de palavras no inglês é entre "man" e "manly", que deveriam ser traduzidas mais naturalmente por "homem" e "masculina". No entanto, perderíamos assim o aspecto da derivação das palavras, que é justamente ao que o autor deseja aludir.

a "saudável".) Mas as duas maneiras de ser saudável certamente não estão dissociadas uma da outra – Milo e a luta livre, como Aristóteles diz alhures, não são meramente "homônimos por acaso". Ao contrário, o modo como a luta livre é saudável é parasitário relativamente ao modo como Milo é saudável; pois o que faz da luta livre algo saudável é ela tender a produzir ou conservar a saúde em seus praticantes – a luta livre é saudável na medida em que ela faz pessoas como Milo saudáveis. De maneira geral,

> tudo que é saudável é assim chamado com referência à saúde – algumas coisas por conservá-la, algumas por produzi-la, algumas por serem sinais de saúde, algumas porque são capazes de recebê-la; e, de maneira similar, as coisas são chamadas médicas com referência à arte da medicina – algumas coisas são chamadas médicas por possuírem a arte da medicina, outras por serem bem adaptadas a ela, outras por serem instrumentos da arte da medicina (Γ 2, 1003a34-b2).

Todos os diferentes caracteres de saúde apontam para um tipo de saúde: todos os itens aos quais a palavra "saúde" se aplica são saudáveis *com referência* a algum único item.

Ou, como alguns estudiosos modernos gostam de dizer, a palavra "saudável" tem um significado *focal*, seus diferentes sentidos têm seu foco em algum item único. Uma palavra tem significado focal se é usada de várias maneiras, uma das quais é primária, e as outras derivativas, sendo que as explicações da maneira derivativa contêm a explicação da maneira primária. "Saudável", quando aplicada a Milo, é usada da maneira primária – significa, digamos, que Milo tem um corpo em excelente estado de funcionamento. Quando aplicada à compleição de Milo ou a sua dieta, a palavra é usada de maneira derivativa: significa que sua dieta é o tipo de dieta que torna saudável quem a consome (isto é, que faz o corpo de quem a consome funcionar de maneira excelente) e que sua compleição é o tipo de compleição tipicamente manifestada por alguém saudável (isto é, por alguém cujo corpo está numa condição de funcionamento excelente).

"Existir" ou "ser", de acordo com Aristóteles, é exatamente como "saudável" nesse aspecto: a palavra tem um uso primário e diversos usos derivativos, dos quais todos contêm em sua explicação a explicação do uso primário. E agora a metafísica pode ser defendida da objeção de que "o ser não é um gênero". Não pode haver uma *única* ciência das chaves, pois as chaves são homônimas. Mas itens existentes não são homônimos da mesma maneira como as chaves o são; pois a palavra "existir", da forma como é aplicada a diferentes tipos de itens, não é *simplesmente* homônima: seus usos, embora realmente diferentes, estão todos atrelados na medida em que todos eles estão conectados a um uso primário central, focal. Assim como um estudante de medicina, interessado na saúde, vai levar em consideração tanto dietas e compleições quanto corpos, e não vai por isso achar que sua ciência se desmancha em várias disciplinas distintas, um metafísico, interessado em entidades, vai considerar tudo aquilo a que a palavra "existe" se aplica, e não vai por isso achar que seu assunto se dissolveu.

> Assim também há muitas maneiras em que se diz que as coisas existem, mas todas elas se referem a um único ponto de partida... Então, assim como há uma ciência que lida com todos os itens saudáveis, também há nos outros casos. Pois não é apenas quando todos os itens estão compreendidos numa noção comum que eles são investigados por uma única ciência: pelo contrário, isso também é assim para os itens que se relacionam a uma única natureza comum – pois eles também, num sentido, estão compreendidos numa noção comum. Está claro, portanto, que é a tarefa de uma única ciência estudar todas as coisas que existem enquanto existentes (Γ 2, 1003b5-16).

A concepção aristotélica de significado focal foi corretamente aclamada como uma descoberta genial. Mas ainda não está claro como – ou, com efeito, se – ela se aplica ao verbo "existir"; tampouco se ela é em princípio adequada para salvaguardar a ciência da metafísica.

IV. Entidades

Chamemos as coisas que existem da maneira primária de *substâncias* e as coisas que existem de maneira derivativa de *acidentes*. Isto, eu suponho, corresponde bastante bem à maneira como esses termos são normalmente usados em discussões da metafísica aristotélica. (Substâncias são coisas que "subjazem" ou servem de suporte a outras entidades; acidentes são itens que "acontecem a" ou dependem de outras entidades.) Toda entidade é ou uma substância ou um acidente.[11] Se há apenas *uma* maneira de as coisas existirem – se, em outras palavras, a existência não tem um significado focal (e não é meramente homônima) –, então todas as entidades são substâncias.

Será lembrado que, em Zeta 1, a disciplina da metafísica parecia ser implicitamente determinada pela referência a uma questão central –

> a questão que, tanto agora quanto no passado, é continuamente colocada e continuamente causa embaraços é esta: O que é ser? Isto é, o que é substância? (Z 1, 1028b2-4).

A questão "O que é ser?" é uma questão ontológica, uma questão sobre a *existência*: "O que é ser?" significa "O que é existente?" – ou melhor, "Que itens existem?" Em Zeta 1, Aristóteles reduz a questão do ser à questão da substância, a questão do que existe à questão do que existe da maneira primária; pois ele supõe que, uma vez que tenhamos estabelecido a categoria das substâncias, os acidentes vão tomar conta de si mesmos. Mas aqui eu vou proceder de forma mais cuidadosa, detendo-me primeiramente na questão geral sobre a existência.

Quais são, então, os entes que há, que itens existem? Como poderíamos começar o trabalho de responder a essa intimidadora questão? Uma maneira de fazê-lo poderia ser enumerar todos os itens que existem, um por um: Sírio, Austrália, o presidente da França, aquela caixa de fósforos sobre a escrivaninha diante de mim... Nós certamente nunca vamos completar essa lista – e evidentemente nunca vamos saber que a completamos. A lista será infinitamente longa se ela contiver números. (E se estamos

---

[11] Será que há acidentes de acidentes, entidades duplamente parasitárias? Há, sem dúvida (o tempo, de acordo com Epicuro, é um acidente de acidentes, a saber, de mudanças que, elas próprias, são acidentes de itens que mudam). Mas um acidente de um acidente é um acidente.

perguntando, de forma bem geral, o que há, será difícil rejeitar de pronto a insinuação de que há um número primo entre 6 e 8 – de modo que o número 7 estará em nossa lista de entidades.) A lista certamente será indefinidamente longa, uma vez que ela conterá entidades futuras. Se essa fosse a investigação à qual a eterna questão de Aristóteles nos convidava, então seria prudente que declinássemos o convite.

Mas em vez de enumerar entidades poderíamos tentar enumerar *gêneros* de entidade. Também não está nada claro se jamais poderíamos completar essa lista ou saber que a completamos; mas a tarefa não mais parece absolutamente impraticável, e isto por duas razões. Primeiramente, não precisamos supor que a lista será infinitamente longa. Em segundo lugar, os itens presentes na lista serão agrupados de uma maneira que deixará a tarefa mais fácil.

Pois ficará patente que alguns dos itens, por assim dizer, incluem outros. Gatos estarão na lista – é claro que há coisas como gatos. Bem como estarão os mamíferos, pois mamíferos inegavelmente existem. E também, pela mesma razão, os animais. Mas gatos são um tipo de mamífero, e mamíferos são um tipo de animal; de modo que esses três itens podem ser organizados numa estrutura hierárquica. De maneira mais geral, em meio ao monte de itens que coletamos, alguns serão espécies ou gêneros de outros, alguns serão subespécies ou subgêneros dessas espécies e gêneros e assim por diante. Seremos capazes de desenhar uma árvore, sendo que seus nós corresponderão aos itens na lista e os ramos indicarão relações de subordinação.

Se supusermos que o número de itens na lista é finito, então haverá ao menos um nó supremo na árvore, ao menos um item que não está subordinado a nenhum outro item. Esses itens constituem os gêneros mais abrangentes de ser: *tem* de haver ao menos um desses itens, *pode* haver qualquer número deles. Na tradição aristotélica, esses gêneros supremos de ser são costumeiramente chamados de "categorias".[12] Às vezes Aristóteles

---

[12] A palavra grega *katêgoria* significa "predicado": Aristóteles faz uma relação das coisas que existem fazendo uma relação de *predicados* – mas é manifesto que isso dá exatamente no mesmo que fazer uma relação dos *gêneros* de entidade. Sobre as categorias, veja também pp. 90-93 – aqui eu simplesmente adoto, sem nenhum argumento, uma das várias interpretações possíveis da teoria de Aristóteles.

escreve como se soubesse que há exatamente dez categorias, as quais ele pode enumerar. Às vezes ele parece mais cauteloso. De qualquer modo, ele está bem certo de que o número de categorias é pequeno, e sabe ao menos alguns de seus membros.

Por que uma pluralidade de categorias? Por que não uma única categoria? Afinal de contas, os itens na lista são todos *coisas*: não é a classe das coisas que é o único gênero supremo? Mas essa classe seria idêntica à classe de todas as *entidades*, e sabemos que não existe tal coisa como a classe de todas as entidades. (Se "ser" é homônimo, então "coisa" também é.) Haverá ao menos tantas categorias quantos sentidos de "existir"; com efeito, a sentença que abre Zeta 1[13] sugere que há precisamente tantas categorias quantos sentidos ou maneiras de ser.

Suponha, então, que nosso inventário do mundo – nosso catálogo ontológico – esteja completo e estruturado da forma como sugeri. Ao menos uma das categorias que ele mostra será uma categoria de substâncias; e parece forçoso supor que exatamente uma categoria será uma categoria de substâncias, as outras sendo categorias de acidentes. Abordemos agora o negócio de explicar a existência de acidentes em termos da existência de substâncias, supondo que "existir" tem um significado focal.

Tome um típico acidente, algo compreendido na categoria de qualidade. Tome a tolice. A tolice existe, não há como negar; e parece eminentemente possível pensar que a tolice seja um acidente. Pois a tolice é certamente um acidente dos tolos, ou, mais precisamente, de seres humanos tolos. Isto é, a tolice existe se e somente se certas substâncias existentes são tolas. A existência da tolice, portanto, deriva da existência de substâncias tolas ou é parasitária em relação a essa existência. Manifestamente, o que acabou de ser dito sobre a tolice vai igualmente se aplicar, *mutatis mutandis*, à sabedoria. Manifestamente, o que pode ser dito da tolice e da sabedoria pode ser dito das qualidades em geral: qualidades são acidentes, sua existência deriva ou tem seu foco na existência de substâncias dessa maneira – uma qualidade Q existe apenas na medida em que alguma substância tem o caráter Q.

---

[13] Citada acima, p. 112.

Análises similares são possíveis para outras categorias de entidade. Assim, a paternidade existe, e existe na medida em que uma substância gerou outra. A paternidade é uma relação; e em geral uma relação R existirá apenas na medida em que uma substância está numa relação R com outra. Relações são acidentes, sua existência tem seu foco na existência de substâncias. E assim por diante. Parece, pois, que se pode lidar com todas as entidades derivativas, se não de uma só pancada, de nove pancadas, uma para cada categoria derivativa. O que está envolvido na existência de Fs? Para responder à questão, basta colocar Fs na sua categoria, C, e aplicar a explicação geral do que está envolvido na existência de Cs.

Aristóteles aponta esse caminho, mas ele próprio não o trilha; e é um fato curioso que as categorias não sejam mencionadas na mais extensa das descrições aristotélicas do significado focal de "existir".

> Evidentemente há muitas diferenças entre as coisas: algumas são caracterizadas pelo modo de composição de sua matéria, por exemplo, coisas, como o hidromel, que são misturas; outras por estarem unidas umas com as outras, por exemplo os feixes; outras, por estarem coladas, por exemplo livros; outras, por estarem pregadas, por exemplo caixas; outras, em várias dessas maneiras; e outras, pela posição, por exemplo soleiras e lintéis, que diferem por terem uma posição diferente; outras, pelo tempo, por exemplo jantar e café da manhã; outras, pelo lugar, por exemplo os ventos; outras, pelas características próprias aos objetos sensíveis, por exemplo dureza e maciez, densidade e rarefação, secura e umidade; e algumas coisas, por algumas dessas qualidades, outras, por todas elas, e em geral algumas por excesso e outras por falta. Claramente, então, a palavra "é" tem o mesmo número de significações: uma coisa é uma soleira porque está em tal-e-tal posição, e seu ser significa estar nessa posição; ser gelo significa estar solidificado de tal-e-tal maneira (H 2, 1042b15-28).

O que é haver gelo? – É a água estar solidificada desta particular maneira. O que é haver soleiras? – É uma pedra ou tábua de madeira estar posicionada de tal e tal maneira. O que é haver rebanhos de ovelhas? – É várias ovelhas individuais viverem juntas de tal-e-tal modo. E assim por diante.

Há dificuldades que eu ignoro a respeito deste texto. Mas a maneira como ele lida com as entidades derivativas – com acidentes – parece mesmo diferente e bem mais sutil que a ascensão relativamente mecânica às categorias. Não obstante, o método que subjaz ao texto de Eta não é extremamente diferente do método envolvido na ascensão às categorias. Falando de maneira aproximada, para descobrir o que está envolvido em Fs existirem, precisamos perguntar que espécie de coisas são os Fs; e a resposta a essa questão nos dará a dica de que precisamos. O gelo é água solidificada – logo, existir gelo é a água estar solidificada. O café da manhã é a primeira refeição do dia – logo, haver café da manhã é as pessoas comerem algo antes de comerem qualquer outra coisa. Um *kir* é uma mistura de vinho branco e licor de cassis – logo, haver *kirs* é vinho e cassis estarem convenientemente misturados. O método das categorias nos fazia perguntar que espécie de coisas são os Fs, isto é, a que categoria eles pertencem; o método de Eta nos faz perguntar por algo mais específico, a saber, a definição do que é ser um F.

Cada um dos métodos poderia ser caracterizado como um método de "redução", e a noção de significado focal poderia ser compreendida precisamente como um dispositivo de redução. Mas, se falarmos de redução nesse contexto, devemos precaver-nos contra ao menos dois erros para os quais a palavra pode atrair-nos.

Primeiramente, Aristóteles não está preocupado com o que às vezes é chamado de redução "eliminativa". Uma redução eliminativa tenta mostrar que (realmente) não há coisas como Fs reduzindo Fs aparentes a Gs reais. ("Não há realmente coisas como proposições; pois proposições se reduzem a sentenças – seja lá o que você quer dizer quando usa a palavra 'proposição', pode dizê-lo por meio de paráfrases adequadas usando a palavra 'sentença'. As proposições desaparecem de uma ontologia bem organizada.") Nada sugere na *Metafísica* que Aristóteles queria *eliminar* quaisquer entidades indesejadas. Ele oferece uma análise do que é alguma coisa existir: a análise pressupõe que os itens existem – ela não pode insinuar que eles não existem (tampouco que eles não existem "realmente").

Vale a pena reforçar, em particular, que o recurso ao significado focal não elimina aquilo que consideramos entidades *abstratas*. Eis aqui uma maneira grosseira de distinguir entre Platão e Aristóteles em matéria de ontologia: Platão acreditava na existência de entidades abstratas – Aristóteles era mais cabeça-dura e negava que tais coisas existiam. Isso não é apenas grosseiro – é falso. Platão acreditava que a justiça existe, e Aristóteles acreditava que a justiça existe: Aristóteles, aqui, não era mais parcimonioso que seu mestre. O ponto em que ele divergia de seu mestre era no modo ou maneira de existência que ele atribuía à justiça: para Platão, a justiça goza da existência eterna e independente própria das Formas; para Aristóteles, a justiça existe na medida em que algumas substâncias são justas. A justiça tem uma existência parasitária, não uma existência independente; mas isso não é o mesmo que dizer que a justiça não existe de maneira nenhuma. O fenômeno do significado focal permite-nos atribuir uma existência derivativa a certos itens – ele não nos incentiva a negar-lhes a existência, bem pelo contrário.

Tampouco – e este é o segundo erro que deve ser evitado – devemos supor apressadamente que as reduções de Aristóteles estão sujeitas a uma acusação feita contra muitas reduções ontológicas. Considere o seguinte argumento: "Cores são entidades parasitárias – elas se reduzem a corpos físicos ou são parasitárias em relação a eles. Pois não pode haver nenhuma cor a não ser que haja corpos físicos: qualquer cor tem de ser a cor *de* um ou outro corpo". Este é um mau argumento. (Para não falar da duvidosa afirmação de que as cores são sempre cores de algum corpo físico.) Admitamos que toda cor tem de pertencer a algum corpo e admitamos que isso mostra que cores dependem de corpos. Decorre disso que as cores são parasitárias em relação aos corpos? Evidentemente não: a julgar pelo que *este* argumento diz, os corpos também podem depender das cores. Com efeito, se é verdade que toda cor é cor de algum corpo, parece igualmente verdade que todo corpo é o possuidor de alguma cor. Se a primeira verdade estabelece a dependência da cor em relação ao corpo, a última estabelece a dependência do corpo em relação à cor. Por conseguinte, a primeira verdade não pode estabelecer a natureza parasitária das cores.

As reduções de Aristóteles não estão sujeitas a esse tipo de objeção; pois o significado focal estabelece uma assimetria que a mera dependência não consegue estabelecer. Se Fs são reduzidos a Gs por meio do significado focal, então uma explicação do que é a existência de Fs incluirá a explicação do que é a existência de Gs. Mas, se é assim, então não pode também ser verdade que uma explicação do que é a existência de Gs incluirá a explicação do que é a existência de Fs. Pois dessa forma a explicação seria um círculo vicioso: a explicação do que é a existência de Gs incluiria a explicação do que é a existência de Gs.

A despeito disso, as reduções aristotélicas encaram uma dificuldade que acomete todos os exercícios de redução. A dificuldade é esta: Como podemos estabelecer que Fs se reduzem a Gs? Volte ao caso da tolice. Aristóteles supõe, em primeiro lugar, que só existe tolice se existem tolos; e supõe, em segundo lugar, que a existência da tolice é simplesmente a existência de tolos. Por que aceitar qualquer uma dessas suposições? De qualquer modo, a primeira suposição exige um pouco de suporte argumentativo. ("Não há algo como a honra, você sabe – mas que desgraça, ninguém mais é honrado.") A segunda suposição também requer um discurso em seu favor. ("Eu admito que caixas existem se e somente se meia dúzia de pedaços de madeira estão pregados juntos de tal e tal maneira. Mas por que pensar que caixas existirem é madeira estar pregada de tal e tal maneira? Há uma lacuna entre o simétrico 'se e somente se' e a afirmação assimétrica sobre a existência: Por que deveríamos saltar a lacuna?").

O exercício de redução ontológica de maior fôlego realizado por Aristóteles ocorre em seu tratamento dos objetos da matemática, no livro Mi e no livro Ni da *Met*. Aqui Aristóteles nos oferece sua "filosofia da matemática"; mas vale a pena notar que seus interesses não são exatamente os mesmos dos filósofos da matemática modernos. Uma diferença é evidente: Aristóteles, aqui, não está preocupado em analisar conceitos matemáticos e operações matemáticas, tampouco – de forma mais geral – está preocupado com o desenvolvimento técnico das disciplinas matemáticas. Os livros Mi e Ni não são, nesse respeito, comparáveis às *Grundgesetze* de Frege ou aos *Principia* de Russell e Whitehead. Uma outra diferença talvez seja menos óbvia: Aristóteles supõe tacitamente que os problemas com os quais ele está preocupado são suscitados por objetos "matemáticos" enquanto tais e podem receber uma solução para tais objetos – ele não aventa a ideia de que a aritmética e a geometria, por exemplo, podem exigir abordagens bem diferentes. (Aqui a diferença em relação a Frege é particularmente marcada.) Não obstante, há uma reconhecível e importante sobreposição entre seus interesses e os interesses dos heróis modernos do assunto.

O problema geral é enunciado no primeiro capítulo do livro Mi.

> Se os objetos da matemática existem, então eles têm de existir ou em objetos sensíveis (como alguns dizem) ou separadamente dos objetos sensíveis (e isto também é dito por algumas pessoas); ou, se eles não existem de nenhuma dessas maneiras, então ou eles não existem ou eles existem de alguma outra maneira. Por conseguinte, o assunto de nossa discussão não será se eles existem, mas como eles existem (M 1, 1076a32-36).

A última sentença desse excerto parece um *non sequitur* na medida em que Aristóteles acabou de mencionar a possibilidade de os objetos matemáticos não existirem de forma alguma. Mas, na realidade, Aristóteles não leva essa possibilidade a sério: ele não duvida de que a matemática seja uma ciência genuína, ou antes um conjunto de ciências genuínas, e que, portanto, ela tenha um assunto, ou antes um conjunto de assuntos; e é trivial que esses assuntos têm de existir (senão a matemática seria uma fantasia, não uma ciência).

> ... é verdadeiro dizer, sem qualquer restrição, que os objetos da matemática existem e que eles possuem o caráter que os matemáticos lhes atribuem (M 3, 1077b32-33).

A questão importante não é: Os objetos da matemática existem? Antes, é esta: De que maneira os objetos matemáticos existem? E em particular: Os objetos matemáticos são substâncias ou são, ao contrário, acidentes e entidades derivativas? (Aqui, Aristóteles patentemente não é um redutivista eliminativo).

Quase toda a discussão de Aristóteles é negativa e, com efeito, polêmica. Ele considera longamente a posição de Platão e seus colegas, que alegavam que os objetos matemáticos eram substâncias de alguma espécie; ele aduz uma sequência de objeções à posição deles e conclui, como que por W.O., que os objetos matemáticos têm de ser entidades derivativas. Suponha, por exemplo, que os números sejam itens desligados dos objetos perceptíveis que contamos:

Então, segundo princípios similares, haverá, para além dos objetos perceptíveis, os itens com os quais lida a astronomia e aqueles com os quais lida a geometria. Mas como é possível que um céu e suas partes – e com efeito qualquer coisa que se mova – devam existir para além dos céus perceptíveis? Mais uma vez, os objetos da óptica e da harmonia existirão em separado, e haverá sons e visões para além dos sons e visões perceptíveis e individuais (M 2, 1077a2-6).

As considerações que pretendem introduzir números separados e substanciais também introduzirão sons separados e inaudíveis; mas sons separados são evidentemente absurdos – portanto, o argumento em favor dos números separados não funcionará.

Muitos dos argumentos individuais de Aristóteles, incluindo o argumento que eu acabei de citar, são excelentes – eles são, em outras palavras, bons argumentos *ad hominem*. Mas, precisamente porque são argumentos *ad hominem*, não bastam para provar as alegações positivas de Aristóteles: na melhor das hipóteses, eles mostram que a filosofia da matemática platônica é confusa ou mal fundada; eles não mostram, e não podem mostrar, que os objetos matemáticos não são substâncias. E por essa razão eles terão relativamente pouco peso para qualquer filósofo moderno que esteja inclinado a sustentar o que hoje é chamado de platonismo a respeito dos objetos matemáticos.

A posição positiva de Aristóteles tem sua expressão mais clara na seguinte breve passagem:

> Há muitos enunciados sobre coisas consideradas meramente como itens em movimento, e portanto não é necessário que haja ou algo se movendo separadamente dos objetos perceptíveis ou algumas substâncias separadas nos objetos perceptíveis. Do mesmo modo, no caso dos itens em movimento, haverá enunciados e ciências que os tratam não enquanto moventes, mas apenas enquanto corpos, ou ainda apenas enquanto planos, ou apenas enquanto linhas, ou enquanto divisíveis, ou enquanto indivisíveis que têm uma posição ou apenas enquanto indivisíveis (M 3, 1077b24-30).

Na medida em que há um argumento positivo para essa posição positiva, ele está fundado numa analogia com as ciências não matemáticas.

A medicina, Aristóteles observa, "tem a saúde como seu assunto", mas isto não implica que existem itens saudáveis em separado dos objetos perceptíveis – pelo contrário, os cientistas médicos ocupam-se com objetos perceptíveis ordinários (com corpos animais), e não com qualquer coisa para além dos corpos perceptíveis ordinários. Eles tratam corpos perceptíveis enquanto saudáveis (ou melhor, talvez enquanto sujeitos à saúde e à doença): o objeto de sua atenção é um aspecto particular dos corpos físicos, mas a ontologia que eles pressupõem não requer nenhum item substancial a não ser esses corpos físicos. Se você estuda Fs enquanto G, então os Fs formam o domínio de sua investigação, e a ontologia pressuposta por qualquer investigação consiste precisamente nos itens no interior desse domínio.

O mesmo ocorre com a matemática: as ciências matemáticas ocupam-se de certos aspectos dos objetos perceptíveis – de seu aspecto contável, no caso da aritmética – e um matemático não pressupõe uma ontologia que requeira quaisquer outros itens substanciais. Assim, a presumida analogia entre a medicina e a matemática revela os verdadeiros pressupostos da matemática; e uma vez que os objetos da matemática são simplesmente aqueles objetos cuja existência é pressuposta pela matemática, segue-se a conclusão aristotélica.

E o que é estudar objetos perceptíveis enquanto corpos, digamos, ou enquanto divisíveis? Quando estudamos Fs enquanto G, estamos estudando aqueles traços dos Fs que convêm a eles na medida em que são G: estamos estudando aqueles traços dos objetos perceptíveis que convêm a eles na medida em que são corpos ou na medida em que são divisíveis.[14] (A matemática, para Aristóteles, é o estudo dos objetos *abstratos*? Sim e não: sim, na medida em que Aristóteles vai de tempos em tempos referir-se aos objetos da matemática como abstratos, como "mencionados em virtude da

---

[14] Por que dos objetos *perceptíveis*? *Todos* os objetos, perceptíveis ou não, podem ser contados, como Aristóteles sabia, e assim são potenciais objetos da aritmética. As referências de Aristóteles restringindo o campo de objetos aos que são perceptíveis são simplesmente falta de cuidado? Ou ele está querendo sugerir que os objetos perceptíveis são os itens *primários* a serem contados, ao passo que os objetos não perceptíveis só são contáveis na medida em que são remetidos a objetos perceptíveis que podem ser contados?

abstração"; não, na medida em que a única espécie de abstração envolvida é a abstração introduzida pela expressão "enquanto" – e *isso* não é algo que normalmente consideraríamos como abstrato.)

Pode parecer que há uma dificuldade envolvida em estudar objetos perceptíveis enquanto linhas, digamos, ou enquanto indivisíveis. Você pode estudar Fs enquanto Gs apenas se Fs realmente são Gs. Mas corpos não são linhas, tampouco são indivisíveis. Isso é verdadeiro para o caso das linhas: objetos perceptíveis certamente não são linhas. Mas Aristóteles apenas se expressou com um certo grau de frouxidão; ele tem em mente mais ou menos isto: uma parede, por exemplo, tem comprimento, altura e espessura; seu comprimento é a distância deste ponto àquele outro; um geômetra que fala sobre linhas está falando sobre coisas como o comprimento da parede – a geometria estuda objetos perceptíveis não enquanto linhas, e sim enquanto limitados ou determinados por linhas. No que diz respeito à indivisibilidade, os objetos perceptíveis são, no sentido relevante, realmente "indivisíveis". Uma ovelha é "indivisível" na medida em que você não pode dividi-la *em ovelhas* – ela é *uma* ovelha. Estudar objetos perceptíveis enquanto indivisíveis é estudá-los enquanto um tal-e-tal, enquanto unidades – e é a aritmética que os estuda assim.

Quando um matemático fala, ele fala sobre objetos perceptíveis ordinários; quando, digamos, um aritmético observa que a raiz cúbica de 27 é 3, sua observação refere-se a ovelhas e bodes, a gatos e tapetes. Uma maneira de expressar o ponto – uma maneira que o próprio Aristóteles não usa – é esta. Numerais têm tanto um uso adjetivo quanto um uso substantivo. Podemos dizer tanto "Duas galinhas é muito pouco para seis pessoas" quanto "Seis são três vezes dois" (ou 3 x 2 = 6); tanto "Se você pegar metade destes meus dezoito ovos e comprar mais três, você terá uma dúzia de ovos" quanto "Metade de dezoito mais três são doze" (ou 18/2 + 3 = 12). O uso substantivo dos numerais é o uso que eles têm na aritmética; e é este uso que insinua que os números são substâncias separadas ou independentes. (Sobre o que os aritméticos estão falando quando dizem que 7 x 7 = 49? Sobre números, é claro. Mas parece que não de objetos perceptíveis – pois onde você vai encontrar qualquer referência a objetos perceptíveis na sentença 7 x 7 = 49?). O uso adjetivo dos numerais, por outro lado, não aponta para nenhum número substancial. Se eu digo "Três gatos são muito para uma só casa", está bem claro que estou falando sobre *gatos*: a frase "três gatos" nem mesmo parece comportar *duas* referências, uma a gatos e uma a alguma outra substância. Com efeito, o que Aristóteles está querendo dizer é isto: o uso adjetivo dos numerais é primário; este uso é o único uso de que os aritméticos precisam; e este uso mantém os aritméticos falando de gatos e tapetes.

Se os aritméticos, ao falarem sobre números, estão na verdade falando sobre gatos e tapetes, então presumivelmente a existência dos números não é nada para além da existência de gatos e tapetes; a existência dos números refere-se à ou tem seu foco na existência de objetos perceptíveis. Aristóteles caracteriza os objetos da aritmética antes como unidades que como números: um número é simplesmente um número de unidades, e o número 666 existe apenas na medida em que 666 unidades existem. Unidades, ou "uns", são os itens sobre os quais os aritméticos patentemente falam quando escrevem, digamos, "1 + (1 − 1) = 1" – e portanto são aquilo sobre o que latentemente falam quando escrevem, digamos, "666 − 555 = 111". Então o que é a existência de unidades? O uso substantivo de "um" dá lugar ao uso adjetivo, e as unidades existem apenas na medida em que aqui está um gato e ali está um cachorro e...

O uso adjetivo dos numerais é primário? Os aritméticos falam apenas sobre objetos perceptíveis? Estas questões nos conduzem ao cerne da filosofia da aritmética e não são nem um pouco fáceis de responder. Uma coisa é clara: o próprio Aristóteles não tinha os recursos para respondê-las de maneira adequada. Suas observações negativas e polêmicas, como eu já disse, não podem constituir uma prova de sua posição; as considerações positivas com as quais ele a defende não têm nada de demonstrativas; e ele nem mesmo tenta reconstruir a aritmética utilizando como base sua tese sobre os objetos da ciência. Como, afinal de contas, podemos interpretar ou reinterpretar uma sentença como "$3^3 - 2 = 5^2$" como uma sentença sobre *gatos*? (E a maioria das sentenças na aritmética estão muito mais distantes dos gatos do que essa sentença.) Até que tais questões tenham sido enfrentadas, a ontologia da aritmética de Aristóteles continuará no máximo a ser uma hipótese atraente, um mero ponto de partida para uma reflexão séria.

Finalmente, deixemos de lado o caso particular dos objetos aritméticos e consideremos os acidentes em geral. A metafísica estava ameaçada pela ideia de que "o ser não é um gênero". O significado focal de "existir" fora introduzido para evitar a ameaça. A ameaça foi evitada? Bem, a ameaça sugeria que, não havendo algo como a totalidade das entidades, não é possível dizer nada sobre *todas* as entidades. O fenômeno do significado focal nos permite falar de maneira inteligível e verdadeira sobre *todas* as entidades?

Pode parecer óbvio que podemos dizer coisas sobre *todos* os itens saudáveis ("Tudo que é saudável envolve trabalho árduo") ou sobre *todos* os itens médicos ("Tudo que é médico é monstruosamente caro"): o significado focal de "saudável" e "médico" parece criar espaço para tais generalizações. Logo, por que não "Toda entidade é …"? Mas não está nada claro que as sentenças universais envolvendo "saudável" e "médico" sejam aceitáveis. (Elas *parecem* aceitáveis – assim como "Todo(a) guia é um objeto físico" também parece). E para Aristóteles elas certamente não são aceitáveis: uma sentença científica tem de dizer *uma* coisa, tem de ser unívoca; e termos de significado focal introduzem a homonímia. No jargão de Aristóteles, a sentença "Tudo que é saudável envolve trabalho árduo" não diz uma coisa: ela diz muitas coisas, e embora essas muitas coisas estejam ligadas umas às outras, uma ligação não é uma fusão.

O significado focal, portanto, não vai devolver à metafísica verdades universais da forma "Toda entidade é…", e a metafísica tem de ser resgatada de alguma forma mais sutil. A maneira é presumivelmente esta: haverá sentenças não problemáticas da forma "Toda entidade primária é…", e haverá sentenças não problemáticas da forma "Toda entidade é…" e "Tudo é…", desde que as entidades em questão sejam especificadas como substâncias e o pronome quantificador "tudo" seja restringido ao domínio das entidades primárias. Podemos considerar essas sentenças como, por assim dizer, as sentenças focais de nossa ciência da metafísica. Uma dessas sentenças será alguma versão do princípio de não contradição, talvez "Toda substância é tal que não há nada que ao mesmo tempo lhe convenha e não lhe convenha".

Uma vez que entidades derivativas estão todas relacionadas focalmente a substâncias, podemos aplicar as sentenças focais da metafísica a essas entidades derivativas. Movimentos são entidades derivativas: a existência de movimentos é a movimentação de certas substâncias. Ora, certamente o princípio de não contradição tem de aplicar-se de alguma forma aos movimentos – todo movimento não é certamente algo tal que não há nada que lhe convém e não lhe convém? Nenhum movimento pode ser simultaneamente rápido e não rápido. Não podemos tomar esta última sentença simplesmente como uma *instância* do princípio de não contradição que foi formulado no último parágrafo; aquele princípio estava restrito a substâncias. Mas será que não podemos derivar a sentença sobre o movimento do princípio? Assim, dizer de um movimento que ele é rápido é simplesmente dizer que alguma substância está rapidamente se movendo. Portanto, se um movimento M devesse ser simultaneamente rápido e não rápido, então alguma substância estaria ao mesmo tempo se movendo rapidamente e não rapidamente. Mas, se uma substância está movendo-se não rapidamente, não é o caso que ela esteja movendo-se rapidamente. Logo, se M fosse simultaneamente rápido e não rápido, então alguma substância possuiria algo, a saber, o *mover-se rapidamente*, que tanto lhe conviria quanto não lhe conviria. Mas isso está excluído pelo princípio de não contradição.

Contudo, derivações dessa espécie podem ser realizadas para todas as (ou para a maioria das) sentenças metafísicas fundamentais? E, caso possam, isso basta para salvaguardar a disciplina da metafísica de uma fragmentação? E as derivações oferecem maneiras plausíveis de lidar com entidades derivativas?

V. Substâncias

Aristóteles gasta relativamente pouco tempo com os acidentes, afora os objetos da matemática. Ele dedica os livros centrais da *Met* às entidades primárias ou substâncias. Esses livros contêm alguns dos parágrafos mais densos e mais difíceis jamais redigidos por Aristóteles. Não é que apenas as minúcias de seus argumentos sejam frequentemente incertas: o sentido geral de seu pensamento, a tese ou as teses gerais em direção das quais ele tendia, a posição metafísica global que ele estava inclinado a aceitar – essas coisas são todas objeto de debate acadêmico. Esta seção apenas esboça uma versão simplista de uma interpretação das observações de Aristóteles sobre as substâncias.

Lembre-se, mais uma vez, da questão capital de Zeta 1:

> A questão que, tanto agora quanto no passado, é continuamente colocada e continuamente causa embaraços é esta: C que é ser? isto é, o que é substância? (Z 1, 1028b2-4).

"O que é substância?" Que questão ou questões estão sendo colocadas aqui? E por que o problema é tão difícil?

Podemos distinguir ao menos três questões pertinentes. A *primeira* pergunta o que significa chamar algo de uma substância, o que o predicado "...é uma substância" significa. Esta questão não é nem um pouco difícil, pois as substâncias são, por definição, itens ontologicamente primários – Fs são substâncias na medida em que a explicação da existência de Fs não inclui nenhuma referência à existência de qualquer outra coisa.[15] Uma *segunda* questão supõe uma resposta para a primeira e segue perguntando como devem ser os Fs para que eles sejam ontologicamente primários dessa maneira. É trivial que as substâncias sejam entidades básicas – mas o que qualifica uma entidade como básica, em que sua primazia consiste? Uma *terceira* questão supõe uma resposta para a segunda e pergunta que itens – que espécies de item – revelam-se como possuidores dessas qualificações. Será que acabamos vendo que os materiais anaxagóricos ou as Formas platônicas ou os átomos democritianos são as substâncias e os itens primários no universo? Ou todas essas respostas anteriores acabam revelando-se equivocadas, deixando espaço para um admirável mundo novo aristotélico?

Por que a segunda questão é tão difícil? Por que não podemos determinar prontamente que características um item tem de possuir para que seja qualificado como uma substância? Aristóteles acha que a questão é difícil em parte porque ele se vê sendo arrastado em direções aparentemente opostas. Por um lado, parece-lhe evidente que as substâncias têm de ser, em algum sentido,

---

[15] Veja acima, p. 116.

itens *individuais*: uma substância tem de ser um "isto", um objeto particular e individual em vez de um "tal-e-tal", um item geral ou comum. Por outro lado, parece-lhe igualmente evidente que as substâncias têm de ser itens conhecíveis e, em particular, *definíveis*: tem de ser possível dizer o que é uma substância – e são apenas os itens comuns que são definíveis e dos quais você pode dizer o que são. Portanto, uma tensão – ou antes a ameaça de uma simples inconsistência. Substâncias são indivíduos: Mozart é uma substância, homem não é. Substâncias são definíveis: o homem é uma substância, Mozart não.

Uma parte considerável do livro Zeta é dedicada a escapar à inconsistência. O argumento de Aristóteles é "inusualmente" tortuoso; mas, no léxico filosófico do livro Delta, ele afirma, aparentemente sem nenhum constrangimento, que

> as coisas são chamadas substâncias de duas maneiras: uma substância é qualquer coisa que seja um sujeito último, que já não é dito de qualquer outra coisa; e uma substância é um este tal-e-tal que também é separável (Δ 8, 1017b23-25).

Consideremos a segunda maneira como as coisas são chamadas substâncias (e não perguntemos como a segunda maneira se relaciona à primeira).

Uma substância é um "este tal-e-tal", um *tode ti*. O grego de Aristóteles é tão estranho quanto meu português, e presumivelmente foi o próprio Aristóteles que cunhou a frase. O ponto é o seguinte: uma substância é qualquer coisa a que possamos referir-nos com uma frase apropriada da forma "Este tal-e-tal" ou "Este F"; e este modo de referência é o modo que seleciona a substância *como* uma substância. Podemos imediatamente ver a força da expressão; pois o adjetivo demonstrativo "este" certamente responde à primeira das exigências de Aristóteles em relação às substâncias, ao passo que o predicado postiço "tal-e-tal" ou "F" responde à segunda. O demonstrativo indica que as substâncias são indivíduos; o predicado indica que elas têm de ser definíveis; e a combinação do demonstrativo com o predicado une num todo consistente as duas exigências aparentemente inconsistentes.

Não é qualquer frase da forma "Este F" que selecionará uma substância. O demonstrativo garante a individualidade, mas admite indivíduos que não são substanciais. Como o demonstrativo assegura a individualidade? Um indivíduo não é algo que, no jargão aristotélico, é "um em número"; ele é *um* item que pode ser identificado e distinguido de outros itens e reidentificado novamente como o mesmo item. E o demonstrativo "este" é precisamente um instrumento para selecionar itens dessa espécie. Mas, enquanto tais, frases demonstrativas não excluem não substâncias. Por exemplo, eu poderia dizer algo como "Este vício é mais sedutor que aquele" ou "Esta ressaca está ainda mais aflitiva que a de ontem". "Este vício", "Esta ressaca" – e no entanto não ficamos nem um pouco tentados a supor que vícios e ressacas sejam substâncias. Pois um vício existir é alguém ser vicioso; haver ressaca é alguém estar de ressaca – vícios e ressacas são acidentes paradigmáticos.

Agora, à segunda cláusula na definição em Delta: substâncias têm de ser separáveis. Aristóteles não explica o que ele quer dizer com "separável" nesse contexto, mas ele *deve* querer dizer isto: os tais-e-tais que são as substâncias têm de ser ontologicamente básicos no sentido que já examinamos – eles têm de ser "separáveis" no sentido em que sua existência pode ser explicada sem recorrer à existência de qualquer outra coisa. Dessa forma, "Este vício" não designa uma substância: a frase tem a forma "Este F", mas os Fs que ela menciona não são separáveis – a existência deles é precisamente o fato de alguma outra coisa ser tal-e-tal.

O que dizer, entretanto, de frases como "Este objeto desbotado", "Este homem educado", "Este policial"...? Itens desbotados, homens educados e policiais são substâncias? É claro que não são: a existência de policiais é a existência de homens que exercem certa profissão. É claro que são: este homem é uma substância, e este policial *é* este homem – por conseguinte, este policial é uma substância.

A última conclusão não agrada a Aristóteles – a seu ver, policiais não são substâncias – e ele tenta esquivar-se dela lançando mão de uma distinção entre identidade acidental e identidade essencial. O argumento funda-se numa aplicação do que às vezes é chamado "Lei de Leibniz": se x é idêntico a y, então, se x é F, y é F. (Se este homem é idêntico a este policial, então, se este homem é uma substância...) Aristóteles aceita a lei apenas numa forma limitada: se x é *essencialmente* idêntico a y, então, se x é F, y é F. Ora, este homem é apenas acidentalmente idêntico a este policial – por conseguinte, o argumento em prol dos policiais substanciais cai por terra.

A posição de Aristóteles envolve graves dificuldades: não está claro como devemos distinguir a identidade essencial da acidental, e a restrição da Lei de Leibniz a uma espécie de identidade é implausível. Seja como for, o problema relativo aos policiais é mais bem solucionado de outra maneira. Digamos que um termo "F" só seja um termo substancial caso a existência de Fs não seja parasitária em relação à existência de qualquer outra coisa. Então (pela razão que já foi dada), podemos dizer que "policial" não é um termo substancial. Assim, embora policiais sejam de fato substâncias, e a frase "Este policial" de fato designe uma substância, ela não designa uma substância por meio de um termo substancial. A maneira canônica de designar substâncias é por meio de uma frase da forma "Este F", na qual "F" é um termo substancial. As frases canônicas designam substâncias *como substâncias*; outras frases realmente designam substâncias, mas elas não as designam como substâncias. (Nomes próprios como "Sócrates" podem, é claro, designar substâncias; isto é, Sócrates é uma substância. Mas um nome próprio não designa uma substância como uma substância.)

Seria uma tolice dizer que até aqui tudo esteve manifesto – ou que tudo esteve manifestamente fiel aos pormenores do texto de Aristóteles. Não obstante, é chegado o momento de nos dirigirmos à terceira das três questões que eu discriminei no início desta seção. Afinal, que itens – que espécies de itens – são substâncias? Os pensadores gregos mais antigos consideraram (ou Aristóteles assim acreditava) que os materiais [*stuffs*], e em particular os materiais elementares, eram substâncias: talvez apenas um material (como Tales supostamente reduzia tudo à água), talvez um número indefinido de materiais (como Anaxágoras imaginava), talvez os "quatro elementos", terra, água, ar e fogo (como Empédocles descobriu). Aristóteles nega que os materiais sejam substâncias.

Ele tem ao menos dois argumentos para rejeitar a candidatura dos materiais, um dos quais não causa nenhuma surpresa. O argumento que não surpreende diz que um material não é um "isto" (Θ 7, 1049a25-30). Um termo incontável [*mass term*], como "bronze" ou "baquelita", não seleciona um item individual: bronze e baquelita não são objetos particulares, com formatos e tamanhos particulares e características identificáveis. Termos incontáveis, tomados por si mesmos, nem mesmo parecem com nomes de substâncias. Mas o que dizer de frases como "Este bronze" – ou ainda "Este pedaço de bronze"? (Em geral, "Este pedaço de S", onde S é um termo incontável.) Certamente este pedaço de bronze é uma substância – de qualquer modo, ele parece ser um indivíduo identificável e reidentificável. Com efeito, "Este pedaço de bronze" seleciona, ou ao menos pode selecionar, uma substância; mas a frase faz isso da mesma maneira como "Este policial" seleciona uma substância – ela não seleciona uma substância *como* uma substância.[16] Tal como "Este policial" não é uma frase substancial, "Este pedaço de bronze" não é uma frase substancial.

Há um segundo argumento contra os materiais:

> É manifesto que, entre as coisas que se pensa serem substâncias, a maioria delas são, ao invés disso, poderes – ... terra, fogo e ar (Z 16, 1040b5-8).

Materiais, alerta Aristóteles, são essencialmente "poderes", e poderes são entidades derivativas. Em outras palavras, um material como o bronze deve ser concebido como um conjunto de capacidades ou potencialidades:

> Por exemplo, uma caixa não é terreal nem terra, mas de madeira; pois a madeira é potencialmente uma caixa e é a matéria de uma caixa (a madeira em geral de caixas em geral, e esta madeira particular desta caixa particular) (Θ 7, 1049a22-24).

A madeira é um material, e materiais são essencialmente materiais *de* alguma coisa – a madeira é, entre outras coisas, material de caixas. E dizer que a madeira é material de caixas é simplesmente dizer que a madeira

---

[16] Perceba que você não pode *contar* pedaços de bronze, exceto na medida em que você conta, digamos, estatuetas que também são pedaços de bronze.

tem a potencialidade ou capacidade de tornar-se uma caixa: em português claro, com madeira você pode fabricar caixas.

Essa capacidade particular da madeira é especializada, é uma capacidade derivativa, pois as capacidades dos materiais são interdependentes, sendo que algumas delas são capacidades derivativas, e outras básicas. Em última instância, de acordo com a física de Aristóteles,[17] qualquer capacidade de qualquer material depende das capacidades fundamentais dos quatro materiais elementares.

Seja como for, é patente que poderes ou capacidades são antes acidentes que substâncias: pois haver um poder é simplesmente alguma coisa ser capaz de fazer algo; há uma capacidade para Φ apenas na medida em que algo, alguma substância, é capaz de Φ-ar. (Como o próprio Aristóteles diz, capacidades são posteriores na definição: "Com 'capaz de construir', refiro-me àquilo que pode construir" – Θ 8, 1049b14-15.) Assim, materiais são acidentes. Existir bronze é certas substâncias serem brônzeas; isto é, é certas substâncias terem certos poderes ou capacidades – o poder de ser moldada em diferentes formatos, o poder de ser martelada sem quebrar e assim por diante.

Nos textos de Aristóteles, o padrão é que capacidades ou poderes sejam contrastadas com atualidades: *dunameis* contrastam com *energeiai*. De modo que ele às vezes falará que materiais são potenciais, ao passo que substâncias são atuais. É claro que substâncias também têm suas potencialidades – este pedaço de latão é uma substância (ele é neste momento um castiçal) e tem a potencialidade de se tornar uma estatueta. A questão não é que substâncias não são nada potencialmente; pelo contrário, é que, ao designar algo com um termo substancial, você não atribui nenhum poder ou capacidade particular a ele.

A distinção entre *dunamis* e *energeia* (ou entre potência e ato, como certo jargão acadêmico engenhosamente a traduz) é, no fundo, a corriqueira distinção entre ser *capaz* de fazer ou ser algo e *atualmente* fazê-lo ou sê-lo. Eu *posso* (agora) falar algo parecido com francês, eu tenho a capacidade – a "potência"

---

[17] Veja abaixo, pp. 203-205.

– de fazê-lo; mas não estou (agora) *atualmente* falando francês. Quando falo francês, eu "atualizo" minha capacidade de falar francês – isto é, eu atualmente faço algo que posso fazer. O livro Teta contém a discussão mais extensa feita por Aristóteles sobre capacidade e atualidade. Boa parte dela é clara, consistente e (como agora parecerá) bastante evidente.[18] Mas Teta contém ao menos uma tese caracteristicamente aristotélica que é ao mesmo tempo desorientadora e aparentemente relevante para nossos interesses presentes.

Capacidades são acidentes, entidades derivativas. O livro Teta declara que a atualidade é anterior à capacidade e anterior de diversas maneiras. Em particular,

> a atualidade é anterior no tempo, neste sentido. Membros atuais de um gênero são anteriores a membros potenciais do mesmo gênero, embora membros individuais sejam potenciais antes de serem atuais. Quero dizer que a matéria, a semente e o que é capaz de ver – itens que são potencialmente, mas ainda não atualmente, um homem, milho e uma coisa que vê – são anteriores no tempo a este homem particular que agora existe atualmente (e ao milho e à coisa que vê); mas eles são posteriores no tempo a *outras* coisas atualmente existentes, das quais eles provêm. Pois o atual sempre provém do potencial por meio do atual (Θ 8, 1049b18-25).

Agora, isto é *atualmente* um belo carvalho. Uma vez ele foi, quando era apenas uma bolota, *potencialmente* um carvalho; de modo que, em sua história, a potencialidade precedeu a atualidade. Mas aquela bolota foi produzida por um carvalho *atual*; de modo que, antes de qualquer carvalho potencial, houve um carvalho atual. E se, em geral, a atualidade é anterior no tempo à potencialidade, então em algum sentido as substâncias têm de ser anteriores no tempo aos materiais.

Mas esta última conclusão é certamente absurda (e, para fazer justiça, devo acrescentar que Aristóteles não a tira em lugar nenhum). E a

---

[18] Talvez valha a pena insistir em que muitas coisas que hoje nos parecem patentes, um dia estiveram envoltas em mistério; e que elas apenas nos parecem patentes hoje porque pensadores do passado realizaram o árduo trabalho de liberá-las.

posição de Aristóteles repousa sobre um princípio falso – um princípio que, não obstante, gozou de um vida surpreendentemente longa. Ela repousa sobre o princípio da "geração (ou causação) por sinônimos": se x torna y F, então o próprio x tem de ser, ou ter sido, F; se x aquece y ou torna y um carvalho, então x tem de ter sido, ele próprio, quente ou um carvalho. (Por quê? – Ora, como x *poderia* transmitir calor a y se x não tivesse calor para transmitir, isto é, se x não fosse, ele próprio, quente?) Longe de ser uma verdade lógica ou conceitual, o princípio está sujeito a uma fácil refutação empírica. De todo modo, Aristóteles não consegue ter sucesso em apontar qualquer prioridade geral da atualidade sobre a potencialidade: se ela está certo, então, antes de todo F potencial, havia um F atual – e, igualmente, antes de todo F atual, havia um F potencial.

Aqui e alhures, Aristóteles requer que as capacidades e atualidades produzam mais poder que o que elas podem oferecer. (Requer-se que elas façam um duro trabalho filosófico na *Física*,[19] por exemplo, em que elas são aduzidas para definir a mudança ou movimento, e no *De Anima*,[20] em que elas ajudam a definir a própria alma.)

Platão não considerava que os materiais eram substâncias. Sua posição (como Aristóteles a compreende) é a de que são os itens universais que são substâncias: as substâncias de Platão são suas Ideias ou Formas – itens abstratos como a beleza, a grandeza, a humanidade e a identidade. Aristóteles rejeita essa posição – com efeito, uma parte considerável de seu esforço metafísico está a serviço de mostrar que universais não são substâncias. O argumento fundamental é este:

> É impossível que algum termo universal seja o nome de uma substância. Pois substâncias primeiras são aquelas substâncias que são peculiares a um indivíduo e que não convêm a qualquer outra coisa; mas universais são comuns, uma vez que chamamos universal aquilo que é de uma natureza tal que convém a mais de um item (Z 13, 1038b8-12).

---

[19] Veja abaixo, pp. 166-168.
[20] Veja abaixo, pp. 227-233.

O argumento tem algumas nuances estranhas (aparentemente, as substâncias devem *convir a* indivíduos ao invés de simplesmente *ser* indivíduos); mas a linha de pensamento geral parece estar bem clara. Universais são itens que são introduzidos por *predicados* – por expressões, como nós diríamos, como "... é belo", "... é grande", "... é humano", "... é idêntico a si mesmo"; e tais itens, que nós poderíamos chamar de beleza, grandeza e assim por diante, manifestamente não são indivíduos.

Aristóteles, como eu já observei, não nega que universais existam; pelo contrário, é claro para ele que existem. Mas sua existência é derivativa: a beleza existe apenas na medida em que certas substâncias são belas; a existência da beleza tem seu foco na existência de outros itens.

Igualmente, Aristóteles não nega que formas existam: Platão tinha uma noção equivocada de forma, mas ele não estava simplesmente errado em supor que formas existem. Com efeito, as formas são um traço importante e recorrente da paisagem metafísica de Aristóteles. E, embora o conceito de forma aristotélico introduza numerosos problemas que não posso discutir aqui,[21] vou brevemente tocar em dois pontos.

Primeiramente, o termo "forma" frequentemente anda lado a lado com o termo "matéria". Originalmente, com efeito, matéria e forma são introduzidas como um par: substâncias[22] são, num sentido, entidades compostas, e suas "partes" componentes são matéria e forma. E, originalmente, matéria e forma são simplesmente material e formato: uma esfera de bronze – o exemplo costumeiro de Aristóteles – é um item composto de um certo material, a saber, o bronze, e um certo formato, a saber, a esfericidade.[23] (É claro que o bronze e a esfericidade não são literalmente *partes* da esfera de bronze, e a unidade da esfera de bronze não é como a unidade de, digamos, uma mesa que é montada com um tampo e quatro pernas.)

---

21 Há uma estreita ligação entre forma e *essência* e também entre forma e *espécie* (com efeito, a palavra padrão para forma é *eidos*, que também significa "tipo" ou "espécie").
22 Ou, de todo modo, substâncias perceptíveis ordinárias.
23 Frequentemente referimo-nos ao item com a frase "Esta esfera". Aristóteles às vezes diz que formas são substâncias: ele quer dizer que uma frase do tipo "Este F", na qual "F" é o nome de uma forma, tipicamente vai designar uma substância.

Aristóteles utiliza com bom proveito os materiais e formatos em sua explicação da mudança.[24] Mas matéria e forma logo esquecem suas origens, e as palavras são usadas para selecionar diferentes aspectos de coisas que, *prima facie*, têm muito pouco a ver com material e formato. Assim, o gênero a que um animal pertence pode ser chamado de sua matéria, sendo que sua forma é dada por suas diferenças; e o contraste entre corpo e mente é tomado como um exemplo do contraste entre matéria e forma.[25] Aqui – ao menos é o que me parece – Aristóteles faz um uso tão vasto de "forma" e "matéria" que seus poderes analíticos são perdidos inteiramente.

Em segundo lugar, há um longa controvérsia a respeito da questão sobre se Aristóteles admite formas de indivíduos. Perguntou-se, em particular, se o critério de Aristóteles para a individuação de substâncias recorre à matéria ou à forma: Sócrates difere de Cálias na medida em que dois homens são constituídos por quantidades diferentes de pele e ossos ou, em vez disso, eles têm formas distintas? Os textos relevantes talvez não apresentem nenhuma tese clara e consistente, mas a seguinte resposta desinteressante é tão boa quanto qualquer outra: num sentido, Sócrates e Cálias têm a mesma forma, e noutro sentido cada um tem sua própria forma.

Se tanto Sócrates quanto Cálias estão com escarlatina, eles estão com a mesma enfermidade? Manifestamente, num sentido eles estão (os dois estão com escarlatina), e noutro sentido eles não estão (Sócrates pode recuperar-se antes de Cálias, de modo que seu surto de febre termina, ao passo que o de Cálias persiste). Sócrates e Cálias têm a mesma forma? Sim: eles são ambos homens, e a frase "este homem" pode designar qualquer um deles. Não: Sócrates pode morrer antes de Cálias, de modo que esta instância particular da forma de homem perece, ao passo que aquela persiste. A forma individual de Sócrates é a forma de homem, e esta é também a forma individual de Cálias. A doença individual de Sócrates é a escarlatina, e esta é também a doença individual de Cálias.

---

[24] Veja abaixo, pp. 166-168.
[25] Veja abaixo, pp. 227-233.

Se as substâncias não são nem materiais nem universais, então o que elas são? De acordo com Aristóteles, objetos físicos ordinários de tamanho médio são paradigmas de substâncias; e o paradigma entre os paradigmas são os objetos naturais – cavalos e hortênsias, bodes e gerânios, patos e dálias. As coisas que vemos a nossa volta – os itens que, como Aristóteles diz, são os "mais familiares para nós" em vez de "mais familiares por natureza" – são a mobília fundamental do mundo. Não é preciso nem ciência técnica nem metafísica sutil para responder à eterna questão "O que é substância?": a resposta está diante de nossos narizes.

As coisas são mais complicadas – e menos claras – do que esta última sentença sugere. Mas as complexidades só serão dignas de preocupação se a resposta de Aristóteles tiver pelo menos uma cara plausível. E há ao menos uma objeção bastante óbvia a ela: Por que considerar objetos de tamanho médio como substâncias? Por que não tomar dessa forma as partículas fundamentais da ciência – sem dúvida, não os *materiais* elementares, mas *partes* elementares dos objetos do dia-a-dia? Não é claro que os átomos são mais básicos que *aardvarks* e margaridas? E não é certo que Aristóteles, que tinha familiaridade com o atomismo de Demócrito, deve ter visto que eles eram?

Aristóteles, entretanto, sustenta que as partes físicas de um corpo são *menos* básicas que o próprio corpo.

> A definição de ângulo agudo inclui a de ângulo reto; pois, se você define o ângulo agudo, você recorre aos ângulos retos (um ângulo agudo é um ângulo menor que o ângulo reto). Algo similar passa-se com os círculos e semicírculos: semicírculos são definidos em termos de círculos. E também o dedo é definido com referência ao corpo todo – um dedo é tal-e-tal parte de um homem. Portanto, as partes que têm a natureza da matéria e nas quais, como sua matéria, uma coisa é dividida, são posteriores a ela (Z 10, 1035b6-12).

Partes são essencialmente partes de *todos*; dedos são essencialmente dedos *de corpos*. Para explicar o que é ser um dedo, temos de fazer referência a corpos; e haver dedos é precisamente corpos estarem em tal-e-tal condição. Dedos não são fundamentais.

Este argumento pode ser questionado em vários pontos. Mas, de todo modo, podemos perguntar-nos se ele pode ter alguma força, por mínima que seja, contra a proposta democritiana de tomar átomos como substâncias. Pois um democritiano não precisa afirmar que os átomos mantêm com as entidades macroscópicas a mesma relação que os dedos mantêm com os corpos. Com efeito, é bem mais provável que um democritiano sugira que a relação que os átomos mantêm com as entidades macroscópicas é a mesma que ovelhas mantêm com rebanhos, e abelhas com enxames: o rebanho é posterior à ovelha, o enxame, à abelha – e objetos macroscópicos são posteriores a seus átomos constituintes.

Contra esta sugestão, Aristóteles tem, implicitamente, um novo argumento: para ver que argumento é esse, temos de introduzir as essências. A essência de algo é "o que ele é" ou "o que é sê-lo"; e enunciar a essência de algo é dizer o que ele é ou dar sua "definição real". Mais precisamente, a essência de algo consiste naquelas suas características das quais todas as suas outras características dependem de alguma maneira. Muitas coisas são verdadeiras de dentes-de-leão: são plantas de folhagem verde, têm flores amarelas, têm raiz pivotante, dão flores anualmente e assim por diante. Desses traços, alguns são fundamentais do ponto de vista explicativo – os traços não óbvios que os botânicos procuram descobrir. Os traços fundamentais constituem a essência do dente-de--leão: é porque os dentes-de-leão são, em sua essência, tais-e-tais, que eles têm flores amarelas e longas raízes pivotantes. Ademais, para termos conhecimento genuinamente científico de que os dentes-de-leão têm flores amarelas ou de que eles dão flores anualmente, temos de derivar esses itens de conhecimento de nosso conhecimento da essência das plantas.[26] Podemos questionar este último ponto sobre o conhecimento científico; mas não há nada de particularmente misterioso a respeito da noção de essência real tomada em si mesma – e, em particular, a concepção de essência de Aristóteles não o torna comprometido com um "essencialismo" do tipo que certos filósofos modernos acham repugnante.

[26] Veja acima, pp. 81-86; abaixo, pp. 155-159.

Um dos termos que Aristóteles usa para essência é *ousia* – que é também sua palavra padrão para substância. Esta é uma ambiguidade que os tradutores acham irritante. Mas não é uma ambiguidade casual; pois Aristóteles sustenta que existe uma ligação muito estreita entre substância e essência. O capítulo 6 de Zeta começa assim:

> Temos de examinar se uma coisa e sua essência são o mesmo ou diferentes. Isso tem alguma utilidade para a investigação das substâncias; pois pensa-se que uma coisa não é diferente de sua substância, e diz-se que a essência é a substância de cada coisa (Z 6, 1031a15-18).

A sugestão, com efeito, é esta: se "F" é um termo substancial, então "F" seleciona a essência daquilo a que ele se aplica. Essa é uma doutrina difícil, mas o que importa aqui é uma de suas implicações.

A implicação é esta: se substância e essência estão conectadas, então termos substanciais não apenas designam as entidades metafisicamente básicas – eles também selecionam as entidades que são primeiras em relação ao conhecimento. O que é primeiro no ser também é primeiro no conhecimento. Esta é uma tese que Aristóteles defende explicitamente:

> Há vários sentidos em que as coisas são ditas serem primeiras, e as substâncias são primeiras em todos os sentidos – na definição, no conhecimento e no tempo (Z 1, 1028a31-33).

Prioridade "na definição" é o tipo de primazia que o significado focal introduz. Prioridade no conhecimento equivale a isto: qualquer conhecimento que possamos ter sobre qualquer coisa tem de depender do conhecimento de sua substância (isto é, do conhecimento de sua essência).

Era bastante claro para Aristóteles que o conhecimento dos *átomos*, não importando quão sutil e minucioso ele pudesse ser, não tinha a menor possibilidade de ser básico dessa maneira.[27] A ciência da botânica consi-

---

[27] Aristóteles de todo modo acredita que o atomismo é uma teoria *falsa*; mas é importante ver que ele poderia ter *aceitado* o atomismo sem abrir mão de sua posição sobre as substâncias.

dera as plantas. Seus itens epistemicamente básicos são plantas de várias espécies. Botânicos não consideram átomos, e sua ciência não está fundada num conjunto de axiomas que se referem a estruturas e operações atômicas. Os axiomas da botânica referem-se a plantas. Átomos não são primeiros epistemicamente. Portanto, átomos não são substâncias.

Esse mesmo argumento confirma a posição positiva de Aristóteles de que animais e plantas são substâncias; pois eles são os objetos epistemicamente básicos da zoologia e da botânica. Que outras substâncias aristotélicas existem? Partes de animais e de plantas não são substâncias; tampouco são as combinações de animais ou plantas – um bando de gansos não é uma substância, um campo de primaveras tampouco. Certos outros itens naturais também são substâncias: os corpos celestes, certamente; e certamente também os "motores imóveis", que movem as esferas celestes.[28] Será que também certos traços terrestres – rios e montanhas e coisas parecidas? Será que os produtos da arte assim como os produtos da natureza?

O raciocínio exposto nestas últimas páginas esteve frágil. Ele também ignorou muito textos pertinentes, e não tratou nenhum texto com a atenção escrupulosa que os textos da *Metafísica* exigem. Então deixe-me terminar a seção com uma banalidade: o pensamento de Aristóteles a respeito dessas questões é certamente menos claro e certamente mais complexo do que o esboço que acabei de oferecer, mesmo que esse esboço não esteja completamente extraviado; e o pensamento de Aristóteles é certamente mais estimulante e mais filosoficamente sutil que as páginas maçantes que você acabou de ler.

VI. DEUSES E CAUSAS

A metafísica, compreendida como o estudo das substâncias, considerará o que as substâncias são e quais itens são substâncias; ela investigará certas características gerais das substâncias – sua unidade, o fato de que elas são

---

[28] Veja abaixo, pp. 147-149.

definíveis e têm essências, a possibilidade de analisá-las em termos de forma e matéria, o sentido no qual elas são atuais em vez de potenciais; e, ao conduzir essas investigações, ela discutirá numerosos problemas que são centrais para aquilo que consideramos como metafísica – e numerosas questões suscitadas, em particular, pelas posições metafísicas de Platão. Mas um estudo como esse será o *mesmo* estudo que o estudo do ente enquanto ente?

Aristóteles pensa que os dois estudos são um só; pois ele diz explicitamente que é a tarefa de uma única ciência investigar os axiomas e as substâncias, e essa ciência é o estudo do ente enquanto ente (3, 1005a20). Ele não diz por que o estudo das substâncias e o estudo do ente enquanto ente são um e o mesmo. Mas presumivelmente o significado focal de "existir" deve fornecer-nos a chave. Já que as entidades formam uma hierarquia lógica, com algumas delas dependendo de outras, e já que essa dependência é exatamente uma dependência ontológica, o que é verdadeiro dos acidentes tem de depender e ser derivável das verdades sobre as substâncias. Portanto, ao estudarmos as substâncias, estaremos ao mesmo tempo estudando, virtual ou potencialmente, também todas as outras entidades.[29] Em contrapartida, a única maneira coerente de estudar o ente enquanto ente será selecionar um certo *tipo* de ente e concentrar-se nele – e vamos evidentemente selecionar entes primários ou substâncias como o foco de nossas pesquisas. Por conseguinte, ao estudarmos o ente enquanto ente, estaremos ao mesmo tempo estudando substâncias.

Este é um argumento insatisfatório. Ao estudar *certos* aspectos das substâncias, você não está estudando o ente enquanto ente, tampouco está estudando a substância enquanto ente – você está estudando a substância enquanto substância. É, por exemplo, enquanto substâncias que itens são analisáveis em matéria e forma; de modo que um estudo da matéria e da forma não pode ser parte da ciência que estuda o ente enquanto ente. Talvez o estudo do ente enquanto ente tenha de começar com as substâncias ou ter seu foco nelas; mas ele estudará a substância enquanto ente, e não enquanto substância.

---

[29] Veja acima, pp. 128-130.

As coisas não ficam melhores quando nos voltamos para as outras duas caracterizações da metafísica que foram enunciadas na primeira seção deste capítulo: o estudo das causas primeiras e teologia. Pode parecer bem fácil estabelecer uma conexão entre essas duas caracterizações, pois precisamos apenas supor que os deuses, o assunto de que trata a teologia, são idênticos às causas primeiras, o assunto da ciência das causas primeiras. E, de fato, Aristóteles diz algo bem parecido com isso:

> A ciência que pertenceria de maneira mais apropriada aos deuses é uma ciência divina, assim como é qualquer ciência que lida com itens divinos. Mas apenas a presente ciência [isto é, o estudo das causas primeiras] tem estes dois traços: os deuses devem estar entre as causas de todas as coisas e ser princípios primeiros, e ou apenas os deuses ou os deuses acima de todos os outros podem possuir essa ciência (A 2, 983a6-9).

Mas as coisas são menos simples do que este texto pode dar a entender; e de qualquer maneira é muito menos fácil estabelecer uma conexão entre, de um lado, a teologia e o estudos das causas e, de outro, a ciência da substância e a ciência do ente enquanto ente.

O que, exatamente, o estudo das causas primeiras estuda? Aristóteles diz que nos deu a resposta nos dois primeiros capítulos do livro Alfa (A 2, 983a23-24); mas ele nos disse muito pouco, e mesmo quando suplementamos suas observações com passagens como Lambda 1-4, nós obtemos apenas um esboço de explicação. A despeito disso, podemos razoavelmente supor que o estudo incluirá tanto a análise filosófica dos diferentes tipos de causação ou explicação que encontramos na *Física*[30] quanto a investigação filosófica dos conceitos envolvidos nesses tipos de causação ou explicação.[31] Além disso, o estudo precisará explicar o que torna uma causa uma causa *primeira* ou primária.

(Causas primeiras são primeiras não num sentido cronológico: Aristóteles não está interessado em remontar a cadeia de causas no tempo; com

---

[30] Veja abaixo, pp. 168-171.
[31] Entre eles, matéria e forma – eis, portanto, uma conexão com o estudo da substância.

efeito, ele tampouco acredita que *haja* causas primeiras nesse sentido. Antes, as causas são primeiras no sentido de serem últimas. Posso explicar por que videiras são decíduas indicando que elas têm folhas largas – mas em seguida vou perguntar-me por que plantas latifoliadas são decíduas. Posso explicar que, em plantas latifoliadas, a seiva coagula na junta das folhas – e em seguida posso perguntar-me por que a coagulação deve explicar a deciduidade. E assim por diante. Mas em algum momento – isto é o que supõe Aristóteles – as explicações param, e há "explicações inexplicáveis": veja, por exemplo, *An.Post* I 24, 85b27-86a3. Essas são as causas *primeiras* das coisas.)

Mas a ciência das causas primeiras de Aristóteles presumivelmente deveria conter mais que esses exercícios analíticos: os exercícios são certamente preparatórios, e a tarefa substantiva da ciência tem de determinar quais realmente são as causas primeiras das coisas. Ou a questão é se existe uma ciência como essa? O próprio Aristóteles normalmente insiste na independência das ciências umas em relação às outras e argumenta contra a ideia platônica de que todo conhecimento científico pode de alguma forma ser organizado sob uma única superciência (veja *An.Post* I 7, 1 32). Os princípios primeiros da geometria certamente estarão no interior do domínio dos geômetras, os princípios primeiros da botânica no interior da província dos botânicos e assim por diante – há algum espaço para uma ciência separada dos princípios primeiros? Mesmo que concedamos que, num certo sentido, um geômetra não pode considerar os princípios da geometria enquanto geômetra,[32] não temos nenhuma razão para pensar que alguma *outra* ciência ou estudo pode considerar esses princípios ao lado dos princípios de todas as outras ciências.

E o que a teologia aristotélica estuda? A teologia é o assunto de parte do livro Lambda; e é também, indiretamente, a matéria dos dois últimos livros da *Física*. É, sem dúvida, o estudo dos deuses ou das coisas divinas; mas Aristóteles tem uma concepção refinada dos deuses.

---

[32] Veja *An.Post* I 12, 77b5-9. É claro que um geômetra não pode *provar* os princípios primeiros da geometria – mas ninguém pode. É claro que não geômetras podem *discutir* os princípios da geometria – mas isso os geômetras também podem. (E por que eles não deveriam fazer isso enquanto geômetras, uma vez que sua perícia em geometria será relevante para suas considerações?)

> Nossos remotos ancestrais legaram resquícios para a posteridade na forma de mitos, mitos esses que diziam que os corpos celestes são deuses e que o divino abarca o todo da natureza. Mas o restante foi adicionado à maneira de mito para persuadir o vulgo e contribuir com a aplicação das leis e com o desembaraço. Pois eles dizem que os deuses são antropomorfos e parecidos com alguns dos outros animais – e outras coisas que decorrem ou são similares a isso. Mas, se você analisar o que eles dizem e aceitar apenas a primeira parte – segundo a qual eles pensavam que as substâncias primeiras eram deuses –, então você pensaria que eles são obra de inspiração divina (A 8, 1074b1-10).

Zeus e Atena, os deuses pessoais do panteão grego, devem ser descartados – eles são elaborações míticas. Mas são elaborações de uma verdade importante, que foi percebida por nossos ancestrais.

Qual é a verdade importante? Aristóteles sustenta que todo movimento requer um motor: se **a** está em movimento, então há algo que está movendo **a**. Portanto, para que não incorramos num regresso, é preciso que haja motores imóveis: **a** é movido por **b**, **b** é movido por **c**,... e, eventualmente, **y** é movido por **z**, que é desprovido de movimento. (Todos os movimentos aqui são simultâneos: não estamos rastreando o movimento através do tempo, perguntando o que *iniciou* o movimento de **a**; perguntamos o que, agora, está movendo **a**.[33]) Assim, se existem objetos eternamente em movimento, é preciso que haja motores imóveis eternos. (Será? Por que não uma sequência interminável de diferentes motores?) Ora,

> *há* algo que está sempre se movendo num movimento incessante, que é o movimento em círculo – isto é claro não apenas para a razão, mas também para a observação. Logo, os céus primeiros têm de ser eternos. Há, portanto, algo que os move. E já que o que tanto move quanto é movido tem um estatuto intermediário, tem de haver um motor que os move sem ser movido, que é eterno, uma substância e atual (Λ 7, 1072a21-26).

---

[33] Compare com as cadeias de causas, acima, pp. 146-147.

Certos movimentos celestes são eternos, logo, é preciso que haja tantos motores imóveis quantos movimentos celestes eternos. A teoria astronômica indica que os movimentos são ou 55 ou 49 em número. Há, então, ou 55 ou 49 motores imóveis eternos (Λ 8, 1074a15-16).

Esses motores são substâncias. Eles têm de ser incorpóreos, sem partes e indivisíveis. Eles não podem, portanto, comunicar o movimento empurrando ou se chocando. Antes, eles causam o movimento da maneira como os objetos de desejo causam movimento (Λ 7, 1072a26-32). Como objetos últimos de desejo, eles têm de ser bons. Além disso, são capazes de pensamento – com efeito, eles pensam constantemente. (Mas *o que* eles pensam é uma questão difícil: Λ 9.) São, como objetos de desejo, em última instância responsáveis por toda a bondade no mundo. Eles também são, talvez, providenciais no sentido em que, graças a eles, a maior parte do mundo natural está organizado "em prol do bem".[34] E, ademais, eles talvez sejam de alguma forma criadores e conservadores do mundo.

As duas últimas alegações são controversas. Mesmo sem elas, a teologia de Aristóteles já é bem difícil de engolir – um crítico cruel dirá que ela é composta de cinco partes de argumento ruim e cinco partes de contrassenso. Seja como for, podemos perguntar-nos de forma razoável o que uma teologia desse tipo tem a ver com a metafísica.

Primeiramente, como a teologia assim concebida liga-se ao estudo das causas primeiras? Os deuses são realmente causas primeiras ou últimas – eles são causas últimas do movimento e também são, de alguma forma, causas finais. Ao estudar teologia, você certamente gastará algum tempo com os aspectos causais da atividade divina. Mas isto não é identificar o estudo das causas primeiras com a teologia. Eu já argumentei que, para ser consistente, Aristóteles deveria negar a existência de *qualquer* ciência das causas primeiras: *a fortiori*, a teologia não pode ser tal ciência. E, de todo modo, existe algum tipo de razão para pensar que a explicação última de por que as videiras perdem suas folhas no outono recorrerá a divindades semiastronômicas?

---

[34] Sobre a teleologia de Aristóteles, veja abaixo, pp. 176-185.

Em segundo lugar, como devemos conectar a teologia com o estudo da substância e com o estudo do ente enquanto ente? A teologia parece ser uma parte da física ou, de qualquer modo, uma espécie de hiperfísica – e não é, eu suponho, nem acidental nem inapropriado que leiamos o ensaio mais longo de Aristóteles sobre o assunto em sua *Física*. Como, então, a teologia pode ser identificada com o estudo dos entes em geral? Essa questão em particular tem causado muitos problemas para os estudiosos modernos, e há uma extensa literatura dedicada à questão de se Aristóteles professava uma metafísica "geral" ou "específica" – se ele pensava que a metafísica era sobre todos os entes ou apenas sobre os entes divinos.[35] Uma resposta que foi um dia popular é demonstravelmente errada: Aristóteles não mudou de ideia, sustentando primeiro uma posição, depois outra.[36] Pois no livro Épsilon ele deixa bem claro que sustenta as duas posições de uma só vez – ele vê que há uma dificuldade em sua posição, e pensa que tem uma solução. Eis a solução:

> ... se não há outras substâncias senão aquelas formadas pela natureza, então a ciência natural será a ciência primeira; mas, se há substâncias inamovíveis, a ciência que as investiga tem de ser anterior e tem de ser filosofia primeira; e ela é universal na medida em que é primeira. E sua tarefa será considerar o ente enquanto ente – tanto o que ele é quanto os atributos que convêm a ele enquanto ente (E 1, 1026a27-32).

O estudo das substâncias inamovíveis é a teologia. Substâncias inamovíveis são primeiras, então a teologia é primeira. Porque ela é primeira, é universal e considera tudo. Logo, considera o ente enquanto ente.

Este argumento era o modelo para o argumento que apareceu anteriormente nesta seção e que tentava mostrar que a ciência das substâncias pode estudar o ente enquanto ente. O argumento de Aristóteles em Épsi-

---

[35] Por razões que me escapam, as dificuldades igualmente graves trazidas à baila pelas outras duas caracterizações do assunto não estimularam a atividade acadêmica com a mesma intensidade.

[36] Primeiro a posição "platônica", que considerava a metafísica como teologia, depois a posição "empirista", que compreendia o assunto como lógica? Veja acima, pp. 46-48.

Ion 1 parece-me ter todos os defeitos do argumento anterior – e de quebra mais alguns. Mesmo se a primazia das substâncias divinas fosse a primazia das entidades focais, o argumento não funcionaria. E a primazia das entidades focais não pode ser atribuída a substâncias divinas. Os motores imóveis são, sem dúvida, primeiros de várias maneiras; mas eles certamente não são o foco para a existência de qualquer outras coisa – em particular, eles não são o foco para a existência de outras substâncias. Aristóteles não podia imaginar que a existência de cavalos é o fato de os motores imóveis estarem em tal-e-tal estado: a posição é em si mesma burlesca – e tem a consequência nao aristotélica de que cavalos não são substâncias, de que os motores imóveis são as únicas substâncias que existem.

O argumento em Épsilon não funciona. Tampouco qualquer outro argumento funcionará, pois é manifesto que teologia e lógica são assuntos distintos.

O que dizer, finalmente, das conexões entre o estudo das causas e o estudo das substâncias e entre o estudo das causas e o estudo do ente enquanto ente? No começo de Lambda, Aristóteles observa que

> a substância é o objeto de nossa pesquisa; pois os princípios e causas que estamos procurando são os princípios e causas das substâncias (Λ 1, 1069a18).

Isso é um *non sequitur*; de todo modo, é patente que o estudo das causas primeiras não é o mesmo que o estudo das substâncias. No começo de Épsilon, Aristóteles afirma que

> estamos procurando os princípios e causas das coisas que existem – e, evidentemente, delas enquanto entes (E 1, 1025b2-3).

Isso não é nem um pouco evidente; com efeito, pode parecer evidentemente falso.

Em Gama, Aristóteles nos oferece mais do que uma crua asserção. Eis seu argumento:

> Uma vez que estamos procurando os princípios primeiros e as causas supremas, é manifesto que tem de haver algo ao qual estes per-

tencem em virtude de sua própria natureza. E se nossos predecessores, que buscavam os elementos das coisas existentes, estivessem buscando esses mesmos princípios, então esses elementos têm de ser elementos dos entes não como acidentes, mas em virtude do fato de que eles são entes. Logo, é do ente enquanto ente que temos de apreender as causas primeiras (Γ 1, 1003a26-31).

Estamos procurando as causas primeiras dos *entes*; essas causas primeiras têm de ser causas primeiras de alguma coisa enquanto aquela coisa: logo, as causas são causas do ente enquanto ente – e, ao estudarmos o ente enquanto ente, nós as estudaremos.

É um argumento – mas é uma argumento desconcertante. Dizer que x é a causa de y enquanto F presumivelmente significa que x explica por que y é F; de modo que uma causa de algo enquanto ente será uma causa que explica por que a coisa existe. Não há dúvida de que há numerosas causas que explicam por que numerosas coisas existem; e tomamos como certo que há causas *primeiras* entre elas – itens que explicam porque outras coisas existem e cuja existência é inexplicável. Mesmo assim, a velha questão reaparece: Por que supor que esses itens têm alguma coisa em comum? Por que não supor – como Aristóteles normalmente supõe – que as causas primeiras da existência na botânica serão diferentes das causas primeiras da existência na geometria? E mesmo que todas essas causas tenham algo em comum, por que pensar que elas devem ser estudadas pela ciência do ente enquanto ente? Se x é causa de y enquanto belo (se x torna y belo), não se segue que o estudo dos objetos belos enquanto belos estudará x. Tampouco precisamos inferir que o estudo do ente enquanto ente estudará as causas do ente enquanto ente.

Aristóteles pode ter oferecido um argumento diferente. Ele pode ter argumentado que *todas* as entidades são causas ou efeitos, explicatórias ou explicadas, de modo que as noções de causa e efeito e de explicação são "indiferentes ao tema". Elas são, portanto, parte daquilo de que trata a lógica – ou de que trata o estudo do ente enquanto ente. É verdade, eu imagino, que uma ciência do ente enquanto ente teria, por essas razões, algo a dizer sobre causas e explicações. Mas ela não diria nada especificamente sobre causas *primeiras*; e, em particular, a ciência não estaria limitada a nem incluiria um estudo das causas primeiras ou explicações nas ciências.

As quatro caracterizações da metafísica não se harmonizam: não há uma ciência única que todas elas descrevam, e portanto não há (em certo sentido) nada como a metafísica aristotélica. Isso importa? Ou a exposição precedente das tentativas de Aristóteles para descrever o que ele estava fazendo foi mero pedantismo? Uma justa crítica (talvez), mas uma crítica trivial?

De uma maneira, as críticas são triviais; de duas maneiras, elas não são. Elas são triviais na medida em que elas tocam em nenhum dos argumentos ou alegações capitais da *Metafísica*. Elas não são triviais na medida em que pretendem expor uma confusão que não é uma confusão trivial. E elas não são triviais na medida em que mostram claramente que nós podemos – se quisermos – avaliar (digamos) o material teológico no livro Lambda em separado (digamos) do material sobre a substância nos livros Zeta e Eta,[37] pois as duas porções de material pertencem a duas ciências diferentes.

---

[37] "Por que alguém quereria avaliá-los separadamente?" – "Porque grande parte de Zeta e Eta é muito boa, e a maior parte de Lambda é desconcertantemente ruim." (Mas, se eu escrevesse isto *in propria persona*, eu perderia a estima de meus amigos.)

4 Filosofia da Ciência

R. J. HANKINSON

A ESTRUTURA DA CIÊNCIA ARISTOTÉLICA

"Todos os homens, por natureza, desejam conhecer", diz Aristóteles no começo da *Metafísica*. Mas, para ele, conhecimento no sentido próprio consiste em compreensão, *epistêmê*, e compreensão envolve ciência.[1] Com efeito, *epistêmê* (como um substantivo concreto) pode significar, na terminologia de Aristóteles, uma ciência: um corpo organizado de informação disposto sistematicamente. Essa disposição sistemática assume forma expositiva como uma cadeia de deduções silogísticas, preferencialmente no paradigmático modo universal afirmativo Barbara ("Todos os Bs são Cs, todos os As são Bs, então todos os As são Cs"), no qual cada uma das premissas (e por conseguinte a conclusão) é uma verdade necessária.[2] Com efeito, no início dos *Segundos Analíticos*, Aristóteles expõe as condições do argumento demonstrativo: as premissas têm de ser

> verdadeiras, primárias, imediatas, mais inteligíveis que, anteriores e explicativas da conclusão... As premissas têm de ser (a) verdadeiras, uma vez que o que é falso não pode ser conhecido, por exemplo, a diagonal comensurável. Elas têm de ser (b) primárias e (c) indemonstráveis, já que, de outra maneira, elas não serão conhecidas sem demonstração; pois conhecer aquilo de que existe uma demonstração (de maneira não incidental) é possuir aquela demonstração. Elas têm de ser (d) explicativas, (e) mais inteligíveis e (f) anteriores:

---

[1] Veja também acima, capítulo 2, pp. 81-85.
[2] A interpretação dos operadores modais aristotélicos é traiçoeira: veja mais no Capítulo 2, pp. 78-79.

explicativas porque apenas temos conhecimento científico quando conhecemos a explicação; anteriores porque elas são explicativas; e já conhecidas não apenas no sentido em que elas são compreendidas, mas no sentido em que elas são conhecidas como verdadeiras (**1**: *An.Post* I 2, 71a21-33).

(a), é claro, é inquestionável. (b) e (c), como Aristóteles sugere, dão no mesmo: uma proposição ("todos os As são Bs") ser primária é não existirem outras proposições das quais ela é uma consequência dedutiva, e as quais servem para explicar por que ela é o caso. Isso quer dizer (nos termos de Aristóteles) que não há nenhum termo médio C tal que todos os As sejam Cs e todos os Cs sejam Bs (situação em que A ser B é explicado por A ser C) – e isso é o que é uma proposição ser imediata. Igualmente, (d) e (f) estão conectadas: alguma propriedade *F* é anterior a *G* nesse sentido apenas caso algo ser *G* seja explicado por ele ser *F*. Finalmente, com "mais inteligível" Aristóteles quer dizer mais básico na ordem do ser: no parágrafo seguinte, ele distingue entre proposições que são mais inteligíveis para nós (isto é, acessíveis mais imediatamente e mais diretamente) e aquelas que são mais inteligíveis em si mesmas (isto é, aquelas que formam a fundação da estrutura da ciência: cf. *Met* 7 3, 1029b3 ss.; *EN* 1 4, 1095a30 ss.), que são as de que ele trata aqui.

Ter conhecimento científico, então, é ter compreensão explicativa: não meramente "conhecer" um fato incidentalmente, ser capaz de assentir a algo que é verdadeiro, mas saber *por que* ele é um fato. A função própria da ciência é oferecer explicações cuja forma canônica é algo como "Xs são Fs porque eles são G". Quando uma propriedade convém a uma classe de objetos (a mortalidade aos homens, digamos), isto deve ser explicado em termos da dependência daquela propriedade em relação a alguma outra propriedade (por exemplo, ser um animal): homens são mortais porque são animais. Ademais, esse fato pode ser exibido de forma silogística: todos os homens são animais; todos os animais são mortais; logo, todos os homens são mortais. Entretanto, para que o silogismo seja genuinamente explicativo, não basta simplesmente que ele exiba um conjunto verdadeiro de fatos de inclusão de classes. Todos os mamíferos são mortais e todos os homens são mamíferos, mas os homens não são mortais porque são mamíferos. Por que não? Aristóteles concebia o mundo, ou ao menos sua parte natural, como organizado hierarquicamente em divisões gênero-espécie (com efeito, ele meio que inventou a noção de divisão gênero-espécie).³ O mundo divide-se (de forma realista, e não simplesmente como questão convencional) em tipos naturais, e esses tipos mantêm uns com os outros relações de maior ou menor semelhança ou distinção.

A forma básica de explicação pode ser exposta assim. Para qualquer tipo K (para Aristóteles, uma explicação no sentido estrito para no nível das espécies), o fato de que Ks são Fs é explicado por eles serem uma subclasse de uma classe mais geral C, da qual é verdadeiro que tudo em C é F, mas não há nenhuma classe C' da qual C é um subconjunto próprio tal que tudo em C' é F. Assim, o nível explicativo para qualquer propriedade é o nível mais alto na hierarquia em que ainda é verdadeiro dizer que tudo nesse nível tem a propriedade em questão.⁴ Contudo, mesmo isso ainda não é o bastante. Para Aristóteles (de forma bastante justa), a explicação é intensional: a justeza das explicações depende de como você seleciona os fatores explicativos. Desse modo, para uma explicação do fato de que Ks são F, é preciso não apenas que selecionemos a classe mais ampla que inclui K e que é tal que todos os seus membros são *F*: precisamos selecioná-la utilizando uma descrição apropriada, perspícua. Assim, se duas classes C_1 e C_2 são coextensivas, e Ks são F em virtude de pertencerem a C_1, eles não serão, rigorosamente, F em virtude de pertencerem a C_2.

---

³ Entretanto, é preciso ter cuidado aqui: Pierre Pellegrin (1986: as referências bibliográficas para as notas deste capítulo estão nas pp. 219-223) estabeleceu que o uso que Aristóteles faz dos termos "gênero (*genos*)" e "espécie (*eidos*)", mesmo nas obras de biologia, sempre está em conformidade com a lógica (isto é, o gênero é simplesmente a classe mais ampla e inclusiva em qualquer caso particular: aquilo a que os termos se *referem* em qualquer instância particular será determinado pelo contexto); ademais, Aristóteles claramente não oferece nada parecido com uma taxonomia lineana, e talvez não esteja interessado em fazer isso (Balme, 1961); não obstante, é um equívoco inferir disso que Aristóteles não tem o mínimo interesse em taxonomia ou que ele nunca usa *eidos* para referir-se a espécies.

⁴ Na verdade, Aristóteles não é completamente consistente nisso. *An.Post* 2 18, 99b9 ss. diz que, se D é B porque é C, e todos os Bs são As, então D será A porque é B. Cf. *Met* 2 2.

Em *An.Post* 2 17, Aristóteles considera um exemplo. Tome uma propriedade como a deciduidade; isso pertence a videiras e figueiras, mas sem dúvida tem uma extensão mais vasta que as dessas duas espécies. Mas (ao menos é o que pensa Aristóteles) todas as plantas latifoliadas são decíduas (videiras e figueiras são espécies latifoliadas); além disso, porém, (mais uma vez, isto é o que pensa Aristóteles) *apenas* plantas latifoliadas são decíduas. Dessa forma, "todas as plantas latifoliadas são decíduas" é um universal inversível ou, como poderíamos dizer, "latifoliada" e "decídua" são coextensivos. E Aristóteles sustenta que videiras, figueiras etc. são decíduas *porque* são latifoliadas, isto é, a latifoliedade é o meio-termo explicativo que liga o conjunto de espécies distintas à propriedade da deciduidade (*ib.* 16, 98a35 ss.). Isto pode ser exposto como um silogismo da forma científica canônica de Barbara:

[A]   (i) todas as árvores latifoliadas são decíduas;
      (ii) videiras são latifoliadas;
portanto,
      (iii) videiras são decíduas.

Mas [A] não é o único silogismo válido que pode ser formulado com esse material: dada a (suposta) coextensividade entre latifoliedade e deciduidade, podemos igualmente construir

[B]   (i) todas as árvores decíduas são latifoliadas;
      (ii) videiras são decíduas;
portanto,
      (iii) videiras são latifoliadas.

E para Aristóteles no máximo um de [A] e [B] pode ser completamente explicativo.

Em *An.Post* 1 13, ele considerara a relação entre a proximidade dos planetas relativamente à Terra e sua incapacidade de cintilar. Todos e apenas objetos próximos não cintilam – mas os planetas não cintilam porque estão próximos ou estão próximos porque não cintilam? Somente uma das alternativas pode oferecer a direção apropriada de explicação (não é sem razão que Aristóteles opta pela primeira opção); e, portanto, somente um "silogismo do fato examinado" pode ser construído com esse material, muito embora ele necessariamente dê origem a dois silogismos factuais.

Analogamente, Aristóteles considera que de [A] e [B], apenas [A] é genuinamente explicativo. Mas o caso da deciduidade fica ainda mais complicado ao lembrarmos do fato de que Aristóteles julga que a explicação proposta por [A] é, na melhor das hipóteses, provisória; há uma outra razão pela qual as árvores latifoliadas são decíduas, a saber, que nelas a seiva coagula-se na junção do pecíolo, o que faz com que o pecíolo se quebre. Com efeito, a deciduidade *é* essa coagulação (*An.Post* 2 17, 99a28-29): esta é uma definição (com a última sendo uma das duas classe de predicação *per se*: A é predicado de todo B e A faz parte da definição de B: *An.Post* 1 4, 73a35 ss.; cf. 2 16, 98b20 ss.). Então agora temos:

[C] (i) todas as árvores cuja seiva coagula-se são decíduas

(já que decídua =$_{df.}$ cuja seiva coagula-se);

(ii) todas as árvores latifoliadas são árvores cuja seiva coagula-se;

portanto

(iii) todas as árvores latifoliadas são decíduas.

[C] justifica a premissa [A](i) e preside a conclusão daquele argumento. Explicar apropriadamente por que alguma propriedade convém universalmente a alguma classe de coisas consiste em encontrar a definição real, lockeana daquela propriedade (isto é, explicitar sua estrutura real: cf. *An.Post* 2 10) e mostrar como aquela definição agrega em si a classe de coisas em questão. Videiras, portanto, são decíduas porque são uma subclasse da classe própria de árvores latifoliadas, e árvores latifoliadas são decíduas porque nelas a seiva coagula-se no pecíolo.[5]

Explicação científica: O acidental e o na maior parte

Uma vez que, para realistas como Aristóteles, a estrutura da explicação científica tem de refletir de maneira adequada a composição da realidade que ela

---

[5] Sobre a preocupação de Aristóteles com definições causais, veja Lennox, 1987.

explica, uma ciência aristotélica deve consistir numa sequência de deduções explicativas do tipo que esboçamos acima. Assim, poderíamos esperar encontrar uma ciência aristotélica (da biologia, em *Partes dos Animais*, *Geração dos Animais* e *Historia Animalium*,⁶ por exemplo; ou da dinâmica, na *Física*, ou da cosmologia, em *de Caelo*) sendo exposta, à maneira espinosista, *more geometrico*.

Mas se alguém tem expectativas de deparar-se com tais deleites euclidianos, ficará dolorosamente desapontado. Os tratados científicos de Aristóteles parecem ou uma compilação de argumentos mais ou menos informais ou, de maneira ainda mais deprimente, mixórdias de "fatos" estranhos, maravilhosos e frequentemente bem inacreditáveis sobre os habitantes de algum particular domínio (tem-se usualmente achado que *HA* é um exemplo desta última forma, embora, como veremos no próximo capítulo, pode bem ser o caso que ele seja mais sistemático do que parece à primeira vista). Com efeito, é possível passar uma tarrafa pelo todo da considerável *oeuvre* científica de Aristóteles sem que se pesque uma única instância de um silogismo completamente acabado. Só que a conclusão que se deve tirar desse fato é uma questão controversa:⁷ o fato, contudo, permanece. Os comentadores de Aristóteles às vezes dão-se o trabalho de reformular seus argumentos em forma silogística – mas ele próprio não o faz.

Ademais, muitas de suas afirmações científicas (especialmente na biologia) resistem ativamente a qualquer formulação desse tipo, uma vez que não estão expressas da forma apropriada para uma premissa no modo canônico de Barbara. Frequentemente, com efeito, elas não são nem mesmo universais, muito menos necessariamente universais: a maioria, mas não todos, dos homens tem barba (cf. *An.Post* 2 12, 96a8-11). De fato, todos os acontecimentos naturais (em contraste com os acidentais) ocorrem ou invariavelmente ou na maior parte das vezes (*Phys* 2 8, 198b34 ss.; cf. *Met* 6 3, 1027a14 ss.), o que os torna, para Aristóteles, suscetíveis de explicações teleológicas, que recorrem à causa final. Mas, enquanto as coisas nos céus são invariáveis, imutáveis e absolutamente necessárias, as que estão

---

⁶ Prefiro a designação latina para este tratado, que não é (em nenhum sentido moderno) uma história; Barnes (1982, 9) propõe *Pesquisas Zoológicas*, que é certamente menos desencaminhador, embora talvez sugira uma sistematicidade grande demais.

⁷ Barnes (1969 e 1981) oferece duas resoluções bastante diferentes.

no mundo sublunar, o domínio da física aristotélica, não são; aqui as generalidades tendem a valer apenas para a maior parte dos casos. E essas generalidades ("a maioria dos homens tem barba") não podem ser enfiadas na forma canônica da ciência natural aristotélica como delineada acima.[8]

Com efeito, elas apenas podem ser acomodadas num número estritamente limitado de deduções válidas, a despeito do que Aristóteles às vezes sugere:

> toda dedução é feita ou por meio de proposições necessárias ou por meio de proposições que valem na maior parte; e, se as proposições são necessárias, a conclusão também é, ao passo que, se ela vale na maior parte, também vale a conclusão (**2:** *An.Post* 1 30, 87b22-25; cf. *An.Pr* 1 27, 43b31 ss.).

A questão é complexa. Podem-se construir silogismos válidos que contêm uma premissa "na maior parte", na qual "na maior parte" é interpretado como um operador para a formação de sentenças aplicado a sentenças; o análogo a Barbara em que a premissa menor é quantificada majoritariamente[9] e o universal maior dá como resultado, de forma válida, uma conclusão quantificada majoritariamente. Mas é importante notar que isso só acontece se "na maior parte p" não é compreendida de modo a ter como consequência "não invariavelmente p" (isto é, apenas se "na maior parte p" é compatível com "sempre p"); contudo, Aristóteles aparentemente aceita, ao menos informalmente, a vinculação entre "na maior parte" e "nem sempre" (por exemplo, em *Met* 6 2, 1026b26 ss.). Em contrapartida, o caso em que a premissa maior está quantificada majoritariamente, enquanto a menor é universal, não dá como resultado uma conclusão quantificada majoritariamente válida (ele nem mesmo dá como resultado uma conclusão existencial: considere o par de premissas "a maioria dos católicos é incen-

---

[8] Veja também abaixo, Capítulo 9, pp. 341-344.
[9] N.T.: *Majority quantified*: optamos por traduzir esta expressão por "quantificada majoritariamente" a fim de manter a analogia com outros tipos de quantificação, a saber, a universal e a existencial. Assim, do mesmo modo que uma premissa poderia estar quantificada universal ou existencialmente, ela também pode estar quantificada majoritariamente, ou seja, ela é válida para a maioria dos casos.

tivado a se casar" e "todas as carmelitas são católicas"); e evidentemente não decorre coisa nenhuma de duas premissas afirmativas quantificadas majoritariamente na primeira figura.[10]

De todo modo, as perspectivas de produzir uma lógica do "na maior parte" que ajude na sistematização das partes mais vagas das ciências aristotélicas são realmente desanimadoras. E Aristóteles às vezes antes sugere que, numa ciência completamente acabada, essas vaguezas tão irritantes podem vir a ser substituíveis por proposições quantificadas universalmente mais restritas:

> está claro que não há uma ciência do acidental (*kata sumbebêkos*): pois toda ciência é ou daquilo que é sempre ou daquilo que é na maior parte. Pois de que outra maneira poder-se-ia aprendê-la ou comunicá-la a outrem? As coisas têm de ser determinadas como ou ocorrendo sempre ou na maior parte das vezes, por exemplo, que o hidromel é, na maior parte das vezes, benéfico para pacientes com febre. Mas não se será capaz de enunciar quando o que acontece é o que vai de encontro a isso, por exemplo, "na lua nova" – pois então isso será o caso no dia da lua nova ou sempre ou na maior parte das vezes –, mas o acidental é o oposto disso (**3:** *Met* 6 2, 1027a20-27).

A última sentença parece aludir à possibilidade de que sentenças problemáticas da forma "na maior parte das vezes xs são F" podem, na versão final da ciência, ser substituídas por sentenças da forma "todos os xs, dadas as condições C, são F", em que o conteúdo de C pode ser

---

[10] Embora, de forma bem interessante, uma conclusão existencial realmente decorra na terceira figura: "a maioria dos As são Bs; a maioria dos As são Cs; então algum C é B" é válida, como o é (para uma conclusão negativa particular) o análogo majoritário equivalente do modo Felapton. Na primeira figura, o análogo a Celarent com uma premissa menor quantificada majoritariamente dá como resultado uma conclusão (negativa) quantificada majoritariamente; e há dois modos válidos da segunda figura, análogos a Camestres e Cesare, com os quais isso também acontece. Mas é evidente que isto é uma base lógica tênue demais sobre a qual erigir uma lógica da maior parte significativa e útil para a ciência (o que efetivamente significa que, em qualquer sequência dedutiva, apenas uma premissa significativa, aquela que oferece o sujeito último para a conclusão, pode ser quantificada majoritariamente).

especificado independentemente de maneira não circular. Mas isso é apenas uma alusão, e Aristóteles nunca a examina em detalhe. Ademais, há razões para pensar que Aristóteles não podia subscrever, ao menos não universalmente, a uma posição como essa. Pois a razão pela qual certas coisas acontecem apenas na maior parte das vezes e não invariavelmente é, para ele, o envolvimento da matéria delas no que acontece.

A matéria (que não deve ser concebida como simplesmente análoga a material: a matéria é aquilo em que a forma é realizada e que permanece constante, ao menos em um sentido, em meio à mudança: *Met* 7 7, 1032b29-1033a22; cf. *Phys* 1 7) propriamente só é encontrada no mundo sublunar (ignoro aqui as noções aristotélicas da "matéria inteligível" dos objetos matemáticos e da "matéria tópica" possuída pelos corpos celestes: *Met* 8 1, 1042a33 ss.; 4, 1044b8). E é porque os objetos naturais são compostos de matéria e forma (ou melhor, têm suas formas realizadas na matéria) que eles estão sujeitos à mudança, ao crescimento, à alteração e corrupção. Além disso, a matéria resiste em algum sentido à imposição da forma; ela é naturalmente recalcitrante, e de tempos em tempos as tentativas mais empenhadas de a forma atualizar-se a si mesma fracassarão (*Phys* 2 8, 199a11): é assim que Aristóteles explica casos de deficiência natural e deformidade (*GA*, 4 3, 767b13 ss.; 769b10 ss.; 4 4).

Mas esses casos não são, na opinião de Aristóteles, em geral suscetíveis de uma explicação normal: haverá, em cada caso, razões *particulares* pelas quais as formas fracassam em se realizar, mas não necessariamente, nem mesmo geralmente, razões de um tipo que deve ser explicado em termos de uma outra generalidade explicativa (*GA* 4 4, 770b9-17). Este é o ponto em que o acidental acha seu lugar no esquema de coisas de Aristóteles, e é isto o que Aristóteles se esforça para mostrar em *Metafísica* 6: distribuições puramente acidentais (tanto de eventos quanto de descrições) não podem receber uma explicação científica (isto é, com base em princípios).

Isso não implica necessariamente que distribuições acidentais de eventos de um tipo que não é abarcado pelo domínio da ciência não possam ser necessitadas de alguma maneira ou mesmo que elas não tenham causas em algum sentido.[11] Vale a pena citar uma passagem crucial por extenso.

> Que haja princípios e causas que são geráveis e destrutíveis sem que haja para elas nenhum *processo* de geração e destruição é óbvio; pois, de outro modo, tudo será de forma necessária, uma vez que o que está em processo de ser gerado ou destruído tem de ter uma causa que não é acidentalmente sua causa. Isto ocorrerá ou não? Sim, se tal e tal acontecer, mas não, se não acontecer. E isto ocorrerá se alguma outra coisa ocorrer. Assim, se o tempo for continuamente subtraído de uma extensão temporal limitada, nós claramente chegaremos ao presente. Este homem, então, morrerá de morte violenta se sair; e ele fará isso se estiver com sede; e ele estará com sede se alguma outra coisa acontecer... Por exemplo, ele sairá se estiver com sede, e ele estará com sede se comer algo muito temperado; e isto ou é assim ou não; de modo que ele ou necessariamente morrerá ou não morrerá... Então tudo o que deve ser será necessariamente; por exemplo, é necessário que alguém que esteja vivo morra em algum momento, já que algo já ocorreu [para necessitar o evento], a saber, a existência de contrários no corpo. Mas ainda não está determinado se ele morrerá por doença ou por violência, pois isso depende de que alguma outra coisa aconteça. Evidentemente o processo remonta a um ponto de partida particular, mas isto não basta para indicar mais alguma coisa [no passado]. Esse, então, será o ponto de partida do que acontece por acaso, e não terá mais nada como causa de seu surgimento (**4:** *Met* 6 3, 1027a29-b14).

Foi gasta muita tinta discutindo isto, o ponto onde Aristóteles chegou mais perto de discutir algo que poderíamos reconhecer como a hipótese do determinismo; e os comentadores ficam radicalmente divididos a respeito do que, precisamente, Aristóteles está afirmando aqui.[12] Parece bastante claro, porém, que a preocupação principal de Aristóteles é com a expli-

---

[11] *Pace* Sorabji (1980), capítulo 1, que argumenta que coincidências podem ser necessitadas, mas não causadas – mas a questão é precisamente o que se está preparado para aceitar como sendo uma causa.

[12] Compare o tratamento de Sorabji (1980), capítulo 1, com o de Frede (1985).

cação; e que ele diz, entre outras coisas, que acontecimentos casuais são aqueles para os quais não há uma explicação no sentido próprio. Mas é igualmente claro que isso não significa que não podemos, em algum sentido, oferecer uma relato deles.

Considere o exemplo que Aristóteles esboça, o de alguém que morrerá de forma violenta (executada por ladrões perto de um poço) se sair para pegar água; e ele fará isso se ficar com sede como resultado de ter comido *curry*. Podemos dizer, então, que seu gosto por comidas picantes causou sua morte – mas isso não é, em nenhum sentido real, uma *explicação* para sua morte. Ele não morreu porque seu sistema não podia tolerar *curry*, e não existe nenhuma conexão geral entre uma inclinação para a cozinha indiana e uma morte violenta prematura. Ou, usando o jargão de Aristóteles, não há meio-termo explicativo que ligue comer *curry* e assassinato. Assim, não é o caso que a morte de nosso entusiasta do *vindaloo* possa receber uma explicação que recua indefinidamente no tempo (note que esse fato é perfeitamente compatível com sua determinação *causal* como nós a entenderíamos).

Isso enfatiza o fato crucial de que para Aristóteles a explicação é geral. Ele não está realmente preocupado com as causas particulares de eventos individuais, mas com os padrões gerais que estão invariavelmente (ou ao menos na maioria das vezes) presentes na estrutura do mundo. E esses padrões devem, para ele, ser explicados em termos de processos – este é o ponto da distinção traçada no começo de 4. No caso de coincidências, casos em que duas sequências causais se entrecruzam e fazem surgir um novo conjunto de eventos (como eu estar justamente perto do poço quando os ladrões lá estavam ou, para usar outro exemplo aristotélico, eu topar com alguém que me deve dinheiro enquanto estava fazendo compras: *Phys* 2 5, 196b33 ss.), nada em nenhum dos processos, considerado em si e por si mesmo, vai levar o cientista a predizer seu entrecruzamento e, por conseguinte, predizer as novas séries de eventos. Assim, novamente no jargão de Aristóteles, embora haja uma causa para que eu retome meu dinheiro, essa causa não tem, ela mesma, uma história causal (no sentido de explicativa) – se tivesse, e uma vez que processos são desdobramentos naturais de eventos de acordo com um padrão regular, ela teria sido predizível.

Um corolário disso é que eventos casuais e fortuitos não têm causas finais em sentido próprio, embora eventos casuais tenham, num sentido, uma causa final acidental (isso é o que os distingue dos que são meramente fortuitos: *Phys* 2 4-6), a causa final que eles teriam tido se a ação tivesse sido realizada com aquele resultado em mente: se acabo encontrando um tesouro escondido enquanto estou cavando meu jardim, então "a fim de descobrir um tesouro" é, para Aristóteles, a causa final acidental de minha feliz descoberta. Ora, dado o pendor teleológico de Aristóteles, que vamos examinar mais abaixo, e dado (com base em relatos) que para ele os fatos fundamentais sobre o mundo são a realização de processos causais regulares em direção a um determinado fim, talvez não seja nada surpreendente que ele esteja preocupado não com as regularidades ao modo de leis do tipo que os filósofos da ciência modernos tanto amam, mas sim com as relações naturais entre tipos de propriedade e suas propensões a se expressarem como formas completamente acabadas, um processo cujos alicerces teóricos são fornecidos pela *Física*.

Física e a explicação da mudança

A *Física* trata do mundo da mudança. De acordo com uma distinção que formaria a espinha dorsal da imagem de mundo medieval que persistiu pelo menos até Galileu, Aristóteles considerava que o universo estava dividido em duas partes distintas. Há o domínio dos corpos celestes, nos quais prevalecem a perfeição e a existência eterna – nada realmente se altera nesse reino divino. Em contrapartida, na região abaixo da órbita da lua (portanto "sublunar"), a mudança e a corrupção são a norma. Processos físicos e fisiológicos acontecem segundo padrões regulares, ordenados e consecutivos, mas os padrões são de fluxo e alteração; nenhum habitante do mundo sublunar pode viver para sempre: o que ele de melhor pode esperar é um tipo de imortalidade esmaecida que deriva da perpetuação da espécie (*GA* 2 1, 731b32 ss.).

Para que esse quadro tenha um mínimo de coerência, Aristóteles tem de primeiro reabilitar o próprio conceito de mudança contra seus detratores pré-socráticos, em especial Parmênides. Pois, embora

Aristóteles descarte os eleatas dizendo que eles não deram nenhuma contribuição para a compreensão da natureza (*Phys* 1 2, 184b27 ss.), ele apesar disso destina dois capítulos (*Phys* 1 2-3) à refutação de suas posições sobre os princípios básicos das coisas. Com efeito, em sua opinião, é a falta de clareza a respeito de sua natureza e número que viciou toda a investigação científica anterior. As pessoas não conseguiram ver que, enquanto num sentido (material) Parmênides estava certo ao dizer que "nada pode surgir do nada", em outro sentido (formal) ele estava errado – e é aí que reside a solução para o paradoxo geral da mudança. A geração absoluta *ex nihilo* é realmente impossível (*Phys* 1 8, 191b9 ss.) –, mas isso não impede a transferência da forma de um objeto a outro, em alguns casos meramente a alterando, em outros efetivamente a trazendo à existência (*Phys* 1 7, 190a31 ss.), embora não criando atualmente a matéria da qual agora a coisa é feita (*Met* 7 7, 1032b30 ss.). Desse modo, Aristóteles lança mão de dois tipos de princípio – o do substrato material que subjaz a toda e qualquer mudança;[13] e as contrariedades de forma[14] em virtude das quais aquela mudança pode ser analisada e explicada (*Phys* 1 6-8).

Para Aristóteles, o mundo divide-se em duas classes de coisas: aquelas que existem por sua própria natureza e aquelas que existem

---

[13] Deve ser ressaltado que "matéria" aqui é um conceito lógico e não denota nada como um "material" básico; pelo contrário, a matéria para qualquer mudança em um objeto (ou coleção de objetos) é um nível qualquer de sua descrição que é tal que, naquele nível, não acontece mudança. Portanto, a argila é a matéria para o recipiente, já que a argila está ali antes do vaso ser feito (e depois de ele ser destruído); entretanto, a própria argila é um composto de matéria e forma, já que ela é terra e água numa particular proporção e elaborada de uma particular maneira. Desse modo, o que é matéria para a mudança (ou análise decomposicional) num nível pode ainda ser analisado e alterado em virtude de suas próprias relações matéria/forma num nível mais fundamental: veja *Met* 8 4, 1044a15 ss.

[14] Rigorosamente, Aristóteles traça uma diferença entre casos em que a mudança tem lugar de uma forma para seu contrário e aqueles em que o movimento vem da privação para a forma ou vice-versa, como no caso de alguém ficar doente e recuperar-se (*Met* 7 7, 1032b2 ss.); mas esse requinte não importa para nossos propósitos.

por outras razões (*Phys* 2 1 192b8-9; cf. *Met* 7 9). Os casos paradigmáticos de coisas que existem por sua própria natureza são as coisas vivas – plantas, animais e os corpos celestes; mas seus elementos – terra, água, ar e fogo (e o quinto elemento, o "éter", que constitui os corpos celestes: *Cael* 1 2-4) – também são naturais nesse sentido. Coisas não naturais incluem artefatos como camas e casas. Essa distinção é causal: objetos naturais são tais que eles contêm em si mesmos seu próprio princípio (*archê*) de crescimento, movimento e repouso (*Phys* 2 1, 192b13-14; cf. *Met* 5 4, 1015a13 ss.). Em contrapartida, os objetos artificiais não têm esses princípios internos – ou, antes, na medida em que têm, eles não os têm enquanto a coisa que são, mas apenas de maneira derivativa, em virtude da natureza do material de que são feitos (cf. *Met* 8 3, 1043b14 ss.).

Aristóteles ilustra isso com um exemplo de Antífon: se plantássemos uma cama, não esperaríamos que ela desse camas-bebê – se produzisse algo, só poderia ser uma árvore (*Phys* 2 1, 193a9-17). Isto mostra que não é de sua *natureza* ser uma cama. Ser uma cama é questão de ter uma estrutura artificial imposta a um material natural (neste caso, a madeira) por um artífice alheio. Em contrapartida, no caso dos objetos naturais, não há esses artífices: neles, agente e paciente coincidem (*ib*. 1, 192b23-27; cf. 8, 199b30-32; cf. *Met* 7 7-9). Coisas desse tipo têm um princípio de crescimento e propagação que lhes é inato, um princípio que procura, até um ponto compatível com as exigências materiais do ambiente, realizar-se na completude de uma instância adulta da espécie a que pertence (e também propagar outras instâncias dessa espécie).

Assim, depois de ter revigorado o conceito de mudança e tê-lo suprido com uma análise formal em *Física* 1, e depois de ter distinguido os diversos sentidos de "natureza" em *Física* 2 1, Aristóteles dedica-se, no restante do livro, a uma investigação dos princípios causais das coisas. Seus predecessores, ele pensa, estavam excessivamente preocupados com seus aspectos materiais (*Phys* 2 2, 194a19-21; cf. *Met* 1 3, 983b6 ss.), enfatizando-os em detrimento de outros fatores igualmente, e talvez mais importantes na explicação. A fim de remediar isso, Aristóteles desenvolve sua doutrina das Quatro Causas em *Phys* 2 3 e 7.

As Quatro Causas são quatro maneiras de responder a questões diferentes, mas igualmente cruciais, sobre por que as coisas são como são. Se não podemos responder a essas questões, Aristóteles sustenta, não podemos realmente conhecer os objetos de que falamos. *Epistêmê* envolve conhecer a estrutura fundamental das coisas, o porquê de elas serem os tipos de coisas que são; e para tanto Aristóteles distingue quatro classes gerais de explicação:

> (i) de uma maneira, diz-se que a causa é a coisa existente da qual algo provém, por exemplo, o bronze é causa da estátua, ou a prata a da garrafa, e os gêneros dessas coisas. (ii) Outra é a forma ou o modelo (*paradeigma*): esta é a fórmula (*logos*) do o-que-é-ser e seus gêneros... (iii) Além disso, aquilo de que provém a origem primária (*archê*) de mudança e repouso, por exemplo, o deliberante responsável ou o pai da criança, e em geral o agente da coisa produzida e o mudador da coisa mudada. (iv) Ademais, há o fim (*telos*). Isto é o aquilo para quê, por exemplo, a saúde em relação ao andar; pois por que ele anda? Dizemos que é para estar saudável, e ao dizermos isso pensamos que oferecemos a razão (*aition*) (**5:** *Phys* 2 3, 194b23-35).

É assim que Aristóteles introduz as causas material, formal, eficiente e final. Ele percebe a possibilidade de intermediários causais ("como ferramentas ou drogas": *ib.* 195a1), por meio dos quais diversas ações ou produções são completadas, embora ele não as classifique como causas (como faria uma tradição posterior).

A observação a respeito dos gêneros simplesmente aponta para o fato de que você pode referir-se ao item explicativo em questão de uma variedade de maneiras. Você pode designar a matéria da estátua como bronze ou genericamente como metal; mas nesse caso (a não ser que você esteja interessado especificamente em alguma característica que a estátua tem em virtude de ser simplesmente metálica) sua designação será desencaminhadora do ponto de vista explicativo.

Com efeito, *aitia* podem ser selecionadas de maneiras mais específicas ou mais gerais (*ib.* 195a29): podemos dizer que o médico causou a saúde ou que alguma pessoa habilitada o fez (*ib.* 195a30-31). E podemos referir-nos a algo como *aitios* com uma descrição que é incidental (*kata sumbebêkos*) em relação ao fato de sua responsabilidade, por exemplo, quando dizemos que Policleto é a causa da escultura (uma vez que o escultor tem esse nome) ou, de maneira ainda mais geral, um homem, ou mesmo um animal (*ib.* 195a33-b1):

> na classe dos incidentais, alguns estão mais próximos e outros estão mais afastados [da designação apropriada do ponto de vista explicativo], como, por exemplo, se fosse dito que "o indivíduo branco e culto" é responsável pela estátua (**6:** *ib.* 195b1-3).

Além disso, ao menos no caso da agência, podemos especificar a causa como ou potencial ("o construtor") ou atual ("o construtor no ato de construir": *ib.* 195b4-6). Finalmente, as mesmas distinções se aplicam ao resultado final: podemos considerá-lo como uma estátua particular ou simplesmente como uma estátua, ou, em geral, como um símile (*ib.* 195b7-9). A discussão de Aristóteles é aqui norteada por considerações relativas ao uso ordinário, mas ele pensa que elas indicam importantes fatos extralinguísticos.

A preocupação com como selecionamos os fatores causais sublinha o fato de que o que está em questão é a explicação; mas, por outro lado, sua disposição em admitir referências genéricas ou incidentais a esses fatores indica que Aristóteles é sensível à natureza extensional da fala causal (em oposição à explicativa), bem como o fato de que ele está interessado tanto com explicações quanto com causas. Portanto, se meu único interesse é indicar o que é, como questão de fato, a causa de algum resultado (a produção de uma escultura), eu posso fazê-lo sem me preocupar a respeito de se minha designação o descreve corretamente *como* o autor do resultado em questão ou não: posso chamá-lo de "o homem logo ali", se eu assim quiser. Se, por outro lado, desejo indicar o que é aquilo em virtude de que um resultado surgiu, eu tenho de referir-me a ele como o portador da propriedade explicativa em questão, ou à própria propriedade ("a arte da escultura") (*Phys* 2 3, 195a33-b3; *Met* 7 7, 1032a26 ss.).

Desse modo, o esquema de Aristóteles incorpora a matéria, que é o local para a mudança e o potencial portador da forma (e de sua privação); a forma ou organização estrutural que é realizada na matéria; o agente ou a causa eficiente, que traz à baila essa informação; e (ao menos em alguns casos) o objetivo ou fim último em direção ao qual tende o processo. Em *Phys* 2 7, Aristóteles observa que

> as últimas três frequentemente coincidem – pois o o-que-é [isto é, a forma] e o aquilo para que [a causa final] são um só, ao passo que aquilo de que provém o movimento é o mesmo que eles em espécie: pois homem gera homem, e é assim também, em geral, no caso das coisas que causam movimento que são, elas próprias, movidas (**7**: *Phys* 2 7, 198a25-28; cf. *Met* 7 8, 1033b29 ss.).

Mas até que ponto é fácil harmonizar os diferentes tipos de explicação? E o ponto crucial: que sentido pode ter o recurso aristotélico a explicações teleológicas na natureza? Estas questões tornam-se mais prementes no contexto da filosofia da biologia de Aristóteles, e é a ela que nos voltamos agora.

O MÉTODO BIOLÓGICO DE ARISTÓTELES

Aristóteles compilou e organizou um vasto corpo de informações a respeito das morfologias comparadas e modos de vida dos animais, e é tradicionalmente venerado como o fundador da biologia taxonômica. Essa apreciação (ao menos em sua forma ingênua) tem sido recentemente contestada[15] por uma nova interpretação que alega que, propriamente entendido, Aristóteles não tem nenhum interesse numa taxonomia animal sistemática de tipo protolineano, e sim numa "moriologia", uma ciência das partes animais e suas relações. Assim, o propósito de Aristóteles ao dividir os animais em classes é exibir que tipo de estruturas (e funções e atividades associadas) anda tipicamente lado a lado e, portanto (em última instância), isolar as causas da diversidade da estrutura animal.

Estou largamente de acordo com essa apreciação revisionista. Uma consequência de adotá-la é a tentação de repensar a apreciação tradicional do propósito (e por conseguinte da ordem de composição) do *corpus*

---

[15] Mais particularmente por Pierre Pelegrin (1986, 1987), desenvolvendo algumas sugestões anteriores de David Balme (1961).

biológico de Aristóteles. Usualmente se supõe que a vasta e aparentemente caótica colcha de retalhos de informação sobre as estruturas e comportamentos dos animais que formam a *Historia Animalium* era concebida por Aristóteles simplesmente como um grande banco de dados, um repositório de fatos (misturado, deve-se dizer, com fantasias) sobre a biosfera destinado a oferecer o material bruto para as obras posteriores, organizadas, sobre as partes dos animais e a geração que tinham o propósito de estruturar essas informações e fornecer explicações profundas e completas de como e por que os animais são constituídos da maneira como são.

Historia Animalium, com efeito, não é organizada como uma enumeração exaustiva dos diversos atributos das espécies; ela é algo como um caderno de anotações, continuamente corrigido, ampliado e refinado. Mas, a despeito disso, ela não é uma barafunda irrecuperável. Nós certamente não encontramos muitos casos de descrições completas de animais, mas isso não é (é assim que a nova ortodoxia entende) devido à natureza provisória e inacabada de *HA*. Pelo contrário, os casos isolados de descrições mais ou menos completas de animais (por exemplo, o macaco em *HA* 2 8 e o camaleão em *HA* 2 11) não representam instâncias ocasionais de descrição taxonômica acabada, e sim o estágio mais precoce da coleta de informações, anterior às descrições gerais de animais individuais que são desmembradas em suas partes causalmente interessantes. Desse modo, a dissecação da toupeira cega para revelar seus olhos ocultos em *HA* 4 8, 533a1-11 é descrita não com o interesse de fornecer uma exposição completa da estrutura e morfologia da toupeira, mas simplesmente para mostrar que esse caso singular (o único de um quadrúpede vivíparo que não tem um dos cinco sentidos) é o resultado de uma imperfeição no funcionamento da natureza – em algum sentido, a toupeira realmente tem olhos, mas eles são vestigiais e inúteis. Uma descrição completa, então, seria não apenas excessiva em vista das exigências – ela teria atrapalhado a finalização do argumento de Aristóteles.[16]

---

[16] Não é raro que Aristóteles aponte para peculiaridades e singularidades entre as espécies animais, por exemplo, suas observações de que "entre os peixes, aquele chamado peixe-papagaio é o único que se sabe que rumina como um quadrúpede" (*HA* 8 2, 591b24). Sobre essas questões, veja Balme (1961, 1987).

Ademais, o exórdio de *HA* proclama que a obra está interessada nas partes dos animais e suas inter-relações. Os animais são compostos de partes ou órgãos não uniformes, como cabeças, pés e mãos; ao passo que estes, por sua vez, são feitos de tecidos uniformes, como a carne, tendões e ossos (*HA* 1 1, 486a9-14; cf. *PA* 2). Órgãos podem ser idênticos quanto à forma (como o nariz de um homem é, nesse sentido, idêntico ao do outro, as diferenças estando apenas em características não essenciais como o tamanho relativo: *ib*. 16-19) ou morfologicamente similares, como no caso das partes de espécies diferentes no interior de um mesmo gênero (como os bicos de espécies diferentes de aves: *ib*. 486a20-b17); ou eles podem exibir a ainda mais remota relação de analogia, como a da mão com a garra, dos pelos com penas e escamas etc. (*ib*. 17-21; cf. 9-10).[17] Além disso, os animais podem ser comparados e classificados de acordo com similaridades e diferenças entre seus modos de comportamento, especialmente o comportamento reprodutivo e nutricional (*HA* 1 1-3, 487a11-489a19).

Divisão, diferenciação e definição[18]

O que então importa para Aristóteles não são as diferenças entre as espécies animais enquanto tais, nem suas descrições completas *per se*, e sim aquelas diferenças que indicam suas relações causais umas com as outras (entre elas estão se a criatura em questão tem sangue ou não, é vivípara ou ovípara, tem ou não tem patas). Mas Aristóteles devota muito esforço para explicar (em *PA* 1 2-3) que simplesmente dividir criaturas de acordo com certas características diferenciadoras não fornece uma solução adequada à questão de quais são suas características essenciais. Seu alvo principal aqui é a prática platônica da divisão dicotômica (exposta de forma mais completa, e entediante, no *Sofista*), em que, ao descermos uma árvore ramificada de sucessivas divisões bipartites, esperamos chegar à classificação completa das espécies em que estamos interessados. Contudo, em qualquer divisão desse tipo, um ramo geralmente será caracterizado em termos negativos, e

---

[17] Analogias entre os animais foram notadas pela primeira vez por Empédocles: fragmento 31 B 82 Diels-Kranz.
[18] Veja também capítulo 2, pp. 86-88.

para Aristóteles não pode haver formas específicas de negações como sem penas ou sem patas: os animais compreendidos nessas categorias aí estão por exclusão, e não porque formam uma classe legítima, coerente (*PA* 1 3, 642b22-25). O propósito da divisão, então, é isolar tipos genuínos – e isso frequentemente envolverá realizar mais que dois cortes num mesmo nível.

Ademais, algumas divisões, embora não envolvam termos privativos, transgridem a ordem real das coisas: assim, pessoas que dividem os animais tão-somente em terrestres e aquáticos têm de dividir o reino das aves entre esses dois grupos, mas isso é uma violência contra a real estrutura das coisas, na qual as aves formam um grupo legítimo (*PA* 1 2, 642b9-13); igualmente, dividir de acordo com os atributos *alado* e *desalado* provocará uma cisão artificial em famílias como a das formigas (*PA* 1 3, 642b32, 643b1). O método apropriado é começar com grupos comumente reconhecidos, como as aves e os peixes (*ib.* 643b9-12), e ver que combinação de características ou diferenças os separa uns dos outros.

A meta é, em última instância, chegar a uma definição da espécie que enuncia sua essência explicitando o gênero (ou tipo mais abrangente) a que ela pertence, mais as diferenças específicas que a segregam de maneira segura das outras espécies.[19] Aqui, porém, como em outros lugares em Aristóteles, a definição não é simplesmente uma questão de delinear a extensão de uma classe particular, pois isso pode ser feito com base em atributos que, embora sejam únicos e próprios à classe em questão, ainda não são parte de sua essência (o exemplo preferido de Aristóteles para tais propriedades é geométrico: a soma dos ângulos do triângulo não é, ele pensa, parte da essência da triangularidade, mas simplesmente uma consequência inevitável dela: por exemplo *An.Post* 1 4, 73b24 ss.; o mesmo princípio também vale para a biologia). Em vez disso, é preciso isolar aquele atributo ou conjunto de atributos que fazem da coisa a coisa que ela é; e esses atributos serão causais em relação aos outros

---

[19] Note que isto não equivale a fornecer uma taxonomia no sentido lineano, um sistema organizado hierarquicamente começando no nível do reino e descendo por filo, ordem, família e gênero até a espécie: veja mais em Pellegrin (1986).

traços do animal em questão. O propósito da divisão é chegar a classificações explicativas dos animais que diferem entre si, divisão essa que explicará por que eles possuem as propriedades derivativas que possuem.[20]

A divisão, entretanto, tem de avançar por meio de progressivas subdivisões de diferenças: você não pode dividir em penado e sem penas, e então subdividir a classe dos penados em dócil e selvagem, pois a docilidade não é uma forma de ter penas (*PA* 1 3, 643b18-22; cf. *Met* 7 12). Uma série adequada de subdivisões, então, dividirá primeiro em uma classe geral ("com pés") e então em uma subdivisão apropriada dela ("bípede" ou "fissípede": *PA* 1 3, 643b27-644a11). É claro que no último caso "bípede" e "fissípede" dividem de forma cruzada: nem todas as criaturas bípedes são fissípedes e vice-versa; consequentemente, o que faz de um animal um bípede não pode ser o que faz dele um fissípede, tampouco o contrário. Os dois traços não estão ligados causalmente, e se eles devem ter explicações, essas explicações têm de residir em outros fatos. Além disso, há alguns casos em que o que é aparentemente a mesma propriedade receberá diferentes explicações para diferentes espécies (o exemplo de Aristóteles é a longevidade: ela é causada nos quadrúpedes, ao menos é o que ele alega, pela falta de uma vesícula biliar, mas nas aves "pela secura constitutiva ou alguma característica distinta": *An.Post* 2 17, 99b4-7). De fato, pelo menos em *PA* 1 2-3, Aristóteles chega perto de rejeitar o processo de divisão sucessiva alegando que ele não é capaz de fornecer um resultado definicional satisfatório (ele explicitamente descarta a divisão dicotômica sob a alegação de que ela é necessariamente inapropriada para a exibição da verdadeira estrutura das coisas); a definição final de um tipo animal geralmente envolverá, ele pensa, especificar uma variedade de diferenças distintas obtidas por procedimentos diairéticos distintos, nenhum dos quais necessariamente mais básico ou anterior a qualquer um dos outros.

É assim que chegamos a uma exposição da natureza de cada espécie e das relações que ela mantém (por via de uma consideração de suas partes causalmente básicas) com as outras. Entretanto, ainda falta explicar que

---

[20] Veja Lennox (1987); Matthen (1987).

natureza é essa e dar uma explicação de sua reprodução regular e persistência no mundo natural: e essa explicação, para Aristóteles, tem de envolver tanto componentes teleológicos quanto mecanicistas.

Teleologia e necessidade

Aristóteles era pupilo de Platão, mas ele não tinha nada de um adepto servil do platonismo. No mundo de Platão, Formas eternas e imutáveis são representadas de uma maneira imperfeita no material mutável, sob a influência de um Artesão divino (*Timeu*, 27d-39e; 48e-57d). O Artesão é introduzido para explicar a regularidade que o mundo exibe e sua evidente (ao menos para Platão) bondade. Desse modo, Platão é um teologista, e sua teleologia é *dirigida*, no sentido em que ela faz apelo à vontade consciente de um artífice projetista; e essa teleologia está no cerne do debate entre mecanicistas (mais proeminentemente os atomistas) e aqueles que, como Platão, sentiam que nenhuma explicação mecanicista era adequada para explicar a estrutura e regularidade do mundo.

Parece ser uma escolha difícil: ou explicar o mundo como o resultado necessário de processos não dirigidos e aleatórios, ou introduzir alguma inteligência organizadora no sistema. Com efeito, era dessa forma que o jovem Aristóteles a via. Cícero (*Da Natureza dos Deuses* 2 95 = fragmento 12 R³) relata a alegoria da caverna de Aristóteles: se pessoas que haviam passado suas vidas inteiras como trogloditas ascendessem ao mundo de cima, elas estariam fadadas a concebê-lo como um produto da inteligência. É apenas nossa familiaridade com ele que origina o desdém por sua maravilhosa organização. Entretanto, quando ele se afastou da Academia e abandonou a noção de Formas existentes independentemente, separáveis e eternas, que nada deviam a suas instâncias terrenas imperfeitas, trocando-a pela noção de uma forma imanente na matéria que é (pelo menos em algum sentido) posterior aos indivíduos de que ela é forma, Aristóteles veio a rejeitar também a teleologia dirigida. Nas suas obras de maturidade sobreviventes, não há nenhum vestígio do Artesão divino. Todavia, Aristóteles não é um ateu – e seu Deus tem um papel a desempenhar no contínuo desdobramento da ordem, do mundo. Mas Deus não é nem o criador dessa ordem, nem sua contínua causa eficiente.

Então Aristóteles repudia o Artífice divino. Mas ele tampouco conta com a pura necessidade mecânica para explicar o mundo; antes, ele adota uma forma de teleologia não intencional. Processos naturais dirigem-se a um objetivo; não podemos compreendê-los senão nos termos dos estados finais aos quais eles (as outras coisas permanecendo iguais) tendem. Mas essas tendências são impulsos internos possuídos por objetos naturais em virtude de suas formas específicas – eles não surgem ou agem naturalmente em resposta aos éditos de algum ditador divino. Ao invés disso, a própria forma é um princípio estrutural interno que se empenha para atualizar-se como o indivíduo maduro completo.

Aristóteles recorre às causas finais de duas maneiras distintas em sua biologia. Em primeiro lugar, ele lança mão da teleologia para explicar aquelas coisas que ocorrem sempre ou na maior parte das vezes (relativamente a algumas condições de pano de fundo convenientes). É a regularidade que requer uma explicação em termos de causas finais: a ideia básica de Aristóteles é a de que nenhuma descrição do mundo físico que se concentra tão-somente em princípios materiais e eficientes pode explicar a ordem e recursividade dos processos físicos naturais. Disso não se segue que há (salvo metaforicamente) um plano ou intencionalidade na natureza. Pelo contrário, isso envolve ver processos físicos particulares (o amadurecimento de uma árvore ou de uma criança, por exemplo) como sendo, num sentido, básicos do ponto de vista explicativo. Os meros arranjos materiais aceitos pelos atomistas e (segundo certa opinião) Empédocles não conseguem explicar essa criação de padrões constantemente repetida. Você representará erroneamente a natureza se se concentrar nos aspectos eficientes e materiais de sua explicação causal às custas de considerações de propósito.

Em segundo lugar, e de forma mais importante para nossos propósitos, Aristóteles trata a relação da parte ao todo nas estruturas dos animais como algo essencialmente teleológico – os animais têm as partes que têm para que sejam capazes de desempenhar as funções para as quais eles foram destinados. Em alguns momentos, com efeito, o recurso de Aristóteles ao caráter propositado da natureza insinua a conclusão de que ele, afinal de contas, pressupõe uma Natureza que tem seus objetivos em mente de forma consciente:

A Natureza, como um ser humano inteligente, sempre destina cada órgão a algo que é capaz de usá-lo... os mais inteligentes serão capazes de usar eficientemente o maior número de ferramentas: e a mão parece ser não apenas uma ferramenta única, mas como que uma ferramenta de ferramentas. Assim, a Natureza deu a ferramenta que é mais amplamente útil, a mão, à criatura que é capaz de adquirir o maior número de habilidades (**8:** *PA* 4 10, 687a19-23).

Aristóteles está criticando Anaxágoras por sustentar que os humanos são as mais inteligentes das criaturas porque têm mãos: Anaxágoras, Aristóteles acha, inverte a direção teleológica que é apropriada para a explicação.

Aristóteles aponta para o fato básico (como nós o veríamos) da perfeita adaptação funcional da maioria dos animais; e, não obstante as primeiras impressões, seu recurso ao desígnio da Natureza é apenas metafórico. Embora ele insista em numerosas ocasiões que a natureza não faz nada em vão (por exemplo, *Cael* 1 4, 271a33; *PA* 2 13, 658a9; *GA* 2 5, 741b13 etc.), isso deve ser interpretado tanto como uma heurística (extremamente útil) para a descoberta da função quanto como uma reformulação da natureza geral dirigida a fins da Natureza, mas não como uma afirmação a respeito de quaisquer objetivos presentes conscientemente.

Mas ainda restam sérias dificuldades no caminho de uma exposição satisfatória de como os diferentes modos de explicação, os eficientes-mecânicos de um lado, os teleológicos de outro, devem ser reconciliados, pelo menos no caso de teleologias não dirigidas. O próprio Aristóteles parece não ver nenhum problema aqui: com efeito, a compatibilidade mútua dos dois tipos de explicação e a desejabilidade de consumar um casamento conveniente entre eles é um traço central de seu prefácio metodológico a *PA*: 1 1, 639b11- -642b4. Além do mais, ele regularmente afirma, em contextos particulares, a compatibilidade e a desejabilidade dos dois tipos de explicação. Assim, os chifres dos veados caem por causa do peso deles, mas sua troca também lhes é vantajosa (*PA* 3 2, 663b12: citado como o texto **12** no capítulo 5). Igualmente, os humanos têm pêlos em suas cabeças por necessidade (porque a umidade de seus cérebros naturalmente produz resíduos que formam pêlos), mas também para proteção (*ib.* 2 14, 658b2-6), uma passagem que se segue imediatamente à afirmação de que a natureza "invariavelmente produz o melhor arranjo entre aqueles que são possíveis" (*ib.* 658a24). Os dentes dos animais caem por necessidade (uma vez que suas raízes são delgadas e facilmente ficam frouxas), mas isso acontece para o melhor, já que elas se embotam facilmente, tornando-se inúteis, e têm de ser substituídas (*GA* 5 8, 789a8 ss.). E as ovas de peixes se desenvolvem depois de terem sido desovadas por necessidade, porque contêm uma substância espumante, mas isso acontece para o melhor, "já que é impossível que eles atinjam seu tamanho completo devido a seu grande número" (*ib.* 3 4, 755a22 ss.).

Contudo, se realmente é o caso que fatores materiais-eficientes determinam de maneira exclusiva a produção dos pêlos humanos, como pode sua serventia como proteção ser outra coisa senão fortuita? Como, em qualquer sentido genuíno, eles podem servir para a proteção? Se fatores materiais antecedentes necessitam (isto é, são suficientes para) um resultado particular, como pode uma causa final também desempenhar um papel no resultado senão por ser ao menos uma condição necessária para aqueles próprios fatores materiais?[21] Mas a última opção, pelo menos nos casos não intencionais,[22] não parece ser muito atraente. Então que verdadeiro trabalho explicativo pode ser feito com o recurso aos fins que já não é feito pela simples especificação dos materiais envolvidos?

Uma teleologia pode sem dúvida ter um caráter meramente heurístico (como é o caso quando descrevemos um termostato ou um controlador de motor em termos teleológicos); mas a concepção de Aristóteles sobre o papel da explicação teleológica torna necessária uma compreensão muito mais rica que essa – afinal de contas, ele pensa que nenhuma explicação do mundo natural é adequada a não ser que recorra à dimensão teleológica. Então o que estamos acrescentando a nossa imagem da troca de chifres do cervo ao apontar o papel que ela cumpre na vida do cervo? Ou, no caso da geração de um or-

---

[21] Essas questões são levantadas em Balme (1972), 79 – e veja em geral 76-84, 93-101, e Barnes (1975), 221-222.

[22] Em casos em que intenções diretas estão envolvidas, claramente faz sentido dizer que a concepção que o agente faz do objetivo figurou de certa maneira em sua ação para tentar concretizá-lo – mas vale a pena notar que, mesmo nesses casos, o recurso aos fins não precisa ser irredutível.

ganismo, o que é deixado fora de consideração se nos referimos tão-somente à estrutura do sêmen, às menstruações e a sua interação? O problema é, então, como interpretar os componentes teleológicos da filosofia natural de Aristóteles de uma forma que ambos realizem um verdadeiro trabalho explicativo (já que Aristóteles insiste que causas finais são causas), e não meramente desapareçam em uma heurística ou em alguma explicação material modificada.[23]

A questão é sem dúvida uma de redução: por que, e em que sentido, os propósitos naturais de Aristóteles resistem a uma redução a seus componentes materiais? Reducionismos podem assumir uma variedade de formas. Eles podem ser ontológicos: podemos declarar, como Anaxímenes aparentemente fazia, que o calor é na realidade rarefação ou mera energia cinética molecular, ou seja lá o que for. Ou eles podem ser metodológicos, ou teóricos (nosso interesse pode estar em se faz mais sentido considerar teorias como sendo em algum sentido redutíveis a outras teorias mais básicas). A preocupação de Aristóteles é resistir a qualquer forma de reducionismo ontológico: as causas finais aristotélicas são coisas no mundo[24] – não é possível conceber que nenhuma explicação meramente material da estrutura do mundo exponha tal estrutura. E esse fato nos permite rejeitar como possibilidade interpretativa um sentido mais fraco no qual nossas explicações podem, num sentido, ser teleológicas, embora não o sejam irredutivelmente, a saber, que elas são respostas mais satisfatórias do ponto de vista intuitivo a questões "por quê" (já que seu valor explicativo está escrito em suas testas, por assim dizer); pois essas versões essencialmente epistemológicas da teleologia são, no fundo, meramente heurísticas.[25]

---

[23] Entretanto, não são todos que veem o problema dessa maneira. Alguns comentadores (Wieland (1975) e Nussbaum (1978), 59-99) tentaram interpretar a teleologia de Aristóteles como meramente de tipo heurístico – segundo essa posição, Aristóteles apenas quer dizer que a natureza age *como se* tivesse propósitos, como se ela definisse objetivos. Mas isso não parece condizer com os textos como nós os temos: sobre essa questão, veja Balme (1987c), especialmente 280-281.

[24] Isso é bem destacado por Cooper (1987), 269-274.

[25] Para uma defesa da atribuição de tal teleologia a Aristóteles, veja Sorabji (1980), 165-166.

Por que, então, não podemos especificar propriedades de componentes puramente materiais de organismos vivos em virtude das quais eles se desenvolvem e exibem as capacidades estruturais que exibem? Voltemo-nos a uma importante passagem metodológica no começo do livro 2 das *Partes dos Animais*.

> A ordem da geração é o oposto da ordem do ser: coisas anteriores na geração são posteriores na natureza, e a coisa primeira é última na geração (pois uma casa não surge para obter tijolos e pedras, mas estes surgem para obter a casa)... Tudo o que é gerado faz sua geração de algo e em direção a algo, a saber, de um princípio a outro, do princípio que é o motivo primário, que tem em seu interior uma certa natureza, em direção de uma forma ou algum outro fim. Por exemplo, homem gera homem; uma planta, uma planta; cada um a partir de sua matéria apropriada. Assim, matéria e geração são anteriores no tempo, mas substância e forma são anteriores na fórmula (**9:** *PA* 2 1, 646a25-b1).

Aristóteles está discutindo os vários níveis de matéria envolvidos na construção dos animais. No nível mais inferior, temos os elementos terra, água, ar e fogo; acima deles estão as substâncias uniformes compostas deles; acima delas estão os órgãos não uniformes; e finalmente a própria criatura (*ib.* 646b2-10). Mas, na ordem do ser, a forma completamente realizada é anterior a suas partes componentes (*PA* 1 1, 640a33 ss.: esta é uma tese aristotélica perfeitamente geral: compare *Pol* 1 1-2, 1252a1--53a38; e cf. *Met* 7 11): as partes existem pela forma.

Essa afirmação pode ser interpretada de pelo menos duas maneiras. Em primeiro lugar, e de forma mais fraca, pode-se pensar (a) que o conceito de parte só faria sentido no contexto de um todo completo – não podemos falar de partes sem pressupor a contribuição que elas dão ao todo de que elas são partes. Mas isso é linguística, sem nenhuma óbvia implicação imediatamente metafísica: talvez não possamos descrever coisas como partes a não ser que implicitamente façamos referência àquilo de que elas são partes – mas isso não significa que é completamente impossível nos referirmos a elas. Aristóteles claramente precisa de algo bem mais forte que isso para justificar qualquer afirmação metafísica sobre a prioridade do todo sobre a parte: talvez (b) que não poderia haver partes (pouco importa como são designadas) a não ser que houvesse todos dos quais elas são partes. Esta é uma tese metafísica que atribui de maneira admissível prioridade a todos completamente realizados (cf. *Met* 7 11). Mas (b), exatamente porque confere um papel genuinamente explicativo, semicausal ao todo, corre o risco de colidir com o argumento de incompatibilidade delineado acima: *como* o todo pode dar uma contribuição tão grande numa teleologia não dirigida?

Vem sendo sugerido[26] que as causas finais são "potencialidades irredutíveis para a forma", irredutíveis justamente por não poderem ser atribuídas à matéria de que as coisas são feitas. Parece claro que Aristóteles precisa pensar algo desse tipo[27] – mas não é nada claro se é possível dar o mínimo de plausibilidade a isso. Se condições materiais-eficientes apropriadas realmente necessitam seus resultados, elas têm de fazê-lo não importa como sejam descritas: a intensionalidade da explicação é aqui irrelevante. Uma descrição dessas condições que deixe de mencionar seus resultados habituais pode ser desencaminhadora do ponto de vista explicativo, mas não será causalmente falsa. Apenas se pudermos dar um sentido à noção de que, se a causa final não fosse como é, então precisamente essas condições materiais-eficientes teriam fracassado em produzir o resultado, é que ficará parecendo que a causa final tem genuinamente um papel a desempenhar. Só que é justamente isso o que nega a tese da suficiência material.

O que é certamente o caso é que os materiais, ao serem simplesmente amontoados, não ocasionarão, para Aristóteles, por si mesmos a formação de organismos complexos – mas é aí que entra a causa eficiente organizadora (nos animais, o sêmen). É ela que produz movimentos no fluido menstrual e coloca em curso a complexa sequência de eventos embriológicos (*GA* 2 1-2; 4 1-3). O único papel que a finalidade pode desempenhar aqui é como parte de uma especificação explicativamente apropriada da natureza da causa eficiente (certos tipos de causa eficiente são autogeratri-

---

[26] Por Gotthelf (1976).
[27] Contra Nussbaum (1978), 55-99 e Sorabji (1980), cap. 10.

zes: homem gera homem, e plantas, plantas: **9**, acima; *PA* 1 1, 640a20; cf. *Phys* 2 7 198a27; *Met* 7 7, 1032b24). Os processos da natureza são, em um sentido, dirigidos a objetivos (precisamos ver como os vários estágios de crescimento e organogênese contribuem para o funcionamento final do todo), mas isso não requer que sua explicação seja teleológica em nenhum sentido forte.

Por outro lado, é crucial para a explicação de Aristóteles que seja a forma o que é transmitido no processo de geração: o surgimento de uma nova substância natural é a criação de um nova natureza individual com seu próprio princípio interno de movimento e mudança:

> quando é separada de ambos [os seus pais], a coisa que surgiu tem de cuidar de si mesma, tal como uma criança estabelecendo uma morada longe de seu pai: logo, ela requer um princípio (**10:** *GA* 2 4, 740a6-8).

Esse princípio tem de ser algo capaz de organizar e arranjar aquilo que, de outra maneira, simplesmente seria matéria inerte – e em algum sentido tem de já estar lá, não, é claro, como o indivíduo completamente atualizado, mas sim como a potencialidade completa e autossuficiente para o desenvolvimento daquele indivíduo, já que agora não há outra causa eficiente (o pai) em contato com a matéria da qual aquele indivíduo é feito. Pode-se imaginar a forma nesse sentido como um projeto, algo parecido com o código genético incorporado no DNA, atentando para a crucial reserva de que Aristóteles não possui nenhuma explicação, desenvolvida ou não, dos processos mecânicos que a forma mesma realiza – e essa situação contribui para seu antirreducionismo.

Mas qual é a relação entre as naturezas individuais e os elementos materiais que constituem os corpos dos animais? Antes de tudo, a matéria impõe limites àquilo que a natureza pode alcançar. Os ossos, que são necessários para a integridade estrutural dos animais que os possuem, são também necessariamente friáveis: o material de que eles são feitos não pode deixar de ser assim. Desse modo, a matéria da qual os animais são produzidos tem suas próprias propriedades necessárias que não podem ser evitadas ou burladas pela natureza. Mas o que é crucial para Aristóteles é que essas propriedades elementares não bastam em si mesmas para explicar o aparecimento da forma: assim, por si mesma, a matéria é insuficiente para explicar a regularidade e recursividade de complexos formais de grande escala como os animais. Aristóteles nunca desenvolve esse argumento diretamente; mas ele sem dúvida considerava o fracasso das teorias puramente mecanicistas, paradigmaticamente as dos atomistas, em fornecer explicações racionalmente satisfatórias de tais estabilidades exclusivamente em termos das propriedades particulares básicas, como total e irremediável. Assim, existe uma lacuna entre o que pode e deve ser explicado de forma reducionista com base nas propriedades elementares e o *explicandum* em seu todo; e, para Aristóteles, essa lacuna é fechada por suas noções de natureza, forma e causa final.

Aristóteles distingue com clareza vários sentidos em que as coisas podem ser necessárias. Primeiramente, elas podem ser absolutamente e naturalmente necessárias, como a necessidade que objetos graves desimpedidos têm de cair; em segundo lugar, e de maneira relacionada, há a necessidade do movimento forçado. Mas, finalmente, e com maior importância para nossos propósitos, há a espécie de necessidade que Aristóteles descreve como hipotética. Seu exemplo é a construção de uma parede – não podemos explicar como a parede surge simplesmente fazendo referência às propriedades de seus materiais

> de modo que as pedras descem para formar a fundação, enquanto o tijolo sobe devido a sua leveza, com a madeira no topo, já que ela é a mais leve (**11:** *Phys* 2 9, 200a2-5; cf. *PA* 1 1, 642a1 ss.; *GC* 2 11, 337b30 ss.).

Os materiais são necessários para a construção no sentido em que a parede não pode ser construída sem eles – mas eles não necessitam por si próprios sua construção. Nenhuma descrição verdadeira do material *como material* implicará o crescimento e desenvolvimento de estruturas complexas a partir desse material. Similarmente, se algo deve ser uma serra, ele tem de estar realizado num material capaz de ter um gume (Aristóteles pensa que isso o restringe ao ferro: *ib.*

200a11 ss.), mas meramente produzir um amontoado de ferro não produzirá uma serra.

Todavia, recorrer à necessidade hipotética de certos materiais ou tipos de materiais não é, para Aristóteles, uma alternativa à explicação teleológica – é parte integrante dela.[28] O fim em questão faz ser o caso que, dadas as propriedades físicas dos materiais disponíveis, apenas uma pequena classe deles pode, como questão de fato, ser colocada a serviço da realização do fim (não dá para fazer uma serra com lã ou madeira: *Met* 8 4, 1044a26 ss.), mas, é claro, isso é bem diferente de eles realmente *necessitarem* o fim. O atomismo democritiano erra ao pensar que resultados estruturalmente complexos e regulares podem receber uma explicação com base exclusivamente no segundo tipo de necessidades materiais; a interação dos átomos no vazio não pode fornecer um modelo satisfatório para o surgimento de um mundo estruturado e regular.

É aqui que reside a razão de Aristóteles para rejeitar uma imagem do universo como o resultado macroscópico de processos microscópicos fundamentalmente aleatórios (embora causalmente determinados) e, consequentemente, para rejeitar um reducionismo total em favor de uma imagem de mundo na qual indivíduos completos e suas formas e funcionamentos são fundamentais para qualquer explicação persuasiva do mundo: nenhuma explicação satisfatória pode em princípio ser dada, ele pensa, para o puro surgimento da forma com base num pano de fundo aleatório.[29] Tal explicação será naturalmente expressa em termos de impulsos e tendências, do desenvolvimento da forma e da interação de substâncias informadas – enquanto tal, ela não estará sujeita à espécie de matematização tão comum entre os modelos científicos contemporâneos. O que nos leva a nosso tópico final.

---

[28] Como Cooper (1987), 253-257, enfatiza; veja também Balme (1972), 79-80.
[29] A rigor, há dois problemas distintos, um que diz respeito ao surgimento da forma, e outro à manutenção dela, embora, dado que para Aristóteles o mundo e seus conteúdos (nos termos de seus tipos) são eternos, não haja a questão do surgimento *original* da forma.

A NATUREZA DA CIÊNCIA ARISTOTÉLICA: RAZÃO E EXPERIÊNCIA

É frequentemente dito que a ciência antiga (fora a astronomia matemática, a teoria da harmonia e a ótica, com a luminosa exceção de Arquimedes) é em geral qualitativa em sua forma, evitando a precisão de equações expressas rigorosamente. Desse modo, Aristóteles expressará os princípios de proporção (a velocidade de um objeto movendo-se com seu movimento natural é diretamente proporcional a seu tamanho e inversamente proporcional à resistência do meio através do qual ele passa: *Phys* 4 8, 215a24 ss.: veja mais no capítulo 5, pp. 196-200), mas eles nunca ganham corpo com referências a quantidades físicas precisas. Além disso, a noção de constante, tão crucial para a expressão moderna de quantidades físicas na forma de equações, é completamente estranha aos antigos.

Ao lado dessa deficiência, (como é usualmente percebido) está o fato de que a ciência antiga parece, ao menos aos olhos modernos, excessivamente apriorística e, portanto, insuficientemente empírica. As evidências são aduzidas, quando elas são, de uma forma fortuita e sem controle, dando a aparência de pouca preocupação com os escrúpulos metodológicos sobre a relação entre teoria e evidência observacional e experimental. Com efeito, embora haja relatos dispersos de experimentos especificamente projetados, há pouco ou nenhum indício de qualquer *método* experimental na ciência antiga. A extensão e aplicabilidade de tais objeções é objeto de debate acadêmico,[30] e precisamos estabelecer até que ponto elas se aplicam a Aristóteles, se é que se aplicam. Boa parte do capítulo seguinte trata dessa questão; mas aqui vamos ao menos esboçar um mapa do terreno e dizer algumas coisas sobre as pretensões de Aristóteles de ser reconhecido como um empirista científico.

Aristóteles regularmente exalta as virtudes da observação. No final do exórdio das *Partes dos Animais* (*PA* 1 5), ele faz uma defesa apaixonada da seriedade e importância da pesquisa biológica: ela pode não tratar dos

---

[30] Lloyd (1987), cap. 5, argumenta contra a posição ortodoxa de que a ciência antiga era em geral insuficientemente quantitativa.

entes supremos ou mais divinos, mas, uma vez que a investigação destes últimos está impedida pela falta de evidências diretas,

> a respeito das coisas perecíveis – plantas e animais – estamos em muito melhor posição, já que vivemos entre elas; e qualquer um que queira se dar o trabalho pode apreender muitas coisas sobre todo o gênero que existe (**12:** *PA* 1 5, 644b28-32).

Não devemos abandonar a pesquisa biológica simplesmente porque algumas criaturas nos parecem repugnantes e suas estruturas internas repulsivas (*ib.* 645b15 ss., 26 ss.). E, no final da *Geração dos Animais*, ele contesta Demócrito por ter feito uma indução inválida com base em demasiado poucas instâncias a respeito da troca dos dentes de leite: Demócrito pensa que todos os mamíferos os trocam, já que eles são formados prematuramente como resultado da amamentação – mas, como observa Aristóteles, alguns mamíferos retêm seus dentes originais:

> Demócrito estava equivocado em sua generalização sobre isso por não ter examinado o que acontece em todos os casos; mas é essencial fazê-lo (**13:** *GA* 5 8, 788b10-19; cf. *ib.* 3 5, 765a2 ss.; 6, 756b13 ss.).[31]

Além disso, em um número de lugares (por exemplo, *GA* 2 4, 740a2 ss.; 5 741b15 ss.), ele afirma (de forma não completamente precisa) que o fato de o coração ser o primeiro órgão a se desenvolver no embrião é algo que é aparente tanto para a razão quanto para os sentidos (ele realizou algumas observações razoavelmente detalhadas do desenvolvimento do embrião da galinha: *HA* 6 3, 561a6-562a20; veja capítulo 5, pp. 216-217. Que tenha de haver um primeiro órgão como esse que seja então responsável pelo desenvolvimento subsequente da criatura é, ele pensa, óbvio *a priori*; o animal tem de desenvolver seu próprio princípio interno de mudança e crescimento logo depois que o sêmen tenha instaurado seus

---

[31] Deve-se notar, contudo, que algumas das evidências em contrário que Aristóteles aduz aqui são (como questão de fato empírico) falsas.

peculiares movimentos de produção de formas no fluido menstrual, pois é só assim que o animal pode funcionar independentemente (veja **9** acima). Mas que esse primeiro princípio diretor seja o coração é aprendido pela observação, e em geral a teoria tem de estar ajustada aos dados empíricos (*GA* 3 10, 760b28-33: Capítulo 5, **13**).

Por outro lado, a ciência aristotélica é frequentemente censurada por seu apriorismo excessivo, evidenciado em noções ubíquas como a de que a direita é superior à esquerda; a frente, às costas; o topo, ao fundo (*IA* 4-5, 705a26-707a5), ideias que ele até mesmo tenta aplicar ao cosmo como um todo (*Cael* 2 2), e na crença de que o macho é superior em todos os aspectos à fêmea. Não pode haver dúvida de que essas suposições desempenhavam um papel norteador em sua ciência: toda a sua teoria da geração sexual está fundada na crença de que a fêmea é uma forma inferior do macho, à qual falta o calor inato dele e a consequente capacidade de produzir sangue em algo com as propriedades do sêmen que estimulam a vida; em contrapartida, a fêmea provê apenas a matéria, na forma do fluido menstrual, para a progênie. E igualmente não pode haver dúvida de que elas frequentemente o deixavam perdido:[32] é o que atesta o curioso caso da postulação por Aristóteles (reconhecidamente a título de ensaio) da existência de animais na lua para abrir espaço para criaturas habitadas pelo fogo que seriam os paralelos daquelas cujos elementos naturais são a terra, a água e o ar (*GA* 3 11, 761b16 ss.). Mas, se Aristóteles está propenso a ver o que queria e esperava ver (em alguma medida, que cientista não está?), ele não deixa de insistir na vital importância da adequação empírica de uma teoria, em nítido contraste com os extravagantes voos de fantasia geométrica no *Timeu*.

Essas suposições funcionam, num sentido, como princípios metodológicos reguladores, sendo que o mais importante deles é seu refrão tantas vezes repetido de que a natureza não faz nada em vão. Temos de buscar organização e propósito mesmo nos assuntos naturais aparentemente me-

---

[32] Lloyd (1983), 94-105, documenta os casos em que o comprometimento de Aristóteles com a superioridade do macho o levou a negligenciar, suprimir ou tentar acomodar constrangedoras evidências em contrário.

nos promissores; ao fazermos isso, seremos levados a nos deslumbrar com a providencialidade da natureza, e seremos capazes de discernir os elos causais que ligam os produtos naturais:

> a ausência do que é fortuito e o caráter propositado são encontrados, acima de tudo, nas obras da natureza; e aquilo para que eles são reunidos, o objetivo para o qual eles surgem, tem seu lugar no que é belo (**14:** *PA* 1 5, 645a24-27).

A busca por forma e finalidade na natureza frequentemente foi ridicularizada, de Bacon em diante; mas é preciso enfatizar que a concepção de teleologia natural de Aristóteles não é de forma alguma ingênua ou pueril: pelo contrário, como já foi ressaltado anteriormente, ele é conduzido a ela, entre outras coisas, pelo que acha ser o evidente e espetacular fracasso do paradigma puramente mecanicista dominante em sua época, o atomismo democritiano, em fornecer qualquer coisa parecida com uma explicação minimamente satisfatória de como estrutura e regularidade podem surgir daquilo que, no fundo, não é nada mais que um burburinho de átomos no vazio. E mesmo que nós, com nossas ferramentas conceituais mais precisas e refinadas, possamos aspirar ter sucesso naquilo em que Demócrito fracassou, contudo não pode ser negado que, ao menos como um princípio metodológico, a ideia de que a natureza constrói as coisas com vistas a um propósito tem um valor heurístico para aquilo que, para Aristóteles, é a empresa central da ciência, a saber, a busca das causas e princípios das coisas.

E essa empresa não pode decolar sem *input* factual, empírico. Para que perguntemos por que algo é o caso, temos de primeiro saber *que* ele é o caso e depois procurar o silogismo explicativo cujo termo médio iluminará o fato (*An.Post* 2 1-2; cf. *Met* 7 17); e esse processo (ao menos se ele for executado com sucesso) nos levará, em última instância, a definições de substâncias, definições reais, com as quais, ao nos referirmos às propriedades expressas nelas, podemos entender e explicar os fatos em questão. Ademais, as próprias definições, por serem reais e não meramente lexicais, têm de expressar a maneira como as coisas estão efetivamente relacionadas a algum outro tipo natural não arbitrário e realmente existente: não podemos simplesmente sentarmos em nossas poltronas e estipular que elas existem; as definições nos dirão (ao menos no caso das coisas naturais) o que elas são e (no caso de artefatos) para que eles servem (*Met* 7 17, 1041a20-32). E, embora a explicação de Aristóteles (*An.Post* 2 19) sobre como nos tornamos sensíveis aos primeiros princípios definicionais que darão como resultado a estrutura dedutiva da ciência natural seja notoriamente condensada e obscura, é ao menos evidente que, num sentido amplo, o processo é empírico: nós simplesmente passamos a ver, como resultado do repetido envolvimento perceptivo com a forma dos tipos em questão, quais são os tipos das coisas. O mundo nos apresenta os tipos que ele contém; esta é uma razão para a insistência de Aristóteles (no prefácio metodológico a *PA*) no fato de a classificação biológica dever começar com as divisões naturais nas coisas que são óbvias (*PA* 1 2, 642b11 ss.; 1 3, 643b9 ss.). Assim, enquanto Aristóteles pode vez e outra ser culpado de permitir que suas pressuposições *a priori* atrapalhem a pesquisa propriamente empírica, não obstante ele é consistente em seu compromisso com o *slogan* metodológico enunciado e sancionado no começo de *PA* (1 1, 639b3 ss., 640a14 ss.), segundo o qual um cientista natural deve começar apreendendo os fenômenos, e só depois tentar desvelar suas causas.

5 Ciência

R. J. HANKINSON

O capítulo anterior lidou com a estrutura básica da concepção aristotélica de ciência e com sua motivação. Aqui nós nos voltamos aos aspectos dessa estrutura da forma como ela é realizada na prática na física, cosmologia, meteorologia e biologia de Aristóteles. Comecemos com a *Física*. Tendo reabilitado e analisado a natureza da mudança e da geração no livro 1, e tendo explorado as noções de explicação, acaso, coincidência e necessidade no livro 2, Aristóteles volta-se aos problemas específicos a respeito da explicação natural que ocupam a maior parte do restante da *Física*. Assim, *Física* 3-4 contém um conjunto de ensaios sobre as questões relacionadas da Mudança, Infinito, Lugar, Vazio e Tempo; os livros 5 e 6 lidam com problemas relativos à mudança e ao *continuum* (Aristóteles argumenta ferozmente que o espaço e a matéria têm de ser ao menos em potência infinitamente divisíveis – e portanto tem de responder aos paradoxos de Zenão: *Phys* 6 9); ao passo que os livros 7 e 8 discutem as fontes do movimento e da mudança. Lidarei aqui apenas muito brevemente com algumas das questões levantadas.

FINITUDE, MOVIMENTO E LUGAR NATURAL

Aristóteles é, numa variedade de sentidos, um finitista. Ele rejeita a ideia de que pode haver conjuntos infinitos de coisas atualizadas, incluindo, ao que parece, os números naturais (Aristóteles argumenta que eles não são requeridos pelos matemáticos: *Phys* 3 7, 207b28 ss.). Isso lhe causa algumas dificuldades com o tempo, uma vez que ele sustenta que o mundo existe sem ter tido um começo e, portanto, tem (em algum sentido) de admitir que houve um número infinito de dias antes deste – além disso, tem de ter havido um número infinito de rotações dos corpos celestes. Contudo, "o tempo e o movimento são realmente infinitos, como se pensa que são; mas as partes que são tomadas não persistem" (**1**: *Phys* 3 8, 208a20-21); *agora* não existe nenhuma coleção infinita de momentos presentes. Sua rejeição da infinitude estende-se ao mundo natural. É impossível, ele pensa, que o universo seja infinito em extensão e que ele contenha uma quantidade infinita de matéria, como os atomistas sustentavam. Suas razões para isso são diversas, mas elas estão intimamente ligadas à noção de lugares naturais (cf. *Phys* 3 5, 205b24 ss.), que examinaremos abaixo.

Apesar disso, o infinito tem de existir em algum sentido, senão nós teríamos de aceitar a quantização da matéria e do espaço, algo que, na opinião de Aristóteles, tem consequências ainda piores:

> supor que o infinito não existe em absoluto claramente leva a muitos resultados impossíveis: o tempo terá um começo e um fim, uma grandeza não será divisível em grandezas, o número não será infinito (**2**: *Phys* 3 6, 206a9 ss.).[1]

Desse modo, ele admite que a série dos números é de alguma maneira infinita, introduzindo a noção de infinitude potencial. Para qualquer número, você sempre pode obter um outro maior que ele, embora, para Aristóteles, disso não decorra que tenha de existir um conjunto atualmente infinito de números. As pessoas se equivocaram, ele diz, ao supor que o infinito é aquilo que inclui tudo – pelo contrário, o infinito é tal que, não importa quanto você tenha dele, você sempre pode obter algo a mais (*Phys* 3 6, 206b33-207a14; cf. 206b16 ss.; *Cael* 1 5, 271b33 ss.).

Uma razão pela qual, para Aristóteles, o universo tem de ser finito em extensão é que, se ele fosse infinito, não poderíamos compreender o movimento natural das coisas. Os movimentos naturais, discutidos e justificados em *Cael* 1 2-4, estão intimamente conectados com os conceitos de lugar, peso e leveza. Eles são os movimentos que convêm aos objetos em virtude de eles serem o

---

[1] Bem como solaparia a geometria (*Cael* 1 5, 271b9 ss.), presumivelmente porque não poderia haver, por exemplo, triângulos retângulos isósceles (uma vez que seus lados são incomensuráveis, e no entanto, *ex hypothesi*, num mundo quantizado todas as grandezas são comensuráveis).

tipo de coisa (elementarmente) que são – todos os elementos (terra, água, ar e fogo) têm impulsos internos e irredutíveis para se moverem em direção a seus lugares naturais, que são determinados de forma absoluta: o grave tende ao centro do cosmo (que coincide, na cosmologia de Aristóteles, com o centro da Terra: *Cael* 2 14, 296b9 ss.), enquanto que o leve tende às extremidades (determinadas pela mais interna das esferas celestes). Assim, o lugar natural para um elemento será aquela região do espaço que está mais próxima da posição definidora que é capaz de conter tudo do elemento em questão: no caso da terra, uma esfera de extensão finita com seu centro no centro do cosmo.

Os elementos, caso as outras coisas permaneçam iguais, ocuparão seus lugares naturais; e eles não poderão mover-se até eles somente se de alguma maneira forem impedidos de fazê-lo. Aristóteles trata o peso e a leveza como conceitos igualmente legítimos – a leveza não é simplesmente a privação de peso. Ao contrário, eles são ambos propriedades positivas, mesmo que contrárias (*Cael* 3 1-2; 4 1-4), já que não poderia ser o caso que alguma das características definidoras do fogo, por exemplo, fosse negativa – o fogo não pode ser aquilo que não tem peso. Aristóteles, além disso, argumenta que, se o fogo move-se para cima por extrusão, como os atomistas dizem, isto é, simplesmente por ser forçado, enquanto objeto de menor massa, relativamente para cima, então ele ainda teria peso – mas, nesse caso, quanto maior fosse a massa do fogo, mais devagar ele se moveria para cima, o que, na opinião de Aristóteles, é contrário aos fenômenos (*Cael* 1 8, 277a33 ss.): aqui, então, ele recorre às evidências empíricas (reconhecidamente controversas) para refutar a teoria de um oponente.

Essas tendências internas são absolutas, e não relativas, um fato que preside o argumento de Aristóteles contra a existência de uma multiplicidade de mundos – o fogo aqui tem de tender à extremidade *aqui*, mas como o fogo poderia comportar-se ali? Se realmente fosse fogo, ele teria de ter precisamente as mesmas tendências do fogo aqui e, portanto, tender para as extremidades *deste* cosmo; mas, desse modo, *contra hypothesem*, haveria apenas um cosmo (*Cael* 1 8, 276a18-277a12; 4 3, 310b12 ss.).

Os movimentos naturais têm, para Aristóteles, de ser simples – e há apenas dois tipos (genéricos) de movimento simples, o retilíneo e o curvilíneo (*Cael* 1 2, 268b11 ss.), e o primeiro deles tem duas espécies próprias, para cima e para baixo. Isto resulta em três movimentos básicos ou naturais possíveis, aos quais Aristóteles atribui seus três elementos mais básicos: o Éter para o movimento circular dos corpos celestes, o Fogo para o movimento ascendente, e a Terra para o movimento descendente. Com efeito, Aristóteles ocasionalmente falará destes como os três elementos. Alhures, entretanto, ele procura produzir um espaço conceitual para a Água e o Ar, os dois elementos restantes dos quatro elementos sublunares, interpretando-os em algum sentido como intermediários entre a Terra e o Fogo (embora o sucesso dessa empresa seja uma questão controversa).

Mas o movimento natural retilíneo tem, para Aristóteles, de ser potencialmente passível de ser completado, isto é, tem de haver algum ponto em que o movimento naturalmente tem fim, que é onde o objeto em questão naturalmente deve estar: seu lugar natural. Assim, a ideia de movimento natural retilíneo requer a ideia de lugar natural; e o lugar natural apenas pode ganhar algum sentido num universo finito, já que não pode existir um centro de um espaço infinito, tampouco, obviamente, uma extremidade dele (*Phys* 3 5, 205a19-20). Ademais, um universo infinito têm de conter uma infinidade de material (caso contrário, o material estaria espalhado pelo cosmo de maneira infinitamente rarefeita e, portanto, não poderia formar mundos); mas desse modo um corpo infinito não poderia ter um movimento natural, já que não pode haver nenhuma diferenciação entre grave e leve em tal universo, bem como nenhuma verdadeira distinção de direção (*ib.* 205b24-206a7).

Além disso, em *Cael* 1 5-6, Aristóteles aplica considerações similares ao caso dos corpos celestes. Estes, localizados acima do mundo sublunar, não estão sujeitos à mudança ou corrupção (por conseguinte, não há neles uma distinção real de matéria e forma);[2] e eles se movem (ao menos de acordo com *de Caelo*)[3]

---

[2] Exceto no esmaecido sentido de que eles têm "matéria tópica", isto é, podem mover-se de um lugar a outro (*Met* 8 1, 1042a33 ss.; 6, 1045a34 ss.; cf. 12 2, 1069b23-26), mas isso não afeta sua composição ontológica.

[3] Em outros lugares (*Met* 12 7, 1072 b3 ss.), diz-se que os corpos celestes movem-se da maneira como se movem em emulação com o Primeiro Motor, o ente supremo cujo exemplo de atividade perfeitamente contemplativa inspira todas as outras coisas no universo a imitá-lo tão bem quanto puderem (cf. *Phys* 8 5-6, 9); não terei mais nada a dizer sobre este aspecto da cosmologia de Aristóteles.

em virtude de um princípio natural de movimento circular. Uma vez que o movimento circular é (em um sentido) infinito, não há lugar onde eles naturalmente atingem o repouso, e assim eles continuam para sempre ininterruptamente. Mas não pode haver nada como um círculo de raio infinito (*Cael* 1 5, 271b26-272a7) e, portanto, nada como um movimento num círculo infinito. Dessa forma, os céus são limitados em extensão (Aristóteles não considera a possibilidade segundo a qual universo poderia ser infinito em virtude de consistir de uma sequência interminável de círculos concêntricos).

Evidentemente, o sucesso de tudo isso depende da admissibilidade intuitiva da noção de lugar natural; por que deveríamos acreditar em uma coisa desse tipo? A resposta de Aristóteles é, eu penso, dupla. Antes de mais nada, tal suposição parece ser manifestamente corroborada pelas evidências empíricas: coisas graves caem, e, na medida em que elas estão livres para fazê-lo, caem numa trajetória vertical em direção ao centro da Terra (é claro que isto só pode ser sabido por extrapolação – mas é uma extrapolação perfeitamente razoável). Similarmente, o fogo sobe, e, se não há vento, ele sobe de maneira vertical; enquanto que o mesmo vale para bolhas de ar na água e assim por diante. E basta um pequeno passo a partir dessas observações para chegar à conclusão de que, a menos que haja a interferência de alguma força externa, os objetos naturais sempre se moverão de acordo com essas tendências internas (assim sendo, a teoria envolve, mesmo que de uma forma ingênua, a mesma espécie de idealização conceitual que é essencial a todas as teorias científicas gerais).

Mas não é apenas que as evidências empíricas corroborem a teoria; a própria teoria é elegante (ao menos à primeira vista) e geral – ela promete dar conta de explicar uma grande variedade de fenômenos com base num pequeno estoque de conceitos primitivos. Além disso, ela não envolve a ação à distância (exceto, talvez, na medida em que os elementos precisam saber o caminho a seguir: Aristóteles nunca explica como eles conseguem fazer isso), essa noção extraordinariamente contraintuitiva que tornou a gravitação universal algo tão difícil de engolir. E isso serve para sublinhar outro aspecto da ciência aristotélica – é uma ciência do senso comum. Ela tenta explicar a estrutura geral e o funcionamento do mundo em termos de processos cujas operações são evidentes a todos; ela não envolve nenhum mistério teórico. É claro que, em um sentido, é isso que a aleija e a impede de satisfazer as aspirações de Aristóteles de fornecer um guia completo, e completamente inteligível, da realidade. Mas o que chama a atenção, pelo menos para minha cabeça, é o quanto Aristóteles é capaz de realizar dentro dos limites de suas restrições autoimpostas e quão coeso é o resultado final que vemos.

Dinâmica

Deixemos de lado agora a exposição dos conceitos gerais e voltemo-nos às teorias dinâmicas particulares de Aristóteles. Neste ponto, vale a pena citar por extenso os textos principais:[4]

> um certo peso move-se por uma certa distância num certo tempo; um peso maior move-se pela mesma distância num tempo menor, sendo que os tempos são inversamente proporcionais aos pesos... Além disso, um peso finito percorre qualquer distância finita num tempo finito (**3**: *Cael* 1 6, 273b30-274a3).

> A é o motor, B a coisa movida, C a distância e D o tempo; assim sendo, no mesmo tempo, a mesma força A moverá 1/2B duas vezes a distância C, e em 1/2D moverá 1/2B por toda a distância C – pois assim a razão será preservada. Novamente, se uma certa força move um certo objeto por uma certa distância num certo tempo, e por metade da distância na metade do tempo, metade da força motivadora moverá metade do objeto pela mesma distância no mesmo tempo... Mas, se E move F por uma distância C num tempo D, não decorre necessariamente que E pode mover o dobro de F por metade da distância no mesmo tempo... de fato, pode bem ser que ele não cause movimento nenhum (**4**: *Phys* 7 5, 249b29-250a16).

> Vemos o mesmo peso ou corpo movendo-se mais rapidamente que outro por duas razões; ou porque há uma diferença naquilo através do qual ele se move... ou porque, outras coisas permanecendo iguais, o corpo em movimento difere do outro devido a um excesso de peso ou

---

[4] Eles são discutidos mais detalhadamente em Carteron (1975). [Referências bibliográficas: pp. 219-223.]

leveza... A, então, mover-se-á através de B num tempo C, e através de D (que é menos denso) num tempo E (se o tamanho de B é igual ao de D) proporcionalmente à densidade do corpo obstruinte (**5**: *Phys* 4 8, 215a24-b4).

O texto 3 enuncia um princípio básico de proporcionalidade: a velocidade é diretamente proporcional ao peso do corpo em movimento. Aristóteles pensa aqui em movimentos naturais – mas o que ele diz vale também para aqueles que ele categoriza como forçados, nos quais um agente externo compele um corpo a mover-se. Além disso, para qualquer corpo de peso finito, sua velocidade também tem de ser finita. Esta última afirmação é utilizada por Aristóteles em suas diversas provas da impossibilidade conceitual de um corpo (homogêneo) de tamanho infinito: se tal corpo existisse, então, não importa quão rarefeito ele fosse, ele ainda seria, no total, infinitamente pesado e, portanto, teria de se mover com velocidade infinita; mas, assim sendo, considere a mesma grandeza infinita menos uma parte própria finita de si mesmo – a grandeza resultante ainda seria infinita, embora menor que a original. Como ela é infinita, ela se moverá com velocidade infinita; mas, como ela é menor que a original, sua velocidade deveria ser menor que infinita (sendo que não há graus de infinitude), de acordo com o princípio de proporcionalidade; logo, há uma contradição oculta na suposição de que um corpo pode ser infinitamente grande. Aristóteles enuncia em detalhe este argumento e corolários dele em vários lugares (*Cael* 1 6, 273b27-274a29; *Phys* 6 2, 233a32-b14; etc.).

O texto 4 introduz novas considerações envolvendo a força motivadora e assinala uma exceção decisiva às tranquilas proporcionalidades gerais envolvidas. Se uma força de certo vigor V é suficiente para mover um objeto de certo peso P (num certo tempo t), então qualquer fração f de V será suficiente para mover $f.P$ (em t). E se V pode mover P em t, então, para qualquer n, $V.n$ moverá P em t/n. Mas o crucial é que não é o caso que, se V pode mover P em t, então, para qualquer n, V/n pode mover p em $t.n$. Forças têm limiares de operação – se elas não tivessem, seria possível que um único homem arrastasse um navio (mesmo que muito devagar), já que cinquenta homens podem arrastá-lo (*Phys* 7 5, 250a16 ss.). Esta última consideração é da maior importância, já que ela denuncia até que ponto Aristóteles está limitado por fatos fenomênicos evidentes. A tentação *a priori* de estender os princípios de proporção de modo a incluir forças mitigadas operando sobre os mesmos pesos deve ter sido forte – mas Aristóteles resiste a ela para evitar uma possível devastação (ao menos para ele) das contraevidências empíricas. Assim, as forças não são de forma alguma tratadas como grandezas contínuas e divisíveis – abaixo do limiar de operação, não há o exercício de força alguma. Mas, na ausência da (como nós a veríamos) noção de inércia,[5] bem como de conceitos adequados de momento e força, ele não pode especificar em maior detalhe essa exceção aos princípios gerais – Aristóteles não pode formular princípios gerais de massas inamovíveis por certas forças sob certas condições, muito menos quantificá-las.

Também vale a pena notar que ele não distingue entre casos como o do arraste de um navio, que analisaríamos em termos do impedimento friccional da força inicial, e o do halterofilista que é incapaz de levantar uma certa massa do chão, que envolve uma disputa entre as forças da gravidade que se opõem puxando a massa para baixo e a força muscular do halterofilista. Além disso, Aristóteles não pensa, como nós pensamos, em termos de forças aplicando *acelerações* a massas.[6] Todas essas divergências são cruciais para diferenciar a dinâmica aristotélica da moderna – e elas sublinham as inadequações conceituais e explicativas do esquema aristoté-

---

[5] Ao menos num sentido teórico moderno: Carteron (1975), n. 41, aponta que podemos encontrar "vestígios" do conceito inercial em Aristóteles, mas corretamente ressalta que se trata simplesmente da observação empírica de senso comum de que os objetos, uma vez empurrados, tendem a manter-se em movimento – mas certamente não (em circunstâncias idealizadas) indefinidamente. Ademais, Aristóteles de todo modo nunca poderia efetivar o divórcio entre as noções de força e movimento que o conceito moderno requer.

[6] É claro que Aristóteles está ciente de que corpos em queda livre (e livre ascensão) aceleram-se (*Phys* 5 6, 230b21-26; *Cael* 1 8, 277a27-b8), mas essa aceleração nunca é adequadamente incorporada aos seus princípios dinâmicos básicos ou explicada com base neles.

lico, inadequações essas expostas cruelmente por Galileu.[7] Mesmo assim, os princípios de Aristóteles representam uma ousada tentativa de sujeitar os fenômenos físicos a razões matemáticas gerais. O desejo de discriminar uma ordem no mundo e de tentar fornecer uma explicação dessa ordem em termos pelo menos levemente matemáticos é o que caracteristicamente impulsiona todo o projeto de explicação científica.

O texto 5 acrescenta um refinamento à imagem discriminada até agora: o meio através do qual os objetos se movem impedirá seu progresso, e esse impedimento obedece a certos princípios proporcionais. É claro que Aristóteles não chega ao ponto de tentar especificar coeficientes de resistência para diferentes meios – com efeito, sua exposição é meramente um esboço. Mas ela permite ver que há espaço para outros refinamentos e maneiras de, aumentando a complexidade dos diferentes fatores que são levados em consideração na explicação das velocidades relativas dos objetos, resolver alguns dos problemas empíricos com os quais a teoria, da forma como ela se apresenta, tem de defrontar-se inevitavelmente. Contudo, esse espaço não foi explorado nem por Aristóteles nem por seus sucessores.

Ademais, Aristóteles também sabe que a extensão que certo corpo vai percorrer através de um meio (portanto, com sua velocidade em queda) é determinada em alguma medida pelo seu formato: corpos largos e achatados movem-se na água com menos liberdade que seus equivalentes estreitos (*Cael* 4 6, 313a14-b21), mas ele não oferece nenhuma exposição sistemática desses fenômenos para além da observação de que "corpos amplos ficam onde estão porque eles cobrem uma grande quantidade, e a grande quantidade não é facilmente cindida, [já que] em todos os gêneros a menor quantidade é mais físsil e mais facilmente cindida"; e esta "explicação", mesmo que esclareça a propensão de certos discos chatos de metal a flutuar, é ineficaz para explicar o fenômeno. O próprio Aristóteles notou isso algumas linhas antes, a saber, a flutuabilidade dos pós-metálicos. Em

---

[7] Embora físicos anteriores já tivessem questionado grandes partes do sistema. Filopono, por exemplo, já havia estabelecido (no sexto século d.C.) que objetos mais pesados não se moviam necessariamente de forma mais rápida em queda livre.

suma, Aristóteles está muito longe de ter uma explicação adequada para os fenômenos que ele descreve – não há sombra nem mesmo de qualquer análogo tosco do conceito de tensão superficial em suas obras, e, mais uma vez, ele supõe que os fenômenos que nós consideraríamos serem explicados por fatos físicos bem diferentes (a flutuação da limalha de ferro na água e a da poeira no ar) são suscetíveis de uma explicação unificada.

Mas, mesmo com essas insuficiências muito reais da dinâmica de Aristóteles (e de sua hidrostática: as deficiências desta última foram reveladas no discurso de Galileu de 1612, "Dos Corpos que Repousam na Água ou que Flutuam sobre ela"), não obstante elas representam uma tentativa admirável de oferecer uma explicação para uma variedade de fenômenos distintos no interior de um esquema econômico e (relativamente) conceitualmente claro que, além disso, responde aos fatos empíricos (com efeito, como vimos, esta preocupação com a adequação empírica é de fato responsável por um pouco da rudeza da teoria), e elas (em geral) não foram aperfeiçoadas por quase dois milênios.

A imposição do movimento

Uma coisa é fornecer uma explicação das relações que existem entre força, velocidade e massa; outra é explicar os mecanismos pelos quais essa força é comunicada e pelos quais o movimento dos objetos é mantido. E, como Carteron (1975), 168-169 bem destaca, porque Aristóteles é incapaz conceitualmente de isolar a noção de força da substância à qual ela inere, ele vê-se levado à posição de que um agente pode agir sobre seu objeto apenas enquanto está em contato com ele (cf. *Phys* 7 2, em que todas as espécies de movimento são reduzidas a empurrar e puxar). Para Aristóteles, não pode haver ação à distância. Ademais, de forma compatível com a distinção fundamental entre movimento natural e forçado, todos os movimentos têm de originar-se, em última instância, da ação de algum agente ao qual aquela ação é própria e natural. Assim, um bastão pode mover uma pedra, e a mão de um homem mover o bastão; mas a mão do homem é movida pelo homem, e nada o move – ele é um verdadeiro local de início do movimento (*Phys* 8 5, 256a6-9; cf. 12-14, 22-25, 30-33); podem-se descrever sem nenhuma impropriedade as causas próximas e últimas do movimento da pedra como causas – mas apenas a última é propriamente a causa (256a9-13). Aqui não há nenhum verdadeiro problema com a explicação da mediação da atividade causal, uma vez que todo item da cadeia está em contato com algum outro.

Contudo, o que Aristóteles pensa do caso do movimento de um projétil, no qual a atividade continua após o agente aparentemente ter parado de agir (vale a pena rassaltar que, para Aristóteles, uma causa eficiente de algum evento deve, ao menos canonicamente, estar operando no momento do evento)? E qual é a análise apropriada do agente último na cadeia? Terei pouco a dizer sobre o último problema, o do Primeiro Motor (ou primeiros motores), para o qual o argumento (ou argumentos) de Aristóteles é notoriamente problemático (*Phys* 8 5-10; *Met* 12 7) e difícil de interpretar, e, de todo modo, rigorosamente falando, está fora do domínio da ciência. Mas a explicação do movimento contínuo dos projéteis após terem deixado a mão do lançador exige um breve exame. É obviamente um caso de movimento forçado, e como tal não pode (de acordo com os princípios gerais de Aristóteles) ser contínuo e eterno – consequentemente, não lhe causa nenhum problema que esses movimentos acabem chegando ao fim. Todavia, é difícil explicar por que, afinal, eles continuam. Em *Phys* 8 10, 266b27-267a22, Aristóteles enfrenta o problema:

> se tudo o que se move é movido por algo, como podem algumas coisas que não são automotores [*self-movers*] continuar a se mover quando o motor não está em contato com elas, como é o caso dos projéteis? (**6:** *Phys* 8 10, 266b29-31).

Aristóteles rejeita a possibilidade de que o agente também mova alguma outra coisa (o ar circundante) que então continua a comunicar movimento ao projétil, justificando que isso simplesmente faz o problema recuar um estágio – continuará a haver movimento no ar depois que a mão do lançador parar de mover-se:

> temos assim de dizer que o primeiro motor faz o ar (ou a água ou qualquer outra coisa que possa tanto mover quanto ser movida) de tal maneira que ele seja capaz de causar movimento, mas que este não cessa

de causar movimento e ser movido ao mesmo tempo, mas deixa de ser movido tão logo o que o move cessa de mover, mas ainda continua a causar movimento, e assim move alguma outra coisa contígua a ele. Ele para nos casos em que a força motivadora engendrada no objeto contíguo é sempre menor, e tem fim quando o primeiro já não mais consegue fazer do último um motor, mas apenas movido (7: *ib.* 267a2-11; cf. *Cael* 3 2, 301b18-30; *Meteor* 2 8, 368a7 ss.).

Desse modo, parcelas sucessivas de ar são dotadas da capacidade de manter o movimento no míssil, mas com força decrescente. Essa solução é engenhosa (ela foi injustamente ridicularizada em algumas paragens); Aristóteles não diz (*pace* Alexandre de Afrodísia: cf. Simplício, *Comentário sobre a Física* 1347.6 ss.) que cada parcela sucessiva é transformada em um *auto*motor.[8] Por que o ímpeto (como uma época posterior o chamaria) não pode simplesmente ser imprimido ao projétil, como Filopono sustentaria? Talvez porque Aristóteles pensasse que o material do projétil não era o do tipo apropriado para ser um causador de movimento, diferentemente do ar e da água.[9] A força, então, não é algo que todo e qualquer corpo está apto a receber (exceto na medida em que eles têm tendências motivadoras elementares – o projétil, após a exaustão da força em seus motores intermediários, ainda pode seguir para baixo).[10] Ao contrário, certos corpos têm uma tendência inata para receber a capacidade de causar movimento, a qual eles podem então comunicar a outros.

---

[8] O que multiplicaria as dificuldades em outros lugares na explicação: automotores devem ser a causa de seu próprio movimento e repouso, de modo que, se alguma coisa é tornada um automotor, ela continuará a possuir a capacidade de iniciar movimento em si mesma e em outras coisas, como o faz um ser humano, ao menos enquanto ele retiver sua forma substancial; cf. Carteron (1975), n. 38.

[9] Isso levanta outras questões, como por que o ar deve ser um causador de movimento mais adequado que o próprio projétil? Talvez porque, em outras circunstâncias, nós podemos ver o ar (na forma de vento) fazendo o trabalho. Isto, assim como está, é inadequado, mas não posso aqui avançar na questão.

[10] No entanto, não há por que supor, como fizeram alguns críticos desalmados, que Aristóteles está comprometido com a posição de que o projétil move-se lateralmente até que a força imprimida se extinga, e somente então começa a cair.

A ESTRUTURA DO MUNDO FÍSICO

Nós já vimos, em resumo, como Aristóteles concebia o universo como uma sequência de esferas concêntricas, sendo que a mais externa delas contém os corpos celestes compostos de um elemento incorruptível e imutável chamado por ele de "éter" e cujo movimento natural é circular. O sistema astronômico que ele adotava era basicamente aquele de Eudoxo, o grande matemático da Academia que mostrara como era possível "salvar as aparências" dos planetas que se movem de forma aparentemente aleatória olhando seu comportamento como o produto de movimentos esféricos uniformes sobrepostos. O esquema de Eudoxo era puramente matemático – Aristóteles, entretanto (diferentemente da maioria dos astrônomos de mentalidade instrumental até Copérnico), tentava dar à estrutura uma interpretação física que envolvia a postulação de contraesferas interpostas entre as esferas dos corpos celestes, a fim de equilibrar seus movimentos de avanço e explicar como uma sequência de esferas encaixadas não precisa tornar-se progressivamente mais e mais rápida, à medida que vamos avançando na sequência (a exposição mais detalhada, mesmo que ainda à título de esboço, é dada em *Met* 12 8). Assim, para Aristóteles, os céus são um sistema físico de esferas engatadas, reunidas, e movendo-se como um enorme astrolábio sob o poder do impulso circular inerente, natural e incessante que lhes é próprio.

O que mais interessa de nosso ponto de vista, todavia, é a exposição que Aristóteles faz da estrutura e explicação dos fenômenos no mundo sublunar da mudança e corrupção, cuja maior parte é encontrada em sua *Meteorologica*. A *Meteorologica*, como seu nome sugere, trata dos fenômenos atmosféricos – mas não exclusivamente deles. O livro 4 apresenta, em parte ao menos, a teoria aristotélica da combinação química, e ainda tem mais em comum com *GC* 2, fato que já havia sido notado na Antiguidade.[11] Vale a pena inspecionar brevemente alguns aspectos da teoria contida

---

[11] E levou alguns modernos a questionar sua autenticidade, mesmo que estes não tivessem razões suficientes para tanto: veja Düring (1944), 19-22.

nesses livros, já que ela representa um refinamento da tradicional química física de quatro elementos adotada alhures por Aristóteles. Em primeiro lugar, agora são primárias as quatro qualidades Quente, Frio, Úmido e Seco (*GC* 2 2, 329b17-30a29): e os quatro elementos são compostos de combinações delas (Terra = Frio/Seco; Água = Frio/Úmido; Ar = Quente/ Úmido; Fogo = Quente/Seco: *GC* 2 3). Esses "poderes" (*dunameis*) primários, como Aristóteles às vezes (por exemplo, *PA* 2 1, 646a14-15) prefere chamá-los, são eles próprios a base de outras propriedades físicas, como a gravidade e a leveza, a condensação e a rarefação, a aspereza e a suavidade (*ib.* 646a18-21), bem como de outras, como a maleabilidade, a ductilidade e a fragilidade (*Meteor* 4 8-9).

Desse modo, a teoria de Aristóteles é redutiva; além disso, ele distingue os pares Quente/Frio e Úmido/Seco com a justificativa de que os primeiros são princípios ativos envolvidos na mudança, ao passo que os últimos formam o substrato passivo (*Meteor* 4 1, 378b10-27) no qual tem lugar a mudança. Os elementos (terra etc.) são o primeiro nível de existência ontológica efetiva (não existe algo como o Quente separado), embora mesmo aí o material físico efetivo que chamamos terra seja, ele mesmo, um composto de Terra e Água elementares (*GC* 2 3, 330b22-30). O Frio é responsável pela solidificação e compactação dos objetos, o Calor às vezes por sua solidificação e às vezes por sua dissolução, dependendo de se eles são de caráter uniforme ou não uniforme.

Embora seja inegável que esse esquema envolve elementos *a priori*, ainda assim a disposição de Aristóteles em abandonar paralelismos e contrariedades estritas (por exemplo, no caso da ação dupla do Calor que contrasta com a do Frio) indica o quanto ele se empenha em produzir uma teoria ao menos compatível com os fenômenos empíricos – é claro que é um fato que o calor solidifica algumas coisas (a argila, por exemplo: *Meteor* 4 7, 384b19 ss.; 9, 385b9). Ademais, a teoria de Aristóteles tenta citar as causas para as diversas mudanças químicas e físicas características em termos das propriedades básicas dos constituintes elementares básicos, que podem aparecer sozinhos ou em combinação; e ele desenvolve uma clara concepção da diferença entre combinação real (que ocorre na formação de partes uniformes) e mera justaposição ou mistura (*GC* 1 10; 2 7; cf. *Sens*

3, 440a31-b25), mesmo que a conceitualização que ele faz de tal distinção seja bem diferente (e necessariamente é, dada a sua física contínua) da nossa. Além disso, sua posição de que a solidificação e a liquefação são os dois processos químicos básicos conduz à conclusão de que, falando propriamente, há apenas dois estados da matéria, o sólido e o líquido, um fato que acaba causando sérios problemas em sua discussão dos fenômenos que classificaríamos como gasosos, as assim chamadas "exalações", um fato que nos leva naturalmente à porção inicial de *Meteor*, em que as exalações desempenham um papel crucial.

Em *Meteor* 1-3, Aristóteles lida com os seguintes assuntos, em ordem: meteoros (*Meteor* 1 4), a aurora boreal (1 5), cometas (1 6-7), a Via Láctea (1 8), chuva, nuvem e névoa (1 9), orvalho e geada (1 10), neve (1 11), granizo (1 12), ventos, rios e nascentes (1 13), mudanças climáticas e costeiras (1 14), a fonte e a salinidade do mar (2 1-3), ventos novamente (2 4-6), terremotos e vulcões (2 7-8), trovão e relâmpago (2 9), furacões (3 1), halos (3 2-3), arco-íris (3 4-5) e paraélios (3 6).

Essa pode parecer uma compilação bem heterogênea de fenômenos, fundindo meteorologia propriamente com astronomia, sismologia e geologia. Aristóteles descreve seu assunto como

> tudo o que acontece naturalmente, mas de uma maneira menos ordenada que a do primeiro elemento [isto é, o éter] dos corpos, no lugar que se assemelha mais proximamente àquele do movimento das estrelas, por exemplo, a Via Láctea, os cometas, os meteoros, tudo o que determinamos como os atributos comuns do ar e da água, bem como os tipos, partes e atributos da terra, com base nos quais examinaremos as causas dos ventos e dos terremotos e o que mais ocorra como resultado de seus movimentos..., bem como o caso dos raios, tufões e os outros fenômenos recorrentes que ocorrem a seus corpos como resultado da condensação (**8:** *Meteor* 1 1, 338b27-339a6).

O interesse de Aristóteles em *Meteor* é com as coisas que, embora em algum sentido sejam explicáveis, não são parte do domínio perfeito das esferas celestes. A maioria de tais fenômenos é meteorológica ao menos em seu sentido, a saber, o de que eles dizem respeito às inter-relações do ar e da água, já que a maior parte das alterações tem lugar nesses elementos. Mas, mesmo em casos de aparentes alterações da terra, suas causas, na opinião de Aristóteles, devem ser atribuídas aos fenômenos associados com a atmosfera (*vide* sua explicação dos terremotos: veja p. 209). Assim, não obstante as primeiras impressões, a compilação de fenômenos analisada em *Metor* 1-3 possui, ao menos no interior da teoria de Aristóteles, uma considerável integridade causal.

Os cometas são incluídos no mundo sublunar porque eles exibem pouca regularidade e porque eles aparentemente crescem e morrem. Alguns antigos (eminentemente os pitagóricos: *Meteor* 1 6, 342b30-35; e o matemático Hipócrates de Quios: *ib.* 342b35-343a20) sustentavam que os cometas eram, na verdade, planetas com periodicidades muito longas (e é claro que alguns realmente são); mas Aristóteles rejeita essas posições, em grande medida com base em razões inadequadas e paroquiais (*ib.* 343a21-b8). Ele acha que tais explicações são demasiado forçadas para serem levadas a sério – o que é pena, já que elas estão (pelo menos parcialmente) corretas e, ao menos na medida em que se trata de regularidade, respeitam a divisão de Aristóteles entre o éter imutável e o mundo sublunar da mudança (o crescimento e a diminuição deles, se é que são mais que meramente aparentes, sem dúvida continuam a ser obstáculos, na perspectiva de Aristóteles, a alocá-los no reino superlunar; mas a própria explicação aristotélica dos fenômenos é de todo modo discrepante, uma vez que ele sustenta – equivocadamente – que alguns cometas aparentemente movem-se de acordo com a esfera das estrelas fixas).

Aristóteles já elaborou (*Meteor* 1 3) sua teoria das duas "exalações", quente e seco, e quente e úmido,[12] as quais ele pensa que surgem da terra e que nutrem respectivamente as partes superior e inferior da atmosfera, o ar e a esfera do fogo. Aristóteles dá-se o trabalho aqui (como ele não o faz em ou-

---

[12] Alguns comentadores, eminentemente Ross (1923), 109-110, acham que a segunda exalação, *atmis*, deve ser caracterizada como fria e úmida – mas isso tem menos fundamento nos manuscritos. A versão que escolho faz uma exalação efetivamente conter o ar, e a outra, a esfera do fogo (cf. *GC* 2 3, 30b4), em aparente conflito com *Meteor* 1 3, 340b24-30. Esse conflito pode, eu acho, ser resolvido.

tros lugares) de enfatizar que a esfera do fogo não é *literalmente* feita de fogo, "pois fogo é um excesso de calor e uma espécie de fervura" (*ib.* 340b23); ao invés disso, ela é aquela parte do ar superior (num sentido geral) que é altamente inflamável; ela é movida por estar em contato com a esfera celeste mais interna (*ib.* 341a2); e há uma constante troca (cuja mecânica nunca nos é adequadamente especificada) entre as esferas do ar e do fogo (*ib.* 341a7-9). O sol gera calor não porque é naturalmente quente (ele não é feito de fogo), mas, antes, por fricção (*ib.* 341a13-17): Aristóteles observa que "frequentemente se veem corpos em movimento derreterem" e que "o ar em torno de algo, quando é movido por força, torna-se particularmente quente".

Aqui, então, observações primitivas são trazidas à baila para demonstrar a plausibilidade da teoria; mas elas não fazem nada mais que isso. Apenas caso a possibilidade de um sol candente já tenha sido eliminada (como Aristóteles, com base em sua teoria geral da composição do Universo, acredita que foi), é que precisamos sair procurando por explicações alternativas do poder de aquecer do sol.[13] As observações aduzidas não *exigem* em nenhum sentido a explicação dada – na melhor das hipóteses, são leves indicações dela.[14] Mas Aristóteles está bastante ciente disso: numa passagem metodológica chave no começo de *Meteor* 1 7,

---

[13] Em defesa de Aristóteles, entretanto, deve ser observado que ele realmente *argumenta* em prol de sua explicação preferida da estrutura do universo (em *Cael* 1 1-4 e alhures) e dá razões pelas quais a esfera dos céus não pode ser feita de fogo ou de ar: o consenso astronômico comum é a de que ela é enormemente maior em tamanho que a esfera terrestre – mas, desse modo, se os elementos predominantes fossem o fogo ou o ar, que são transmutáveis com os outros elementos, então eles (ou seja lá o que predomine) teriam simplesmente aniquilado a terra e a água (*Meteor* 1 3, 339b30-340a18; cf. *GC* 2 6; *Phys* 3 5, 204b12-23). Novamente, são feitas suposições cruciais e questionáveis – mas pelo menos Aristóteles não está expondo suas posições *ex cathedra* – e a teoria total resultante é louvável em suas pretensões de completude e coerência geral.

[14] O termo que Aristóteles tende a usar nesses contextos para suas evidências empíricas, que elas são um *sêmeion* ou sinal da verdade da teoria geral, é emprestado de contextos forenses (e médicos). Um sinal nesse sentido é algo que aponta para a verdade da conjectura sem tê-la como sua consequência.

ele escreve que "consideramos que demos uma exposição demonstrativa adequada das coisas inacessíveis à sensação caso nossa exposição seja consistente com o que é possível" (**9:** *Meteor* 1 7, 344a5-7). Os fenômenos (ou talvez, antes, os fenômenos possíveis) não conduzem à teoria – eles simplesmente têm de ser consistentes com ela. Essa observação serve de prefácio à explicação do próprio Aristóteles sobre os cometas: a "exalação quente e seca" (isto é, a esfera do fogo), que é contígua à esfera celestial mais interna, é arrastada junto com ela e às vezes entra em ignição como resultado desse movimento (mais uma vez, a mecânica exata permanece, talvez deliberadamente, vaga), causando, por um lado, meteoros (quando a combustão é rápida) e, por outro, cometas (quando a combustão é lenta e regular, e há material combustível suficiente: *ib.* 344a13-20). A progressão de um meteoro é parecida com a de uma chama correndo por uma corda de palha (25-29), embora, "se este fogo não devesse correr e exaurir o combustível, mas ficar no ponto em que o material inflamável fosse mais denso, então o fim de sua progressão seria o começo de sua órbita" (*ib.* 344a29-32). Novamente, recorrem-se a analogias da experiência cotidiana para tornar um fenômeno remoto menos misterioso – e elas são engenhosas. É claro que elas não têm nenhum valor probatório – mas eu não acho que Aristóteles imaginava que elas tivessem algum. Por outro lado, alguns dos dados empíricos mencionados a respeito da incidência de cometas (proeminentemente o de que eles são mais propensos a ocorrer em tempo ventoso ou seco, que é considerado uma "indicação" de sua associação com o quente e o seco: *ib.* 344b19-25) são simplesmente falsos. O empirismo de Aristóteles, admirável como possa ser enquanto conceito, não funciona na prática, como veremos novamente nos contextos biológicos.

Demorei-me bastante numa seção relativamente pequena da *Meteorologica* porque acho que ela exemplifica a estrutura e o método da investigação científica aristotélica e serve para indicar tanto suas forças como suas fraquezas. Aristóteles está interessado na explicação científica como um fenômeno unificador – os postulados físicos básicos (os cinco tipos elementares, o movimento circular das esferas exteriores, a existência de exalações vindas da terra) são limitados em número e utilizados com muita engenhosidade para explicar os fenômenos em questão (a Via Láctea, por exemplo, é explicada como sendo um fenômeno similar ao dos cometas, embora ele seja permanente: *Meteor* 1 8). Ademais, eles são corroborados, mesmo que de maneira fraca, pela observação empírica – realmente veem-se vapores subindo da terra e do mar.

Finalmente, eles são estendidos como postulados explicativos a áreas que, à primeira vista, estão distantes deles. A explicação que Aristóteles dá dos terremotos, que pareciam, em 8, ajustar-se de maneira meio estranha aos outros fenômenos, recorre mais uma vez às exalações. Os terremotos são causados por exalações aprisionadas no interior da terra (aquelas que escapam facilmente são a causa dos ventos): *Meteor* 2 8. Aristóteles está ciente de que certas áreas são mais propensas a tremores que outras, e tenta explicar isso, de forma consistente com sua teoria geral, em termos de suas estruturas geológicas diferentes. Por outro lado, "dados" falsos também são aduzidos e integrados à teoria: terremotos geralmente ocorrem em épocas de tempo calmo (366a5 ss.), embora em estações (primavera e outono) que são propensas a ventos (366b2 ss.); o sol fica brumoso e fraco antes que eles ocorram (367a22 ss.); eles tendem a acontecer durante eclipses da lua (367b19 ss.).

Até agora, eu me concentrei em partes da *Meteorologica* nas quais as explicações que Aristóteles dá para os fenômenos em questão são, como questão de fato, falsas. Concluirei, por uma variedade de razões, com um breve exame de uma passagem em que as propostas positivas de Aristóteles têm mais sucesso: sua explicação das origens, natureza e dinâmica do mar (*Meteor* 2 2-3). É plausível, ele acha, que o mar seja em algum sentido a fonte de toda a água, uma vez que ele é o maior volume desse elemento – além disso, ele é estável, diferentemente dos rios que correm para dentro dele. Ademais, ele envolve a terra, mesmo que imperfeitamente, como um envelope, da forma como outras esferas o fazem (*Meteor* 2 2, 354b3-15);

> mas há outra dificuldade a respeito dessa posição: se esse corpo é a fonte de toda a água, por que ele não é potável, mas salgado? A razão para isso constituirá a solução dessa dificuldade e assegurará que nossas suposições fundamentais a respeito do mar estão corretas (**10:** *Meteor* 2 2, 354b19-23).

O movimento do sol é responsável por periodicamente içar "a melhor e mais doce" parte da água todos os dias (cf. *Meteor* 1 9),[15] deixando a salmoura mais pesada para trás (*Meteor* 2 2, 354b28-33, 355a33-35, 355b19); todo o sistema é autorregulado, e quantidades iguais de água evaporam do mar e fluem para dentro dele, embora a evaporação seja menos perceptível que o afluxo, já que ela tem lugar por toda a superfície da água (355b21-33); e mostra-se que a teoria do *Fédon* de Platão (111c ss.), de que as águas fluem tanto para dentro quanto para fora da terra, é tanto desnecessária quanto inadequada do ponto de vista explicativo (*Meteor* 2 2, 355b33-356a34).

O próximo capítulo aborda a questão da salinidade do mar.[16] Se o universo é eterno (como acredita Aristóteles), então o mar tem de sempre ter estado ali. Consequentemente, aquelas teorias que sustentam que o mundo está gradualmente secando têm de ser falsas, e portanto o sistema hidrológico do mundo tem de ser (em suas linhas mais gerais) estável (*Meteor* 2 3, 356b4-357a3). Aristóteles passa então a examinar diversas teorias sobre a salinidade do mar e vê que elas são insuficientes (incluindo a "metáfora poética" de Empédocles, segundo a qual o mar é "o suor da terra": *ib.* 357a25-28, que ele descarta acidamente, dizendo que ela "não promove a compreensão"). A explicação eleita por Aristóteles envolve, como já era de se esperar, as exalações, neste caso a exalação seca (*ib.* 357b24-26), e a afirmação geral de que os resíduos são salgados (*ib.* 358a3-12). "Algo similar", alega Aristóteles, "ocorre na combustão: o que o fogo não domina, que nos corpos torna-se resíduo, nos combustíveis torna-se cinzas" (*ib.* 12-14). Desse modo, os resíduos (como o suor e a urina) são naturalmente salgados; a exalação seca é um resíduo como esses; e ela se mistura com a umidade nas nuvens e em seguida cai como chuva, contendo sal (16-25). E esse processo garante que o mar está continuamente se tornando mais

---

[15] Cf. o *Ar, Águas, Lugares* hipocrático, com o qual boa parte de *Metor* pode ser fecundamente comparada, cap. 8; mais uma vez, não se tenta oferecer nenhuma explicação mecânica para essa ação.

[16] Sobre essa passagem, veja Bourgey (1975), 177-178, que faz uma avaliação sábia e sensata dos objetivos de Aristóteles e suas realizações aqui.

salgado, uma vez que a parte salgada é deixada para trás, um fato que Aristóteles diz ter observado experimentalmente (*ib.* 358b16-18).

Esse é um notável misto de observação acurada e fantasia teórica, de soluções para problemas parcialmente corretas, viciadas por descrições completamente falsas de seu mecanismo e explicação: enquanto tal, ele é típico da ciência de Aristóteles. Antes de nos voltarmos a sua biologia, consideremos brevemente uma passagem anexada a essa discussão e destinada a corroborá-la:

> que a salinidade consista numa mistura de algo está claro não apenas com base no que foi dito, mas também [com base no fato de que] se alguém coloca um jarro feito de cera no mar, tendo lacrado sua boca a fim de impedir que o mar entre nele, a água que se infiltra através das paredes de cera torna-se fresca: pois a parte terrosa que causa a salinidade na mistura é separada como que por um filtro. Essa é também a causa de seu peso (pois a salmoura pesa mais que a água fresca) e de sua densidade; pois suas densidades variam tanto que embarcações carregadas com o mesmo peso quase afundam em rios, mas navegam bem no mar e podem fazer viagens marítimas... Uma indicação de que a massa de uma substância mista é mais densa é que, sempre que alguém torna a água extremamente salgada pela adição de sal, ovos boiarão nela (**11:** *Meteor* 2 3, 358b34-359a14).

Essa passagem relata observações agudas e dois experimentos ou esboços para experimentos. Cada um deles é bem projetado no sentido de que, se as coisas experimentalmente se revelassem como se supunha, eles seriam evidências extremamente fortes em prol da verdade das alegações que eles deveriam corroborar. O segundo, é claro, é verdadeiro. Mas o primeiro é bem falso empiricamente – a cera não pode agir como um filtro dessa espécie.[17] A despeito disso, Aristóteles estava orgulhoso dele: ele repete a afirmação em *HA* 8 2, 590a22-27.

---

[17] É difícil determinar em que Aristóteles está pensando aqui – jarros de cera dificilmente são objetos cotidianos; com efeito, é difícil ver como você poderia construir um jarro com cera. Além disso, não conheço nenhum material que pode ser usado para fazer jarros que possua tais propriedades filtrantes.

A NATUREZA DA BIOLOGIA ARISTOTÉLICA

Isso faz uma bela – mesmo que adventícia – ponte para meu último tópico. Aristóteles escreveu mais sobre assuntos biológicos que sobre qualquer outra ciência; e ele compilou um vasto dossiê de material sobre as peculiaridades (e semelhanças) das diferentes espécies animais, bem como refletiu teoricamente sobre as maneiras apropriadas de classificá-las, a fim de ser capaz de melhor explicar suas estruturas. E essas explicações são, para Aristóteles, ao menos parcialmente teleológicas: por toda parte em sua biologia, Aristóteles insiste em que causas eficientes, materiais e finais têm todas de ser levadas em conta no processo de oferecer uma explicação completa das coisas (veja capítulo 4, pp. 168-171). Considere a troca de chifres do cervo:

> os veados são os únicos animais em que os chifres são inteiramente sólidos, e são também os únicos animais que os trocam, por um lado por causa da vantagem adquirida pelo aumento da leveza, mas, por outro, por necessidade devido a seu peso (**12:** *PA* 3 2, 663b12-15).

PA 3 2, do qual **12** é extraído, é na realidade um curto ensaio sobre a relação entre chifres, dentes, garras e diversos outros traços dos animais (proeminentemente seu tamanho e velocidade). O argumento é norteado pela função: os animais necessitam dessas coisas para defesa. Os chifres só aparecem em animais vivíparos (*ib.* 662b26); e entre eles nenhuma criatura de dedos múltiplos tem chifres, já que a natureza já os dotou de armamento adequado na forma de garras e dentes (*ib.* 662b29 ss.). Ainda assim, Aristóteles reconhece que em alguns casos os chifres são inúteis (quando a natureza já dotou seus donos de outros meios de defesa) e até mesmo uma desvantagem (*PA* 2 16, 659a19; 3 2, 663a11; 4 12, 694a20); e aqui ele recorre a fatores materiais para explicar sua existência. Os chifres ocorrem apenas em animais grandes, nos quais predominam materiais graves, terrosos (*PA* 3 2, 663b24 ss.), na verdade, estes estão disponíveis em excesso – mas a natureza não faz uso desse excesso para dotá-los de meios de defesa (*ib.* 663b30 ss.). Em casos nos quais o excesso não é destinado a fazer chifres, ele produz ou presas ou dentes extras: "é desse modo que nenhum animal que tem chifres tem também dentes frontais em ambos os maxilares" (*ib.* 663b34-664a11).

Assim sendo, limitações materiais circunscrevem aquilo que a natureza pode realizar, mas, no interior do espaço assim delimitado, ela sempre se empenha para produzir a melhor solução de *design* disponível. Como ela o faz não interessa a Aristóteles – ele não busca um mecanismo pelo qual forças naturais poderiam fabricar esse fins (na maior parte) benéficos, como fazem os biólogos modernos com a combinação entre a mutação genética aleatória e a seleção natural. Em vez disso, ele evita expressamente tal possibilidade ao tornar a própria natureza, no papel das causas formal e final, uma parte irredutível do sistema explicativo do mundo.[18] A matéria não pode efetivar resultados, já que ela é em última instância inerte: ela precisa de alguma outra coisa para chegar a ser algo.

No caso dos animais, esse algo extra é a forma que é injetada na matéria da menstruação feminina pelo esperma masculino: *GA* é dedicada em grande parte ao desenvolvimento detalhado da teoria segundo a qual o macho fornece a forma no sêmen, enquanto a fêmea fornece a matéria embriológica, e à antecipação e resposta de objeções a ela, bem como a uma refutação de outras teorias populares na época, eminentemente a da pangênese, parte de cuja refutação assume a forma de assinalar que características adquiridas em geral não são herdadas (*GA* 1 17-18).[19] O fato crucial entre os fatos observáveis que a teoria de Aristóteles tem de mostrar que é capaz de explicar é o da herança de características vindas de ambos os lados da família, as crianças que parecem com seus pais ou avós, e Aristóteles dedica muita engenhosidade à tarefa de mostrar como a progênie pode parecer com suas mães (*GA* 4 3). O papel do sêmen é essencialmente o de

---

[18] Sobre essas questões, veja Gotthelf (1976); Balme (1987a); Cooper (1987); Sorabji (1980), cap. 10; para uma discussão geral da relação entre teleologia e mecanismo, veja Hankinson (1989).

[19] Ele também argumenta que as teorias pangenéticas não conseguem dar uma explicação para os fatos de semelhanças, porque esses fatos são essencialmente questões de morfologia, e não simplesmente questões de estar disponível o tipo apropriado de matéria (por exemplo, admitindo que a matéria de meu nariz vem originalmente, no embrião, do nariz de meu pai, o que pode explicar o fato de eu ter herdado seu peculiar e admirável perfil romano?).

limitar, determinar e moldar as tendências de outra forma indeterminadas do material bruto (*GA* 2 1; 2 3; 2 4, 740b29-741a3; 4 4, 772a2-35; 4 10, 778a6-9). Aristóteles está aqui seguindo uma tradição platônico-pitagórica de tratar a matéria como essencialmente indeterminada, necessitando da definição quantitativa e qualitativa que lhe é dada pela forma (cf. *Met* 7 3, 1029a7-30), mas ele vai muito mais longe que qualquer um de seus predecessores em sua tentativa de colocar carne naquela noção esquelética, e de torná-la uma teoria capaz de oferecer uma explicação dos complexos e misteriosos processos envolvidos na transmissão e manutenção da vida.

Vale a pena notar *en passant*, contudo, que um dos fragmentos de suposta corroboração empírica para sua posição de que, na geração, o macho fornece apenas a forma, e não matéria, é sua crença de que os insetos copulam com a fêmea inserindo uma parte dentro do macho, e não vice-versa (*HA* 5 8, 542a1 ss.). Por que ele foi pensar que essa afirmação (absolutamente falsa) corroborava aquela explicação é algo absolutamente obscuro; mas, a despeito disso, ele a descreve (novamente de forma completamente falsa) como algo facilmente observável (*GA* 1 16), um fato que levanta duas questões relacionadas: (1) Quão empírica era a biologia de Aristóteles? e (2) Até que ponto os relatos de "observações" estão moldados por compromissos anteriores com a teoria?[20]

Observação e erro

Voltemos ao material bruto da biologia de Aristóteles, as observações registradas em *HA* e, em menor medida, nos outros tratados zoológicos. Não que isso, como já vimos, signifique abandonar o campo teórico – as observações de Aristóteles são, num sentido, norteadas pela teoria. Por outro lado, quase não há dúvida de que ele ao menos se esforçou para observar e registrar as peculiaridades das espécies animais de maneira objetiva e isenta de preconceitos; ocasionalmente, contudo, ele fica aquém de seu ideal e às vezes é crédulo demais em sua recepção de histórias de viagem

---

[20] Essas questões já foram aventadas no capítulo 4.

mirabolantes. Por exemplo, ele registra que um animal conhecido como o *bonasos* (comumente traduzido por "bisão europeu") é capaz de defender-se expelindo suas próprias fezes coruscantes a grandes distâncias, bem como construindo barricadas defensivas de excremento "que ele pode expelir em quantidades prodigiosas" (*HA* 9 45);[21] e essa não é uma instância isolada – na discussão do equipamento de defesa dos animais em *PA* 3 2, 663a14-16, Aristóteles mais uma vez chama a atenção para a ofensividade defensiva do bisão.[22] Igualmente, ele acha que camelos têm um severo tabu do incesto, contando uma história de um criador de camelos que foi mordido até a morte por um macho furioso que descobriu que fora enganado para cruzar com sua mãe (*HA* 9 47). De forma menos anedótica, lembre-se do erro a respeito da copulação dos insetos.

Aristóteles está ciente da possibilidade da partenogênese (*GA* 2 5, 741a32 ss.), embora ele se abstenha de emitir um juízo sobre a questão, reconhecendo a ausência de dados confiáveis – o máximo que ele está preparado para dizer é que em alguns casos ainda não foi identificado nenhum macho de uma espécie, e isto, por si só, Aristóteles tem perfeita consciência disso, não permite nenhuma conclusão. De maneira congruente, embora dedicando um bocado de tempo para estudar e relatar os hábitos das abelhas (*HA* 5 21-22; 9 40, 623b7-627b22), ele admite abertamente que os dados que coletou são insuficientes para provar suas alegações a respeito da geração delas (*GA* 3 10, 760b29 ss.: na realidade, ele pensa, equivocadamente, que elas se reproduzem de forma assexuada). Mas vale a pena reproduzir suas observações finais como testemunho de sua admirável circunspecção (bem como de seu compromisso com o empirismo):

---

[21] A autenticidade dos últimos livros de *HA* foi colocada em dúvida, mas não, em minha opinião, com boas razões, à exceção do caso do livro 10.

[22] David Balme, porém, escreve: "Confesso que eu ainda condenava Aristóteles por ter engolido a história sobre os búfalos lançando suas fezes sobre os inimigos, até que em 1983 eu vi uma imagem na televisão de hipopótamos fazendo exatamente isso" (Balme (1987b), 17); não estou certo de que isso valha como uma defesa de Aristóteles, todavia.

no que diz respeito à teoria [*logos*] e o que parecem ser os fatos sobre elas, isto parece ser como são as coisas a respeito da geração das abelhas. Mas os fatos não foram suficientemente assegurados, e se eles algum dia forem, então a percepção tem de ter mais crédito que as teorias, e as teorias apenas são dignas de crédito na medida em que se revelam em concordância com os fenômenos (**13:** *GA* 3 10, 760b28-33).

Talvez o engano de Aristóteles de maior influência tenha sido sua teoria da geração espontânea. Aristóteles sustentava que algumas espécies não se reproduzem de forma alguma, mas, ao contrário, são perpetuadas quando ocorrem circunstâncias materiais fortuitas (*HA* 5 1, 539a23 ss.): todos os testáceos, ele pensa, surgem dessa maneira (*HA* 5 15; *GA* 1 23, 731b9 ss.; 3 11, 763a25-b7 etc.), como acontece com as anêmonas e esponjas (*HA* 5 16), a tainha (*HA* 5 11, 543b18) e as enguias (*HA* 6 16; *GA* 2 5, 741a38 ss.: esta opinião persistiu no século XIX). Aqui, novamente, ele foi desencaminhado pelas evidências – mas o importante é que sua ideia está realmente fundada em evidências: ele não consegue achar nenhum traço de reprodutividade nas espécies em questão, e assim infere, de maneira razoável (mesmo que falsa), que elas não se reproduzem (no caso das enguias, ao menos, suas observações eram precisas: enguias não desenvolvem órgãos reprodutivos até que migrem para o Mar de Sargaços). Igualmente, sua posição de que os testículos não são (diretamente) essenciais à produção de esperma (*GA* 1 3-4) e, portanto, à fertilidade, está alicerçada em sua crença de que touros recém-castrados ainda são capazes de engravidar vacas (*GA* 1 4, 717b3 ss.; *HA* 3 1, 510b3). E, enquanto ele descarta com algo "bobo e extremamente descabido" a posição de que as hienas podem ter genitália masculina e feminina (uma posição que sem dúvida deriva-se de forma razoável do fato corretamente observado de que a hiena-malhada fêmea tem o clitóris com o formato de um pênis: Peck (1942) 565-566), ele corretamente nota que a hiena-listrada "tem abaixo de seu rabo uma linha similar à genitália feminina" (*GA* 3 6, 757a2 ss.).

Todavia, seus tratados abundam em exemplos de observação precisa e detalhada. Ele notou, por exemplo, a hectocotilização de um dos tentáculos do polvo e conjectura sobre sua função (*HA* 4 1, 524a3-20), um fenômeno que não foi redescoberto até o último século; e ele estava ciente do fato de que certos peixes eram externamente vivíparos, com o embrião ligado ao genitor por um cordão, a saber, o "cação-cola-fina" (um tipo de seláquio: *HA* 6 10, 565b1 ss.; cf. *ib.* 565a4 ss.), novamente um conjunto de observações que não foi repetido (e vindicado) até a década de 40 dos século XIX.

Ele estava particularmente interessado no peculiar desenvolvimento do ovo – e é nesse contexto que ele relata uma famosa sequência de observações dos diferentes estágios de desenvolvimento dos ovos de uma galinha doméstica em cada um dos dias após a postura até o final do choco (*HA* 6 3, 561a6-562a20). As observações são feitas cuidadosamente e registradas; embora essa não seja a descrição de algo que valeria para nós como um experimento, já que não envolve nenhum mecanismo de controle. O que temos, mais uma vez, é uma observação inteligente e direcionada. Em outros lugares, ele descreve os efeitos do aquecimento brando nas claras e gemas dos ovos (*HA* 6 2, 560a20-b3; *GA* 3 1, 752a1-8): primeiramente, as diferentes claras se aglomeram para formar um único albume (e similarmente com as gemas), e depois a clara endurece, ao passo que a gema fica mais fluida.[23] Esse é um experimento de tipo pouco satisfatório, mas a conclusão que Aristóteles tira dele (que a gema e a clara diferem em seus calores inatos) está patentemente subdeterminada pelos dados apresentados.

Um outro caso ilustra essa tendência para interpretar dados experimentais à luz de uma teoria preconcebida. Aristóteles está extremamente interessado no papel e na função do coração: ele afirma repetidas vezes, de forma pouco acurada, que ele é o primeiro órgão a se desenvolver no embrião (*Juv* 468b28; ele diz que o observou no experimento do ovo), e relaciona isso a sua posição de que o coração é o órgão corporal primário (*PA* 3 4, 666a18-24), uma posição conquistada, ao menos parcialmente, por meios *a priori*:

---

[23] Veja Bourgey (1975), 180: Bourgey descreve este e exemplos parecidos como "experimentos reais".

assim, no desenvolvimento embriológico, todas as partes estão de alguma maneira potencialmente presentes, mas o primeiro princípio fez o maior progresso, e por essa razão o coração é o primeiro órgão a ser distinguido na atualidade. Isso é evidente não apenas para os sentidos (pois as coisas são atualmente assim), mas também para a razão (**14**: *GA* 2 4, 740a2-6).

A posição de Aristóteles está certamente fundada na observação direta; mas a conclusão que ele tira – a de que o coração é a sede da sensação, da cognição, na verdade da própria vida – ultrapassa de longe sua base empírica e evidencial. As questões (1) e (2), portanto, exigem respostas nuançadas, para não dizer ambivalentes. Por um lado, Aristóteles vai mais longe que qualquer um de seus predecessores na busca de dados empíricos concretos, em consonância com seu próprio preceito metodológico de coletar "primeiro os fenômenos, depois as causas" (*PA* 1 1, 639b8-11; 640a14-15) e com seu chamamento intransigente para superar qualquer aversão natural que o exame cuidadoso das entranhas dos animais possa ocasionar e para sujar as mãos pela ciência (*PA* 1 5); mas ele também, e não menos que seus predecessores hipocráticos e pré-socráticos, é propenso a generalizações apressadas com base em evidências insuficientes, apesar das advertências que ele mesmo faz contra isso (*GA* 5 8, 788b10-19: capítulo 4, texto **13**; cf. *ib*. 3 5, 765a2 ss.; 6, 756b13 ss.).

Finalmente, devo dizer algumas palavras sobre a prática classificatória aristotélica nos casos difíceis, casos em que, em seu próprios termos, os animais equivocam ou são ambivalentes entre um gênero e outro.[24] Um exemplo de tal espécie é a foca: ela é por natureza um animal terrestre, mas passa a maior parte do tempo na água (*HA* 6 12, 566b26-567a12). Aristóteles sem dúvida está impressionado pelo fato de que as focas são mamíferos e, mesmo assim, diferentemente da maior parte de sua espécie, não

---

[24] Sobre a equivocidade ou "dualização" (como ele prefere chamá-la), veja Lloyd (1983), 44-53.

vivem na terra: elas são, ele pensa (e, num sentido, de forma justificada), quadrúpedes imperfeitos (*HA* 2 1, 498a31 ss.). Pode-se esperar, portanto, que elas exibam peculiaridades – e Aristóteles procura por elas diligentemente. Assim, elas não têm ouvidos, tal como outros mamíferos marinhos como as baleias e golfinhos (*HA* 1 11, 492a27 ss.). Mas Aristóteles não apenas nota essas peculiaridades – ele tenta dar uma explicação para elas em termos das limitações que lhes são impostas pela natureza na forma do habitat que escolheram. Baleias e golfinhos não têm guelras (e, portanto, não podem respirar debaixo da água); mas eles são dotados em contrapartida de orifícios respiratórios, que lhes permitem, embora com uma morfologia basicamente de um mamífero, viver no mar (*PA* 4 13, 697a15-b14). Permita-me encerrar citando a explicação de Aristóteles para o caso de um problema taxonômico particularmente grave, o do avestruz líbio:

> ele tem alguns dos atributos de uma ave, alguns dos de um quadrúpede. Ele difere de um quadrúpede por ter penas, e de uma ave por ser incapaz de voar e possuir penas que se assemelham a pêlos e não servem para voar. Novamente, ele coincide com os quadrúpedes por ter os cílios superiores, e as partes ao redor da cabeça e da seção superior do pescoço são descobertas, de modo que seus cílios são mais peludos; mas ele coincide com as aves por ter penas em todas as suas partes posteriores. Além disso, ele se assemelha a uma ave por ser bípede, e a um quadrúpede por ter um casco fendido – pois ele tem cascos, não dedos. A explicação para essas peculiaridades reside em seu porte, que é o de um quadrúpede e não de uma ave, uma vez que, em geral, uma ave tem de ser de tamanho pequeno (pois um corpo de grande massa só pode alçar voo com dificuldade) (**15:** *PA* 4 14, 697b14-26).

Esta passagem resume tanto as forças quanto as fraquezas da biologia classificatória de Aristóteles.

Conclusões

O que, então, devemos dizer de Aristóteles, o cientista? Pessoas diferentes defenderam apreciações violentamente diferentes: não posso fazer nada melhor que citar as primeiras linhas da entrada sobre o assunto em Medawar e Medawar (1983), 26-27:

> "Aristóteles 'era um homem de ciência' no sentido moderno. Ele era um coletor cuidadoso e observador de uma gama enorme de fatos... boa parte de sua obra ainda é tratada com respeito por cientistas que se importam em estudá-la". Estas duas sentenças escritas pelo humanista Goldsworthy Lowes Dickinson denunciam uma incompreensão praticamente majestosa do caráter da ciência e da influência de Aristóteles sobre a ciência no sentido moderno,

uma influência que os Medawars consideram (à maneira baconiana) inteiramente perniciosa. Em seguida, depois de se entregarem a um pouco de diversão truculenta às custas das observações e afirmações de Aristóteles menos marcantes, eles observam que "as obras biológicas de Aristóteles são uma estranha e, falando de maneira geral, bem fastidiosa barafunda de disse-me-disse, observações imperfeitas, *wishful thinking* e credulidade que equivale pura e simplesmente a querer ser feito de trouxa", e concluem "não acreditamos que alguém que decida não ler as obras de Aristóteles, o biólogo, correrá o risco de algum empobrecimento espiritual".

É fácil emitir juízos como esses, que expressam uma postura desdenhosa do passado e o avaliam à luz do presente; e não há dúvida de que pessoas como Lowes Dickinson foram longe demais em seu elogio da realização de Aristóteles. Mas não podemos perder de vista o fato de que Aristóteles era uma homem de sua época – e, para aquela época, ele foi extraordinariamente perspicaz, agudo e avançado. Seja lá quais forem suas insuficiências como "ciência" (compreendida à maneira do século XX), seus tratados científicos estão entre os produtos mais notáveis que a história da investigação da natureza já produziu: e qualquer um que não saiba admirar isso está realmente empobrecido espiritualmente.

Referências bibliográficas

BALME, D. M. 1961. "Aristotle's Use of Differentiae in Biology." In Mansion, ed., 1961; reimpresso in Barnes, Schofield e Sorabji, eds., 1975; Gotthelf e Lennox, eds., 1987.

_____. 1972. *Aristotle's de Partibus Animalium I and de Generatione Animalium I*. Oxford.

_____. 1980. "Aristotle's Biology Was Not Essentialist." *Archiv für Geschichte der Philosophie* 62, 1-12; reimpresso in Gotthelf e Lennox, eds., 1987.

_____. 1987a. "Teleology and Necessity." In Gotthelf e Lennox, eds., 1987.

_____. 1987b. "The Place of Biology in Aristotle's Philosophy." In Gotthelf e Lennox, eds., 1987.

BARNES, J. 1969. "Aristotle's Theory of Demonstration." *Phronesis* 14, 123-152; reimpresso in Barnes, Schofield e Sorabji, eds., 1975.

_____. 1975. *Aristotle's Posterior Analytics*. Oxford (2ª edição revisada, 1993).

_____. 1981. "Proof and the Syllogism." In Berti, ed., 1981.

_____. 1982. *Aristotle*. Oxford.

BARNES, J., SCHOFIELD, M. e SORABJI, R. R. K., eds. 1975. *Articles on Aristotle Volume 1: Science*. London.

BARNES, J., MANSFELD, J. e SCHOFIELD, M. eds. No prelo. *The Cambridge History of Hellenistic Philosophy*. Cambridge.

BERTI, E., ed. 1981. *Aristotle on Science: The Posterior Analytics*. Anais do VIII Symposium Aristotelicum. Padua.

BOURGEY, L. 1975. "Observation and Experiment in Analogical Explanation." In Barnes, Schofield e Sorabji, eds., 1975.

CARTERON, H. 1975. "Does Aristotle Have a Mechanics?" In Barnes, Schofield e Sorabji, eds., 1975.

COOPER, J. 1982. "Aristotle on Natural Teleology." In Schofield e Nussbaum, eds., 1982.

_____. 1985. "Hypothetical Necessity." In Gotthelf, ed., 1985.

_____. 1987. "Hypothetical Necessity and Natural Teleology." In Gotthelf e Lennox, eds., 1987.

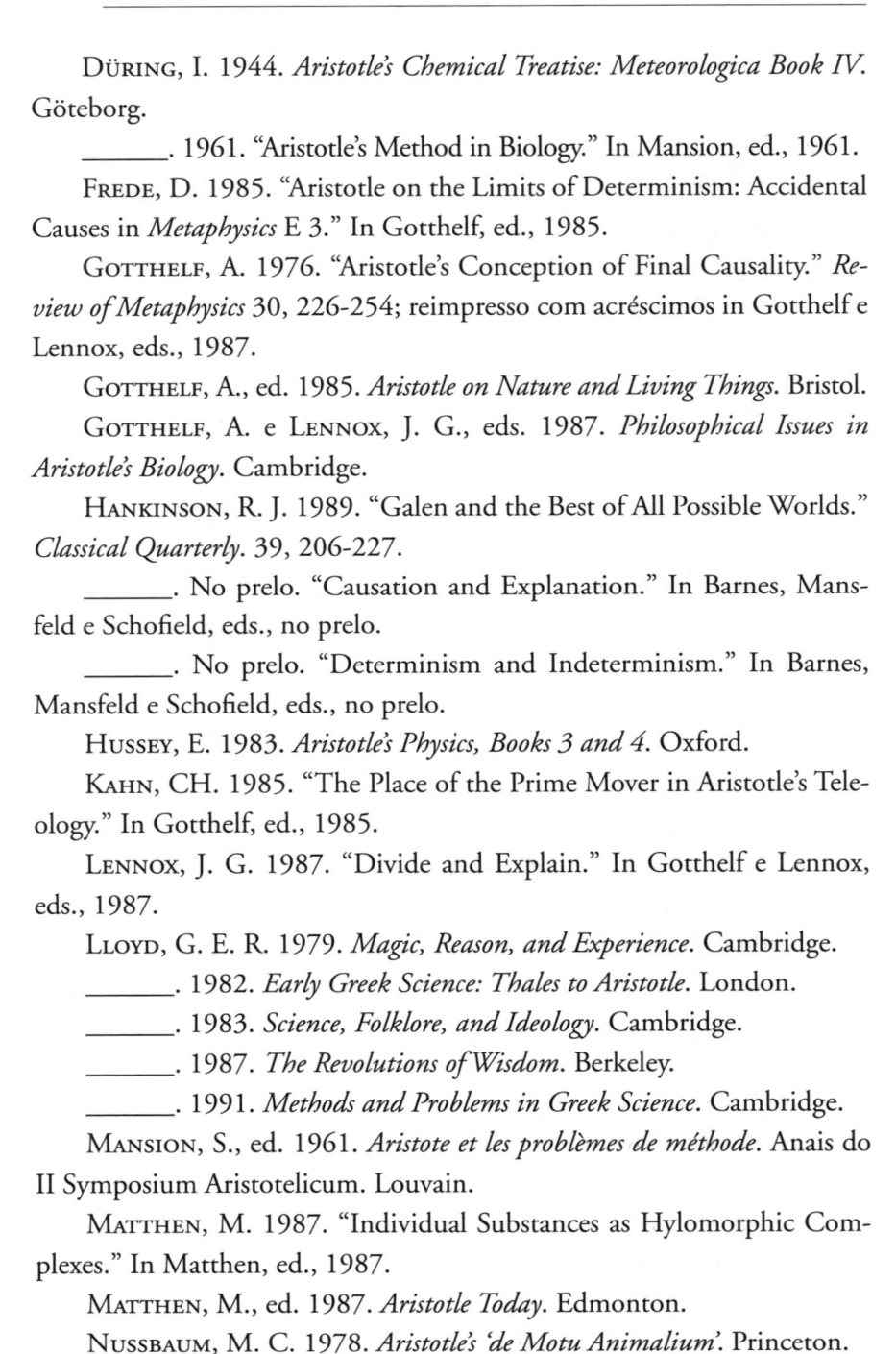

DÜRING, I. 1944. *Aristotle's Chemical Treatise: Meteorologica Book IV*. Göteborg.

───── . 1961. "Aristotle's Method in Biology." In Mansion, ed., 1961.

FREDE, D. 1985. "Aristotle on the Limits of Determinism: Accidental Causes in *Metaphysics* E 3." In Gotthelf, ed., 1985.

GOTTHELF, A. 1976. "Aristotle's Conception of Final Causality." *Review of Metaphysics* 30, 226-254; reimpresso com acréscimos in Gotthelf e Lennox, eds., 1987.

GOTTHELF, A., ed. 1985. *Aristotle on Nature and Living Things*. Bristol.

GOTTHELF, A. e LENNOX, J. G., eds. 1987. *Philosophical Issues in Aristotle's Biology*. Cambridge.

HANKINSON, R. J. 1989. "Galen and the Best of All Possible Worlds." *Classical Quarterly*. 39, 206-227.

───── . No prelo. "Causation and Explanation." In Barnes, Mansfeld e Schofield, eds., no prelo.

───── . No prelo. "Determinism and Indeterminism." In Barnes, Mansfeld e Schofield, eds., no prelo.

HUSSEY, E. 1983. *Aristotle's Physics, Books 3 and 4*. Oxford.

KAHN, CH. 1985. "The Place of the Prime Mover in Aristotle's Teleology." In Gotthelf, ed., 1985.

LENNOX, J. G. 1987. "Divide and Explain." In Gotthelf e Lennox, eds., 1987.

LLOYD, G. E. R. 1979. *Magic, Reason, and Experience*. Cambridge.

───── . 1982. *Early Greek Science: Thales to Aristotle*. London.

───── . 1983. *Science, Folklore, and Ideology*. Cambridge.

───── . 1987. *The Revolutions of Wisdom*. Berkeley.

───── . 1991. *Methods and Problems in Greek Science*. Cambridge.

MANSION, S., ed. 1961. *Aristote et les problèmes de méthode*. Anais do II Symposium Aristotelicum. Louvain.

MATTHEN, M. 1987. "Individual Substances as Hylomorphic Complexes." In Matthen, ed., 1987.

MATTHEN, M., ed. 1987. *Aristotle Today*. Edmonton.

NUSSBAUM, M. C. 1978. *Aristotle's 'de Motu Animalium'*. Princeton.

OWEN, G. E. L. 1961. "*Tithenai ta phainomena.*" In Mansion, ed., 1961; reimpresso in Barnes, Schofield e Sorabji, eds., 1975.

PECK, A. L. 1942. *Aristotle: Generation of Animals*. London/Harvard: Loeb Classical Library.

PELLEGRIN, P. 1986. *Aristotle's Classification of Animals*, trad. A. Preus. Berkeley.

_____. 1987. "Logical Difference and Biological Difference: The Unity of Aristotle's Thought." In Gotthelf e Lennox, eds., 1987.

SCHOFIELD, M. e NUSSBAUM, M. C, eds. 1982. *Language and Logos*. Cambridge.

SOLMSEN, F. 1960. *Aristotle's System of the Physical World*. New York.

SORABJI, R. R. K. 1980. *Necessity, Cause, and Blame*. London.

_____. 1988. *Matter, Space, and Motion*. London.

WIELAND, W. 1975. "The problem of teleology." In Barnes, Schofield e Sorabji, eds., 1975.

6 Psicologia

Stephen Everson

Vasculhar os escritos psicológicos de Aristóteles em busca de uma teoria da mente é correr um risco óbvio de anacronismo. Embora eles contenham discussões de muitos dos tópicos capitais da filosofia da mente contemporânea – como percepção, memória, crença, pensamento e vontade –, há ainda razão para ter cuidado. O assunto de que ele trata no *De Anima* e na compilação de obras mais curtas conhecida sob o título coletivo de *Parva Naturalia* é a natureza da *psuchê* (plural: *psuchai*) e suas capacidades – e assim, embora em certo sentido técnico de "psicológico" possa-se dizer que elas contêm sua teoria psicológica, não é óbvio que elas também articulem sua teoria da mente.

Atribuir tal teoria a alguém já é sugerir que ele aceita uma particular visão da taxonomia da ciência, de acordo com a qual certas criaturas são destacadas em virtude de gozarem de consciência e intencionalidade. O assunto da "psicologia" aristotélica, contudo, é demarcado de uma forma bem diferente daquele estudado pelo psicólogo contemporâneo. Enquanto o último concentra-se nos estados conscientes e intencionais, Aristóteles, por sua vez, está interessado em fornecer uma explicação de todas aquelas atividades que são características das coisas vivas. Não é um acidente que as obras biológicas, bem como os tratados mais obviamente psicológicos, contenham material que é importante para a compreensão da teoria aristotélica da *psuchê*. O que determina o escopo de sua psicologia não é o reconhecimento de uma distinção a ser traçada entre o mental e o físico, e sim entre o vivo e o morto. Uma vez que os estados e eventos que interessam ao psicólogo contemporâneo realmente são característicos de criaturas vivas, eles também interessarão ao psicólogo aristotélico – mas também lhe interessarão, no entanto, o crescimento e a nutrição. Uma teoria que inclui e requer uma explicação do comportamento das plantas não pode ser tão fácil e diretamente classificada como uma teoria psicológica.

Importante como seja levar em conta essas considerações, também é importante não ser impelido por elas ao pensamento de que é simplesmente anacrônico tentar extrair uma teoria da mente aristotélica de sua obra. Certamente, elas nos previnem de identificar a *psuchê* e a mente, e deixa Aristóteles sem um termo para designar a última – mas não é preciso acreditar na existência de mentes para produzir uma teoria da mente, caso contrário a ampla maioria dos psicologistas contemporâneos e filósofos da mente também estaria impedida de fazê-lo. Dizer que algo tem uma mente é dizer apenas que ele tem pensamentos e sensações, e uma teoria da mente é apenas uma teoria destes. Ao tentar formular uma teoria da *psuchê*, Aristóteles está implicitamente se comprometendo a oferecer uma teoria da mente: mesmo que a "psicologia" aristotélica possa não ser uma teoria da mente, ela tem de incluir tal teoria. Para que seja completa, ela tem de oferecer uma explicação de todas as capacidades que são possuídas pelas coisas vivas – donde as discussões de Aristóteles sobre a nutrição e a respiração – e assim tem de incluir uma exposição das capacidades que são possuídas pelos humanos. Ao oferecer uma análise da percepção e da crença com o propósito de fornecer os materiais para a explicação do comportamento humano (e animal), Aristóteles está envolvido num sentido bastante claro em uma investigação psicológica. Não faria nenhum sentido reconhecer que ele oferece uma análise da cognição e da vontade como parte de uma tentativa de explicar o comportamento humano, e ainda assim duvidar de que ele propõe uma teoria da mente.

O momento em que o fato de que o interesse teórico de Aristóteles concentra-se na *psuchê* em vez de na mente deve levar a precauções interpretativas é quando passamos a atribuir intenções explicativas ao Filósofo. A psicologia filosófica contemporânea é dominada pela preocupação em mostrar como substâncias materiais podem gozar de consciência e intencionalidade. O que é bem natural quando o assunto da psicologia é precisamente identificado enquanto tal em virtude de envolver a consciência e a intencionalidade. Aristóteles está consideravelmente interessado na questão da relação entre a *psuchê* e o corpo, mas não podemos supor de pronto que ele pensa que essas atividades psíquicas que envolvem consciência e intencionalidade apresentam problemas especiais, ao menos nesse respeito. Para obter sucesso em seus próprios termos, essa teoria tem de fornecer uma análise daqueles estados que aparecem na explicação do comportamento humano. Não devemos supor de pronto que ela também tentará atender aos objetivos do filósofo da mente contemporâneo.

Os interesses do psicologista, antigo ou moderno, são amplamente variados. Ele não apenas desejará elucidar a relação geral entre a mente, ou *psuchê*, e o corpo; ele também desejará fornecer análises específicas dos estados e eventos que entram em suas explicações psicológicas. Uma teoria da mente desenvolvida incluirá (entre muitas outras coisas) teorias da percepção, da ação, da crença, da vontade e da imaginação: uma teoria da *psuchê* ainda contará com explicações da nutrição e do crescimento. Não tentarei oferecer aqui nem mesmo uma exposição em linhas gerais do que Aristóteles tem a dizer sobre todos esses tópicos. Em vez disso, concentrar-me-ei em elucidar sua afirmação psicológica fundamental – que a *psuchê* é a "forma" do corpo vivo – e em explorar as consequências que ele tira disso para o que é exigido da ciência psicológica. Não seria nem possível nem desejável fazê-lo sem fazer referência àquilo que ele tem a dizer sobre capacidades psíquicas particulares, mas não vou tentar oferecer nenhuma exposição sistemática de suas explicações destas. Vale a pena reforçar o seguinte ponto: uma vez que a questão sobre quais são, na verdade, as posições de Aristóteles é objeto de grande, ou ao menos intensa, controvérsia, não se deve pensar que minha leitura de uma passagem do texto seja indisputável simplesmente porque ela é oferecida aqui para corroborar uma afirmação que é mais obviamente controversa.

Psuchê como forma

O primeiro livro do *De Anima* é em grande medida um prolegômeno à exposição da psicologia aristotélica nos livros II e III. *An* I.1 contém algumas reflexões de abertura sobre o assunto e o método apropriado do psicologista, e então os capítulos seguintes são povoados com uma apreciação crítica das afirmações dos predecessores de Aristóteles.[1] É apenas em II.1 que Aristóteles expõe sua própria caracterização da natureza da *psuchê*. Ele entra nesse assunto por meio da consideração da natureza das criaturas vivas: "todo corpo natural que tem vida é uma substância, e uma substância no sentido de ser um composto" (412a15-16). Ao descrever as coisas vivas como "compostos", Aristóteles as está posicionando em termos de uma distinção que é central a toda sua metafísica – aquela entre diferentes tipos de "substância":

> Há três tipos de substância [*ousia*]: a matéria, que em si mesma não é um isto; em segundo lugar, o formato ou forma, que é aquilo precisamente em virtude de que algo é chamado um isto; e, em terceiro lugar, aquilo que é composto de ambos (412a6-9).[2]

Os corpos naturais, incluindo os corpos vivos, estão na terceira classe de substâncias: eles têm tanto forma quanto matéria. Assim, faz sentido perguntar, a respeito de qualquer planta ou animal, bem como de qualquer substância inanimada, qual é sua forma e qual é sua matéria. Só que especificar a forma de uma substância viva é citar sua *psuchê*, pois *psuchai* são justamente as formas daqueles corpos naturais que estão (potencialmente) vivos (412a19-21).[3] Corpos vivos são uma subclasse dos corpos naturais, e, para Aristóteles, o grego já tinha um termo para selecionar as formas possuídas pelos membros dessa subclasse – esse termo era *psuchê*.

---

[1] Isso não deve diminuir a importância de *An* I para a compreensão da psicologia aristotélica. A discussão de explicações prévias da *psuchê* é predominantemente de teor crítico e revela as posições do próprio Aristóteles, tanto as substanciais quanto as metodológicas. É muito lamentável que alguns tradutores excluam boa parte do livro I.

[2] Salvo indicação em contrário, as traduções de Aristóteles são adaptadas de J. Barnes, ed., *The Complete Works of Aristotles: The Revised Oxford Translation* (Princeton: Princeton University Press, 1984).

[3] Não se deve aqui colocar muito peso na noção de potencialidade: em *An* II.1, 412b25-26, Aristóteles diz que o que é potencialmente vivo é aquilo que tem uma *psuchê*. Estar potencialmente vivo é consistente com estar atualmente vivo – e pode até ser o caso que tudo o que está potencialmente vivo também está atualmente.

Deve ser notado imediatamente que os corpos que têm *psuchai* como formas são, eles próprios, substâncias individuadas, e cada uma delas é individuada em virtude de ter sua *psuchê*. "Corpo", aqui, é um substantivo contável, não um substantivo incontável. Qualquer corpo individual tem, em princípio, de ser identificável como uma instância de um *tipo* particular de coisa – como, por exemplo, aquele carvalho ou aquela casa ou aquela pessoa. Quando Aristóteles diz (em 412a8-9, citado acima) que é em virtude de sua forma que um corpo é chamado um "isto", ele está reconhecendo que nada é um "mero particular". Todo "isto" é um "tal isto", e a forma não é o *isto*, mas o *tal* (*Met* VII.8, 1033b20 ss.). Isto é, todo particular é um F ou G ou H particular, em que "F", "G", "H" estão aqui no lugar de substantivos como "carvalho", "casa" e "pessoa".[4] Especificar a forma de um corpo é dizer que gênero de coisa ele é, e definir a forma é enunciar o que é ser esse gênero de coisa.

O corpo individual é um composto de sua forma e sua matéria, não devendo ser identificado com qualquer uma delas. A matéria, como Aristóteles diz em 412a7-8, não é em si mesma (*kath'hauto*) um isto; e, podemos acrescentar, já que o corpo é um isto, que o corpo e sua matéria não são idênticos. A qualificação "em si mesma" não é aqui desprovida de importância. Ao identificarmos um objeto particular, digamos uma planta, estamos desse modo identificando uma coleção de matéria, mas essa coleção é delimitada por ser a matéria de uma planta, por ter essa forma, e não em virtude de ser a matéria que é. Essa constatação pode assumir o sentido contrário. Qualquer coisa que seja identificada como um particular tem, desse modo, de estar delimitada, e, se está delimitada, então ela terá uma forma. Para que realize o serviço exigido dela nesse respeito, a forma não precisa ser uma noção metafisicamente rica – a forma de alguns objetos pode simplesmente ser certo formato. A coisa particular pode ser (para usar

---

4   Estes são os chamados termos "de tipo" [*"sortal" terms*] – termos que fornecem "um princípio para distinguir e contar os particulares individuais que ele agrega" (P. F. Strawson, *Individuals* (London: Methuen, 1959), p. 168). Para discussões contemporâneas dessas questões num espírito aristotélico, veja especialmente D. Wiggins, *Sameness and Substance* (Oxford: Blackwell, 1980) e E. J. Lowe, *Kinds of Being* (Oxford: Blackwell, 1989). [Veja também acima, p. 90-93].

um dos exemplos de Aristóteles) uma esfera de bronze, e a forma disso será uma esfera ou ser esférico. Para outros objetos, a forma será mais complexa, e sua especificação pode, por exemplo, exigir a referência a funções ou atividades particulares.

Ao elucidar como a distinção forma/matéria deve ser empregada no caso das substâncias vivas, Aristóteles traça um paralelo entre um machado e o olho:

> Suponha que uma ferramenta, por exemplo um machado, fosse um corpo natural, desse modo, ser um machado seria sua essência e, portanto, sua *psuchê*; se isto desaparecesse dele, ele teria deixado de ser um machado, salvo no nome... Na sequência, deve-se aplicar isso às partes [do corpo vivo]. Suponha que um olho fosse um animal – a visão seria sua *psuchê*, pois a visão é a substância do olho que corresponde à explicação, o olho sendo apenas a matéria da visão; quando a visão é removida, o olho não é mais um olho, salvo homonimamente – da mesma maneira como o olho de uma estátua ou de uma figura pintada (412b11-23).

Um machado individual tem tanto forma quanto matéria. Sua forma é ser um machado, e, se olhos e machados são parecidos, então ser um machado será possuir certa capacidade, presumivelmente a de talhar (ou cortar, cf. 412b28). Uma coisa qualquer que não seja capaz de ser usada para talhar coisas não é um machado. Similarmente, uma coisa qualquer que não é capaz de visão não é um olho. É claro que podemos chamar machados de brinquedo de "machados" e os olhos de uma boneca de "olhos", mas estes são meramente machados e olhos "homônimos" – isto é, eles são machados e olhos apenas no nome.[5] Ser um olho (verdadeiro) é possuir a capacidade da visão: não importa de que seja feita alguma coisa material, ela não será um olho, a não ser que tenha essa capacidade.

---

[5] Os homônimos são definidos no começo das *Categorias*: "Quando as coisas têm apenas um nome em comum e a definição de ser que corresponde ao nome é diferente, elas são chamadas homônimas" (1a1-2). É bastante consistente com a situação de duas coisas serem homônimas que haja uma explicação para o compartilhamento do nome. [Veja acima, pp. 110-115]

O que Aristóteles diz sobre o olho deve exemplificar sua explicação geral da *psuchê*. Nesse estágio, em *An* II.1, ele na realidade já ofereceu três caracterizações diferentes da *psuchê*. Ela primeiramente é descrita, em 412a20-21, como "a forma de um corpo natural que potencialmente tem vida"; como "a primeira atualidade de um corpo natural que potencialmente tem vida" (412a27-28) e, finalmente, em 412b5-6, como "a primeira atualidade de um corpo que tem órgãos". Essas caracterizações são pensadas como equivalentes. Como forma, a *psuchê* está para a matéria como a "atualidade" está para a "potencialidade". Há, contudo, dois níveis de atualidade em relação às capacidades de uma coisa viva. A primeira atualidade é alcançada por uma criatura uma vez que possua a capacidade em questão, e a segunda, quando a capacidade é posta em prática. Assim, ao passo que "acordar é uma atualidade que corresponde a cortar e ver [isto é, a segunda atualidade], a *psuchê* é uma atualidade que corresponde à visão, isto é, à capacidade do órgão [*organon*]⁶ [isto é, a primeira atualidade]" (412b27-413a1). Além disso, um corpo vivo que alcançou a primeira atualidade é, por isso, um corpo que tem órgãos (412a28-b1). Alcançar a primeira atualidade é possuir certas capacidades, e isso requer que o corpo tenha os órgãos relevantes. Toda capacidade (exceto a do *nous*) precisa de um órgão (*GA* IV.1, 766b35) – e algo ser um órgão é simplesmente ele possuir alguma capacidade. Para que um corpo esteja vivo, então, ele tem de possuir partes corporais que são capazes de suster as capacidades que são constitutivas de seu gênero, e todo corpo como esse tem uma *psuchê*.

Não é acidental que a caracterização final da *psuchê* dada por Aristóteles faça referência aos órgãos, uma vez que o efeito de tratar a *psuchê* como a forma do corpo vivo é transferir o peso explicativo da *psuchê* para suas capacidades. Estas são instanciadas hierarquicamente. Todas as coisas vivas têm a capacidade de nutrir-se, algumas (isto é, os animais) têm, ademais, a capacidade de perceber e querer, e algumas (isto é, os humanos) possuem todas as capacidades, incluindo a capacidade de pensar abstratamen-

---

⁶ Ou, possivelmente, "a *psuchê* é uma atualidade que corresponde à visão e à capacidade da ferramenta". O termo grego *organon* pode denotar ferramentas bem como órgãos.

te (*nous*).⁷ Essa variação através das espécies é algo que o psicologista tem de explicar: "temos de perguntar, no caso de cada uma, Qual é sua *psuchê*? Isto é, Qual é a *psuchê* da planta, do humano, do animal?" (*An* II.3, 414b32-33).

Todavia, a *psuchê* não é algo que pode ser definido, já que, rigorosamente, apenas coisas com essências são definíveis.⁸ *Psuchai são* essências, elas não as têm:

> É agora evidente que apenas pode ser dada uma explicação [*logos*] única da *psuchê* da mesma maneira que para a figura. Pois, tal como nesse caso não há nenhuma figura para além do triângulo e aquelas que se seguem em ordem, aqui também não há uma *psuchê* para além daquelas que acabaram de ser mencionadas [isto é, aquelas das plantas, animais e humanos] (414b20-22).

A forma de um triângulo particular é a triangularidade, e aquela de um quadrado particular é a quadradidade [*squareness*]. Tanto a triangularidade quanto a quadradidade são tipos de formato, mas, ao especificarmos a essência de qualquer figura particular, o que é exigido é o formato específico, e não a noção de formato em geral. E o geômetra que se limitasse ao nível do formato e evitasse as noções de triangularidade etc. não faria nenhum progresso. Similarmente, nem tudo o que tem uma *psuchê* tem as mesmas capacidades; coisas vivas não estão vivas em virtude de compartilhar alguma coisa – a *psuchê* – que tem uma essência. O trabalho psicológico genuinamente explicativo será realizado por uma investigação de tipos particulares de coisas vivas, e não coisas vivas em geral: "É absurdo procurar a explicação comum que não expressará a natureza peculiar da coisa existente e não se aplicará à espécie indivisível apropriada, ao passo que nos omitimos de procurar pela explicação que fará isso" (414b25-28).

---

⁷ Cf. *An* II.3, 414a29-b19. As coisas são razoavelmente mais complicadas que isso: alguns animais (mas não todos) têm a capacidade de locomover-se; alguns não têm todos os cinco sentidos; e apenas alguns têm a capacidade para *phantasia*, isto é, a aptidão para armazenar e usar as imagens conquistadas por meio da percepção.

⁸ Pode-se dar um *logos* dela, mas não um *horismos*. Cf. *Met* VII.4-5.

Assim, ele conclui o capítulo, "é evidente que a maneira de dar a explicação [*logos*] mais adequada da *psuchê* é dar a explicação de cada [uma de suas capacidades]" (415a12-13).⁹

CAPACIDADES E SEUS OBJETOS

O restante do *De Anima* está em boa parte preenchido pelas explicações de Aristóteles das capacidades individuais da *psuchê*, começando em II.4 com a da nutrição. De forma característica, seu primeiro passo é determinar o método apropriado para oferecer uma explicação de uma capacidade psíquica:

> Se alguém devesse dizer o que cada uma delas é, por exemplo, o que é a capacidade de pensar ou a de perceber, ou de nutrir-se, ele deveria primeiro dizer o que é pensar e perceber, pois atividades e ações são anteriores na explicação às capacidades. E, se é assim, e se, mesmo antes destas, alguém investigou seus respectivos objetos, então pela mesma razão deve-se primeiro determinar estes, isto é, sobre a comida, os objetos da percepção e o pensamento (II.4, 415a16-22).

O primeiro movimento aqui é bastante claro. Alguém só será capaz de entender o que é a capacidade de φ se entender o que é φ. É muito menos óbvio o porquê de o psicologista precisar primeiro fazer referência aos objetos de uma capacidade para conseguir dar uma explicação dela. Uma pista sobre a motivação disso talvez possa ser encontrada numa observação feita no começo de *An* II.2: "Não é o bastante para uma explicação definicional deixar claro o quê [isto é, a própria coisa], como a maioria faz, ela também deve conter e exibir a causa (*hê aitia*)" (413a13-16).¹⁰ A necessidade de fazer referência aos objetos de uma capacidade é explicável se estes são o que atualiza a capacidade.

---

⁹ E assim respondendo à questão deixada em aberto em *An* I.1, sobre se o psicologista deve buscar primeiro definir a *psuchê* ou seus atributos (402b16-25).

¹⁰ Assim, nos *Segundos Analíticos* II.10, 93b38 ss., Aristóteles dá o exemplo do trovão, que deve ser definido como um barulho nas nuvens causado pela extinção do fogo, e não apenas como um barulho nas nuvens.

A fim de ver por que é assim, é útil considerar o papel da *psuchê* como a "causa e princípio" (*aitia kai archê*) do corpo vivo (II.4, 415b8). A doutrina aristotélica padrão é a de que existem quatro maneiras de citar uma "causa" (*aition*) de algo: pode-se especificar a matéria (a causa material), especificar que tipo de coisa ele é (a causa formal), dizer para que a coisa é (a causa final) e dizer o que a fez surgir (a causa eficiente).[11] A *psuchê* pode ser mencionada como a causa do corpo vivo de todas essas maneiras, exceto a primeira (415b8 ss.). Desse modo, além de ser a causa formal e a causa final do corpo vivo, ela é também o princípio ou a fonte de suas mudanças (415b10-12).

> A *psuchê* é também a fonte primária de mudança de posição, mas essa capacidade não é encontrada em todas as coisas vivas. Porém a alteração (*alloiôsis*) e o crescimento também são possíveis por conta da *psuchê*. Pois a percepção parece ser um tipo de alteração, e não há nada que perceba que não participe na *psuchê* (II.4, 415b21-26).

Em que sentido, contudo, a *psuchê* pode ser a causa da percepção? Em *An* II.5, Aristóteles compara aquilo que pode perceber com aquilo que é combustível: o último nunca pega fogo espontaneamente, mas requer um agente que tenha a capacidade de acendê-lo (417a8-9). Isso com certeza está correto: se as causas da atividade perceptiva são internas ao sujeito, a percepção não cumpriria seu propósito. O ponto sobre a percepção é que ela torna o sujeito sensível às coisas a seu redor, e isso exige que ela seja um objeto externo, ao invés da própria *psuchê* do sujeito, que é a causa de seu perceber.[12]

Embora isso seja verdade, esse não é o ponto. A força da afirmação de Aristóteles é a de que a maneira como uma substância pode ser afetada por outros objetos depende da natureza dessa substância. Isso é o que claramente se segue da descrição da relação entre a comida e o que é alimentado em *An* II.4, 416b9-15:

---

[11] Veja *Phys* II.3. [Veja acima, pp. 168-171.]
[12] Para a discussão de Aristóteles do propósito da capacidade perceptiva, veja *An* III.12 e *Sens* I.

Uma vez que nada, exceto o que está vivo, pode ser alimentado, o que é alimentado é o corpo animado e justamente porque ele é animado. Logo, a comida está essencialmente relacionada ao que tem *psuchê*. A comida tem um poder que é diferente do poder de aumentar o porte do que é alimentado por ela; pois, na medida em que o que é animado tem porte, este é aumentado, mas, na medida em que ele é um "algo em particular", isto é, uma substância, a comida age *enquanto* comida; pois ela preserva a substância.

Aqui Aristóteles contrasta dois efeitos diferentes que a ingestão de matéria pode ter sobre aquilo que a ingere. O primeiro é simplesmente aumentar seu porte. Tudo o que é necessário para que isso aconteça é que tanto o que ingere quanto o que é ingerido tenham massa. Às vezes a substância também pode ser nutrida com aquilo que ela ingere. Para que isso ocorra, a substância tem de ser animada, e, para descrever a mudança de maneira inteligível, é preciso que se descreva o que é mudado não como uma coleção de matéria, mas como uma criatura viva. É apenas porque a substância tem uma *psuchê* que ela é capaz de ser alimentada por comida – tal como apenas substâncias animadas são capazes de perceber –, e assim Aristóteles pode legitimamente afirmar que a *psuchê* é o princípio ou a fonte da nutrição e da percepção.

De maneira correspondente, não é qualquer coisa que seja ingerida, mesmo por um corpo vivo, que vai nutri-lo. O que é distintivo da comida é que ela é capaz de alimentar substâncias animadas. A comida, portanto, é uma noção causal: algo é considerado comida apenas se possui essa capacidade, que é por que a comida está relacionada de forma não acidental ao que é animado (416b10-11). Os objetos correlacionados com a capacidade de nutrir-se são, assim, aquelas coisas que podem atualizar essa capacidade.

A nutrição e a percepção são inteiramente paralelas nesse respeito. Em *An* II.5, Aristóteles diz que "o que faz acontecer a atividade da percepção, isto é, os objetos da visão, da audição e os outros objetos da percepção [*aisthêta*], é externo" (417b19-21). Tal como ele começou a discussão da nutrição olhando para seus objetos, o mesmo se passa quando ele deve fornecer explicações dos sentidos individuais; ele diz que se deve "primeiro falar sobre os objetos da percepção ao lidar com cada um dos sentidos"

(418a7-8). No começo de seu tratamento da visão, ele, seguindo esse preceito, especifica o objeto da visão como o que é visível, que é "a cor e algo que pode ser descrito com palavras, mas não tem nome" (418a26-28).[13] Essas são as coisas visíveis *kath'hauta* (singular: *kath'hauto*), em virtude de serem o que são:

> Tudo o que é visível é a cor, e a cor é o que está sobre o que é visível *kath'hauto*; visível *kath'hauto* não na explicação, mas sim porque tem em si a causa [*to aition*] de sua própria visibilidade. Toda cor é tal que muda o que é atualmente transparente; e essa é sua natureza (418a28-b2).

O que unifica os objetos da visão é que eles são tais que agem sobre o que é transparente e, portanto, afetam o órgão da visão. Assim como com os objetos da capacidade nutritiva, a classe dos objetos visíveis é determinada com referência aos poderes causais de seus membros.

O que Aristóteles fala sobre os objetos que são perceptíveis *kath'hauta* sinaliza uma distinção importante para o emprego de objetos perceptíveis no interior de sua explicação da percepção. Pois, tal como a capacidade nutritiva e seus objetos estão relacionados de maneira não acidental, "a substância [*ousia*] de cada sentido é relativa" a seus objetos. Os objetos aos quais ela está relacionada são aqueles que lhe são próprios (*idion*), e estes são percebidos *kath'hauta*. Cada sentido tem um domínio de objetos que lhe é específico (*idion*), e são estes que são estritamente (*kuriôs*) perceptíveis. Outras coisas diferentes dessas podem ser percebidas, mas elas são apenas acidentalmente perceptíveis – perceptíveis não em virtude de serem o que são, mas em virtude de serem acidentes dos verdadeiros sensíveis.[14] Assim, se o agente de minha percepção presente é aquele objeto branco, e o objeto branco é o filho de Diares, então o filho de Diares é acidentalmente percebido:

---

[13] Acabamos vendo que o último tipo de coisa consiste naquilo que parece candente ou brilhante no escuro (II.7, 419a2-5).

[14] A terceira classe de objetos perceptíveis, os "sensíveis comuns" (mudança, repouso, formato, magnitude), também são perceptíveis *kath'hauta* (*An* II.6, 418a8-11), mas eles são apenas acidentalmente percebidos pelos sentidos individuais.

Algo é chamado um objeto acidental da percepção do mesmo modo como quando o objeto branco é o filho de Diares: pois isso é um acidente do que é percebido. Eis por que nada é afetado pelo objeto [acidental] da percepção enquanto tal (II.6, 418a20-24).

O filho de Diares é visto, mas não porque ele é o filho de Diares: ele é visto porque é também um objeto branco e, em virtude disso, é capaz de agir sobre o olho. A distinção entre coisas percebidas *kath'hauta* e aquelas percebidas acidentalmente funda-se, portanto, na distinção entre *kath'hauta* e agência acidental na *Física* II.3. Os verdadeiros sensíveis são as causas *kath'hauta* das mudanças nos órgãos dos sentidos: aquelas coisas que formam com eles unidades acidentais são apenas sensíveis acidentais, pois elas podem ser apenas causas acidentais daquelas mudanças. Ao realizar a distinção entre o que é perceptível *kath'hauto* e o que é acidentalmente perceptível, Aristóteles torna-se capaz de reconhecer, sem abrir mão de seu método de definir os sentidos com referência aos agentes de suas atualizações, que percebemos uma gama muito maior de coisas que os objetos próprios dos cinco sentidos.

Explicação material

Todas as capacidades da *psuchê*, com a exceção do *nous*, têm órgãos, isto é, cada uma é possuída por alguma parte determinada do corpo. Aristóteles considera que uma exigência para uma psicologia satisfatória é que ela deva explicar por que corpos particulares, ou partes de corpos, são tais que possuem as capacidades que possuem. Em *An* I.3, ele ridiculariza aqueles que tentam caracterizar a *psuchê* sem prestar nenhuma atenção ao corpo do qual ela é a forma:

> a posição [de Platão], juntamente com a maioria das teorias da *psuchê*, envolve o seguinte absurdo: elas juntam a *psuchê* ao corpo, ou a colocam no corpo, sem oferecer nenhuma especificação da causa [*aitia*] – isto é, das condições corporais (407b12-16).

Esses teóricos pensam que basta meramente descrever as características da *psuchê* – mas o fato de eles deixarem de discutir a relação entre *psuchai* e seus corpos manifesta uma falta de compreensão da natureza da *psuchê*.

"Eles não tentam determinar nada sobre o corpo que vai recebê-la, como se fosse possível, como nos mitos pitagóricos, que qualquer *psuchê* pudesse ser vestida em qualquer corpo – uma posição absurda, já que é manifesto que cada corpo tem sua própria forma e formato particulares [*idion*]" (407b20-24). Aristóteles, tendo colocado a *psuchê* como a forma do corpo vivo, sente-se capaz de oferecer verdadeiras explicações da relação entre as capacidades de um corpo vivo e sua constituição material.

No primeiro livro do *De Partibus Animalium*, Aristóteles discute o que é geralmente chamado "necessidade hipotética":

> Pois tal como há uma necessidade de que o machado seja rígido, já que se deve cortar com ele, e, se rígido, que seja de bronze ou ferro, também há, uma vez que o corpo é um instrumento [*organon*] (pois cada uma de suas partes serve para algo, e assim é com o corpo como um todo), uma necessidade de que ele seja *tal* coisa e feito de *tais* coisas caso aquele fim deva ocorrer (642a10-13).[15]

Para que algo seja um machado, ele tem de possuir a capacidade de cortar coisas, e isso impõe restrições àquilo de que ele pode ser feito. *Se* ele deve ter essa capacidade, sua cabeça *tem de* ser feita de um material rígido: um ferramenteiro não pode criar um machado com qualquer coisa. Similarmente, se o corpo deve ter órgãos que são capazes de realizar suas funções constitutivas, estes também precisam ter particulares constituições materiais.

No caso dos órgãos dos sentidos, por exemplo, sua capacidade distintiva é a de receber "as formas perceptíveis sem a matéria" (*An* I.12, 424a17-19). Essa formulação é razoavelmente obscura, mas na realidade não quer dizer nada mais que o órgão sensível tem de ser capaz de tornar-se seme-

---

[15] Tradução de D. M. Balme, *Aristotle's De Partibus Animalium I and De Generatione Animalium I* (Oxford: Clarendon Press, 1972). Para discussões da necessidade hipotética, veja J. M. Cooper, "Hypothetical Necessity and Natural Teleology", in A. Gotthelf e J. G. Lennox, eds., *Philosophical Issues in Aristotle's Biology* (Cambridge: Cambridge University Press, 1987), 243-275, e D. Charles, "Aristotle's on Hypothetical Necessity and Irreducibility", *Pacific Philosophical Quarterly* 69 (1988): 1-53.

lhante a seus objetos – isto é, capaz de assumir a propriedade relevante do que o afeta.¹⁶ Isso tem consequências precisas para a possível constituição material dos percipientes. Em *An* III.13, Aristóteles argumenta que um corpo animal não pode ser simples – isto é, ser composto de apenas um elemento – já que todo animal tem de possuir o sentido do tato, e o órgão do tato não pode ser simples.¹⁷ A razão para isso é que "o tato é como que um meio-termo entre todos os objetos do tato, e seu órgão pode receber não apenas as diferenças da terra, mas também do quente e do frio, e de todos os outros objetos do tato" (435a21-24). Assim sendo, as plantas e partes do corpo como os ossos e os pêlos, todos os quais feitos de terra, não capazes de perceber.

Cada sentido é sensível a pelo menos um domínio determinado de propriedades, e estas são seus objetos próprios (cf. *An* II.11, 422b23 ss.; *PA* II.1, 647a5 ss.), que, como vimos, são capazes de agir sobre eles em virtude de serem o que são. Cada domínio está limitado por um par de contrários (quente/frio, branco/preto, pontudo/chato etc.), entre os quais há intermediários. Para que o órgão sensível relevante seja sensível a seus objetos, ele tem de ser constituído por matéria que é capaz de assumir as propriedades no interior do domínio. O órgão do tato não pode ser composto apenas de terra, caso contrário ele não estaria apto, por exemplo, a tornar-se quente. O órgão da visão tem de ser capaz de assumir as cores de seus objetos, e isso significa que ele tem de ser feito de algo transparente, já que o efeito que a cor produz *kath'hauto* é mudar o que é transparente (*An* II.7, 418a31-b2).¹⁸

---

¹⁶ Deve-se notar que essa afirmação, embora correta, é certamente controversa. As evidências mais fortes contra ela estão em *An* II.5 – isso é discutido abaixo.

¹⁷ D. S. Hutchinson, "Restoring the Order of Aristotle's *De Anima*" (*Classical Quarterly* 37 (1987): 373-381), argumenta que os trechos que são tradicionalmente tratados como os dois últimos livros de *An* (III.12 e 13) estavam originalmente alocados entre II.4 e II.5. Essa é uma sugestão sedutora, tanto porque resultaria numa melhor estrutura argumentativa no livro II, quanto porque, da forma como estão no momento, III 12 e 13 são arbitrariamente anexados à obra como um todo.

¹⁸ Citado acima, p. 236.

Isso explica por que os olhos têm a constituição material que têm:

> É verdade que o olho (*hê opsis*) é composto de água, mas a visão ocorre não porque ele é água, e sim porque ele é transparente – algo que é comum à água e ao ar. Mas a água é mais facilmente confinada e condensada que o ar, e essa é a razão por que a pupila, isto é, o olho propriamente, consiste de água (*Sens* 2, 438a12-16).

Aqui, a explicação da constituição material do olho é exatamente análoga ao exemplo do machado em *PA* I.1. Se deve haver um órgão da visão, ele *tem de* conter matéria transparente e, assim, tem de conter ou ar ou água. Porque a água se ajusta melhor a esse papel, os olhos contêm água em vez de ar.

Para que algo seja um olho, ele tem de possuir a capacidade de ver. Para ter essa capacidade, ele tem de conter água, já que esse é o único elemento com a combinação exigida de transparência e condensabilidade. Se especificar a essência de algo é enunciar aquelas propriedades que ele não pode perder sem deixar de ser aquela coisa, pareceria que há tanta razão para incluir a composição material na essência (e, portanto, na forma) do olho quanto para incluir sua capacidade constitutiva. Assim, o fato de que a constituição material de um corpo vivo é necessitada por sua forma coloca alguma pressão sobre uma distinção rigidamente mantida entre forma e matéria.

Isso talvez esteja patente na discussão em *An* I.1 de qual espécie de definições devem ser dadas pelo psicólogo. Aristóteles faz ali um contraste entre o método que é próprio ao estudo dos objetos geométricos e aquele que é exigido para a compreensão dos corpos naturais. Enquanto o primeiro diz respeito àquelas propriedades que "são de fato inseparáveis, mas são separáveis de qualquer tipo particular de corpo por abstração" (403b14-15), o físico trata de "todas as ações e afecções deste tipo de corpo e deste tipo de matéria" (403b11-12). Nem as formas geométricas, nem as formas das coisas vivas podem existir não instanciadas, de modo que a diferença entre elas tem de ser que, ao passo que não é preciso pensar os quadrados e cubos como instanciados em algum *tipo* particular de matéria, isso não é o caso com as coisas vivas.

As afecções da *psuchê*, Aristóteles nos disse em 403a5, são *logoi enhuloi* – "explicações materiadas" – e ele considera que isso impõe limitações a sua definição apropriada:

Assim, as definições serão deste tipo: "A ira é certa mudança deste tipo de corpo (ou parte ou capacidade) ocasionada por isto e para aquilo" (I.1, 403a25-27).

Nós já vimos que, ao definir as afecções da *psuchê*, Aristóteles dá prioridade à identificação das causas das mudanças relevantes, e aqui ele insiste que também ter de ser feita referência ao corpo. Que aqui "este tipo de corpo" não representa uma referência à forma é confirmado pelo que se segue. Ele contrasta as definições de ira que seriam oferecidas pelo dialético e pelo físico: o primeiro definiria a ira como " 'o desejo de retribuir a dor' ou algo parecido", enquanto o último a definiria como a agitação do sangue ao redor do coração (403a30-b1). Nenhuma das definições é satisfatória por si mesma:

> Um dá a matéria, o outro a forma e a explicação; pois ele dá a explicação da coisa, embora, para sua existência atual, seja necessário que isso esteja naquela matéria... Qual deles, então, é o [verdadeiro] físico? Aquele que fala sobre a matéria e ignora a explicação, ou aquele que fala apenas da explicação? Não é, antes, aquele que combina os dois? (403b1-2; 7-9).

O verdadeiro físico – e o verdadeiro psicologista mais ainda –, então, não apenas definirá seu assunto com referência a sua forma; ele também precisará fazer referência a sua matéria.

O que acontece, nesse caso, com a distinção entre forma e matéria? Uma maneira de obter alguma consistência seria interpretar essa distinção antes como algo que realiza um corte entre a forma e porções ou coleções particulares de matéria que entre a forma e tipos materiais. Quando, por exemplo (em *Met* VII.8), Aristóteles diz que Sócrates e Cálias têm a mesma forma, mas diferem em virtude de suas matérias, o que ele quer dizer é que a substância composta é "tal e tal forma *nesta* carne e *nestes* ossos" (1034a5-6). Isso é bastante consistente com sua referência à carne e aos ossos em geral na especificação da forma humana.[19] No caso do olho, o que é necessário é que ele contenha água, e não que ele contenha a água particular que

---

[19] Cf. VII, 10, 1035b29-30, para a matéria do corpo humano tomada em geral.

contém. Se tivesse saído por esse caminho, Aristóteles teria podido admitir que o *tipo* de matéria de que algo é feito pode ser parcialmente constitutivo do fato de ele ser o tipo de coisa que ele é.

Essa não é a linha que ele adota. Em *Met* VII.1, ele aborda exatamente essa questão. Notando que, quando uma forma particular é instanciada apenas num tipo material particular, é difícil realizar até mesmo uma separação conceitual da forma e da matéria, ele acaba afirmando que, apesar disso, elas são distintas:

> A forma do homem é sempre encontrada em carne e osso e partes desse gênero; então estas são também partes da forma e da explicação [*logos*]? Não, elas são matéria; mas, porque o homem não é encontrado também em outros materiais, não somos capazes de realizar a segregação (1036b3-7).[20]

Ele está certo em manter essa linha. Pois quando a explicação material é tornada um prerrequisito de uma psicologia satisfatória pela necessidade de mostrar por que a constituição material de uma substância é necessitada por sua forma, isso torna essencial do ponto de vista explicativo que a forma da substância seja especificável independentemente de sua matéria.

Para que uma explicação material seja informativa, os níveis formal e material de descrição têm de ser conceitualmente independentes um do outro. Seria verdade, mas totalmente desprovido de valor informativo, dizer que, para que haja um ser humano, é preciso haver uma coleção de matéria do tipo certo para instanciar a forma humana – tal como é verdade, mas novamente sem valor informativo, dizer que uma droga faz as pessoas dormirem porque ela tem uma *virtus dormitiva*. Em *PA* I.1, Aristóteles atribui o fracasso de seus predecessores em fornecer explicações satisfatórias desse gênero ao descaso deles para com a noção de essência e a definição de substância (642a24-26). Em vez de tratar as substâncias como

---

[20] Com efeito, até mesmo Aristóteles vai acabar dizendo em *Met* VII.8, 1033b23-25 que Cálias e Sócrates são análogos a esta esfera de bronze, mas homem e animal à esfera de bronze em geral – isto é, a algo cujo *logos* faz referência à matéria.

autônomas conceitualmente, eles pensavam que elas podiam ser tratadas simplesmente como funções de seus componentes materiais constituintes. A afirmação de Aristóteles é a de que apenas tratando a substância como conceitualmente anterior a sua matéria é que seremos capazes de alcançar uma explicação verdadeiramente integrada de qual é a contribuição da matéria e suas propriedades à substância que ela instancia.

Forma e matéria

O método de Aristóteles, desse modo, requer que as descrições formais e materiais das coisas vivas sejam independentes umas das outras. Não está muito claro, contudo, que sua noção de matéria alcança essa independência. O corpo vivo é constituído por suas partes orgânicas (coração, olhos, ouvidos, dedos etc.): ele "divide-se nessas partes como sua matéria" (*Met* VII.10, 1035b20-21; cf. *GA* 715a10). Como Aristóteles enfatiza muitas vezes, um órgão morto não é de maneira alguma um órgão. Não apenas os órgãos são ontologicamente dependentes dos corpos de que eles são partes – retire um órgão do corpo e ele perde sua capacidade (*Met* VII.10, 1035b23-24) –, mas a própria noção de um órgão é dependente da noção de corpo vivo. Não se pode compreender o que é algo ser um dedo ou um olho sem saber que ele é parte de um corpo vivo.[21]

É importante ver com precisão onde bate essa objeção, se é que ela bate. Pois certamente não é desprovido de valor informativo dizer que um *tipo* particular de corpo vivo – o de um chimpanzé, digamos – tem olhos ou dedos ou pernas. A noção de corpo vivo não implica que qualquer coisa que seja um corpo vivo tenha de possuir essas partes orgânicas; as plantas não possuem nenhuma delas. Já vimos que Aristóteles sustenta que não se pode investigar a *psuchê* antes de fornecer uma explicação de suas capacidades – precisamente porque *psuchai* não são uniformes. Diferentes espécies

---

[21] Para uma exposição completa dessa linha de objeção, veja J. L. Ackrill, "Aristotle's Definitions of *psuchê*", in Barnes, Schofield e Sorabji, *Articles 4*, 65-75, especialmente p. 70 ss.

de coisas vivas têm diferentes combinações de capacidades psíquicas. Qualquer espécie particular será definida (ao menos em parte) com referência à combinação de capacidades de que ela goza. Isso significa que as capacidades psíquicas, elas mesmas, não são conceitualmente dependentes de sua posse por qualquer espécie particular, mesmo no caso de capacidades que são de fato possuídas apenas por uma espécie.

Isso é em geral uma vantagem, já que é preciso ser capaz de tratar as partes orgânicas como constitutivas do corpo vivo, se o que se pretende é fornecer condições apropriadas de subsistência para substâncias materiais vivas. Nos debates contemporâneos sobre a identidade pessoal, por exemplo, às vezes pensa-se que, se alguém considera que a condição para a existência de uma pessoa através do tempo é a continuidade, digamos, de seu cérebro (e talvez de seu sistema nervoso), ele está com isso fornecendo uma explicação materialista do que é ser uma pessoa através do tempo. Isso num sentido é verdade, já que o cérebro e o sistema nervoso são, como os órgãos aristotélicos, substâncias materiais – mas isto não significa que eles podem ser *identificados* com sua matéria. Cérebros, não menos que os olhos em Aristóteles, são entidades funcionais. Fora dos experimentos de pensamento, as pessoas mantêm o mesmo corpo por toda a sua vida, mas o material de que ele é constituído muda regularmente. Não se dá a alguém um novo cérebro realizando nele uma lobotomia, mas ele certamente produzirá uma massa de células cerebrais conectadas que não é idêntica com (porque menor que) a massa de células cerebrais conectadas que estava ali antes. Mesmo no caso de árvores e plantas, o que dá a identidade através do tempo é a continuidade de um organismo em funcionamento, e não a persistência de certa massa de células. A matéria de que uma árvore ou um animal, ou um humano, é constituído em um momento do tempo não precisa ser a mesma matéria que o constitui em outro momento, e um organismo pode mudar sua matéria sem deixar de existir.

Assim, para Aristóteles, não é nem gratuito nem disparatado considerar um corpo vivo como constituído por suas partes orgânicas. O que isso não oferece, sem dúvida, é uma explicação do animado em termos do inanimado. A não ser que Aristóteles possa passar a um nível da descrição material que não é conceitualmente dependente da noção de substância viva, ele não será capaz de explicar como algumas substâncias materiais são capazes de vida sem se esquivar da questão. Uma vez que – diz a objeção – sua explicação não possui espaço conceitual para esse nível de descrição material, ele é forçado, querendo ou não, a deixar o psicológico inexplicado e, portanto, misterioso.

Já se vai ver que essa objeção fracassa. A estrutura geral de sua análise do corpo vivo é esclarecida no começo de *GA*. Embora seja certamente verdade que as "partes não uniformes [isto é, os órgãos] são a matéria do animal como um todo", a análise não para por aí: "as partes uniformes são a matéria do não uniforme, e os elementos corpóreos, como eles são chamados, são a matéria destas" (I.1, 715a10-12).[22] O local onde Aristóteles precisa introduzir a referência à matéria no interior de descrições não psicológicas não é a descrição da constituição do corpo, mas a explicação da constituição dos próprios órgãos. Assim, para possuir a capacidade de ver, o olho tem de conter água – e descrever a matéria como água não é usar uma descrição que é conceitualmente dependente da *psuchê*.

O fato de que a explicação de Aristóteles admite um nível autônomo de descrição material é enfatizado por aqueles casos em que a relação explicativa entre os níveis formal ou psicológico e material é invertida. De maneira central, o psicologista partirá de uma compreensão de uma capacidade psíquica e passará a mostrar como isso torna necessário que seu órgão tenha uma particular constituição material. Ele também precisará, no entanto, mostrar as consequências psicológicas do fato de que o órgão tem essa constituição. Embora estas normalmente sejam as de que órgão é capaz de exercer sua capacidade, elas de forma alguma são tão limitadas.

Assim, na opinião de Aristóteles, a afirmação de que as afecções da *psuchê* são "explicações materiadas" tem consequências para a definição delas. Seu argumento em defesa da afirmação funda-se em casos desviantes de estados psicológicos:

---

[22] Tradução adaptada de A. L. Peck, *Aristotle: Generation of Animals* (London/Cambridge, Mass., 1953). Exemplos de partes uniformes são o sangue, a medula, o sêmen, o leite, a carne, o osso e o tendão: cf. *PA* II.2. Para uma útil discussão da composição delas, veja J. Whiting, "Living Bodies", in M. C. Nussbaum e A. O. Rorty, eds., *Essays on Aristotle's De Anima* (Oxford: Clarendon Press, 1992), 75-92.

Às vezes, quando há ocorrências violentas e impressionantes, não se fica nem animado nem com medo, ao passo que, em outros momentos, se é afetado por coisas leves e fracas – quando o corpo está irritado, isto é, quando ele está na mesma condição de quando se está irritado. Eis um caso ainda mais claro: na ausência de qualquer causa de medo, ficamos no estado de alguém que está amedrontado. Se é assim, é óbvio que as afecções da *psuchê* são explicações materiadas (*An* I.1, 403a19-25).

Isso é bem apressado, mas o argumento claramente se funda na afirmação de que, quando há uma afecção particular da *psuchê*, há um estado material que é suficiente para sua ocorrência. Não há dúvida de que, em condições normais, esse estado material ocorrerá apenas quando se percebe algo que é amedrontador; mas ele pode ocorrer em outros momentos, e o resultado é que o sujeito ficará amedrontado. Similarmente, alguém se sentirá irritado se o sangue se agitar ao redor de seu coração, mesmo que não haja uma causa externa para isso. O argumento aqui supõe que haja uma descrição da condição do corpo quando alguém está irritado que é independente do nível psicológico, e mostra que Aristóteles aceita que condições materiais particulares são suficientes, bem como necessárias, para afecções particulares da *psuchê*.

Isso pode parecer intrigante se, como afirmei, os órgãos dos sentidos passam por alterações que são do mesmo tipo que aquelas pelas quais passam as substâncias inanimadas. Que seja assim é confirmado pela *Física* VII.2, cujo argumento de que toda alteração requer o contato entre o agente e o paciente (possivelmente com a ajuda de um meio) funda-se na afirmação de que as alterações perceptivas e não perceptivas são as mesmas.[23] A única diferença é que o sujeito está consciente das alterações perceptivas: "o inanimado não é capaz de alteração a respeito dos sentidos – isto é, o inanimado não está consciente [*lanthanei*] da alteração, ao passo que o animado está consciente dela" (244b15-245a1). Tanto a água em

---

[23] Há estudiosos que desconfiam da colocação do livro VII na *Física* (cf. W. D. Ross, *Aristotle's Physics* [Oxford: Clarendon Press, 1936], 11-19). Para uma defesa do livro, veja Tovert Wardy, *The Chain of Change* (Cambridge: Cambridge University Press, 1990), especialmente p. 85 ss.

meu copo quanto a água em meu olho assumem a cor do tapete, mas apenas no segundo caso há consciência [*awareness*] da afecção resultante. O problema manifesto é que, se a alteração fosse suficiente para a percepção, o copo perceberia o tapete. Já que o copo não é sensível, o fato de o olho assumir a cor do tapete não é suficiente para que ele perceba o tapete.

O erro aqui é esquecer que, para Aristóteles, os sentidos constituem um sistema fisiológico completo. No *De Somno*, ele diz que a razão para a insensibilidade dos animais enquanto estão dormindo é a incapacidade do órgão mestre ou primário: "sempre que este fica incapacitado, todos os outros órgãos sensíveis necessariamente ficam incapazes de perceber" (2, 455b10-11). Esse órgão sensível central é o coração, o qual está conectado aos órgãos sensíveis individuais. Quando estes são afetados por seus objetos, as afecções passam pela corrente sanguínea e chegam ao coração.[24] Embora cada sentido seja definido com referência a sua atividade específica, "há uma capacidade comum que está associada a todos eles, pela qual se percebe que se vê e ouve (pois não é pela visão que se vê que se vê... mas por uma parte que é comum a todos os órgãos – pois há um sentido e um órgão sensível mestre (*kurios*)" (455a15-21). Essa capacidade comum de consciência perceptiva é algo que todo sentido possui – mas não *enquanto esse sentido*: é uma capacidade que ele tem em virtude de ser parte da capacidade perceptiva como um todo, e não de ser esse sentido particular.

Que a similaridade das afecções materiais do sistema perceptivo seja suficiente para a similaridade do estado perceptivo é algo que *De Insomniis* 2 deixa claro; ali Aristóteles explica os juízos de percepção incorretos com referência ao fato de que a parte controladora e a parte pela qual as imagens (*phantasmata*) perceptivas ou semiperceptivas são formadas não são a mesma

---

[24] Aristóteles faz a afirmação com referência ao tato no *De Insomniis*: "Aquela parte que se tornou quente por algo quente aquece a parte próxima a ela, e isso propaga a afecção até a origem. Isso tem, portanto, de acontecer na percepção, já que a percepção atual é uma alteração. Isso explica por que a afecção continua nos órgãos sensíveis, tanto em suas partes mais profundas quanto nas mais superficiais" (*Insomn* 2, 459b2-7).

(460b16-18):²⁵ "A causa de estarmos errados é que aparências quaisquer se nos apresentam não apenas quando seu objeto afeta um sentido, mas também quando o sentido muda por si só, contanto que ele seja mudado da mesma maneira que pelo objeto" (460b22-25). O que explica a maneira como as coisas aparecem ao sujeito é a natureza material da afecção: novamente, tem de haver uma descrição não psicológica da afecção tal que toda afecção que a satisfaça produza uma aparência da mesma espécie.

O coração não é apenas o órgão sensível central, ele é a sede de todas as capacidades psíquicas: "as capacidades de perceber, nutrir-se e a de mover o animal estão todas na mesma parte do corpo" (*PA* II.1, 647a25-26; cf. também *Somn* 2, 455b34).²⁶ Isso é necessário se as percepções do animal devem levar à ação: "se a região da origem [isto é, o coração] é alterada pela percepção e assim muda, as partes adjacentes mudam com ela e elas também são estendidas ou contraídas, e dessa maneira o movimento do animal se segue necessariamente" (*MA* 9, 702b21-25). Essa explicação material do movimento animal é a base da explicação dada dois capítulos antes em *MA* segundo a qual tais movimentos são causados por crenças e desejos:

> "Quero beber", diz o apetite. "Isto é bebida", diz a percepção ou a *phantasia*, ou o pensamento: ele imediatamente bebe. É dessa maneira que os animais são impelidos a mover-se e agir, e o desejo é a causa última do movimento (*MA* 7, 701a32-35).

---

²⁵ Para a natureza imagética das afecções dos órgãos sensíveis, veja *De Memoria* 450b20-27.

²⁶ Em alguns momentos, com efeito, Aristóteles parece falar como se o coração fosse a localização da própria *psuchê*. Em *An* I.4, ele diz que, no caso da memória, a mudança "começa na *psuchê* e termina nas mudanças ou estados de repouso nos órgãos sensíveis" (I.4, 408b14-18), aparentemente contrastando as mudanças nos órgãos sensíveis com as mudanças na *psuchê*. Em *Met* VII.10, ele diz que o coração (ou possivelmente o cérebro) não é nem anterior nem posterior ao corpo vivo do qual ele é parte, "já que ele é aquilo que controla (*kurios*) e que primariamente tem a explicação e a substância' (1035b25-27). No final de *MA* 10, ele chega ao ponto de negar que haja *psuchê* em todas as partes do corpo: "ela está em alguma origem diretora do corpo, e as outras partes têm vida porque elas estão naturalmente conectadas a isso" (703a37-b1).

Mais uma vez, embora as mudanças materiais normalmente sejam capazes de produzir movimentos que são racionalmente explicáveis em termos das crenças e dos desejos do agente, isso pode ser dissolvido. Assim, quando, em *EN* VII, Aristóteles explica a *akrasia* dizendo que o agente ignora a conclusão do silogismo prático relevante, ele diz que o acrático está no mesmo estado que as pessoas que estão iradas ou loucas – estados que "alteram o corpo" (*EN* VII.3, 1147a16). Explicar como o acrático deixa esse estado (e assim, presumivelmente, o que o causou) é o ofício do fisiologista (1147b8-9). Se alguém é ignorante da fisiologia, ele pode dizer o que acontece no caso da ação acrática, mas não será capaz de explicar por que isso acontece.

Afecções comuns

Aristóteles diz em *Sens* I que afecções como a percepção e o desejo são "comuns" à *psuchê* e ao corpo (436a7-8). Ele usou essa formulação anteriormente em *An* I.1, quando levantou a questão sobre se todas as afecções da *psuchê* são comuns à *psuchê* e ao corpo, ou se alguma é específica (*idion*) da *psuchê* (403a3-5). Com a possível exceção do pensamento abstrato (*nous*), todas são comuns: "É manifesto que todas as afecções da *psuchê* são com o corpo... em todas elas o corpo passa por alguma afecção" (403a15-19). Bem, o discurso de Aristóteles sobre afecções comuns deve de início parecer estranho. Dada sua explicação geral da *psuchê* como a forma das coisas vivas, aqui "o corpo" e "a *psuchê*" não denotam duas substâncias distintas: há apenas uma substância que pode ser afetada, e essa é o corpo vivo. Assim, ao dizer que a percepção é comum à *psuchê* e ao corpo, Aristóteles não pode estar juntando-se a Descartes e pensando que ela é uma atividade que essencialmente envolve duas substâncias distintas trabalhando como um sistema.

Uma maneira de entender isso seria identificar a alteração no órgão com a atualização de sua capacidade. Haveria então um evento, descritível de duas maneiras diferentes: tanto como uma mudança que ocorre a uma substância viva quanto como uma mudança numa certa estrutura material. A conversa de Aristóteles sobre uma afecção que é comum à *psuchê* e ao corpo seria, na verdade, uma abreviação para uma afecção que é comum ao corpo, em virtude de ter uma *psuchê*, e ao corpo, em virtude de sua constituição material.

Todavia, essa não é a posição de Aristóteles. Em *An* II.5, ele diz que a mudança a respeito da capacidade não é, rigorosamente, alteração nenhuma. Ele distingue a mudança qualitativa pura e simples – a alteração – e a mudança da mera posse de uma capacidade para seu exercício. A primeira é "a mudança para condições de privação", ao passo que a segunda é "a mudança para as disposições de uma coisa e para sua natureza" – isto é, a passagem da primeira para a segunda atualidade (417b14-16). A última, ele diz, ou não é propriamente chamada uma "alteração" ou é uma alteração em algum sentido especial. Alguns comentadores consideram que *An* II.5 nega que, na percepção, o órgão passe por qualquer espécie de alteração.[27] Isso é precipitado demais. Embora a atualização da capacidade não seja uma verdadeira alteração, isso não significa que a mudança no órgão, descrita materialmente, também não seja. O que isso significa é que não se pode identificar a atualização da capacidade com a alteração do órgão. Se a última é uma alteração e a primeira não é, então as duas não podem ser idênticas.[28]

A posição de Aristóteles, então, não é a de que temos um evento que é descritível ou com um ver ou como um colorir: pelo contrário, temos dois eventos – um ver e um colorir – ambos os quais envolvem a mesma substância, o olho (lembrando que, para chegar a ser um olho, ele tem de estar conectado ao coração). O fato de que a mesma substância está envolvida em ambos tem de ser o que estimula Aristóteles a falar da percepção como uma afecção comum; mas isso é

---

[27] Veja, por exemplo, Myles Burnyeat, "Is Aristotelian Philosophy of Mind Still Credible: A Draft", *in* Nussbaum e Rorty, *Essays on De Anima*, 19 ss.

[28] Isso barra qualquer interpretação de Aristóteles de acordo com a qual ele aparece com um precursor do funcionalismo: o ponto dessa doutrina é que estados ou eventos não mentais podem satisfazer descrições mentais em virtude de desempenharem um particular papel causal. Na explicação de Aristóteles, a alteração no olho não satisfaz nenhuma verdadeira descrição psicológica.

falta de cuidado, pois acaba sugerindo que há apenas um evento. Sua formulação algumas linhas depois em *An* I.1 – que todas as afecções da *psuchê* são "com o corpo", que "o corpo passa por alguma afecção ao mesmo tempo" (403a16-19) – é mais refletida. É claro que não é meramente que o corpo seja afetado simultaneamente à atualização, mas que a atividade da capacidade ocorra em virtude da alteração corporal.

Aristóteles não é conduzido a um dualismo substancial pela necessidade de explicar eventos mentais. Ele sanciona apenas substâncias vivas individuais, que são materiais.[29] Ele não é, contudo, um fisicalista, se consideramos que isso requer a aceitação da tese de que todo evento psicológico também satisfaz alguma descrição mais básica – isto é, uma descrição que pode ser satisfeita por eventos que envolvem coisas inanimadas. Não é somente que Aristóteles negue que ver algo azul seja ter a pupila tornada azul por um objeto; ele também nega que qualquer percepção particular de algo azul seja idêntica a qualquer alteração particular da pupila (ou conjunto de alterações do sistema perceptivo). Sua recusa dessa espécie de fisicalismo, no entanto, não o compromete com a ideia de que eventos psicológicos de alguma forma pairam acima do físico: os estados e as mudanças psicológicos num organismo são determinados por seus estados e mudanças físicas.[30] Aristóteles não admite que uma criatura viva teria podido ter a mesma história descrita fisicamente, mas uma história psicológica diferente (exceto, talvez, em

---

[29] Na verdade, seria melhor dizer que, para os propósitos presentes, ele não é um dualista substancial. A afirmação não precisa estar restrita ao reino sublunar: ele parece *mesmo* admitir que a mente divina, cuja única atividade é o pensamento abstrato, existe sem a matéria. Veja *Met* XII.7-10.

[30] Apenas as atividades do *nous*, que não tem um órgão (*An* III.4, 429a24-27), não são determinadas fisicamente, e, para os humanos, mesmo isso requer a operação da *phantasia* (*An* I.1, 403a8-9; III.7, 431a16-17). O fato de Aristóteles admitir que haja uma capacidade à qual falta um órgão mostra que ele não tem um compromisso de princípio com a afirmação de que todo evento tem de ou ser um evento, ou estado físico, ou ser determinado por um evento ou estado físico. Deve ser dito, no entanto, que sua discussão do *nous* em *An* III.4-5 é notavelmente bastante obscura.

relação a sua atividade poética – seus pensamentos sobre universais).[31] Ademais, o determinismo que prevalece no nível físico assegura um determinismo também no nível psicológico.

O perigo, todavia, é que isso torna os eventos selecionados por descrições psicológicas causalmente irrelevantes. No *MA*, como vimos, há dois conjuntos de descrições de eventos que dão origem à ação. Num dos níveis, quando os órgãos são alterados, os *phantasmata* resultantes afetam o coração, que é com isso causado a mover as partes ao seu redor, e isso dá origem ao movimento dos membros. No outro nível, a visão da bebida, ao lado do desejo de beber, causa que o animal pegue o copo diante dele. O problema aqui é ver o que pode justificar a afirmação de Aristóteles de que o desejo é a causa da ação (*MA* 7, 701a35). Uma vez que os movimentos dos membros determinam materialmente a ação, é-lhe legítimo afirmar que o movimento das partes ao redor do coração causa a ação – mas isso não é suficiente para tornar o desejo causalmente eficaz, já que o desejo não pode ser identificado com esses movimentos. Que o agente tenha o desejo de beber parece agora causalmente irrelevante para sua ação de beber.

Isso levanta algumas sutis e difíceis questões, mas é ao menos possível esboçar uma resposta aristotélica. O primeiro ponto a notar é que, para Aristóteles, estados e eventos psicológicos são necessariamente materiados. Do mesmo modo como corpos vivos não podem ser identificados com sua matéria, eventos psicológicos não podem ser identificados com a deles. A ação não é idêntica ao conjunto de movimentos dos membros, e ver a bebida não é idêntico ao conjunto de alterações nos órgãos sensíveis. Não obstante, para que a ação ocorra, é preciso que haja uma série de movimentos corporais, e, se tal série existe, isso é suficiente para que a ação ocorra. Que ele recomende que o psicologista produza definições de processos psicológicos que fazem referência à matéria – mesmo que estas não devam ser consideradas definições no sentido estrito articulado em *Metafísica* VII –, demonstra a firmeza da

---

[31] Deixo aqui em aberto se suas relações causais com outras coisas devem entrar em sua história física.

relação entre eventos físicos e psicológicos no interior de seu sistema.[32] Desse modo, os eventos psicológicos estão para certos eventos físicos como a forma está para a matéria: os movimentos corporais são a matéria da ação, e alguns estados do coração são a matéria do desejo. Para que Aristóteles possa justificar o tratamento dos eventos psicológicos como causalmente irrelevantes, ele terá de mostrar por que eles devem dar origem a seus efeitos em virtude de sua forma em vez de apenas em virtude de sua matéria.

Parece que há ao menos duas possibilidades abertas de resposta para Aristóteles. A primeira é que algo não será de forma alguma uma ação, a não ser que seja causalmente explicável com referência aos estados psicológicos do agente. Ele assim negaria que, para que uma ação ocorra, seja suficiente que haja uma série de movimentos corporais: tal série teria de ser causada por algum evento (ou alguns eventos) físico que instanciam um desejo. Isso é plausível no caso das ações, mas não é obviamente generalizável a todos os casos de causação psicológica. Uma alternativa (compatível) é que ele enfatize seu princípio geral segundo o qual não se pode compreender o comportamento de uma substância meramente como um sistema de matéria. O cientista natural tem de mostrar como tal sistema é necessitado pela natureza da substância da qual ele é a matéria. Os movimentos ao redor do coração dão origem aos movimentos dos membros – mas só há um sistema material capaz de agir e sofrer ação dessa maneira, porque isso é necessário para que o animal seja capaz de agir sobre o mundo que o cerca. Os eventos psicológicos só ocorrem porque os eventos físicos relevantes os instanciam. Uma vez que a relação entre os eventos físicos e os eventos psicológicos que eles instanciam não é, portanto, uma relação acidental, isso é su-

---

[32] Para a questão de como conciliar a afirmação de Aristóteles de que os corpos naturais serão definidos (ao menos pelo físico) com referência a sua matéria, bem como a sua forma, com seu aparente comprometimento em *Met* VII com o princípio de que as coisas devem ser definidas com referência a sua forma tão-somente, veja M. Frede, "The Definition of Sensible Substances in Met. Z", in D. Devereux e P. Pellegrin, eds., *Biologie, Logique e Métaphysique chez Aristote* (Paris: Editions du CNRS, 1990), 113-129.

ficiente para conferir aos últimos a eficácia causal que Aristóteles lhes atribui.[33]

Embora Aristóteles não pense que todos os eventos são eventos físicos, ele não é levado a essa posição por qualquer tipo de reflexão sobre a dificuldade de colocar a consciência no interior da ordem natural. Não há absolutamente nada de cartesiano na motivação para seu pluralismo relativo aos eventos. Minha sensação de medo ou meu desejo de um cigarro é um evento físico exatamente do mesmo modo que a absorção de nutrientes pela planta. O que o motiva não é o reconhecimento de uma distinção entre eventos mentais e eventos físicos, mas de uma distinção entre aqueles eventos que são atualizações de capacidades de coisas vivas e aqueles que são alterações num sentido mais estrito. Aristóteles não pode ser vítima da acusação de que sua teoria da *psuchê* repousa sobre uma compreensão da matéria que é extraordinariamente vitalista. Ele simplesmente aceita que certos sistemas de matéria, convenientemente dispostos, são capazes de consciência. Ele não explica por que esses sistemas têm consciência, ao passo que outros não – mas tampouco alguma outra pessoa tem uma explicação. A não ser que sejamos dualistas, nós aceitamos que certas substâncias materiais gozam de consciência e que o fato de uma substância ser consciente depende de sua constituição material. Somos tão incapazes quanto Aristóteles de dizer *por que* certos sistemas de matéria estão aptos a ser conscientes. Ao reconhecer que não se tem de tentar uma identificação dos eventos mentais com os eventos físicos para integrar o psicológico ao mundo físico, Aristóteles ao menos mostra uma sofisticação maior do que talvez seja comum até mesmo hoje.

---

[33] Isso claramente requer considerações mais profundas do que as que recebe aqui. Para uma sofisticada discussão dessas questões, veja o capítulo 5 de D. Charles, *Aristotle's Philosophy of Action* (London: Duckworth, 1984).

7 Ética

D. S. HUTCHINSON

INTRODUÇÃO

A. O TESTAMENTO DE ARISTÓTELES

Quando Aristóteles morreu, em 322 a.C., ele deixou um testamento que nos oferece uma visão privilegiada de seus assuntos pessoais e opiniões morais privadas. Ele tinha um patrimônio razoavelmente grande, dois filhos adolescentes, uma companheira (a mãe de seus filhos morrera) e um círculo de amigos de confiança. A quantidade de bens deixada para Herpília, sua companheira, é muito generosa, "pois ela foi boa para mim"; ela teria a preferência na escolha das casas de Aristóteles, vários servos, uma grande quantidade de prata para além do que ele já recebera e um belo dote se ela quisesse casar-se. Ele deixou instruções para a dedicação de várias estátuas: uma para sua mãe, uma para sua irmã e uma para seu irmão, que deveria ser instalada como um memorial a ele, "já que morreu sem ter tido filhos". Ele também deixou instruções para um par de estátuas em tamanho natural que deveriam ser erigidas em Estagira, sua cidade natal: uma de Zeus Salvador e outra de Atenas Salvadora. Aristóteles deixa tudo muito bem detalhado para seus executores. Herpília deve ter a casa de sua escolha mobiliada "com o que lhes parecer adequado e satisfatório a ela". "Nicanor cuidará de minha filha e de meu filho Nicômaco da forma que ele julgar apropriada à situação deles, embora ele seja ao mesmo tempo pai e irmão deles".[1] Muitos dos temas que ele discutiu com seus estudantes também

---

[1] O testamento de Aristóteles é transmitido em Diógenes Laércio, *Vidas dos Filósofos*, V. 11-16. [Veja acima, p. 30-31].

desempenham um papel destacado em seu testamento – a importância dos amigos, da família e de filhos prósperos, os papéis sociais que cabem aos cavalheiros de posses, a generosidade e a dignidade no trato com os outros e o bom juízo de homens leais. Aristóteles revela-se nesse testamento como alguém que tem as virtudes que se esperariam de um cavalheiro de vastas posses, que reconhece as responsabilidades que vêm com a riqueza.

B. *Aristóteles e sua* Exortação à Filosofia

É isso o que temos do Aristóteles idoso, mas como ele era quando jovem? Não temos documentos privados desse período, mas sabemos de um belo ensaio, a *Exortação à Filosofia*, que ele publicou aos seus trinta e poucos anos. Esse ensaio revela uma trama bem diferente no tecido do pensamento de Aristóteles e complementa aquilo que seu testamento nos conta sobre ele.

As boas coisas de que gozamos, Aristóteles diz, como a riqueza e a saúde, não têm nenhum valor se nossa alma não for boa. Da mesma maneira como a alma é superior ao corpo, a parte racional da alma é superior à parte irracional. A melhor coisa que podemos fazer é promover o que há de melhor na melhor parte de nós, que é ser tão racional quanto possível e passar a conhecer as coisas mais importantes. Esse estado de conhecimento é uma virtude em si mesmo e traz consigo suas próprias recompensas, já que nós naturalmente gostamos de compreender as coisas. É natural e certo para nós tornarmo-nos animais racionais e, se não o fizermos, então poderemos ser homens vivos, mas não estaremos vivendo *como homens*; poderemos ter prazer enquanto vivermos, sem *ter prazer em viver*. A única maneira de realizarmos nossa natureza humana é realizar nossa natureza divina, e a mente é o elemento divino em nós; em virtude de possuirmos razão, podemos aproximar-nos do feliz estado dos deuses. "O homem destituído de percepção e de mente é reduzido à condição de uma planta; destituído tão-somente de mente é tornado um bruto; destituído de irracionalidade, mas conservando a mente, torna-se como Deus."

"Qual é a utilidade da filosofia?", poder-se-ia perguntar. Algumas coisas, replica Aristóteles, são boas pelo que elas podem nos proporcionar, mas outras são boas em si mesmas; a filosofia é boa em si mesma, e o fato de que ela vale a pena mesmo sem nos proporcionar nada a mais significa que ela é um dos bens mais elevados, não que é inútil. Suponha que vivêssemos no Paraíso e estivéssemos livres de nossas necessidades corporais; o que faríamos senão contemplar e admirar o universo? Viajamos para ver os jogos olímpicos, e não perguntamos que bem isso nos proporciona; pagamos para ir ao teatro e olhamos para homens vestidos como outras pessoas; como seria muito mais satisfatório e valeria mais a pena ter uma visão do próprio universo com todas as suas maravilhas reveladas! Quando perguntaram a Anaxágoras "Qual é o sentido da vida? Por que alguém escolheria vir ao mundo e viver?", diz-se que ele respondeu "Para observar os céus, as estrelas, a lua e o sol nele", tudo o mais não tendo a menor importância. Uma vida próspera[2] é ou uma vida de entendimento ou uma vida de prazer ou uma vida de virtude moral; seja lá qual ela for, a contribuição mais importante que podemos dar-lhe é encetar o estudo da filosofia.[3] Claramente, a *Exortação à Filosofia* era uma argumentação apaixonada em favor de dedicar a vida à filosofia; ela expressa a trama intelectual no tecido do pensamento de Aristóteles, que contrasta com a trama social expressa em seu testamento e a complementa.

C. AS OBRAS ÉTICAS DE ARISTÓTELES

Aristóteles publicou muitos outros livros que lhe conquistaram uma reputação de brilhantismo e elegância na expressão. Todos estes não

---

[2] N.T.: *Successful*: neste capítulo, o autor utiliza inúmeras vezes as palavras "success" e "successfull", que normalmente são traduzidas como "sucesso" e "bem-sucedido". Optamos por traduzi-las na maioria das vezes como "prosperidade" e "próspero", já que o significado destas palavras em português é bem mais próximo do significado do inglês "success". Há, contudo, algumas poucas ocasiões em que pareceu mais natural traduzi-la como "sucesso". Portanto, pedimos ao leitor que tenha em mente que, onde se lê "próspero" e suas variantes e "sucesso", sempre trata-se da mesma palavra inglesa e suas variantes, "success".

[3] *Exortação à Filosofia* (= "*Protrepticus*"), ed. I. Düring (disponível em inglês nas pp. 2403-2416 de *The Complete Works of Aristotle*), fragmentos B2-4, B11-17, B19, B21, B23-24, B28-29, B42-44, B54-57, B59-67, B70-77, B79-96, B108-110.

chegaram a nós (com a exceção de fragmentos citados por outros autores), e o que temos ao invés disso são toscas e inelegantes, mas brilhantes, compilações de notas. Na ética, há duas compilações estreitamente relacionadas, a *Ética a Nicômaco* e a *Ética a Eudemo*.[4] Essas notas estão associadas às palestras e discussões que aconteciam no Liceu de Aristóteles (há um ponto em que Aristóteles ilustra algo referindo-se a um quadro-negro), mas não está claro se elas eram sua notas de aula, escritas antes de ministrar suas palestras, ou suas notas de pesquisa, anotadas depois de suas palestras e discussões; talvez elas servissem para os dois propósitos.

A *Ética a Nicômaco* consiste em dez "livros" de tamanho aproximadamente igual, transmitidos a nós por manuscritos antigos de uma época em que suas edições-padrão ocupavam dez rolos de papiro ou "livros". A *Ética a Eudemo* consiste em sete "livros", dos quais o último às vezes está dividido em dois. Três desses livros são exatamente os mesmos que três livros da *Ética a Nicômaco*. Por quê? Ou porque o próprio Aristóteles os utilizou nas duas séries de palestras, ou, mais provavelmente, porque algum editor da Antiguidade os copiou de uma obra para preencher uma lacuna na outra. De que obra eles teriam sido copiados? Estudiosos mais recentes tendem a acreditar que esses "livros comuns" eram originalmente parte da *Ética a Eudemo*. Por que haveria uma lacuna da *Ética a Nicômaco*? Ou porque ela estava inacabada quando Aristóteles morreu, ou, mais provavelmente, porque alguns de seus livros foram perdidos. Quando me refiro a uma passagem nos livros comuns, uso um asterisco: por exemplo, *EN* 1173a29-b20 é uma passagem da *Ética a Nicômaco*; *EE* 1230b9-20 é uma passagem da *Ética a Eudemo*; e **EN* 1154a22-b20 é uma passagem dos livros comuns, portanto provavelmente da *Ética a Eudemo*. (É intrigante que esses livros comuns estejam incluídos em edições modernas da *Ética a Nicômaco*, mas não da *Ética a Eudemo*.) A *Ética a Eudemo* (incluídos

---

[4] Não se sabe por que essas compilações têm os títulos que têm. A *Ética a Eudemo* foi ou dedicada a Eudemo de Chipre (que morreu jovem e era amigo íntimo de Aristóteles) ou editada por Eudemo de Rodes; e a *Ética a Nicômaco* foi ou dedicada a Nicômaco, pai de Aristóteles (que também morreu jovem), ou dedicada ou editada por Nicômaco, filho de Aristóteles.

os livros comuns) é a obra mais antiga de acordo com estudiosos mais recentes, e a *Ética a Nicômaco* (excluídos os livros comuns) comunica uma versão posterior do pensamento ético de Aristóteles; mas as diferenças entre as duas usualmente são relativamente pequenas.

É útil ter em mente a quem Aristóteles se dirigia nessas séries de palestras. Em primeiro lugar, eles eram todos homens; as mulheres tinham uma posição social distinta no mundo grego antigo, e eram governadas por expectativas e obrigações diferentes. Por essa razão, quando relato as posições de Aristóteles, falo de "homem" (não "pessoa") e "dele" (não "dele ou dela") e assim por diante; mas isso não é dizer que o pensamento de Aristóteles não tem nenhuma relevância para as mulheres modernas (tampouco os homens modernos podem simplesmente supor que o que Aristóteles dizia aplica-se a eles). Em segundo lugar, eles eram jovens (homens mais velhos na maioria das vezes não frequentavam instituições educacionais), o que explica o ponto de partida de Aristóteles, o de que é preciso ser maduro e planejar a vida de maneira inteligente. Aristóteles não reluta em dizer coisas que seriam óbvias para homens mais velhos e experientes, e considera que sua tarefa é elucidar, em suas linhas gerais, o que seja a boa vida, sem fazer pausas para discutir as dificuldades de detalhe que frequentemente preocupam os homens mais velhos. Em terceiro lugar, eles eram jovens cavalheiros de posses, cujo patrimônio familiar (normalmente administrado por um mordomo) fornecia uma receita suficiente para que eles não precisassem trabalhar para viver. Isso torna uma parte da discussão de Aristóteles irrelevante para os jovens modernos que não se encontram em tais circunstâncias favoráveis. Mas ainda resta uma enorme quantidade de duradouro bom senso e sabedoria adquirida a duras penas no que diz Aristóteles e que pode ser apreciada por pessoas dos dias de hoje, de ambos os sexos, de todas as idades e de variadas posições sociais.

A principal dificuldade que os estudantes modernos têm para compreender o pensamento de Aristóteles é que eles facilmente perdem seu fio condutor em meio a suas numerosas digressões. O que fiz, por conseguinte, foi concentrar-me em produzir uma apresentação clara do que considero serem os elementos centrais da posição moral de Aristóteles. Isso significa que tive de alterar muito substancialmente a ordem da exposição de Aristóteles, e às vezes, no curso de um único parágrafo, refiro-me a várias passagens dispersas pelas duas obras; mas as referências no final de cada parágrafo permitirão aos leitores saber onde elas estão no texto de Aristóteles. No que se segue, simplesmente relatarei as principais ideias de Aristóteles numa disposição tão lúcida quanto sou capaz de produzir; os leitores devem ter em mente que o que está sendo dito é a opinião de Aristóteles, não a minha, a não ser que haja alguma indicação em contrário.

VIVER PROSPERAMENTE

A principal questão que um jovem tem de encarar é esta: "Como posso tornar minha vida um sucesso?" Obviamente, um jovem sensato planejará sua vida com *algum* objetivo em mente, e ser próspero é a mais agradável, melhor e mais satisfatória realização possível. Mas não confunda ser próspero com ter o que é necessário para ser próspero. Alguns homens, por exemplo, confundem ser próspero com ser poderoso e rico; mas tais coisas apenas têm valor por aquilo que elas nos permitem fazer, e ser próspero na vida é fazer bom uso delas enquanto se vive. Outros homens (especialmente os filósofos morais) confundem ser próspero com simplesmente ser um tipo virtuoso de homem. A virtude é certamente uma coisa boa e necessária, mas é apenas daqueles que fazem uso ativo de suas virtudes que se pode dizer que vivem prosperamente – da mesma maneira como só podem ser vitoriosos aqueles que efetivamente competem nas Olimpíadas. Tornar sua vida próspera é assegurar que sua vida como um todo consiste em atividades prósperas[5] (*EE* 1214a1-8, 1214b6-27, 1215a20-25; *EN* 1098b29-99a7, 1099a22-31).

---

[5] Aquilo de que falo como "prosperidade" ["*success*"] (*eudaimonia*) é usualmente traduzido como "felicidade", e o que eu verto como "feliz" (*makarios*) é usualmente traduzido como "abençoado" (em outras palavras, "gozar de algo como a felicidade dos deuses"). Lamento que isso possa causar alguma confusão temporária para os leitores das traduções tradicionais, mas creio que esses termos dão um sentido muito mais claro para o raciocínio de Aristóteles e espero que meus leitores venham a concordar comigo.

Que tipos de vida são prósperos – que tipos de vida valem a pena ser vividos? Esta é uma questão surpreendentemente difícil. É óbvio que a vida *é* digna de ser vivida? A vida envolve muitas circunstâncias que tornam a morte preferível; e ninguém que tenha a cabeça no lugar escolheria viver para dormir (como as plantas) ou para comer e fazer sexo (como os animais) ou para divertir-se de forma imatura (como as crianças) ou para ficar na labuta dos negócios do dia-a-dia (como a maioria dos adultos). Há na verdade apenas três razões respeitáveis para preferir viver a não viver: desfrutar dos prazeres mais refinados; conquistar um bom nome para si a seus olhos e aos olhos dos outros em sua comunidade; e desfrutar de uma compreensão do universo no qual nos encontramos. Estas correspondem às três escolhas de carreira que estão abertas aos jovens cavalheiros de posses: uma vida de aprazível divertimento; uma carreira no serviço público; e uma vida dedicada à filosofia. (Ninguém que tem que se virar para ganhar a vida, não importa de que maneira, pode realmente ser próspero em sua vida, pois não goza de independência pessoal.) Todo homem cujas circunstâncias lhe permitem escolher como viver escolherá um desses três modos de vida (*EE* 1215a25-16a10; *EN* 1095b14-96a10).

Dois desses três modos de vida revelar-se-ão, de acordo com Aristóteles, maneiras prósperas de viver, mas, antes de anunciar quais são elas, ele realiza uma análise mais profunda do conceito de prosperidade. Ela é a maior e melhor coisa que nós, seres humanos, podemos obter – os animais, que nada compartilham com o divino, não podem esperar viver prosperamente, e os deuses gozam de um tipo diferente de existência ideal. Não faz sentido considerar o que não pode ser mudado ou o que apenas os deuses podem realizar. O que nós podemos realizar é ou uma realização particular, como correr uma milha, ou o objetivo pelo qual tentamos aquela realização, como estar fisicamente bem. Todas as habilidades e tipos de conhecimento que usamos em nossas vidas perseguem certos objetivos por conta de objetivos mais elevados, e os objetivos mais elevados são, portanto, melhores que os objetivos inferiores. Se existe um único objetivo supremo de tudo o que fazemos, seria bom compreendê-lo bem, pois isso seria a melhor coisa na vida – o alvo, por assim dizer, que deve ser visado por todas as nossas decisões. E realmente parece existir esse único objetivo supremo – todos o chamam sucesso; em outras palavras, viver bem e passar bem (*EE* 1217a18-40; *EN* 1094a1-24, 1095a14-20, 1099b32-1100a1).

Todos concordam que o objetivo supremo para os homens é viver suas vidas prosperamente, mas Aristóteles oferece uma demonstração mais rigorosa da ideia. Um objetivo A é mais perfeito que outro objetivo B quando A é digno de ser perseguido por si mesmo e B não é ou, se ambos são dignos de ser perseguidos por si mesmos, quando não é perseguido por alguma outra coisa e B é. Um objetivo é perfeito no mais alto grau, portanto, se ele é sempre digno de ser perseguido por si mesmo e nunca por alguma outra coisa. Ser próspero na vida corresponde a essa descrição, pois isso sempre é digno de ser perseguido por si mesmo; e, enquanto escolhemos o prazer, a honra, ter um caráter virtuoso e outras coisas boas porque elas contribuem a viver prosperamente, escolhemos ser prósperos na vida por nada para além de si mesmo. Ora, imagine um objetivo perfeito que nos oferece tudo que poderíamos querer da vida; esse bem seria "autossuficiente", algo que "quando tomado em si mesmo, torna a vida desejável e completa". É óbvio que só pode haver um objetivo como esse, pois, se houvesse um segundo objetivo, então o segundo também seria digno de ser obtido, e o primeiro objetivo não seria suficiente para tornar a vida completa. Ser próspero na vida corresponde também a essa segunda descrição, e com esse par de argumentos Aristóteles mostra que a prosperidade na vida é o único objetivo perfeito para os homens (*EN* 1097a15-b21).

Platão sustentara que a Ideia do Bem era a melhor coisa no mundo, e assim Aristóteles relutantemente deixa sua exposição de lado para criticar essa doutrina. Muitos desses argumentos são técnicos, até mesmo bem obscuros, e Aristóteles remete seus leitores a suas outras obras para uma crítica mais detalhada do idealismo de Platão. Para o propósito de discutir a ética, contudo, Aristóteles concentra-se naquilo que os homens são capazes de alcançar, e uma coisa abstrata como a Ideia do Bem não é algo que podemos alcançar. Mas um conhecimento da Ideia do Bem não nos ajudaria a compreender que bens são dignos de ser alcançados? Esta parece ser uma sugestão razoável, mas na realidade as diversas habilidades e tipos de conhecimento que explicam que bens devemos perseguir e como persegui-los conseguem fazer isso sem nenhuma referência a algo como uma Ideia do Bem. Os bens que são relevantes para a investigação de Aristóteles são os objetivos perseguidos pela "política", "economia" e "sabedoria", as habilidades deliberativas exigidas de um homem que deve ser responsável por uma comunidade política, uma casa, ou si mesmo. Aristóteles refere-se à combinação dessas habilidades práticas como a "habilidade mestra", o principal tipo de conhecimento que um jovem sensato precisa adquirir.[6] Não é nem possível nem desejável, conclui Aristóteles, procurar alguma doutrina metafísica profunda da "bondade", se devemos ter clareza sobre a melhor maneira para os homens viverem suas vidas (*EE* 1217b1-18b24; *EN* 1096a11-97a14).

Qual é então a maneira mais próspera de vivermos? Como toda outra criatura no mundo, o homem tem uma particular natureza, e a melhor maneira de viver, para um homem, é viver de acordo com sua natureza, que é ser uma criatura dirigida por uma alma racional. A verdadeira função das almas humanas racionais é fazer os homens viverem bem – em outras palavras, de uma maneira racional. Viver uma vida bem vivida é o melhor bem possível para o homem, e isto é o que é ser próspero como ser humano. Viver bem significa viver sua vida sendo guiado pelas virtudes da alma. Uma vez que a prosperidade é um objetivo perfeito e autossuficiente, ela tem de incluir a vida toda e todas as virtudes mais importantes. Prosperidade na vida, o melhor bem possível para o homem, é portanto viver toda sua vida de uma maneira racional, sendo guiado pelas melhores virtudes da alma racional (*EE* 1218b31-19a39; *EN* 1097b22-98a20).

Eis, então, a definição provisória que Aristóteles dá da prosperidade: viver uma vida de atividade inteiramente virtuosa, por todo o tempo de sua vida. Ele deriva confirmações de sua definição de várias outras considerações.

---

[6] Aristóteles mudou de ideia na *Ética a Nicômaco* e escolheu considerar apenas a sabedoria política como a "habilidade mestra", uma mudança consoante com o papel mais proeminente desempenhado pela política na obra madura – a obra começa argumentando que a política é a habilidade mestra e termina com uma transição a uma série de palestras sobre política muito parecida com a *Política* que foi transmitida a nós (*EN* 1094a25-b12, 1102a5-26, 1179a32-81b23).

É muito apropriado que a prosperidade deva ser adquirida pela disciplina e educação que promovem a atividade virtuosa; se a prosperidade fosse um dom natural ou uma questão de sorte, então ninguém a mereceria, e ela não seria o esplêndido e semidivino prêmio que é. Nós enaltecemos os homens por suas virtudes, mas os parabenizamos por serem prósperos; isso significa que a prosperidade é o bem supremo, porque enaltecemos os homens pelas qualidades que os ajudam a alcançar os prêmios da vida, e as realizações são bens mais elevadas que as qualidades. A compreensão que Aristóteles tem da prosperidade é consoante com todas as opiniões respeitáveis sobre o assunto: ela envolve ter sabedoria; envolve ter as virtudes; envolve viver bem e fazer as coisas bem; até mesmo envolve o prazer, pois o homem virtuoso tem satisfação em viver de acordo com seus ideais (*EE* 1214a30-b6, 1215a8-19, 1219a39-b4, 1219b8-16; *EN* 1098b9-99a21, 1099b9-25, 1101b10-02a4).

Uma vida próspera também precisa de um pouco de boa sorte. É difícil ser feliz se você é feio, nasceu em uma posição humilde ou está decepcionado com seus filhos. É impossível servir bem ao público sem a ajuda dos amigos, riqueza e influência política. Isso não significa, todavia, que a prosperidade é o mesmo que a boa sorte, tampouco que é preciso muita sorte – com efeito, boa sorte demasiada pode, na verdade, ser prejudicial a alguns homens. A melhor quantidade de tais coisas é aquela que promove nosso eu racional autêntico tanto quando possível, a quantidade que "mais produzirá a contemplação de deus" e nos faz "prestar o mínimo possível de atenção na parte irracional da alma enquanto tal" (veja abaixo, p. 266). Tal homem será o que Aristóteles chama um "cavalheiro" ("nobre e bom" é como o grego é literalmente traduzido), um homem que faz um uso correto dos bens que a sorte coloca em seu caminho e que merece gozar das vantagens de que goza. Apenas um cavalheiro pode ser "magnânimo" (o termo mais elevado de Aristóteles para o enaltecimento moral), um homem que está seguro de que tem todas as virtudes morais e de que merece o que merece (veja abaixo, pp. 290-292) (*EE* 1248b8-49b25; *EN* 1099a31-b9, 1124a1-4).

Eis, então, a definição final de Aristóteles: prosperidade é atividade inteiramente excelente, juntamente com moderada boa sorte, por todo o tempo de sua vida. Isso explica por que nunca chamamos um garoto de próspero (exceto antecipando uma prosperidade futura) e por que não podemos ter vidas temporariamente prósperas. Com efeito, um famoso provérbio aconselha, "Nunca chame um homem de próspero antes do fim de sua vida"; apenas o caixão é segurança contra a desventura. Aristóteles aprova esse provérbio na *Ética a Eudemo*, mas depois ele o pensa mais profundamente. A prosperidade da vida de um homem depende do que ele faz com ela, o que depende, por sua vez, do mérito de suas atividades, que não pode ser facilmente subtraído de um homem virtuoso; assim, a virtude é a real segurança contra o fracasso. Nem mesmo desventuras em muito larga escala podem transformar nossas vidas em fracassos, se tivermos as virtudes para superá-las e aproveitá-las da melhor maneira possível (embora Aristóteles admita que um homem próspero em todos os outros respeitos realmente não ficará *feliz* quando um desastre absoluto lhe sobrevier). O caixão não é a única segurança contra a desventura; tampouco ele é uma segurança completa, pois a opinião geral é que o que acontece a nossos descendentes e a nossas reputações pode afetar o juízo a respeito de nossa vida ter sido ou não um sucesso. Aristóteles concorda que tais coisas têm *algum* efeito sobre o bem-estar do morto, embora ele sustente que o efeito não pode ser significativo o bastante para tornar uma vida feliz ou próspera numa vida infeliz ou fracassada. Um homem será um homem feliz se ele vive sua vida virtuosamente, goza de moderada boa sorte e está destinado a assim fazê-lo até o fim de seus dias (*EE* 1219b4-8; *EN* 1100a1-01b9).

OS MELHORES MODOS DE VIDA

Qual das três alternativas de carreira é a melhor – a vida de aprazível divertimento, a vida de serviço público virtuoso ou a vida da filosofia? Um argumento equivocado em favor do divertimento aprazível é o de que aqueles que têm o poder absoluto para escolher (reis, tiranos e outros que estão acima) frequentemente levam vidas inteiramente entregues a ele. Mas essa preferência é compartilhada por escravos e animais, que não conhecem nenhum outro tipo de prazer; e Aristóteles se recusa a aceitar o veredicto desses homens poderosos, que provavelmente nunca conheceram as satisfações de atividades mais elevadas. Seria muito melhor consultar homens pensantes, como Anaxágoras, homens que conheceram as recompensas da atividade intelectual bem como os prazeres da carne e outros divertimentos indignos. Seria tolo e infantil esforçar-se para se tornar capaz de se divertir; o apropriado é tratar o divertimento como algo para relaxar, divertindo-se para depois estar mais apto a trabalhar nos assuntos sérios da vida (*EE* 1216a10-19; *EN* 1095b14-22, 1176b9-77a11).

Enquanto a vida de prazer convém apenas a crianças, escravos e animais, a vida política da virtude convém a homens. O homem é o tipo de animal cuja natureza é viver numa comunidade política, diz Aristóteles na *Política*, e, em suas séries de palestras sobre política, seu público principal consistia em jovens cujo futuro envolvia voltar a suas cidades natais para assumir um papel de destaque nos assuntos públicos. Esse é um bom e digno modo de vida, e Aristóteles nunca diz nada contra ele. Mas ressalta que ele é bom e digno apenas se se têm as virtudes e se está preparado para servir o público; o tipo de vida política que visa encher os bolsos ou conquistar fama não pode ser recomendado (*EE* 1216a19-27; *EN* 1095b22-96a4, 1178a9-b7; *Pol* 1253a1-18).

Entretanto, o mais elevado modo de vida possível é aquele que expressa o elemento mais elevado em nós, o elemento divino da razão. Essa é a vida dedicada à apreciação da verdade, a atividade que Aristóteles chama de contemplação intelectual. "Então, se o intelecto é divino em comparação com o homem, a vida de acordo com ele é divina em comparação com a vida humana. Mas não devemos seguir aqueles que nos aconselham, sendo homens, a pensar em coisas humanas e, sendo mortais, em coisas mortais, e sim devemos, tanto quanto pudermos, tornar-nos imortais e tentar com todas as nossas forças viver de acordo com a melhor coisa em nós; pois mesmo que seja pequena em tamanho, ela supera tudo em poder e valor". "Quer ela [a melhor coisa em nós] própria seja também divina, quer ela seja apenas o elemento mais divino em nós, a atividade disso de acordo com a virtude que lhe cabe será o sucesso perfeito". Esse elemento é o que realmente somos, já que ele é o elemento mais elevado e de maior autoridade em nós; seria absurdo preferir qualquer outro elemento em nós, porque isso seria preferir viver fora de nós mesmos (*EN* 1177a12-18, 1177b26-1178a8).

Muito mais pode ser dito a favor da vida intelectual. Ela é mais autossuficiente que a vida política, exigindo menos daquilo que está sob o controle da fortuna – riqueza, poder e o apoio de outros homens. Contemplar a verdade é a menos desgastante das atividades sérias, e podemos contemplar a verdade mais continuamente do que podemos fazer qualquer outra coisa. Os prazeres da verdade são particularmente puros e duradouros. A contemplação é uma atividade conveniente ao ócio e não visa nada para além de si mesma. Não dá para supor que os próprios deuses tenham as virtudes morais – para que eles precisariam delas? Sua única atividade é a contemplação, e assim a vida intelectual é a vida que está mais próxima da maneira como vivem os deuses, a vida que é a preferida dos deuses (*EN* 1177a18-78a8, 1178a21-79a32).

Razão e as virtudes da mente

O homem é um animal racional e está em seu melhor estado quando usa sua razão da melhor maneira. O melhor e correto uso da razão é conhecer a verdade. As disposições da mente que nos permitem conhecer a verdade são chamadas "virtudes intelectuais", a fim de distingui-las das virtudes morais, as disposições de nossas emoções que nos ajudam a dar as respostas corretas às situações práticas. O lado racional e o lado emocional são aspectos diferentes de nossa natureza, e suas virtudes não se sobrepõem, com uma importante exceção: a virtude intelectual chamada sabedoria prática, cuja função é permitir-nos saber a maneira correta de nos comportar. Embora a sabedoria prática não seja ela própria uma virtude moral, está intimamente associada com as virtudes morais, como a discussão abaixo deixará claro.

O melhor lugar para começar é com a virtude intelectual chamada "conhecimento" ou "conhecimento científico". Aristóteles fala dessa virtude nos termos de sua discussão do conhecimento científico nos *Primeiros Analíticos* e *Segundo Analíticos*. De acordo com esses livros, o conhecimento científico consiste em deduções com base em princípios mais básicos da natureza. Para fazer as deduções certas, temos de ser capazes de encontrar os princípios básicos da natureza corretos – o que não é fácil.[7] Essa aptidão é a segunda virtude intelectual, chamada "apreensão" ou "intuição", e consiste em uma combinação das duas primeiras; é a aptidão para ter uma compreensão completa e profunda acerca da natureza. A atividade dessa virtude combinada é o que Aristóteles chama "contemplação", a apreciação das verdades que organizam o universo em que nos encontramos. Essa atividade de contemplação é a melhor atividade acessível a nós, como vimos acima (*EN 1139b18-36, 1140b31-41b8).

Essas três virtudes intelectuais dizem respeito aos fatos sobre o universo que não podem alterar-se. As outras duas virtudes da mente, a sabedoria e a habilidade práticas, dizem respeito ao que podemos produzir e mudar. Uma habilidade (ou "arte") permite-nos conhecer que passos temos de dar para fazer alguma coisa passar a existir; exemplos de habilidade incluem a sapataria, que faz uma coisa material (um sapato) passar a existir, e a medicina, que faz uma coisa imaterial (a saúde) passar a existir. Aristóteles diz pouca coisa sobre as habilidades porque os jovens aos quais ele está falando não têm necessidade delas, já que são membros da classe dos detentores de terras, e porque Aristóteles geralmente desdenha os homens da classe trabalhadora. Alguns filósofos argumentaram que a sabedoria prática é uma espécie de habilidade, porque seu trabalho era produzir a conduta correta. Mas Aristóteles separa rigorosamente a conduta de outros tipos de produto ("fazer e agir são diferentes") e trata a sabedoria prática em separado (*EN 1140a1-23, 1140b21-30; Pol 1319a19-32).

A sabedoria prática é a virtude intelectual que mais interessa a Aristóteles. Ele a distingue do conhecimento dos bens inferiores (por exemplo, a saúde, a riqueza e a força física, que são boas apenas quando conduzem a um bem humano mais elevado); ela é uma consciência dos bens supremos, do que é bom para os homens enquanto seres humanos. Ele a define como "um verdadeiro e arrazoado estado da capacidade de agir em relação às coisas que são boas ou más para o homem" (*EN 1140a24-b21).

---

[7] E que Aristóteles descreve muito a título de esboço no último capítulo dos *Segundos Analíticos*.

Ele também a distingue de todas as outras virtudes intelectuais e das qualidades intelectuais relacionadas. A sabedoria prática inclui a deliberação excelente, e a deliberação excelente é o pensamento prático correto, que pode atingir rapidamente a conclusão correta com base nas premissas corretas por meio de uma inferência correta. A sabedoria prática não é o mesmo que o estado associado chamado "entendimento", porque entendimento é bom juízo daquilo que os outros fazem ou dizem e não é, ele próprio, orientado praticamente (*EN 1142a23-43a24).

A sabedoria prática tem várias formas: uma que diz respeito ao homem individual, outra que diz respeito à casa e outra que diz respeito à comunidade política. A sabedoria política, por sua vez, tem dois aspectos: um geral, que é chamado sabedoria legislativa, e outro que realiza decretos ou decisões particulares, conhecido pelo termo global "sabedoria política". Da mesma maneira, ao passo que parte da sabedoria prática envolve uma apreciação geral do bem humano enquanto tal, outra parte nos diz o que fazer em casos particulares e portanto envolve uma apreciação de fatos particulares. Isso explica por que homens mais velhos, que têm muita experiência de fatos particulares, tendem a ter mais sabedoria prática (*EN 1141b8-42a23).

Como resultado de tudo isso, a sabedoria prática é uma apreciação do que é bom e mau para nós no nível mais alto acrescida de uma correta assimilação dos fatos da experiência e da habilidade de fazer, de maneira rápida e confiável, as inferências corretas sobre como aplicar nosso conhecimento moral geral a nossa situação particular. Ela é usada em nossos próprios casos quando somos obrigados a manter certo modo de ação. Obviamente, ela é um recurso muito importante; se a tivéssemos, nós sempre agiríamos de maneira correta e nossas vidas seriam prósperas e felizes.

Mas isso parece dar origem a um problema. Uma vez que as virtudes morais nos fazem fazer o que é certo (veja abaixo, pp. 275-277), por que precisaríamos ter sabedoria prática para desempenhar a mesma função? Porém, uma análise mais cuidadosa revela que suas funções não são bem as mesmas. Se temos uma virtude, então teremos o objetivo certo, por exemplo, o de sermos afáveis para com nosso convidado. Mas é preciso uma habilidade intelectual para saber quais devem ser os passos certos a fim de que nosso convidado seja tratado afavelmente. Uma função própria da sabedoria prática é colocar em prática a orientação correta de valores fornecida pelas virtudes morais. É possível ter os valores certos sem saber como alcançá-los na prática – uma espécie de falta de jeito moral. Igualmente, é possível saber como executar objetivos sem ter os valores certos, caso em que nós talvez sejamos sagazes, mas não sábios. É melhor ter uma virtude sensata que uma virtude ingênua, é melhor ter bom senso virtuoso que sagacidade amoral (*EN 1143b18-33, 1144a11-b17).

Com efeito, uma real sabedoria envolve conhecer os valores certos, "as coisas que são boas ou más para o homem", bem como ser capaz de colocá-los em prática; de modo que não é possível ser realmente sábio sem ter também as virtudes morais. Do mesmo modo, não é possível ter uma virtude moral completamente desenvolvida sem ter também sabedoria prática. Sócrates argumentara que todas as virtudes são o mesmo porque elas são todas formas de conhecimento. Aristóteles discordava; ele pensava que as virtudes diferem umas das outras porque envolvem emoções diferentes. Mas Aristóteles também sustenta que, se um homem tem uma virtude, ele tem de tê-las todas, pois, se ele possui uma virtude completamente desenvolvida, ele tem sabedoria prática, e se ele tem sabedoria prática, então ele tem todas as virtudes. E Aristóteles reconhece que, no fundo, sua posição acabava sendo muito semelhante à socrática. "Sócrates, desse modo, pensava que as virtudes eram formas de razão (pois ele pensava que elas eram, todas, formas de conhecimento), ao passo que nós pensamos que elas envolvem razão." De todo modo, Aristóteles insiste que a posição de Sócrates não é de todo correta; todo tipo de conhecimento pode ser mal utilizado para maus propósitos, mas a sabedoria prática não pode ser mal utilizada, de modo que a sabedoria prática é muito parecida com a virtude, "ela não é uma espécie de conhecimento, mas outro tipo de cognição" (*EN 1144b17-45a6, EE 1246a26-b36).

Responsabilidade pelas ações e decisões

Um homem se revela naquilo que faz voluntariamente. Agir voluntariamente não deve ser definido como "agir de acordo com seus desejos", porque isso não pode ser definido como agir de acordo com qualquer um dos três tipos de desejo que Platão elucidou[8] – o apetite sensual, a paixão moral e a vontade racional. Agir voluntariamente tampouco deve ser definido como "agir de acordo com suas decisões", porque pode-se agir voluntariamente no calor do momento, sem ter tomado nenhuma decisão ou até mesmo contrariamente à decisão que já havia sido tomada. Por outro lado, o que torna uma ação *in*voluntária é não ter consciência de algo importante sobre ela. Se estou enganado a respeito de com quem estou lidando ou o que estou usando ou qual será o resultado provável, então não estou, por exemplo, voluntariamente envenenando meu pai há muito tempo desaparecido, embora eu esteja voluntariamente oferecendo a este estranho de barba grisalha uma bebida refrescante. Se a desculpa da ignorância deve ser uma desculpa válida, minha ignorância tem de ser razoável, e não de minha responsabilidade, como quando estou bêbado ou não tomo cuidado. (Tampouco posso dar a desculpa da ignorância, a não ser que eu lamente o resultado.) Se isso é o que torna uma ação *in*voluntária, então agir voluntariamente deve ser definido como "agir com razoável conhecimento das circunstâncias" (*EE* 1223a21-24a7, 1225a36-b16; *EN* 1110b18-11b3.)

Todavia, essa definição ainda não é adequada, pois às vezes os homens são compelidos a fazer coisas pelas quais nós relutamos em atribuir-lhes responsabilidade. Se eu fosse empurrado sobre você, então, embora eu me choque contra você de forma consciente, eu não podia evitar isso. Se meu navio for pego por uma tempestade, pode ser que eu tenha de jogar seus carregamentos na água. Talvez agir voluntariamente deva ser definido assim: "Agir com razoável conhecimento das circunstâncias, contanto que se possa ter agido de outra maneira". Mas essa condição pode ser abusada, e a desculpa nem sempre é válida. Se eu tiver que matá-lo para vencer uma partida de Banco Imobiliário, isso desculpa o assassinato? As pessoas frequentemente dizem que "tiveram de" fazer alguma coisa, ao passo que o que elas realmente querem dizer é que aquilo era melhor que as alternativas. Rigorosamente, então, agir voluntariamente é "agir com

---

[8] Na *República* 435d-444a.

razoável conhecimento das circunstâncias, a não ser que fosse literalmente impossível fazer outra coisa". Mesmo nos casos em que nosso campo de escolha esteja limitado por circunstâncias desfavoráveis, continuamos responsáveis pelo que escolhemos fazer; mas qualquer avaliação de nosso comportamento tem de levar em conta as alternativas que tínhamos, e Aristóteles chama estas de ações "mistas" (*EE* 1224a7-25a36; *EN* 1109b35-10b17).

Uma decisão (ou "escolha") não é nem uma intenção, nem um desejo, nem uma opinião sobre o que é melhor. Uma decisão é definida como "um desejo deliberado de fazer algo dentro do campo imediato de alternativas do agente". Aristóteles a chama um "desejo deliberado" porque é um desejo formado após um processo de deliberação, no qual o agente considera como colocar seus objetivos em prática. No processo de deliberação, parte-se de algum objetivo (por exemplo, a saúde) e considera-se como alcançá-lo (por exemplo, melhor alimentação), depois como alcançar isso (por exemplo, aprender a cozinhar melhor), e depois como alcançar isto (por exemplo, matricular-se numa escola de culinária), fazendo esse raciocínio inverso até que se chegue a algo que se pode realmente fazer. As decisões revelam o homem, porque suas decisões indicam os valores e a qualidade de seu pensamento prático. Seu caráter determina seus valores básicos, e seu intelecto prático determina como levá-los a efeito (veja acima, pp. 267-270). Todos perseguem aquilo que consideram bom, embora homens com valores errados estejam enganados acerca do que verdadeiramente *é* bom (*EE* 1225b18-28a19; *EN* 1111b4-13b2).

Está certo enaltecer-nos ou culpar-nos por nossas decisões e por nossas ações voluntárias, pois elas revelam com precisão que espécie de homens somos. Se isso precisa de ainda mais provas, considere a prática de recompensa e punição: se os homens não tivessem o controle de seu comportamento, não faria sentido recompensá-los ou puni-los. Mas eis uma possível objeção: se sou um homem sem consideração e desalmado, então eu efetivamente não consigo controlar meu comportamento. Isso não é desculpa, diz Aristóteles, pois você é responsável por ter-se tornado um homem assim. Com efeito, nós influenciamos o desenvolvimento de *todos* os aspectos de nossas personalidades por meio de como escolhemos gastar nosso tempo e o que escolhemos fazer; é óbvio que jogar [jogos de azar] produz jogadores e exercícios militares produzem bravura. Embora eu não possa ser um tipo diferente de homem apenas decidindo ser, continuo responsável por ter encorajado a mim mesmo a tornar-me o tipo de homem que me tornei; da mesma forma como não posso parar a pedra que joguei em você, embora eu continue responsável por tê-la jogado. Aristóteles está seguro de que está certo responsabilizar os homens maus por sua perversidade e acredita que qualquer argumento que pudesse absolvê-los de sua maldade também destituiria os homens bons de sua bondade (*EN* 1113b3-15a3).

Entendendo o prazer

Embora Aristóteles não tenha bons olhos para aquilo que ele chama vida de prazer, ele não se opõe ao prazer. Pra ter uma opinião acerca de se o prazer é bom ou ruim, é preciso saber o que o prazer realmente é – não é uma questão fácil, e é uma sobre a qual os colegas filósofos de Aristóteles tinham opiniões que variavam amplamente. Platão pensava que o caso paradigmático de prazer é comer e beber; o prazer vem de notar que estamos voltando a nosso estado natural de preenchimento. Segundo essa posição, o que é bom é o estado de preenchimento, e é uma confusão considerar o prazer como bom, pois ele é apenas um processo que leva a algo bom.

Para Aristóteles, ao contrário, o caso paradigmático de prazer é estar consciente de algo que prende nossa atenção, por exemplo, escutar boa música ou compreender um elegante teorema matemático. Quando nossa consciência está desimpedida e quando aquilo de que estamos conscientes é realmente interessante, o prazer aperfeiçoará a experiência "como um fim que sobrevém, como faz o florescimento da juventude naqueles que estão na flor da idade". A atratividade de uma atividade prazerosa não é algo extra, para além de a atividade ser um bom exemplar de seu gênero; o prazer é como a beleza de uma pessoa jovem na primavera da vida. E o mesmo vale para outras atividades que podem não envolver consciência – a posição geral de Aristóteles é a de que o prazer está envolvido em qualquer atividade não-frustrada que mobiliza nossas capacidades naturais (*EN* 1174b14-75a3).

Segundo a análise de Aristóteles, um prazer ser bom depende inteiramente de a atividade associada ser boa. Ele em geral sustenta que o conhecimento e outros tipos de consciência são bons, embora coloque o conhecimento intelectual acima da percepção sensível, e ver e ouvir acima de degustar e tocar (veja abaixo, pp. 282-284). Diferentes espécies têm diferentes prazeres, assim como os têm diferentes homens. Como decidimos que prazeres são apropriados para nós? Devemos considerar como padrão o homem que está numa condição normal, o homem que tem as virtudes da condição humana. Se outros gostam de coisas diferentes, isso é porque suas naturezas foram corrompidas, e não se pode dizer que aquilo de que eles gostam são prazeres apropriados para os homens. Já que uma vida próspera e feliz é uma vida de atividades bem executadas, ela será também uma vida cheia de prazeres, e é certo, como diz Aristóteles, incluir o prazer em nosso ideal de vida feliz. Mas os prazeres da vida ideal provirão diretamente de suas atividades sérias e dignas, não dos frívolos divertimentos da assim chamada vida de prazer (*EN 1152b25-33; EN 1175b24-76a29).

Aristóteles rejeita a análise platônica do prazer por diversas razões. Na opinião de Platão, o prazer pressupõe uma privação anterior, mas Aristóteles indica que alguns prazeres, proeminentemente os prazeres da consciência mental e perceptiva, não a pressupõem. Na opinião de Platão, uma vez que o prazer é um processo de restabelecimento, ele tem de estar incompleto e inacabado até que atinja sua meta; mas isso não é verdadeiro sobre o prazer, Aristóteles diz, pois sempre que estamos tendo prazer, também podemos dizer que tivemos prazer. Na opinião de Platão, uma vez que o prazer é um processo direcionado a uma meta, ele tem de ter uma velocidade; mas não podemos ter prazer rápida ou lentamente, diz Aristóteles. Platão estava errado em fundar sua compreensão do prazer nos prazeres corporais, embora isso fosse compreensível, diz Aristóteles, porque eles são os mais intensos dos prazeres – alguns homens sem refinamento na verdade não conhecem nenhum outro tipo. A definição de Platão do prazer era "processo perceptível a uma condição natural", mas a opção de Aristóteles para a definição é "atividade desimpedida de uma condição natural" (*EN 1152b33-53a17, 1154a22-b20; EN 1173a29-b20).

Fora o argumento de Platão, havia outros que davam a entender que o prazer não era bom, e Aristóteles rejeita a todos. "O prazer é ruim porque perversos caçadores de prazer o buscam". Resposta: o que é ruim são apenas os prazeres errados ou o excesso de prazer corporal, não o próprio prazer. "O prazer é ruim porque muitos prazeres não são saudáveis". Resposta: todas as boas coisas são ruins num ou noutro respeito, pelo menos em alguma circunstância. Não há argumentos válidos para mostrar que o prazer é em geral uma coisa ruim (*EN 1153a17-35; EN 1173b20-31, 1174a13-b14).

Pelo contrário, o prazer tem de ser geralmente uma coisa boa, pois seu oposto, a dor, é ruim. Ademais, toda criatura viva, seja racional, seja irracional, visa o prazer e escolhe tê-lo, e, a menos que a natureza esteja absolutamente enganada, isso tem de indicar que o prazer é bom. Além disso, algo é particularmente digno de ser escolhido e bom se é escolhido por si mesmo, não por alguma outra coisa, e isso é verdadeiro acerca do prazer – temos prazer pelo prazer, não por um outro propósito. O prazer é realmente uma coisa boa, na opinião de Aristóteles, quando ele surge das atividades apropriadas dos homens em condição moral apropriada, e nosso bem supremo, uma vida vivida de forma próspera, incluirá o prazer como uma de suas bênçãos (*EN 1153b1-54a21; EN 1172b9-73a13, 1175a10-21).

Emoções e as virtudes morais

Um homem que quer ter uma vida próspera e feliz tem de tornar-se um homem excelente. Somos compostos de uma parte racional e uma parte irracional, e o verdadeiro caráter moral consiste em ter os elementos irracionais sob o domínio dos elementos racionais. Os elementos irracionais são as emoções: por exemplo, a ira, o medo, o amor, a lascívia, a sede, a fome, a inveja, o ódio, a ambição, o ressentimento, a pena, o júbilo e em geral os eventos e condições mentais que são acompanhados pelo prazer e pela dor. As virtudes morais são hábitos consolidados de caráter que se expressam na resposta emocional correta. O que é a resposta emocional correta? É o que a razão diz que deve ser (*EE* 1219b26-20a13, 1220b7-20; *EN* 1102a26-03a10, 1105b19-06a12).

O problema com as emoções é que elas não são facilmente controladas pelo raciocínio; normalmente não faz a menor diferença tentar usar a razão para aplacar um sentimento de ódio, ira ou desejo. As emoções precisam ser controladas de uma outra maneira, a qual é ser treinado por um longo período de tempo, preferencialmente desde muito jovem. A filosofia moral de Aristóteles é notável pela ênfase que coloca na eficiência do treinamento moral e na ineficiência da argumentação moral. "Se argumentos fossem em si mesmos o bastante para tornar os homens bons, eles justamente teriam, como disse Teógnis, ganho muitos grandes prêmios, e tais prêmios teriam sido oferecidos; mas, como as coisas são... eles não são capazes de encorajar muitos homens a tornarem-se cavalheiros." Em vez disso, os homens têm de ser bem treinados e habituados, guiados por leis, costumes e educação da comunidade e pela disciplina da família. É claro que é possível que jovens recebam *mau* treinamento: "Desse modo, não faz pouca diferença que tenhamos formado hábitos de um tipo ou de outro desde muito jovens; faz uma grandiosa diferença, ou melhor, faz *toda* diferença" (*EE* 1220a22-b7; *EN* 1103a14-04b3, 1179b4-10).

Uma vez que as emoções estão conectadas ao prazer e à dor, as virtudes morais e os vícios, que são disposições de emoções, também estarão ligados com o prazer e com a dor. Nossos caracteres morais são formados pela aplicação judiciosa do prazer e da dor quando somos punidos e recompensados por nosso comportamento na juventude. A maioria dos homens avalia sua própria conduta em termos de prazer e dor, e há certo prazer em fazer o que você sabe que é certo, mesmo quando é contrário a nossas inclinações. Com efeito, se você não gostasse de fazer o que é certo, isso seria um sinal de que você não tem a virtude relevante. Por exemplo, se você se refreasse de satisfazer-se livremente com alguma iguaria saborosa, mas o fizesse com dificuldade e ressentimento, isso indicaria que você não tem autocontrole; apenas se você declinasse alegremente a satisfação excessiva é que se poderia dizer que você tem a virtude do autocontrole (*EE* 1220a34-39, 1221b27-22a5; *EN* 1099a7-21, 1104b3-05a16).

Mas parece que há um paradoxo. Diz-se que as virtudes morais são desenvolvidas pelo treinamento para um comportamento apropriado, mas como podemos desenvolvê-las? Para tornarmo-nos corajosos, por exemplo, precisamos fazer coisas corajosas; mas, para fazer coisas corajosas, já não precisamos ser corajosos? Aristóteles oferece duas soluções: 1) no caso das habilidades técnicas, como a caligrafia, nós primeiramente praticamos sob a orientação de outra pessoa, o que nos torna capazes de fazer a coisa apropriada sem ainda ter a habilidade, e o mesmo vale para as qualidades morais; 2) as virtudes morais diferem das habilidades técnicas nisto: nelas a bondade do desempenho reside principalmente na expressão do caráter do homem. Se uma ação deve realmente ter a bondade que um ato de coragem tem, ela tem de ser feita por um homem cujo caráter é firme e permanentemente corajoso e tem de ser feita por ela mesma, pois ele sabe que é a coisa certa a fazer. Se isso é o que é uma conduta virtuosa, então o treinamento de juventude para a coragem não requer que o garoto já seja corajoso. Ele está apenas praticando o que vai torná-lo corajoso e somente depois de muito praticar ele se tornará um homem corajoso (*EN* 1105a17-b18; *EN 1144a11-20).

Fraqueza moral

A natureza humana permite muitos tipos de boas e más condições. As piores depravações da natureza humana são raras e encontradas "acima de tudo entre os estrangeiros", diz Aristóteles (com uma franca xenofobia comum a muitos gregos antigos); mas elas também podem ser o resultado de uma doença, da loucura ou de hábitos extremamente ruins. Nessa categoria estão o canibalismo, o assassinato ritual, a crueldade sem limites, mastigar as unhas (ou carvão ou sujeira ou carne crua) e a homossexualidade afeminada. Qualquer vício extremamente desenvolvido é também uma depravação; a covardia extrema, como ter medo de doninhas ou ratos, é depravada, assim como a extrema insensatez daqueles "estrangeiros de longe" que vivem tão-somente por meio de seus sentidos, como animais (*EN 1145a27-33, 1148b15-49a20).

Embora tais depravações da natureza humana sejam raras, o vício humano ordinário é demasiado comum. Um vício é uma condição da alma em que uma emoção está incorretamente ajustada, e a parte racional em nós não percebe que algo está errado; a emoção é sentida demais ou de menos, mas para o homem parece que está tudo bem. A fraqueza moral ("incontinência") se assemelha ao vício nisto: nela nossas emoções estão desajustadas e nos fazem fazer a coisa errada; mas ela também difere do vício: nela nossa parte racional está consciente de que o que fazemos é errado. No entanto, mesmo assim o fazemos, pois nosso lado moral e racional é mais fraco que o lado emocional. O vício e a fraqueza moral são condições diferentes, embora elas às vezes levem aos mesmos resultados. A fraqueza moral é consciente de si, o vício, não; ela envolve arrependimento, o vício, não. A fraqueza moral é mais facilmente curada porque o homem com vícios tem prioridades tão completamente equivocadas que não se consegue dissuadi-lo de suas falsas opiniões. O vício é completa maldade, mas a fraqueza moral é apenas maldade parcial (*EN 1146a31-b2, 1150b29-51a20).

A força moral é bondade parcial porque homens moralmente fortes acabam fazendo a coisa certa, a despeito do fato de que suas emoções estão desajustadas e de que eles têm de lutar contra maus impulsos. Ela é o mesmo estado que a fraqueza moral, salvo que o lado racional está no comando. A virtude é um estado bem diferente, no qual agora as emoções estão corretamente ajustadas; não é preciso que a personalidade moral seja forte porque não há uma luta com impulsos incorretos. A virtude é completa bondade, mas há também um estado ainda mais elevado, um estado de virtude "divina" [*godlike*"], que está acima da virtude humana aproximadamente como o estado de depravação (literalmente "animalidade") está abaixo do vício humano. Aristóteles diz muito pouca coisa sobre a virtude divina aqui, mas na *Política* ele reconhece a possibilidade de um homem como esse e diz que esse tipo de homem teria a autoridade moral para governar sociedades inteiras com poder absoluto e legítimo (*EN 1145a15-b20, 1151a20-28; *Pol* 1284a3-17, 1284b22-34, 1288a15-b29).

As virtudes e vícios são admiravelmente discutidos em outros lugares nas obras éticas de Aristóteles, e uma vez que Aristóteles trata a força moral inteiramente nos termos da fraqueza moral, a condição que é importante compreender é a fraqueza moral. Aristóteles discute apenas três tipos capitais de fraqueza moral, aqueles que têm a ver com o prazer, a dor e a ira, e considera todos os outros tipos de fraqueza moral como extensões desses casos centrais. Além disso, esses três tipos capitais efetivamente reduzem-se a apenas um, pois, embora dê um nome diferente para a fraqueza moral relativa à dor ("frouxidão"), ele assimila o desejo de evitar dor ao desejo de gozar de prazer e argumenta, numa série de argumentos estranhamente pouco convincentes, que a fraqueza moral a respeito da ira não é tão desrespeitável quanto a fraqueza moral a respeito do prazer e portanto reserva o nome "fraqueza moral" para a variedade que tem a ver com o prazer (*EN 1147b20-48b14, 1149a24-b23, 1150a9-b19).

A fraqueza moral é assim reduzida a um entusiasmo excessivo pelos prazeres da comida, da bebida e do sexo, os mesmos que são relevantes para a "temperança" (veja abaixo, pp. 282-284), com a exceção de que o homem moralmente fraco tem a opinião correta acerca de quais prazeres não desfrutar. Alguns homens ficam tão agitados na presença dos prazeres errados que não lhes ocorre que eles não deveriam desfrutar deles até depois de fazê-lo, quando já é tarde demais. Outros percebem que não devem desfrutar de certo prazer, mas não conseguem agir à luz de seu entendimento moral. Os últimos estão num estado pior e menos curável que os primeiros, e Aristóteles concentra-se em tentar entender sua condição (*EN 1148a4-17, 1150b19-28, 1152a27-33).

Sócrates negara que era possível perceber o que era certo fazer e, no entanto, não fazê-lo, e Aristóteles fundamentalmente concorda com ele ao sustentar que a sabedoria prática é a autoridade suprema na alma. No entanto, é um patente fato da experiência que os homens se comportam dessa maneira intrigante. Como isso pode ser explicado? O pensamento prático envolve dois tipos de tomada de consciência: uma posição geral de que coisas de certo tipo seriam ruins (ou boas) de serem feitas por certas pessoas em certo tipo de situações; e a percepção de que isto seria uma coisa do tipo relevante e de que estou numa situação do tipo relevante. A combinação das duas tomadas de consciência resulta na ação apropriada. Mas a presença de paixões fortes, como a ira e o desejo sexual, pode desarranjar o pensamento de um homem, mais ou menos como faz a embriaguez; e mesmo que homens nessas condições possam dizer "Não, você é uma mulher casada" ou "Não, não aqui", eles não compreendem completamente o que estão dizendo – têm a consciência e, mesmo assim, em um sentido, não a têm. Essa é a explicação geral de Aristóteles para a fraqueza moral: nós nos damos conta completamente da verdade geral de que certos tipos de coisas são certas e erradas, mas não percebemos muito bem que nossa situação imediata é uma delas porque a paixão que nos afeta desarranja nossa apreciação de nossa situação. Porque nós na maioria das vezes não combinamos essa tomada de consciência com o princípio geral, nosso eu racional não pode aplicar o princípio, e o caminho está livre para a paixão ser temporariamente a dona da bola. Aristóteles então acaba encontrando uma explicação da fraqueza moral que incomoda a posição socrática tão pouco quanto possível[9] (*EN* 1145b21-47b19).

Virtudes morais como estados médios

Qual é o oposto da bravura? Covardia, certo? Nem tanto. De acordo com Aristóteles, há *dois* opostos da bravura – a covardia e a temeridade. Covardia é ter medo demais e temeridade é ter de menos. O mesmo é verdadeiro de todas as outras virtudes. Toda virtude está no meio do caminho entre dois vícios associados, um na direção da emoção demasiada, o outro na direção da emoção de menos. Essa é uma das doutrinas mais famosas de Aristóteles, a "doutrina do meio-termo".

Dizer que a quantidade certa de emoção está entre duas quantidades erradas não é dizer que ela é a média dessas duas quantidades. Às vezes a quantidade certa está mais próxima de uma que de outra. Na realidade, a quantidade certa varia grandemente de acordo com as circunstâncias individuais do caso. Por exemplo, você deveria sentir diferentes graus de generosidade para com diferentes pessoas, dependendo da relação que elas têm com você e de suas necessidades. Aristóteles expressa esse fato de que a quantidade correta é variável, referindo-se a ela como "o intermediário relativamente a nós... que não é nem demais nem de menos – e este não é um nem o mesmo para todos" (*EN* 1106a26-b7).

---

[9] Deve ser notado que essa passagem tem várias obscuridades e deu origem a numerosas discussões, incluindo livros inteiros, de modo que não há dúvida que haveria mais a ser dito.

Toda virtude está no meio entre dois vícios. Isso não significa que todo vício é um questão de grau. Por exemplo, todos os adultérios e todos os espancamentos são errados, mesmo que de vez em quando. A inveja e o despeito são emoções erradas de sentir, toda vez que você as sente. As próprias palavras "adultério" e "despeito" indicam que elas são erradas, diferentemente de "sexo" e "ira", que em muitas circunstâncias são perfeitamente aceitáveis (*EE* 1221b18-26; *EN* 1107a8-27).

Um homem com uma virtude sempre terá a reação certa, mas não vice-versa; um homem com um vício nem sempre terá a reação errada. Por exemplo, um homem de bom temperamento nunca terá muita ira; mas há muitas maneiras de ter um mau temperamento (com efeito, temos todo um vocabulário para descrevê-las), e um homem de mau temperamento não terá mau temperamento em todas as ocasiões. Um homem irascível fica irritado muito rapidamente, um homem rabugento fica irritado quando provocado em demasia, e um homem amargo fica irritado por tempo demais. Estes são todos homens de "mau temperamento", mas um homem rabugento não é usualmente irascível, tampouco um homem irascível é usualmente amargo. Há uma maneira de estar certo, mas muitas maneiras diferentes de estar errado (*EE* 1221b9-17; *EN* 1106b8-35).

Toda virtude está entre dois vícios; mas isso não significa que cada um dos vícios está igualmente próximo da virtude. Com efeito, a virtude normalmente está mais próxima de um dos vícios que de outro. Por exemplo, muitos homens tendem a ter um entusiasmo excessivo pelo prazer, e supõe-se naturalmente que a "intemperança" é o oposto da "temperança". Mas há um outro oposto que é menos usual e mais similar à temperança, a disposição de desejar prazeres insuficientemente. Esse é um estado tão pouco usual que ele nem mesmo possui um nome para si na linguagem, e Aristóteles cunha o termo "insensibilidade". A natureza humana é mais ou menos constante e tende antes para um vício que para outro; é ao vício ao qual tendemos (por exemplo, a intemperança) que nos referimos como "o oposto" da virtude. Esse uso está, a rigor, incorreto, pois há *dois* opostos de toda virtude; mas, apesar disso, é um uso compreensível, que expressa uma verdade da natureza humana (*EE* 1222a22-24, 1234a34-b13; *EN* 1108b11-09a19).

Tudo isso explica por que não é fácil ser virtuoso. Para termos uma particular virtude, precisamos cultivar uma disposição que sempre nos envolve no grau correto de resposta emocional. Pode-se errar de muitas maneiras, e, como diz Aristóteles, é preciso habilidade para encontrar o meio exato de um círculo. Uma coisa que ajuda é conhecer suas próprias fraquezas, saber as direções nas quais você tende a cometer erros, e nesses casos "temos de nos arrastar dali em direção ao extremo contrário; pois chegaremos ao estado intermediário ao nos afastarmos bastante do erro, como fazem os homens para endireitar varetas que estão arqueadas". A doutrina do meio-termo é útil como verdadeira, e, se ela parece muito abstrata da forma como acabei de descrevê-la, ficará mais clara abaixo quando eu discutir as diversas virtudes individuais (*EN* 1109a20-b7).

Virtudes morais e vícios

A. *Ira*

Os homens sentem-se irritados com outros homens quando se ressentem de terem sido insultados ou frustrados por eles. Sentir-se demasiadamente irritado obviamente não é desejável, e Aristóteles chama tais homens de irascíveis ou de mau temperamento. Ele também acha que é uma falta sentir ira insuficientemente; ele chama tais homens de servis e estúpidos, e na *Ética a Eudemo* isso parece ser uma falta tão grave quanto seu oposto. Mas ele modificou sua posição e na *Ética a Nicômaco* diz que ira excessiva é a pior falta e a mais comum. O mau temperamento tem uma porção de formas: homens de sangue quente ficam irritados rapidamente demais; homens coléricos ficam irritados frequentemente demais; homens de "mau temperamento" ficam demasiado irritados quando ficam irritados; homens violentos expressam sua ira fisicamente; e homens mal-humorados ou amargos ficam irritados por tempo demais. Por sorte, ninguém pode ser irascível de todas essas maneiras. Não é fácil saber exatamente quanta ira é apropriada, e não há nada errado em desviar-se levemente do meio-termo (*EE* 1221b9-15, 1231b5-26; *EN* 1125b26-26b10).

B. *Prazer sensual*

O banquete, ou festa para beber, era uma noite de jantar, muita bebida e divertimento, usualmente com artistas pagos para fazer apresentações e prostitutos(as). Obviamente, isso poderia ir longe demais, e Aristóteles critica o desejo excessivo por comida, bebida e sexo como um sério vício que ele chama devassidão (ou intemperança ou licensiosidade). Aristóteles acha que devemos ter apenas um pouco de desejo por tais prazeres, que nossos desejos devem ser apenas moderadamente fortes, que eles devem ser apenas pelos prazeres que são estritamente necessários para nossa saúde, que eles devem estar inteiramente sob o controle da razão e que não devemos nos importar se não pudermos satisfazê-los. Isso é a "temperança", o virtuoso meio, na opinião consideravelmente puritana de Aristóteles. A falha oposta, ter um entusiasmo insuficiente pelo prazer, é muito rara e não há um termo estabelecido para ela (*EE* 1230b9-20, 1231a26-b2; *EN* 1109b7-13, 1118b8-19a33).

O que Aristóteles critica em homens devassos é uma falta bem específica. Ele critica o desejo por prazeres do corpo, não o desejo por prazer em geral, já que há excelentes prazeres no pensamento e na atividade virtuosa. Entre os prazeres dos sentidos corporais, Aristóteles não tem nenhuma objeção aos prazeres das artes visuais ou musicais ou dos cheiros agradáveis. Mas os únicos cheiros de que os homens devassos gostam são os dos perfumes sensuais e dos pratos saborosos, pois eles os lembram do que eles querem, os prazeres do toque e do paladar, os dois sentidos que operam por contato de uma maneira animal consideravelmente rude. De fato, eles nem mesmo discriminam entre sabores diferentes; eles desfrutam de sua comida e bebida no fundo de suas gargantas ao invés de na ponta de suas línguas – Filoxeno, um notório glutão que orava para ter uma garganta tão longa quanto a de um grou, é citado como prova. Tampouco eles gostam de ser tocados em todas as partes de seus corpos (não há nada errado com gostar de respeitáveis massagens depois de exercitar-se). A falha específica que Aristóteles critica é o desejo excessivo por estimulação oral e genital, um tipo de imaturidade primária que Aristóteles despreza. Tais homens conscientemente arriscam morrer com seus excessos – eles até estariam felizes em morrer se morrer desse uma boa sensação – mas isso não os torna corajosos, diz Aristóteles maliciosamente (*EE* 1230a37-b8, 1230b21-31a26; *EN* 1117b23-18b8, 1119a33-b18).

C. MEDO

Os homens sentem-se amedrontados frente a muitas ameaças, mais obviamente quando outros homens os ameaçam de morte. Esse é na verdade o único medo que Aristóteles julga relevante para a virtude da coragem, pois, se se tem medo de que se sofrerá inveja ou um insulto, ou vergonha, ou pobreza, ou desconforto, ou uma doença, então isso não é medo de verdade, e ser capaz de tolerar essas coisas não é coragem de verdade. A ameaça de morte que um homem corajoso logra enfrentar é imediata (não distante e hipotética), mas dentro do poder do homem de resistir (não sobrenatural ou inevitável). A coragem é expressa na batalha, pois essa é a melhor hora do homem (*EE* 1229a32-b25; *EN* 1115a6-b6).

O oposto do medo é a confiança, e Aristóteles diz que o covarde tem medo demais e confiança de menos, e o homem destemido tem confiança demais e medo de menos, com o homem corajoso no meio. O homem bravo suporta mais as coisas amedrontadoras que os covardes não porque ele tem mais medos para suportar, mas porque menos situações amedrontadoras são amedrontadoras para *ele*. O homem destemido vai muito longe nessa direção, não havendo um número suficiente de situações que lhe são amedrontadoras (*EE* 1228a26-b38; *EN* 1115b24-16a9).

Mas também importa *por que* um homem confronta situações amedrontadoras, como pode ser visto ao observarmos o que Aristóteles chama "falsa coragem". Alguns homens têm uma reserva especial de confiança, como os mercenários experimentados que conhecem a real força do inimigo ou homens que tiveram sorte no passado ou estão bêbados. Outros homens não têm medo porque eles acolheriam a morte de qualquer maneira. Outras pessoas são destemidas porque não conhecem de que ter medo, como crianças e loucos que seguram cobras e enfrentam carros em movimento. Outras criaturas ainda (especialmente "estrangeiros" e animais) têm algo que parece coragem porque estão dominados pela ira ou outra emoção forte, e muitos soldados-cidadãos enfrentam o inimigo apenas porque têm um medo mais forte da desgraça (*EE* 1229a11-31, 1229b25-30a21; *EN* 1116a10-17a27).

Coragem de verdade é diferente, diz Aristóteles, pois a razão do homem corajoso para enfrentar o inimigo é a de que isso é a coisa certa e apropriada a fazer. Se a situação é desesperadora, então ele está com medo de poder ser morto, mas enfrenta o inimigo mesmo assim, porque isso é o que é certo. Claramente, ter medo e confiança moderados é apenas parte do que é a coragem; a parte mais importante é ter a vontade de superar seus medos a serviço do que é certo. Isso pode ser uma luta, e sem dúvida essa é a razão por que Aristóteles admite que a coragem é uma exceção a sua posição de que os homens gostam de agir virtuosamente. Isto também significa que a coragem acaba sendo uma espécie de força moral, de forma alguma o mesmo que a virtude. Talvez a coragem seja, na verdade, duas coisas, e não uma – um ajuste adequado das emoções de medo e confiança e uma força moral para fazer a coisa certa, se necessário contra as incitações das emoções. Aristóteles parece reconhecer que há mais a dizer sobre o assunto, concluindo que "nós agora falamos de maneira toleravelmente adequada para nosso presente propósito" (*EE* 1228b38-29a11, 1230a21-36; *EN* 1104b3-8, 1115b7-24, 1117a29-b22).

D. JUSTIÇA SOCIAL

O sistema de justiça de qualquer sociedade proibirá ações erradas e permitirá ações boas, de modo que justiça e injustiça, no sentido mais amplo, são o que é legal e ilegal. Mas Aristóteles concentra-se num sentido mais restrito, no qual culpamos um homem de injustiça quando ele faz algo errado *em seu próprio benefício*. A justiça é um tipo de igualdade; por conseguinte, a injustiça é um tipo de desigualdade, e o homem injusto visa uma quota desigual de algo bom. De fato, há dois tipos diferentes de justiça, para os quais Aristóteles oferece duas análises matemáticas distintas (*EN 1129a17-31a9).

O primeiro tipo de justiça regula a distribuição do que é produzido num empreendimento comum, por exemplo, numa parceria comercial. Eis a análise matemática de Aristóteles da justiça distributiva:

$$\frac{\text{homem A}}{\text{homem B}} = \frac{\text{benefício A}}{\text{benefício B}} \quad ou \quad \frac{\text{homem A}}{\text{benefício A}} = \frac{\text{homem B}}{\text{benefício B}}$$

Em outras palavras, tome o valor do que um homem contribui para um empreendimento comum e o valor do benefício que ele tira dele; se essa razão for a mesma que a razão para outros contribuintes, então ele tem uma quota igual. O caso mais importante de um empreendimento comum é a própria sociedade, e um mérito da análise de Aristóteles é o de que ela explica a luta entre democratas e oligarcas como uma disputa sobre justiça; os democratas dizem que todos os cidadãos nascidos livres são parceiros iguais na sociedade, e os oligarcas dizem que os ricos contribuem mais. O próprio Aristóteles sustenta que cidadãos virtuosos (não necessariamente os ricos) dão mesmo maiores contribuições a suas sociedades e que eles devem esperar maiores recompensas em honra e respeito (*EN* 1131a9-b24, 1134a23-b18).

O segundo tipo de justiça assegura que as transações entre dois indivíduos não introduza novas desigualdades. Quando compro de você um par de sapatos a um preço justo, trocamos coisas de igual valor. O dinheiro é um representante convencional de demanda que torna possível que qualquer mercadoria seja trocada por qualquer outra em proporções que dependem da demanda relativa por elas. Três pares de sapatos, por exemplo, podem ser trocados pelo preço de uma cama. Supondo que estivéssemos em condições de igualdade, o troca justa preserva a igualdade entre nós.[10] Comprar e vender são transações voluntárias, e uma análise similar orienta aquilo que Aristóteles chama "transações involuntárias", ações ilegais em que um homem lucra às custas de outro. Por exemplo,

---

[10] Aristóteles acha que é esclarecedor representar a igualdade antes da troca como uma igualdade proporcionada:

$$\frac{\text{o carpinteiro}}{\text{o sapateiro}} = \frac{\text{uma cama}}{\text{um par de sapatos}},$$

a mesma espécie de proporção que na justiça distributiva. Mas não consigo ver como isso esclarece a situação, e tampouco conseguem outros estudiosos cujas interpretações dessa passagem são muito diferentes entre si.

se você roubou de mim, você tem mais e eu tenho menos, e, segundo a suposição da lei de que antes éramos iguais, nós agora somos desiguais. A justiça requer que eu seja compensado e você punido, de modo que nossa igualdade seja restabelecida (*EN 1131b25-33b28).

Em ambos os tipos de justiça, o resultado justo é um meio-termo entre ganho justo [*fair*] e perda injusta. Se você tem menos que o que é justo daquilo que é bom (ou mais daquilo que é ruim), então você foi tratado injustamente. Se você tem mais do que é justo do que é bom, então você se beneficiou da injustiça. Se foi você que causou esse benefício, então você cometeu um ato de injustiça. Se escolheu deliberadamente beneficiar-se da injustiça, então você é um homem injusto e perverso. Você é um homem justo se sua vontade é sempre de assegurar que todos tenham uma quota justa, os outros bem como você. Ser justo é mais difícil que simplesmente conhecer as estipulações da lei; você precisa saber aplicá-las em casos particulares, o que é a parte difícil que exige a sabedoria prática (*EN 1129a6-17, 1133b30-34a23, 1135a15-36a9, 1137a4-26).

Quem comete a injustiça, o homem que recebe a quota injustamente grande ou o homem que a entrega a ele? Quando estes são homens diferentes, é quem entrega que comete a injustiça, seja acidentalmente, seja deliberadamente (quando subornado, por exemplo). Quando eles são o mesmo homem, ele está obviamente cometendo uma injustiça. Mas e se ele, sabendo o que está fazendo, atribui a si uma quota injustamente *pequena*? Ele está tratando a si mesmo injustamente? Não, porque tratar alguém injustamente requer que alguém seja tratado injustamente. Ele é tratado injustamente? Não, porque não é contra sua vontade que ele tenha a quota que tem. O único sentido em que se poderia dizer que um homem trata a si mesmo injustamente é metafórico, quando ele favorece as partes inferiores de sua natureza às custas das partes superiores (*EN 1136a10-37a4, 1138a4-b13).

A justiça é uma virtude difícil de dominar porque requer a interpretação de princípios universais em situações particulares. Esses princípios universais são de dois tipos; princípios tácitos de justiça, que são válidos geralmente e têm a força de justiça "natural", e leis escritas, que decretam padrões, proibições e injunções em jurisdições particulares.

Alguns filósofos argumentaram que não havia justiça natural porque não havia leis comuns a todas as jurisdições; mas é bem possível que algumas ou todas as jurisdições estejam equivocadas, argumenta Aristóteles, e toda sociedade bem legislada utilizará ambos os tipos de princípio legal. Aplicar um princípio legal a um caso particular inevitavelmente envolverá algum constrangimento de tempos em tempos; "a razão é que toda lei é universal, mas sobre algumas coisas não é possível formular um enunciado universal que deva estar correto". Isso requer que a "equidade" (ou imparcialidade, um aspecto da virtude da justiça) aplique os princípios da lei de uma forma flexível em relação às complexidades da vida (*EN 1134b18-35a13, 1137a31-38a3).

E. GRAÇAS SOCIAIS

Nós apreciamos certas qualidades nos homens com os quais nos socializamos, como ser amigável, não ser pretensioso e ser espirituoso; mas isso as torna virtudes morais? Não, de acordo com Aristóteles na *Ética a Eudemo*; ele pensava que elas eram qualidades irrefletidas que não se expressavam em escolhas conscientes – "é simplesmente assim que ele é", frequentemente se diz de homens amigáveis ou espirituosos. Mas, na *Ética a Nicômaco*, ele aparentemente reconheceu que é possível cultivar essas qualidades e deliberadamente decidir viver de acordo com elas, o que as torna virtudes como todas as outras (*EE* 1234a23-34).

É bom ser amigável e solícito, mas pode-se levar isso longe demais ao nunca causar desapontamento e sempre satisfazer os desejos dos outros. Fazer isso é ser obsequioso, a não ser que você tenha um motivo oculto, e nesse caso você é um sicofanta. O tipo oposto de homem, aquele que não faz nenhum esforço para evitar causar afronta, é grosseiro e obviamente mau. A virtude no meio é algo como ser amigável e é caracterizada pelo desejo de agradar aos outros sempre que isso é compatível com o que é certo e oportuno. O homem amigável recusa um pedido quando ele seria impróprio ou danoso a si mesmo ou a outros homens. Ele ajustará sua resposta de acordo com se o outro homem é de posição social alta ou baixa ou se ele é um conhecido próximo ou distante (*EE* 1233b29-38; *EN* 1126b11-27a12).

Homens pretensiosos arrogam-se mais qualidades respeitáveis do que realmente têm porque estão pateticamente enganados ou são tolamente levianos, ou ainda pura e simplesmente charlatães (se seu propósito é lucrar com a fraude). Homens despretensiosos tomam o cuidado de não exagerar seus méritos, o que os coloca mais próximos do outro extremo. Esse extremo é a autodepreciação que notamos em homens como Sócrates, que renunciam qualidades que eles obviamente têm. Isso pode, na verdade, ser uma espécie de pretensão às avessas, e a melhor política é ser claro e direto em todas as questões como essas, usando apenas um pouco e sutilmente as entrelinhas (*EE* 1233b38-34a3; *EN* 1127a13-b32).

Homens espirituosos são boa companhia, tanto porque podem fazer boas piadas e gracejos quanto porque podem divertir-se com as que nós fazemos. Isso pode ser levado longe demais, é claro, se você fizer piadas que violam os limites do bom gosto, como fazem os bufões. Aristóteles toma bastante cuidado para respeitar os limites do bom gosto, preferindo a insinuação à indecência em seus divertimentos e sugerindo que talvez devesse haver leis proibindo piadas sobre certos temas. A maioria dos homens tende demais ao divertimento, e "não é preciso ir muito longe para encontrar o lado ridículo das coisas"; mas, por outro lado, há alguns homens rudes e incivilizados que não contribuem em nada para o prazer da vida social e não conseguem ser divertidos (*EE* 1234a4-23; *EN* 1127b33-28a4).

F. DINHEIRO E RIQUEZA

Se você gasta muito mais do que recebe, logo terá problemas financeiros. Se você gasta muito menos do que recebe, provavelmente está cometendo o erro de importar-se demais com a riqueza. A maioria dos homens é demasiado relutante para gastar e demasiado impaciente para receber, embora alguns sejam demasiado impacientes para receber precisamente porque eles são demasiado impacientes para gastar e precisam abastecer seus hábitos gastadores. A atitude certa em relação à riqueza não é fácil de ser conquistada, mas o primeiro passo é cultivar a atitude certa em relação à receita. Saber o que você pode com razão esperar de sua situação e não abandonar seus princípios para conseguir mais, como fazem os jogadores, usurários, cafetões e ladrões. O passo seguinte é ajustar seus gastos proporcionalmente a sua receita e discriminar entre os gastos necessários e os gastos discricionários. Com os últimos, você deve ter tanta liberdade quanto suas circunstâncias permitirem, gastando alegremente em tais coisas e para o benefício de tais pessoas na medida em que seja apropriado. Aristóteles chama esse tipo de homem de "liberal", uma palavra derivada da palavra que significa "livre"; é assim que se espera que um homem de dignidade independente se comporte (*EE* 1231b27-32a18; *EN* 1119b22-22a17).

Se você é um homem rico, tem a oportunidade de exibir uma virtude um pouco diferente. Nos estados gregos, exigia-se que os homens ricos financiassem diretamente serviços públicos caros, como a realização do festival dramático ou atlético anual ou o envio de uma missão sagrada a um templo distante ou a um festival. Eles também deviam ser pródigos na esfera privada, pagando por casamentos, construindo e equipando suas casas de campo segundo o padrão apropriado, recebendo dignitários estrangeiros e erigindo estátuas aos deuses e monumentos funerários a seus ancestrais (o próprio Aristóteles fez todas essas coisas). A virtude nessa área é um tipo de gosto estético, que evita o excesso vulgar e ostentoso bem como uma mão fechada como um casco de cavalo. Essa virtude, que Aristóteles chama "magnificência", pode ser desfrutada apenas pelos homens liberais abençoados com a riqueza. Homens magnificentes julgarão corretamente a dignidade relativa de sua própria posição, bem como a escala relativa do empreendimento de que eles tomam parte; uma bola admiravelmente bem feita por ser um magnificente presente para uma criança (*EE* 1233a31-b14; *EN* 1122a18-23a33).

G. RESPEITO E HONRA

Na sociedade grega antiga, havia grandes diferenças de estatuto social. Homens que descendiam de famílias superiores ou gozavam de poder superior ou riqueza respeitavam uns aos outros por conta disso e esperavam que os outros lhes mostrassem respeito. Aristóteles se opunha a essa diferenciação social não por causa do dogma moderno de que todos os seres humanos merecem igual respeito, mas porque os homens fundavam suas demandas por respeito nas razões erradas, naquilo que lhes era dado pela sorte, e não nas próprias qualidades morais. Homens cujos verdadeiros méritos eram grandes deviam reconhecer o fato e esperar que os outros o reconhecessem também. Aristóteles acreditava na aristocracia, o governo dos melhores; mas ele insistia que aqueles que governam deviam realmente *ser* melhores, em outras palavras, ser moralmente superiores (*EN* 1124a20-b6).

Homens cujos méritos morais eram moderados ou pequenos deviam esperar ser respeitados de maneira conforme. É errado ser ambicioso e buscar ser respeitado em demasia e pelos homens errados, embora o amor pela honra seja uma boa coisa e às vezes "ambicioso" seja usado como um termo de enaltecimento. Igualmente, é errado e indigno do homem não ter ambição e recusar ser honrado mesmo quando se merece, embora a modéstia seja agradável aos outros e às vezes chamemos alguém de "desambicioso" para enaltecer seu autodomínio. A virtude está no meio, mas é obscurecida pelos dois extremos, e não há um nome satisfatório para ela (*EE* 1233a16-30; *EN* 1125b1-25).

O principal interesse de Aristóteles é o homem cujos méritos são grandes. Como o homem rico que é "magnificente", o homem moralmente bom que é "magnânimo" (às vezes traduzido "altivo") é capaz de exibir uma virtude em grande escala. Ele se comportará de uma maneira digna que expressa a consciência que tem de sua superioridade em relação aos outros. Ele esperará que os outros o respeitem e o obedeçam, pois ele merece as melhores coisas, a saber, respeito e autoridade política. A única maneira de merecer tais coisas é ter também as outras virtudes, de modo que essa virtude é "uma espécie de coroa das virtudes". Como outras virtudes, a magnanimidade está no meio entre dois vícios, a vaidade e a humildade. O problema com o homem vaidoso não é que ele reclama demasiado respeito, mas que ele não o merece suficientemente e tende a confundir as marcas exteriores da dignidade com a própria dignidade. O homem humilde pensa que merece menos do que merece, um traço que Aristóteles despreza; ele preferiria que fôssemos antes vaidosos que humildes, pois a humildade "é tanto mais comum quanto pior" (*EE* 1232a19-38, 1232b31-33a16; *EN* 1123a34-24a4, 1125a16-34).

Nos tempos modernos, tornou-se difícil apreciar o retrato que Aristóteles faz do homem "magnânimo", mas ele foi um ideal atraente para muitos homens, por muitos séculos. O homem magnânimo sabe que possui o que é importante que um homem possua e atribui pouco valor a qualquer outra coisa. Ele fica contente quando cavalheiros de bom gosto reconhecem seus méritos, mas desdenha elogios vindos dos homens errados ou pelas razões erradas. Ele fica apenas moderadamente contente com o poder, a riqueza e outros bens da fortuna e faz o melhor com a má sorte. Apenas umas poucas coisas são suficientemente importantes para fazê-lo correr riscos; mas ele será supremamente corajoso quando necessário, pois nem mesmo sua própria vida lhe é importante, se preservada às custas de seus valores. Ele fica contente em conferir benefícios aos outros, mas nunca solicita retribuição e reluta em recebê-la. Ele não enganará outras pessoas, mas, se elas o enganarem, esquece rapidamente. Seus modos são vistos como dignos por aqueles em posições de poder e influência, mas como modestos por aqueles da posição mediana e autodepreciativos por aqueles das camadas inferiores. Ele declara abertamente quais são os homens que gozam de sua lealdade e quais são aqueles a quem é hostil e fala o que pensa claramente, pois ardis são estranhos a sua natureza. Ele não permitirá que sua vida gire em torno de qualquer outra pessoa, exceto um verdadeiro amigo. Ele não fará fofocas, pois nem as boas nem as más qualidades dos outros lhe dizem respeito. Ele não levantará a voz nem terá acessos de exaltação, pois isso indicaria que os detalhes da vida têm maior importância do que realmente têm. Ele é digno, pois goza da dignidade de um homem que merece respeito (*EE* 1232a38-b31; *EN* 1100b30-33, 1124a4-20, 1124-25a16).

Amigos

O último tópico que Aristóteles discute, a amizade, é um dos mais importantes, pois amigos dão uma grande contribuição àquilo que torna a vida digna de ser vivida, e ninguém escolheria viver sem amigos. A amizade é uma relação entre dois homens que têm afeição um pelo outro e reconhecem a afeição do outro. É possível haver afeição entre pessoas que estão em níveis sociais diferentes, mas nesse caso eles não são realmente amigos no sentido que interessa a Aristóteles. Por exemplo, um homem não pode ser amigo de sua esposa, pois ele domina, e ela é dominada; tampouco de seu filho, pois o pai é o benfeitor (ele lhe provê a vida, sustento e educação), e o filho é o beneficiário. Da mesma forma, uma pessoa pode ser superior à outra em virtude moral ou na dignidade de sua família ou em idade, mas "seria absurdo que um homem fosse amigo de uma criança". Nesses casos, embora pudesse haver afeição mútua, não poderia haver igual reciprocidade, e embora alguém pudesse chamá-la de "amizade", ele não poderia chamá-los de verdadeiros amigos. A amizade de Aristóteles é, no fundo, a relação de afeição mútua iniciada voluntariamente, por diversos propósitos, entre homens de estatutos sociais comparáveis. Se isso parece uma definição limitada, vale a pena lembrar que, num sistema político e econômico como o de Atenas, o estado não desempenhava um papel muito importante na suavização das dificuldades, na regulação dos negócios e no estímulo da prosperidade, e era uma necessidade econômica que as casas mantivessem relações de confiança mútua; na pobreza e em outras desventuras, diz Aristóteles, pensamos que os amigos são nosso único refúgio (*EE* 1235b13-36a15; *EN* 1155a5-12, 1155b17-56a5, 1158b11-28, 1161b11-62a33).

Com efeito, o tipo mais importante de amizade, se julgarmos com base nos números, é aquele em que os amigos são úteis uns aos outros. A afeição que existe entre amigos pode variar em força desde a cortesia extra que se oferece a um parceiro de negócios ao sentimento apaixonado experienciado pelos amantes, mas o que importa não é a intensidade do sentimento, mas sua reciprocidade. A principal diferença entre os tipos de amizade, de acordo com Aristóteles, diz respeito a se elas estão fundadas na utilidade mútua ou na mútua expectativa de companhia agradável ou no respeito mútuo pelo caráter de cada um. A amizade que está fundada na utilidade mútua é a maioria; aquela fundada na mútua expectativa de prazer prevalece especialmente entre os jovens; mas a amizade dos melhores homens é a amizade do respeito mútuo e da virtude. Ela é o melhor tipo de amizade e, portanto, o exemplo "primário" de amizade, embora as outras também sejam amizades (*EE* 1236a15-b26; *EN* 1156a6-57b5, 1158b1-11).

Problemas surgem quando as duas partes têm concepções diferentes a respeito de que espécie de amizade eles têm (ou tinham). Uma parte pode estar atraída à outra como um homem agradável, ao passo que a outra está atraída à primeira como um homem útil. Quando as partes de uma amizade trazem a ela duas coisas diferentes, pode ser difícil medir seu valor. Aristóteles refere-se a vários gêneros de desavenças para ilustrar seu ponto, mas acaba dizendo, de forma bem implausível, que a solução é simples: se, por exemplo, um estudante reclama dos honorários que seu professor cobra, deve-se decidir o caso por meio do valor proporcional de sabedoria e dinheiro, tal como o fazendeiro negocia com o sapateiro avaliando o valor proporcional de seus trabalhos. Aqui ele está aplicando a abordagem matemática que usou na discussão da troca justa (veja acima, pp. 285-286), mas sem melhor sorte (*EE* 1243b14-18; *EN* 1162b21-63a23).

A justiça está bem presente na cabeça de Aristóteles durante todo seu tratamento da amizade. Por exemplo, problemas podem surgir quando homens entram numa relação financeira que é também pessoal. Quando a parceria é de um tipo governado pela lei, então estão claros os termos que a governam, mas, quando cada uma das partes deve decidir a remuneração pelos serviços da outra, como nas amizades ordinárias, então podem surgir recriminações. O problema é que amizades que existem pela utilidade mútua e amizades que expressam respeito mútuo são tipos diferentes de coisa e não devem ser confundidas. Quando surgem recriminações, elas tendem a ser insolúveis porque não se pode decidir se o serviço deve ser avaliado pelo que custa a quem o cede ou pelo seu valor para quem o recebe, embora Aristóteles ofereça algumas sugestões.[11] A moral da história: tente não misturar parcerias de negócio e amizades pessoais, e, se você incorrer em problemas dessa espécie, a maneira honrosa de solucioná-los é entrar em

---

[11] Aristóteles parece estar dirigindo-se a seus próprios estudantes quando diz que o pagamento a ser feito àqueles com quem se estudou filosofia deve ser a reciprocidade de sua boa vontade, "pois seu valor não pode ser medido em dinheiro, e eles não podem receber nenhuma honra que salde seus serviços, mas ainda assim talvez baste, como no caso dos deuses, dar-lhes o que se pode" (*EN* 1164b2-6).

acordo como se o combinado estivesse claro desde o início (*EE* 1241b12-40, 1242b31-43b14; *EN* 1158b29-33, 1159b25-61b10, 1162a34-64b21).

Aristóteles tem outras coisas sensatas a dizer sobre a amizade. Do que gostamos em ter um amigo – de sermos o objeto da afeição de alguém ou de sentir afeição para com outrem? A última opção, por duas razões: 1) mesmo objetos inanimados podem ser objeto de afeição, e é claro que eles não gostam disso; e 2) sentir afeição é a atividade da amizade, e, de acordo com a doutrina do prazer de Aristóteles (veja acima, pp. 273-275), a atividade de nossos poderes, quando tudo vai bem, é agradável. A amizade demora muito tempo para surgir porque exige confiança mútua, que precisa ser nutrida pela experiência. Um homem não pode ser saudável apenas por ter decidido ser saudável, e homens não podem ser amigos apenas por terem decidido ser amigos. É impossível ter o melhor gênero de amizade com mais de uns poucos homens, em parte porque não se pode ter esses sentimentos para com muitos homens, e em parte porque amigos precisam ser testados pela experiência. Não dispense velhos amigos como roupas velhas em prol do estilo mais novo, pois pode ser que, afinal de contas, os novos amigos não sejam realmente seu tipo, e você só pode saber disso com o tempo. Por outro lado, os homens mudam com o tempo, e se seu amigo acaba revelando-se mau, não há nada errado em abandoná-lo; e se você amadurece mais rápido e com o tempo desenvolve um melhor juízo que seus amigos, então você não pode continuar sendo amigo deles, embora seja decente manter *alguma* afeição por eles (*EE* 1237a18-38a10, 1239a27-b2; *EN* 1156b25-32, 1158a10-18, 1159a25-b1, 1165b13-36, 1170b29-71a20).

Quando temos uma profunda amizade do melhor gênero, desejamos ao amigo o que desejamos para nós mesmos – vida, saúde, felicidade e a satisfação de seus desejos. Isso indica que a melhor amizade é a amizade do homem consigo mesmo? É óbvio que um homem não é literalmente seu melhor amigo, diz Aristóteles, pois a amizade requer dois homens; e homens maus, que estão num estado de conflito consigo mesmos, não são de forma alguma amigos de si mesmos. No entanto, homens bons, cujas razão e emoções estão em amigável harmonia, são muito parecidos com um casal amoroso em que as partes sentem o mesmo uma pela outra, e um verdadeiro amigo é como um segundo eu (*EE* 1240a8-b37; *EN* 1166a1-b29).

Os homens bons agem em benefício dos outros ou em benefício próprio? O egoísmo é com certeza uma falha muito grande, que todos os homens que pensam direito deveriam evitar. Mas já que se deve agir em benefício dos amigos, e uma vez que o próprio homem é, de certa maneira, seu melhor amigo, certamente deve-se agir em benefício próprio. Aristóteles resolve este paradoxo desta admirável maneira: diz-se que os homens são egoístas porque eles tomam mais que sua quota dos bem exteriores pelos quais as pessoas competem – riqueza, honra e prazer; mas os homens estão certos em agir em benefício próprio se eles agem em seu real benefício, que é agir de acordo com as virtudes. Este último modo de ação é realmente autocentrado, pois nele assegura-se para si mesmo as melhores coisas no mundo, e porque ele gratifica o elemento intelectual em nós, que é nosso verdadeiro eu (veja acima, p. 267). Esse egoísmo mais elevado é no interesse comum, e, se todos agissem dessa forma, todos visariam o melhor. O homem com o egoísmo mais elevado às vezes sacrificará a honra, a riqueza e mesmo a própria vida em prol de seus amigos e da nação, mas ele é recompensado com a probidade moral, um bem maior. Ele pode até mesmo sacrificar, em prol de seu amigo, a oportunidade de se distinguir, e isso também pode ser uma boa coisa – uma verdade sutil que é facilmente ignorada (*EN* 1168a28-69b2).

Talvez a questão mais interessante que Aristóteles levanta seja se um homem bom e feliz precisa de amigos. Por que ele deveria precisar? O melhor e mais próspero homem é quase tão feliz quanto os deuses e tem o menor número de necessidades; e os deuses não precisam de nada dos mortais, que não podem oferecer-lhes nada senão respeito; de modo que um homem perfeitamente feliz e autossuficiente também não precisará de amigos. Mas isso não pode estar certo, pois nossa própria imagem do homem feliz inclui um círculo de amigos. A solução de Aristóteles para este paradoxo depende, em sua maior parte, de aplicar as ideias que já tinham destaque na *Exortação*. A melhor atividade da vida humana é a percepção e o conhecimento, e já que um bom amigo é como um segundo eu, quando se está com um amigo, se está, de certa maneira, percebendo a si mesmo. Assim, quando se está consciente de estar ativo dos melhores tipos de maneiras, então o prazer da atividade é acrescido do prazer da consciência. E quanto melhor a atividade, mais valiosa é a sociedade de nossos amigos; "os homens devem contemplar em comum e celebrar em comum, não apenas os prazeres da comida", mas os prazeres da discussão e do pensamento. O melhor gênero de homem realmente terá amigos, e o melhor gênero de amizade será a camaradagem de colegas filósofos (*EE* 1244b1-45b19; *EN* 1169b3-70b19, 1171b29-72a15).

Mesmo enquanto discutia o significado social da amizade, Aristóteles permanecia fiel à inspiração da *Exortação* e ao apelo da vida intelectual. A julgar pelo seu testamento, ele deve ter morrido um homem feliz, pois entre seus amigos mais próximos estavam vários colegas filósofos, incluindo Teofrasto, seu colega mais próximo e seu sucessor como diretor do Liceu, a instituição de ensinos superiores onde ele passou a maior parte de sua última década de vida. Infelizmente, ele teve no final uma maré de má sorte; após a morte de Alexandre, o Grande, houve agitações antimacedônicas em Atenas, e Aristóteles julgou necessário deixar o Liceu e ir para a propriedade de sua família em Cálcide, onde morreu logo depois, bem longe de seus colegas e amigos.

8 Política

C. C. W. TAYLOR

Um dos traços superficialmente mais surpreendentes da filosofia prática de Aristóteles é sua aplicação do nome *politikê* (sc. *methodos* ou *epistêmê*, isto é, investigação ou ciência política) não a uma investigação da natureza do Estado ou das fundações da autoridade política, mas à própria teoria moral. O gênero de investigação exemplificada pelos tratados éticos de Aristóteles é regularmente designado por esse termo (por exemplo, *EN* 1095a2, a15-17), e o tratado no *corpus* aristotélico que traz o título *Política* é representado por Aristóteles como uma continuação da *EN*, exigida para completar o programa da última obra (*EN* 1181b12-23). A razão é que tratados éticos são investigações práticas orientadas à conquista da boa vida, uma meta que, dada a natureza social dos seres humanos, não pode ser alcançada senão no contexto de uma sociedade política. A teoria política, desse modo, não é para Aristóteles nem um assunto distinto da teoria moral nem a aplicação da teoria moral à esfera política; pelo contrário, ela é uma disciplina auxiliar da teoria moral. Dada a identificação do bem humano alcançada pela última, a teoria política concebida estritamente procura identificar que formas de sociedade são mais ou menos aptas a conduzir à conquista desse bem, explicar os defeitos das formas imperfeitas e sugerir como esses defeitos podem ser remediados. A questão da autoridade política, central para a maior parte da filosofia política moderna, está, portanto, ausente da agenda de Aristóteles. Essa questão, que pode ser enunciada como "Quais são os fundamentos e quais são os limites da obrigação individual de obedecer ao Estado?", pressupõe um pano de fundo de pensamento em que o conceito central é o da obrigação e em que o Estado é visto como algo exterior ao indivíduo, uma agência coercitiva cujo poder para interferir e limitar não precisa de justificação. Os pressupostos de Aristóteles são bem diferentes. Seu conceito fundamental não é o de obrigação, mas o de bem humano; ao passo que, em sua opinião, o papel do Estado, bem longe de limitar a liberdade de ação do indivíduo visando assegurar um bem comum, é precisamente o de permitir ao indivíduo realizar seu potencial para alcançar seu bem individual, uma conquista impossível, a não ser no contexto do Estado.[1] Seja qual for a perspectiva, questões sobre a relação do Estado com o indivíduo são centrais, mas as questões são diferentes. Para o teórico moderno, o problema central é por que o indivíduo deve aceitar a autoridade do Estado; Aristóteles, por sua vez, tem de fazer valer a afirmação de que o bem individual é inalcançável, a não ser para um participante ativo em uma comunidade política.

A *Política* pressupõe explicitamente a explicação do bem humano a que chegou a *Ética*, a saber, "a atividade da alma de acordo com a excelência", vale dizer, a realização excelente daquelas capacidades que são distintivas da vida humana, especificamente as capacidades para a racionalidade prática e teórica.[2] A perfeição da racionalidade prática é a vida de virtude completa do caráter, orientada pela sabedoria prática (*phronêsis*), ao passo que a perfeição da racionalidade teórica é a vida de contemplação teórica (*theôria*). Por que esses dois tipos de perfeição requerem participação na vida política?

Temos de enfatizar a palavra "política", se a questão deve ser entendida corretamente. A *EN* propõe um número de argumentos plau-

---

[1] N.T.: Diferentemente do que ocorria no último capítulo, aqui não se trata apenas de homens. Sempre que o autor fala sobre os indivíduos de uma sociedade, ele faz questão de ressaltar que está falando sobre homens e mulheres: "...enabling the individual to realize *his* or *her* potential to achieve *his* or *her* individual good...". É difícil reproduzir essa nuance do texto sem causar grande estranheza ao leitor do português. Portanto, pedimos ao leitor que tenha em mente que, neste capítulo, tanto mulheres quanto homens estão sendo levados em consideração a todo momento.

[2] Para a explicação do bem em *EN*, veja 1098a16-18; na *Política*, veja 1295a35-37, 1328a37-8 e 1332a7-9. Sobre a disputada questão da relação da excelência prática à teórica na boa vida, veja este capítulo, seção III.

síveis em favor da tese de que uma boa vida humana tem de ser uma vida em comunidade. Ninguém, Aristóteles afirma com toda razão, desejaria viver em isolamento, sem amigos. Sem levar em conta quaisquer benefícios extrínsecos que podemos obter dos outros, como ajuda em épocas difíceis, nós achamos que compartilhar a vida com amigos de mentalidades parecidas é intrinsecamente bom, pois tal vida é mais agradável e vale mais a pena para nós que uma vida sem amigos (1169b16-22). (Alguns dos argumentos de Aristóteles em favor dessa conclusão podem ser duvidosos, por exemplo, o de que damos valor aos amigos em parte porque damos valor a nossas próprias boas ações e podemos apreciar mais facilmente ações desse tipo quando são realizadas pelo nosso amigo, que é um "outro eu", do que quando são feitas pelo nosso próprio eu (1169b30-1170b10). Independentemente disso, a conclusão é certamente verdadeira.) Novamente, a maioria das virtudes do caráter, em cuja performance consiste a excelência da vida prática, requer a interação com os outros, por exemplo, a generosidade e a justiça requerem que as pessoas sejam generosas e justas para com os outros, a temperança envolve abster-se de insultar os outros (1178a28-b3). Mas esses argumentos apenas mostram que, para viver bem, temos de viver em alguma espécie de comunidade, não que temos de viver em uma comunidade política, muito menos que temos de tomar parte ativamente na vida política. Como Aristóteles reconhece (*Pol* I) outras formas de comunidade que não a política, não se pode imaginar que ele negligenciou a distinção. Ao contrário, ele pensa que considerações das relações entre a comunidade política e outras formas de comunidade fornecem razões para aceitar a tese de que uma boa vida humana tem de ser uma vida política.

Na realidade, a afirmação de Aristóteles é mais específica, a saber, de que uma boa vida humana tem de ser uma vida de participação numa forma específica de organização política, a cidade-estado (*polis*). É claro que ele tinha conhecimento de outros tipos de Estado, como o reino persa, mas reluta em considerá-los como *poleis*, aparentemente pela razão de que eles são demasiado grandes (1326b2-7). (Ele parece estar confuso a respeito desse ponto, já que diz que uma nação dificilmente é capaz de ter uma forma de governo (*politeia*), e no entanto considera a monarquia como uma forma de governo e sabia que algumas nações – e, de fato, grupos de nações – eram governadas por monarcas.) Temos de começar, então, examinando sua explicação da *polis* e sua relação com outras formas de comunidade, a fim de ver se ele consegue fazer valer sua afirmação de que a participação na vida da *polis* é essencial para uma boa vida humana.

I

A explicação de Aristóteles da *polis* está firmemente enraizada em sua filosofia da natureza. A conexão é expressa em duas teses fundamentais, 1) a de que a *polis* existe por natureza e 2) que um ser humano é um ente de um gênero naturalmente adaptado a viver em uma *polis* (1253a1-3). Embora a enunciação dessas duas teses numa única sentença indique sua íntima interconexão, a natureza precisa de sua posição sobre a relação lógica entre as duas não está inteiramente clara. As mesmas evidências, ele diz (*ib.*), são suficientes para estabelecer ambas, o que é compatível com a equivalência material ou formal, ou com a implicação em qualquer uma das direções. Em suas grandes linhas, seu percurso de argumentação é o seguinte. A continuidade da espécie humana requer duas formas primitivas de relação interpessoal, aquela entre macho e fêmea, com o propósito de reprodução, e aquela entre senhor e escravo, para a sobrevivência. Logo, a unidade social mais primitiva é constituída por indivíduos mantendo essas relações uns com os outros, a saber, a casa (*oikia*), ao passo que a vila (*kômê*) é um desenvolvimento ulterior natural, uma associação permanente de casas que existe para a satisfação de necessidades (presumivelmente tanto necessidades econômicas quanto de proteção contra animais e outros grupos humanos).[3]

---

[3] Cf. Platão, *Protágoras*, 322b.

Casas e vilas são, assim, formas naturais de associação, pois desenvolvem-se em resposta a certas necessidades humanas naturais. Podemos notar *en passant* que a noção de "natural" que está em jogo aqui não é inteiramente não problemática. Se "natural" é entendido como "tal que ocorrerá inevitavelmente, a não ser que impedido por meio de interferência externa", então Aristóteles certamente não está justificado em afirmar que a casa e a vila, como ele as compreende, são naturais nesse sentido. É manifesto que as necessidades humanas básicas de reprodução e sobrevivência podem ser satisfeitas em numerosos gêneros de associação (por exemplo, a tribo nômade) diferentes daqueles que ele identificou. Mais uma vez, não está claro até que ponto "natural" (ou, de forma equivalente, "por natureza") é oposto a "convencional" ou "artificial". A relação senhor-escravo, mesmo que em algum sentido seja natural (veja abaixo, seção V), é convencional na medida em que um escravo é, por definição, a propriedade de um senhor, de modo que a existência da relação pressupõe as convenções constitutivas da instituição da propriedade privada. Mesmo nesse estágio mais fundamental, Aristóteles incorporou a sua explicação do que é natural um elemento considerável da descrição dos fundamentos da sociedade grega antiga.

Ele agora (1252b27-31) argumenta que, uma vez que a *polis* é o tipo completo ou perfeito de comunidade, ela tem de ser uma forma natural de comunidade, se, como já foi mostrado, as formas mais primitivas são naturais. O argumento é uma aplicação de um princípio de sua biologia, o de que a natureza de um gênero é realizada quando instâncias desse gênero atingem seu desenvolvimento completo, isto é, sua forma madura ou adulta.[4] O desenvolvimento da casa por via da vila à *polis* é desse modo apresentado como análogo, por exemplo, ao da bolota por via da árvore jovem ao carvalho maduro. Mas que razão ele nos dá para aceitar essa analogia? Seu argumento é o de que o processo de desenvolvimento de uma casa é de caráter propositado, no qual pessoas que, enquanto indivíduos, não têm autossuficiência (*auta-*

---

[4] Veja *Phys* 193b3-12. Para uma valiosa discussão do uso que Aristóteles faz desse princípio aqui, veja Stephen Everson, "Aristotle on the Foundations of the State", *Political Studies* 36 (1988): 89-101.

rkeia) combinam-se para formar comunidades de complexidade crescente, até que a meta de produzir uma comunidade autossuficiente seja alcançada pelo (e apenas por ele) desenvolvimento da *polis*. Se a autossuficiência é entendida, como a discussão das formas primitivas de comunidade sugeriu, simplesmente como a capacidade de sustentar e reproduzir a vida individual, então a afirmação de que o desenvolvimento da *polis* não é apenas suficiente, mas também necessário para esse fim tem de ser rejeitada. Mas há uma sugestão no texto de que essa concepção de autossuficiência é inadequada; ela está na observação de Aristóteles (1252b29-30) de que a *polis* surge pela vida, mas existe pela boa vida. Se aceitamos que a boa vida está corretamente especificada em seus escritos éticos como a vida moldada pelo exercício das virtudes do intelecto e do caráter, a objeção anterior – de que a mera sustentação e reprodução não requer a *polis* – cai por terra. Contudo, nossos problemas ainda não acabaram. Pois mesmo que assintamos a Aristóteles a afirmação extremamente controversa de que a vida de virtude é impossível, a não ser no interior da forma específica da *polis*, ainda podemos questionar se esse modo de vida é o objetivo ou conclusão em direção do qual devemos ver que tendem as formas primitivas de organização. A descrição que Aristóteles dá da *polis* como algo que surge pela vida, mas existe pela boa vida, sugere que a simples sobrevivência e subsistência era o objetivo que explicava o desenvolvimento original da *polis*, e que a concepção de que ela existe para promover a boa vida é um desenvolvimento ulterior, que pressupõe a adoção geral de um sistema de valores tornado possível pelas condições de vida na *polis*. Se é assim, então em que sentido é verdade que as formas primitivas de organização são estágios naturais num processo de desenvolvimento que se completa quando e somente quando essa concepção de bem é realizada? Comunidades primitivas podem evoluir, e não há dúvida de que realmente evoluíram, para uma variedade de tipos de organização política; o que autoriza tal forma a ser identificada como *o* objetivo ao qual tende o processo de evolução?

O primeiro argumento de Aristóteles em favor de sua tese de que a *polis* existe por natureza é o seguinte: a *polis* é o objetivo das comunidades primitivas; a natureza é um objetivo; portanto, a *polis* existe por natureza (1252b30-32). Nós vimos que ele não estabeleceu a primeira premissa. Além disso, a conclusão não se segue; mesmo que se conceda que a *polis* é o objetivo das comunidades primitivas e que a natureza é um objetivo, não precisa ser o caso de a *polis* ser uma entidade natural. Pois poderia ser o caso de o tipo de objetivo que o desenvolvimento das comunidades primitivas tem de ser tal que requeira um meio não natural de realização, como é o objetivo de voar para os humanos. Para dar conta da objeção, a primeira premissa teria de ser formulada como "A *polis* é o objetivo natural das comunidades primitivas". Mas desse modo a conclusão desejada já seria pressuposta, e o argumento, portanto, seria ocioso. Aristóteles ainda argumenta (1252b34-1253a1) que aquilo pelo que algo é, isto é, seu objetivo, é a melhor coisa, e a autossuficiência é um objetivo e a melhor coisa. Supondo que haja precisamente uma melhor coisa, segue-se que a autossuficiência é aquilo pelo que (sc. as comunidades primitivas evoluem para comunidades mais desenvolvidas), mas ainda não se segue que o gênero de autossuficiência que é alcançado pelo desenvolvimento da *polis* seja natural.[5]

Como vimos, Aristóteles afirma que os fundamentos para a tese de que a *polis* existe por natureza são também fundamentos para a tese de que "O homem é por natureza um animal político". Como a maioria dos *slogans*, este, talvez o mais famoso dos pronunciamentos políticos de Aristóteles, é passível de diversas interpretações. Ele claramente pretende afirmar que, de uma forma delineada na discussão anterior, os seres humanos estão por natureza adaptados à vida na *polis*, na medida em que a vida nesse contexto é necessária e suficiente para a obtenção do bem humano individual. Ele corrobora essa afirmação por meio de uma interessante aplicação (1253a7-18) de seu princípio de que "a Natureza não faz nada em vão" (a9). Enquanto os animais geralmente são capazes de expressar prazer e dor por meio de seus brados, os humanos, e apenas os humanos, possuem a fala, a qual os permite fazer juízos a respeito do que é benéfico e danoso, certo

---

[5] Para uma discussão mais detalhada, veja David Keyt, "Three Fundamental Theorems in Aristotle's *Politics*", *Phronesis* 32 (1987): 54-79. Uma versão revisada, intitulada "Three Basic Theorems in Aristotle's *Politics*", aparece em David Keyt e Fred D. Miller, Jr., eds., *A Companion to Aristotle's* Politics (Oxford and Cambridge, Mass.: Basil Blackwell 1991), 118-141.

e errado. Isto é, a capacidade humana para o juízo prático marca a espécie para a vida na *polis*, já que (está subentendido) é nesse contexto, e apenas nesse contexto, que aquela capacidade é adequadamente posta em prática. Essa afirmação é poderosa; ela implica, por exemplo, que as instituições políticas modernas privam sistematicamente seus participantes do completo exercício de uma de suas capacidades humanas mais fundamentais.

Alguns desses pontos serão discutidos mais adiante. Por enquanto, volto-me a um aspecto ainda mais perturbador do *slogan* aristotélico: a afirmação de que a *polis* é anterior ao indivíduo, uma vez que o todo deve ser anterior à parte e o indivíduo é parte da *polis* (1253a18-29). O sentido de "anterior" em questão é aquele da prioridade em essência ou ser (*ousia*), no qual A é anterior a B se e somente se A pode existir sem B, mas não vice-versa.[6] Que esse seja o gênero de prioridade em questão fica claro por meio do uso que Aristóteles faz da analogia das partes corporais; uma mão ou pé não pode existir isolado do corpo como um todo, pois uma parte desligada não é propriamente chamada uma parte, mas é assim chamada apenas homonimamente, como a mão de uma estátua não é, rigorosamente, uma mão (ou, como poderíamos dizer mais naturalmente, não é uma mão de verdade).[7] O ponto é que partes corporais são identificadas funcionalmente, por meio da relação que mantêm com outras partes e por meio do funcionamento de todo o sistema em que elas encontram seu lugar; fisicamente isoladas desse contexto, elas são, na melhor das hipóteses, partes potenciais (se retiverem a possibilidade de ser reintegradas a um sistema em funcionamento), na pior, partes mortas, isto é, ex-partes. Aristóteles faz afirmações análogas a respeito da relação entre indivíduo e *polis*; um indivíduo *incapaz* de ser membro de uma *polis* não é, rigorosamente, um ser humano, e sim um animal (não humano), ao passo que alguém que é autossuficiente sem participar da *polis* é super-humano. ou, nas palavras de Aristóteles, um deus (a25-9). Seu ponto não é o fato indisputável

---

[6] Veja, por exemplo, *Met* 1019a2-4: "[Anterior] por natureza e essência são coisas tais que podem existir sem outras, ao passo que as últimas não podem existir sem elas." Cf. *Phys* 260a18-19.

[7] Cf. *An* 412b18-22.

de que não se pode ser um *cidadão*, a não ser no contexto de uma *polis*, como não se pode ser um *quarterback* (em oposição a um ex, ou potencial, *quarterback*), a não ser como membro de um time de futebol americano. É o ponto mais forte de que não se pode ser um ser humano, a não ser no contexto de uma *polis*. O contexto não precisa ser atual; de modo que Robinson Crusoe não deixa de ser humano durante o período de seu total isolamento. Mas, apesar disso, a analogia faz Aristóteles comprometer-se a sustentar que o que faz de qualquer um de nós um humano é nossa capacidade de sermos membros de uma *polis*, da mesma forma como o que torna esta quantidade de matéria orgânica uma mão é sua capacidade de desempenhar um particular papel num corpo humano em funcionamento. As implicações políticas dessa analogia são importantíssimas, já que as partes de um organismo não têm interesses independentes dos interesses do organismo como um todo. Antes, o bem da parte é ser de tal forma que ela dê sua verdadeira contribuição ao bem do organismo. Esse é o sentido em que "a mesma coisa é boa para a parte e para o todo" (1255b9-10).[8] Se essa analogia é levada a sério, Aristóteles tem de estar comprometido com uma forma extrema de totalitarismo: não meramente a doutrina de que o bem independente do indivíduo tem de estar subordinado ao bem maior do Estado, mas a doutrina ainda mais extrema de que o indivíduo não tem um bem independente, seu bem sendo identificado com sua contribuição ao bem do Estado.[9] A relação entre escravo e senhor parece fornecer a analogia mais próxima da relação entre indivíduo e Estado: como indivíduos, somos partes vivas e Estado, como o escravo é uma parte viva do senhor (125511-12); e, como o escravo, não encontramos nosso bem na realização de nenhuma de nossas próprias metas, mas no cumprimento das metas daquilo de que somos uma parte.

De fato, a posição predominante de Aristóteles acerca da relação indivíduo-Estado é a antítese disso. Ele expressamente distingue o domínio político do domínio do senhor sobre o escravo (I.7), justificando que, enquanto o

---

[8] Sobre a aplicação da doutrina à relação senhor-escravo, veja adiante, seção V.
[9] Distingo diversos tipos de totalitarismo (incluindo aqueles que acabei de mencionar) em "Plato's Totalitarianism", *Polis* 5.2 (1986): 4-29.

último é propriamente exercido sobre aqueles que são incapazes de praticar um controle racional sobre suas próprias vidas (1254b16-23, 1260a12), o primeiro é exercido sobre aqueles que são "livres e iguais" e consequentemente tem de ter como sua meta a promoção do bem daqueles que estão livres para aceitá-lo (1279a28-32). O bem do indivíduo não é, portanto, meramente independente do bem da *polis*; de duas das muitas maneiras em que uma coisa pode ser anterior a outra, ele é anterior a esse bem, e isto na medida em que (a) a meta da organização política é promover a boa vida de seus cidadãos, e portanto (b) o bem do Estado é definido por via do bem do indivíduo, na medida em que o Estado é bem organizado quando sua organização lhe permite cumprir sua meta, que é aquela especificada em (a).[10] Ademais, essa meta não é tal que poderia ser imposta ao indivíduo para seu próprio bem. Pois o bem do indivíduo é viver a vida de virtude moral e intelectual, o que requer que o indivíduo oriente sua vida por meio de seu raciocínio prático autônomo. Mas, ao mesmo tempo, as exigências sociais da natureza humana são tais que o melhor exercício do raciocínio prático autônomo é a promoção da boa vida não para o indivíduo isolado, mas para toda a comunidade (*EN* 1094b7-10; *Pol* 1278a40-b5).

A tese de que a *polis* está para o indivíduo como o todo está para a parte é, portanto, uma aberração da parte de Aristóteles; ela o compromete com a negação de duas teses centrais de seu sistema ético-político, a de que a meta da *polis* é a promoção da boa vida de seus cidadãos e a de que a atividade central da boa vida é o exercício da racionalidade prática autônoma.[11] Podemos ver, porém, que Aristóteles foi levado a esse exagero por outra

---

[10] A é anterior a B *logôi* (= na definição) se e somente se a definição de A está incluída na definição de B, mas não vice-versa (*Met* 1028a32-36).

[11] Não obstante, essa afirmação é repetida em 1337a27-30; uma vez que o cidadão é parte do Estado, ele não pertence a si mesmo, mas ao Estado. A asserção de que o cidadão não pertence a si mesmo é idêntica ao que é dito do escravo natural, que não pertence a si mesmo, mas a alguma outra pessoa (1254a13-17). Ela é inconsistente com *Met* 982b25-26: "Um homem livre é o que é por si mesmo, e não por outro", já que "é o que é por si mesmo" determina suas atividades para seus próprios fins e, assim, não pode estar à disposição de outro. Veja T. H. Irwin, *Aristotle's First Principles* (Oxford: Clarendon Press, 1988), 411.

tese igualmente central desse sistema, a saber, a tese de que a boa vida é necessariamente uma vida social. Apesar disso, o fato de que não podemos viver uma boa vida isolados dos outros não deve levar-nos a concluir que somos essencialmente partes de um todo social, da mesma forma como o fato de que (para a maioria das pessoas) não podemos levar uma boa vida sem algumas relações sexuais satisfatórias não deve nos levar a concluir que somos essencialmente parte de algum todo sexual. Aristóteles deveria separar a afirmação de que os humanos são criaturas adaptadas para a vida na *polis* da afirmação de que eles são partes da *polis* e, a fim de manter a consistência com suas doutrinas centrais, repudiar a última.

Por que o exercício da racionalidade prática requer a *polis*, enquanto distinta de outras formas de organização política (no sentido moderno) como a nação Estado? A resposta de Aristóteles é clara. A boa vida é a vida governada pela *phronêsis*, e o exercício mais perfeito da *phronêsis* é a aplicação dessa virtude ao bem comum de uma comunidade (veja acima). Ou seja, a boa vida requer participação no governo de uma comunidade autogerida, isto é, uma *polis*. Alguém que não faz parte do governo de sua comunidade, digamos um súdito de um monarca absoluto, ou alguém que escolhe não tomar parte na vida política, tem, por vontade própria ou coerção, que entregar aspectos cruciais de sua vida ao comando de outrem, e assim abandona a tarefa da *phronêsis*, que é "deliberar bem sobre o que é bom e vantajoso para si, não em áreas particulares, como o que promove a saúde ou a força física, mas visando viver bem de maneira geral" (*EN* 1140a25-28). Embora seja claro que Aristóteles não contemplara a democracia representativa moderna, podemos conjecturar que ele consideraria que a mesma objeção se aplicava a ela. O governo representativo coloca o indivíduo longe demais do dia-a-dia da tomada de decisões para que possa ser considerado algo que dá ao indivíduo o grau de controle sobre sua vida que o exercício da *phronêsis* requer. Uma objeção à posição de Aristóteles (sugerida, por exemplo, por *EN* X.7) é a de que a vida ideal pode ser uma vida de total compromisso com a atividade teórica, exigindo o completo afastamento da atividade política, o tipo de vida mais tarde levado por comunidades epicuristas. A resposta implícita de Aristóteles é que tal vida só é possível no interior de uma moldura política à qual a comunidade filosófica tem de confiar-se para sua subsistência e proteção, e que, mais uma vez, o imperativo de aperfeiçoar a *phronêsis* exige que se participe do governo da comunidade que a vida filosófica requer. Deve ser notado que isso não obriga Aristóteles a negar que a atividade teórica seja a atividade humana mais valiosa, e há, com efeito, mais que uma dica dessa doutrina em *Pol* VII.3 (veja na seção III). O que isso o obriga a negar é que a melhor vida humana possível seja a dedicada exclusivamente à atividade teórica. Novamente: a melhor forma de vida humana é aquela dirigida pela própria *phronêsis* do agente, e a melhor forma de *phronêsis* é aquela voltada para a promoção da boa vida para toda a comunidade. Em termos aristotélicos, o ser humano bom tem de ser *phronimos*, e o *phronimos* ideal é o *politikos* (1278b1-5).

Segue-se que os cidadãos de uma *polis* têm de participar de seu governo; toda *polis*, não apenas a melhor, tem de ser uma democracia participativa. Mas Aristóteles considera a democracia meramente como uma forma de constituição de uma *polis*; ele inclui outras formas, como a tirania e a monarquia, que permitem pouca ou nenhuma participação de seus cidadãos no governo, e afirma na *EN* que o mando do rei [*kingship*] (uma forma de monarquia) é a melhor forma de constituição (1160a35-36). Para enfrentar essas dificuldades, temos de considerar a classificação de Aristóteles dos tipos de constituição política.

II

Uma *polis* é uma espécie de comunidade, as outras espécies são a casa, a vila e a nação. Os diversos tipos são definidos pela diferentes formas de domínio ou subordinação (*archê*) que governam as atividades de seus membros. O domínio do senhor sobre o escravo, do patriarca sobre a esposa e os filhos e do monarca sobre os súditos são formas de domínio diferentes do domínio político, que vimos que é a) exercido sobre sujeitos livres e iguais (1255b20) e b) exercido visando a promoção do interesse comum (1279a16-21). Assim, a *polis* é, por definição, uma comunidade de indivíduos que participam no governo da comunidade. Isso é confirmado pela explicação de Aristóteles da relação entre a *polis* e o cidadão

(III.1); uma *polis* é uma comunidade de cidadãos (*politai*; 1274b41), e um cidadão é definido como alguém que está apto a participar nas áreas deliberativas e judiciais do governo (1275b18-20). No entanto, essa explicação participativa da *polis* está, como vimos, em conflito com a classificação que Aristóteles dá dos tipos de constituição (*politeia*). Primeiramente, ele considera a monarquia como uma espécie de constituição (1279a32-34), contendo duas subespécies, o mando do rei e a tirania (a32-b7). Em seguida, a despeito da definição de domínio político como orientado ao interesse comum, ele distingue (*ib.*) diversas formas corretas de constituição que satisfazem aquela exigência de suas formas desviantes ou deturpadas correspondentes (*parekbaseis*), as quais visam, em contraste, a promoção de diversos interesses setoriais em vez do interesse comum.

A tensão é na realidade gerada por dois aspectos da empresa aristotélica, por um lado o aspecto descritivo/classificatório, por outro o analítico/prescritivo. Sob a primeira designação está subsumida a atividade de identificar e classificar os tipos de sistemas governamentais efetivamente encontrados naquelas comunidades políticas que Aristóteles e seus contemporâneos reconheciam como *poleis*; para esse propósito, uma *polis* pode ser simplesmente vista como uma comunidade mais ou menos autônoma, normalmente, mas não necessariamente, grega (Aristóteles considera Cartago como uma *polis*), povoando uma extensão de terra aproximadamente contínua e razoavelmente pequena, normalmente contendo um único centro urbano e um número de colônias menores. *Poleis* assim concebidas podem ser governadas de uma variedade de maneiras: por monarcas de vários tipos, por déspotas inconstitucionais (tiranos), por diversos tipos de oligarquias, por variedades de democracias ou por sistemas que combinam elementos desses diferentes tipos. Por outro lado, o programa analítico funda-se em um número de princípios – já nos deparamos com alguns deles: a) compreendemos a natureza de uma entidade natural quando a vemos completamente desenvolvida; b) a *polis* é uma forma específica de comunidade, e toda comunidade é uma entidade natural, desenvolvida em resposta a certas necessidades específicas de seus membros; e c) o desenvolvimento completo da *polis* é o estado organizacional que a permite responder de forma mais completa às necessidades específicas que levaram a sua instituição. Dados esses princípios, podemos ver que certas formas de organização política atuais são mais bem compreendidas como afastamentos do padrão próprio/natural de desenvolvimento de uma comunidade política, afastamentos que surgem da substituição do interesse setorial pelo objetivo próprio/natural da comunidade, a saber, o interesse comum. Nós assim chegamos a uma simples e perspícua classificação de tipos de constituição: o bem comum pode ser buscado pelo a) governo de um único indivíduo (o mando do rei), b) por poucos (aristocracia) e c) por muitos (*politeia*), mas cada uma dessas formas corretas pode ser deturpada e transformada numa forma em que o elemento que domina busca seu próprio interesse social em vez do bem comum, a saber, a') a tirania, b') a oligarquia e c') a democracia (os próprios termos de Aristóteles são usados como rótulos). Mas, enquanto isso explicará por que as formas deturpadas de constituição chegam a ser consideradas organizações políticas, precisamos continuar procurando uma explicação de por que a monarquia também é; se uma *polis* é uma comunidade de cidadãos, e um cidadão é aquele que tem a oportunidade de participar no governo, então uma monarquia certamente não pode ser uma *polis*.

Essa dificuldade é mitigada, se não eliminada completamente, pela distinção de Aristóteles (1285b20-33) entre diversas formas de mando do rei, algumas das quais (por exemplo, a diarquia espartana) eram na realidade formas de magistratura que desempenhavam papéis específicos (o generalato no caso espartano) no interior de um sistema claramente político, segundo os critérios de Aristóteles. Nesses casos, a aplicação do nome mando do rei (*basileia*) deve presumivelmente ser explicada como um resquício histórico de um período em que uma gama maior de poderes estivera concentrada nas mãos do rei. Mas, neste caso, podemos esperar que Aristóteles diga que aquilo que é propriamente chamado mando do rei pertence a um estágio pré-político de organização social, e que apenas tipos restritos de mando do rei podem ter um papel na *polis*. De fato, entretanto, o tipo de mando do rei ao qual ele dedica mais atenção é o que ele chama total mando do rei (*pambasileia*), no qual o rei tem o controle de todos os assuntos (1285b29-31), uma característica que está em desacordo com a definição aristotélica de cidadania (veja acima). Essa forma autocrática de domínio é aquela que o patriarca exerce sobre sua casa, como ele indica explicitamente em sua introdução desse gênero de mando do rei (1285b31-33), descrevendo-o como "administração como a da casa de uma *polis* ou de uma ou mais nações". Rigorosamente, então, ela deveria ser classificada antes como um tipo especial de *oikonomia* que como um tipo de domínio político. (O fato de que o rei manda com o consentimento de seus súditos não depõe contra isso, pois o patriarca faz o mesmo.) A administração da casa envolve o domínio da razão prática desenvolvida do patriarca sobre escravos, mulheres e crianças, todos tipos de ser humano que, segundo Aristóteles, não têm sabedoria desenvolvida; "o escravo não tem a faculdade de deliberação, a mulher a tem, mas numa forma destituída de autoridade [*akuron*], e a criança a tem, mas numa forma incompleta" (1260a12-14). Uma vez que essa deficiência os torna incapazes de cuidar adequadamente das necessidades de suas próprias vidas (a administração da casa diz respeito, ao menos primariamente, às condições econômicas da vida), eles têm de contornar a deficiência por meio da dependência em relação à sabedoria do patriarca.

A aplicação desse modelo a uma comunidade de homens adultos sugere, similarmente, que os sujeitos têm de não possuir a sabedoria necessária para a organização apropriada de suas próprias vidas; caso contrário, por que é apropriado para eles estar totalmente sujeitos ao rei? Aristóteles parece reconhecer esse ponto; em 1287a10-12, ele diz que parece a alguns que é contrário à natureza que apenas um controle tudo (ou "todos"), quando a comunidade é composta de pessoas similares; e embora aí ele não aprove explicitamente essa opinião, ele o faz de forma mais inequívoca em 1287b41-1288a2: "Com base no que foi dito, está claro que, entre aqueles que são parecidos e iguais, não é nem vantajoso nem justo que apenas um deva controlar a todos". No entanto, essa aprovação não vem sem uma qualificação, pois ele acrescenta que "nem mesmo que ele seja superior em excelência, exceto de certa maneira" (a4-5), uma sugestão amplificada em a15-19: "Sempre que acontecer de toda uma família ou um único indivíduo ser tão distinto em excelência que ultrapasse a de todos os outros, então é justo que essa família seja real e controle a todos, e aquele seja o rei individual". A referência nessa passagem é a 1284a3-14, em que Aristóteles declara que, se numa comunidade há um indivíduo ou grupo que tanto ultrapassa o resto em virtude que a virtude dos outros não pode ser comparada à dele (ou deles), esse indivíduo ou grupo não pode ser considerado parte de uma *polis*; antes, ele deve ser considerado um deus entre os homens e não pode estar sujeito à lei, pois ele próprio é a lei. Sujeitar alguém assim ao controle seria tão absurdo quanto supor controlar Zeus e dividir seu domínio; ao contrário, todos devem obedecer alegremente a tal governante, de modo que tais pessoas devem ser reis perpétuos (b30-34).

Está claro, primeiramente, que Aristóteles não considera isso um ideal praticável; tal rei teria que ser uma pessoa de excelência literalmente sobre-humana, um tipo que Aristóteles com certeza descreve intencionalmente sem usar todas as letras como "que não é fácil de achar" (1332b23; cf. *EN* 1145a27-28). A exigência de que literalmente não deve haver comparação entre a excelência do rei ideal e a de seus súditos é tão extrema que é difícil ver como ela poderia ser satisfeita em quaisquer condições possíveis. Ademais, como sugeri, a satisfação (*per impossibile*) dessa exigência não bate prontamente com a explicação em termos de desenvolvimento que Aristóteles dá da *polis*. Essa explicação sustenta que os indivíduos precisam da *polis* para viver a boa vida, isto é, a vida moldada pelo exercício conjunto da *phronêsis*. Mas, sob o domínio de um rei divino, o único exercício conjunto da *phronêsis* seria aquiescer ao domínio absoluto do rei; e mesmo essa aquiescência dificilmente seria um ato político. Os súditos do rei ideal são tão pouco *politai* quanto são os filhos de um patriarca ideal. Não está claro, então, por que o rei divino deve dominar uma *polis* em vez de algum outro tipo de comunidade, seja menor (uma vila), seja maior (uma nação).

Na medida em que a *polis* é uma instituição humana, desenvolvida por indivíduos imperfeitos para servir a sua necessidade de uma boa forma de vida comunitária, a monarquia não oferece um modelo para a *polis* ideal. A única forma de monarquia adequada para indivíduos imperfeitos (incluindo o monarca) é uma monarquia limitada pela lei (III.15-16), mas nessa forma, como Aristóteles reconhece, é a lei que tem autoridade suprema, e a monarquia é na realidade uma forma de magistratura (1287a3-6). A monarquia genuína, isto é, absoluta, de fato não é uma forma de governo de uma comunidade humana, ela é antes um tipo de domínio divino. Aristóteles não resolve satisfatoriamente a tensão entre os princípios que subjazem a sua concepção participativa da *polis* e o princípio de que a melhor forma de constituição é o domínio do melhor governante (1288a33-34), já que ele não insiste na restrição de que o melhor governante tem de ser um governante humano. Uma vez concedida essa restrição, a igualdade entre governante e governado que surge de sua natureza humana comum requer a participação de todos no governo (1332b25-29).[12]

Um problema similar aplica-se à oligarquia. Dada a explicação participativa da cidadania, é contraditório definir uma oligarquia como uma comunidade em que a participação no governo está restrita a certa porção *do corpo cidadão*, já que aqueles excluídos dessas funções estão por definição excluídos do próprio corpo cidadão. Pode-se, é claro, identificar uma oligarquia diferenciando diversos aspectos da cidadania, alguns dos quais, como a obrigatoriedade do serviço militar ou dos impostos, aplicam-se a todos, ao passo que outros, como a elegibilidade para diversos gêneros de cargos na magistratura, são a prerrogativa de uma minoria, seja como for definida – por exemplo, por uma qualificação de acordo com as propriedades. No entanto, Aristóteles não tenta definir uma condição mínima para a cidadania em termos de obrigações, como aquelas que acabei de mencionar, talvez porque tal critério não distinguiria confiavelmente os cidadãos daquelas categorias de não cidadãos residentes, como os residentes estrangeiros (*metoikoi*), que estavam sujeitos a algumas obrigações como essas. Ele antes define a cidadania em termos do direito de participar no governo de uma ou outra forma, e então enfrenta a dificuldade de que na oligarquia típica esses direitos estão limitados a apenas alguns dos cidadãos. Ele traça a útil distinção (1275a23-26) entre cargos definidos (isto é, aqueles mantidos por um período fixo de tempo) e indefinidos (isto é, aqueles sem restrição temporal, como a elegibilidade para a assembleia do povo), mas reconhece que em algumas oligarquias nem mesmo os últimos

---

[12] A questão da relação entre monarquia e a forma ideal de *polis* é habilmente discutida por P. A. Vander Waerdt em "Kingship and Philosophy in Aristotle's Best Regime", *Phronesis* 30 (1985):249-273. Ele rejeita a afirmação central defendida aqui, a saber, de que a concepção da boa vida pressuposta na *Pol* é de uma vida politicamente ativa.

estão disponíveis a todos (b5-11). Aristóteles aceita que sua explicação da cidadania aplica-se melhor a Estados democráticos (b5-7) e que, na prática, o estatuto do cidadão é conferido segundo quais forem os fundamentos que se julguem convenientes em diferentes Estados (b22-30). Ele oferece sua própria explicação como um aperfeiçoamento (b30-32), e no entanto não tem uma resposta para a dificuldade que acabamos de levantar. Sua explicação está no caminho correto, já que ele está certo em pensar que o conceito de cidadania não pode ser definido puramente em termos de residência ou sujeição à autoridade, mas implica participação na atividade essencial de uma comunidade e também em ver que a participação é uma questão de grau. Uma concepção um tanto mais liberal de participação, incluindo elementos como o direito de participar em rituais ou de identificar-se como um descendente de algum ancestral mítico, poderia tê-lo ajudado a lidar com o problema da cidadania não participativa.

III

Temos agora de considerar a explicação aristotélica do melhor tipo de *polis*, ou melhor, suas explicações, pois ele distingue o melhor tipo ideal, discutido nos livros VII-VIII, do melhor tipo para a maioria das pessoas (dadas suas circunstâncias efetivas), discutido em IV-VI. Vamos primeiro considerar o tipo ideal.

O caráter do Estado ideal resulta diretamente da explicação do objetivo da *polis* discutida anteriormente. Uma vez que uma *polis* é uma comunidade que existe não meramente pela subsistência e proteção, mas pela boa vida, o melhor gênero de comunidade é aquele que torna a boa vida acessível a seus cidadãos. Isso imediatamente levanta questões clássicas de distribuição, habituais na consideração do utilitarismo. O melhor gênero de comunidade é aquele em que cada indivíduo goza da melhor vida disponível, com a condição de que todo outro tem de gozar de uma vida igualmente boa? Ou é aquele em que a melhor vida em absoluto (supondo que essa concepção tenha um sentido claro) está acessível para alguns, mesmo que isso exija que alguns tenham uma vida "menos" boa que a melhor vida ou uma vida menos boa que a vida que poderiam ter se outros não tivessem gozado da melhor vida ou mesmo, talvez, uma vida que não tem nada de boa? Porque Aristóteles pensa que os constituintes da melhor vida não são bens disputados como a riqueza e as honras, que têm de ser distribuídos, mas virtudes do intelecto e do caráter, ele não confronta essas questões diretamente. Em vez disso, ele supõe que o melhor Estado é aquele em que é dada a todo cidadão a oportunidade de alcançar a excelência completa nesses respeitos (1324a23-25: "Está claro que a melhor constituição é aquela organização por meio da qual todos, não importa quem sejam, fariam as melhores coisas e viveriam uma vida abençoada") e não considera se as condições para a conquista da excelência por parte de alguém poderiam exigir a limitação das possibilidades de excelência de outrem. Mas sua teoria gera esses problemas, e de diversas maneiras. Assim, o cultivo da excelência prática e teórica requer ócio (VII.15), mas o ócio pressupõe que as necessidades da vida já estejam supridas por aqueles cuja falta de ócio impede o cultivo de qualquer um dos tipos de excelência. Nós, desse modo, temos uma escolha entre uma organização da *polis* que requer que todos dividam seu tempo entre a produção econômica e o cultivo da excelência e uma outra em que esses tipos distintos de atividade são os âmbitos de setores diferentes da comunidade. A preferência de Aristóteles pela última então se depara com a objeção de que, como na *República* de Platão, seu Estado ideal tem de conter uma maioria de cidadãos não ideais. Pior ainda, embora a meta da *polis* seja prover a boa vida a seus cidadãos, a melhor forma de *polis* é uma que falha no cumprimento da meta no caso da maioria. A resposta de Aristóteles é aquela que aparece nas *Leis* de Platão: as funções econômicas necessárias devem ser desempenhadas por não cidadãos, escravos e residentes estrangeiros, que nem mesmo precisam ser gregos (1329a24-26). Nesse caso, contudo, a *polis* não é mais uma comunidade, isto é, uma associação de pessoas autossuficientes para a vida, mas uma fração de tal comunidade, dedicada à busca de uma meta, a saber, a busca da boa vida, que é estranha à maioria daqueles de cujos esforços aquela fração depende. Além disso, a unidade [*unity*] da unidade [*unit*] maior, que compreende cidadãos e não cidadãos, é agora problemática. O que explica a disposição dos últimos para desempenhar seu papel necessário na manutenção da *polis* em sentido próprio, sob o governo dos cidadãos? Na medida em que eles são escravos, a questão não surge (embora a dependência da escravidão conteste a pretensão de que ela seja uma comunidade moralmente tolerável, quem dirá ideal). Mas, na medida em que aqueles que produzem são estrangeiros e estão ali por sua própria escolha, eles têm de acreditar que seriam mais bem governados pela elite moral de Aristóteles do que por si mesmos. Porém, Aristóteles não dá nenhuma explicação de por que eles acreditariam nisso nem nenhuma razão para pensar que isso seria verdade. É claro que os cidadãos ideais do Estado ideal de Aristóteles são *ex hypothesi* detentores de uma *phronêsis* altamente desenvolvida; isso certamente garante que seus sujeitos são mais bem governados do que seriam por sua própria racionalidade imperfeita. Mas a *phronêsis* perfeita deles garante que sua deliberação política produz a melhor organização possível. O que está em questão é precisamente se essa organização é *melhor para* todos que nela estão envolvidos ou é meramente melhor para os cidadãos aos quais, e tão-somente aos quais, ela oferece a oportunidade de viver a melhor vida. Reconhecendo a ênfase de Aristóteles na centralidade do exercício da *phronêsis* na boa vida, poder-se-ia esperar que ele desse preferência a um arranjo em que todos tomassem parte no ócio necessário para o cultivo da excelência, quer por meio de um sistema de trabalho em meio-período por toda a vida, quer por meio de um sistema de "períodos sabáticos" recorrentes dedicados à participação no governo. Assim como está, uma característica cardeal de seu Estado ideal é que seus cidadãos revezam-se para mandar e ser mandados (1332b26-29), sendo que as diversas funções governamentais são compartilhadas pelos mais velhos, enquanto os homens na idade militar desempenham a função de defender a *polis* e são treinados para a administração que eles exercerão mais tarde na vida (VII.14). Pareceria que a extensão desse princípio aos que produzem em seu Estado ideal, isto é, sua inclusão no corpo cidadão propriamente, fortaleceria, e não enfraqueceria, a consistência de seu sistema. Pois essa extensão permitiria à *polis* ideal ser uma comunidade genuína, unificada pelo objetivo comum de tornar todos os cidadãos capazes de participar, em uma ou outra medida, na boa vida. Assim como está, a assim chamada *polis* ideal não é de forma alguma uma comunidade política, já que ela não é autossuficiente para a vida, muito menos para a boa vida (1252b27-30). Ao contrário, ela é uma elite exploradora, uma comunidade de boas vidas cuja aptidão para buscar a boa vida é tornada possível pela disposição dos outros em abster-

-se dessa busca.¹³ Mesmo deixando de lado a questão da escravidão, a *polis* "ideal" é, assim, caracterizada por uma injustiça sistemática.

Antes de deixarmos a consideração da *polis* ideal, devemos considerar a concepção que Aristóteles faz da boa vida um pouco mais detalhadamente. É bem sabido que, em *EN* X.7-8, Aristóteles enaltece a vida de atividade teórica como a vida do bem-estar perfeito (*teleia eudaimonia*) e rebaixa a vida de excelência prática a um estatuto de valor secundário, dando com isso origem a um debate de muito tempo acerca de se a *EN* como um todo tem uma posição consistente sobre a natureza da boa vida. Seja qual for o veredicto final sobre essa questão, pode bem parecer que a *Política* rejeita definitivamente o "intelectualismo" de *EN* X, já que a boa vida que é compartilhada pelos cidadãos da *polis* ideal é, sem dúvida, uma vida prática, em que os cidadãos exercem sua excelência prática para promover o bem comum. De fato, duvido que haja qualquer discrepância importante entre *EN* X e a *Política*. (Também acho que não há nenhuma discrepância entre *EN* X e o resto dessa obra, mas isso não nos diz respeito presentemente.)

Aristóteles levanta a questão dos méritos relativos da vida filosófica e da vida prática em VII.2. Após ter dito primeiramente (1324a23-25) que está claro que a melhor forma de constituição é aquela em que cada indivíduo faz o melhor e vive "abençoadamente" (*makariôs*), isto é, alcança o bem-estar completo, ele prossegue dizendo que há um desacordo entre aqueles que pensam que a melhor vida é a vida prática, política, e aqueles que saem em defesa de uma vida puramente teórica, completamente divorciada de preocupações exteriores (a25-29). Depois de dedicar o resto do capítulo à rejeição da posição de que a vida de dominação sobre os outros é a melhor, ele volta à disputa original no capítulo seguinte. De forma característica, ele diz que ambas as partes estão de certa maneira certas e de certa maneira erradas. Os defensores da vida filosófica estão corretos em pensar que a vida de um homem livre (que aparentemente é como eles descrevem a vida de alguém livre de preocupações práticas) é melhor que a vida de um senhor de escravos, mas errados em identificar esta última

---

¹³ Aristóteles dirige praticamente a mesma crítica à *República* de Platão, 1264a24-29.

com a vida política (por causa da distinção anterior entre domínio político e domínio despótico). Eles também estão errados em colocar a inatividade acima da atividade, uma vez que o bem-estar consiste na atividade, e os atos do virtuoso são bons (1325a23-24). Aristóteles não diz explicitamente em que os adeptos da vida prática estão certos ou errados. O ponto que acabei de mencionar, o de que a atividade virtuosa é intrinsecamente boa, é presumivelmente um ponto em favor deles, ao passo que anteriormente se dizia que eles compartilhavam da posição de seus oponentes de que a vida teórica é inativa (1325a21-22), chegando à conclusão, já que o bem-estar consiste na atividade, que a vida não pode constituir bem-estar.

Aristóteles agora prossegue identificando essa posição como um erro crucial. O bem-estar realmente consiste na atividade, mas o puro pensamento não é inatividade. Pelo contrário, atividades praticadas por si mesmas, das quais o puro pensamento é o maior exemplo, são a melhor espécie de atividade, como é atestado pelo fato de que esse é o gênero de atividade próprio dos deuses, que gozam de supremo bem-estar (b16-30). O caráter divino da vida teórica era, sem dúvida, uma das principais razões para sua elevação a valor supremo em *EN* X (proeminentemente em 1178b8-28). Então Aristóteles está simplesmente subscrevendo a essa posição em *Pol* VII, e com ela aceitando a pretensão a valor supremo da vida teórica? Aqui temos de distinguir o valor da *atividade* teórica pura do valor da *vida* teórica, isto é, a vida dedicada exclusivamente à teoria. Aristóteles, em minha opinião, subscreve na *Política* à posição da *Ética* acerca da primeira questão: a atividade teórica é o melhor gênero de atividade que seres humanos podem empreender, e a melhor forma de organização política é aquela que torna essa atividade acessível com o melhor alcance possível. (Adoto essa formulação deliberadamente vaga para evitar reabrir questões de distribuição, discutidas anteriormente, a respeito da excelência em geral.) Acerca da última questão, ele retoma a posição de *EN* 1177b26-31 e 1178b5-7 de que a vida exclusivamente teórica não é acessível aos humanos, cuja natureza exige que eles vivam uma vida social. Dada essa exigência, os argumentos inspecionados anteriormente barram um total afastamento da atividade política, pois isso envolveria uma abdicação da *phronêsis*, e desse modo um abandono daquela virtude total cuja meta da *polis* é promover.

Podemos agora reconstruir a posição de Aristóteles sobre até que ponto ambas as partes da disputa estão parcialmente certas e parcialmente erradas. Os adeptos da vida teórica estão certos em pensar que o puro pensamento é a atividade mais valiosa, mas errados em tirar disso a conclusão de que a melhor vida para um ser humano é uma vida retirada da atividade política. Seus oponentes, de maneira inversa, estão certos em pensar que a melhor vida requer a atividade política, mas errados em pensar que essa atividade é a melhor coisa nessa vida. Deixo em aberto um número de questões, algumas muito discutidas por comentadores, sobre as contribuições relativas da atividade teórica e prática ao valor de qualquer vida individual. Busquei meramente mostrar que a discussão na *Política* não requer a hipótese de uma radical descontinuidade entre essa obra e *EN* X.

IV

Como Aristóteles insiste no valor prático de sua investigação para aqueles que pretendem ser legisladores, ele tem de investigar não apenas qual é idealmente a melhor forma de governo, mas também qual é a melhor forma disponível, dadas as restrições impostas pelas condições econômicas e por outras condições efetivas. Isso requer a comparação de diversos tipos de constituição existentes visando identificar seus méritos e defeitos relativos, a fim de guiar o legislador em sua tarefa de preservar uma ordem política existente ou aprimorá-la. Esse empreendimento, ao qual são dedicados os livros IV-VI, é ilustrado por uma profusão de detalhes empíricos extraídos de um exame abrangente das constituições dos Estados gregos (158 no total) organizado por Aristóteles, do qual o único sobrevivente é a *Constituição de Atenas*. Não tentarei realizar uma discussão detalhada dessa porção do trabalho, que é discutida pormenorizadamente por um número de comentadores competentes e perspicazes,[14] mas vou limitar-me a umas poucas observações gerais.

---

[14] Veja, por exemplo, R. G. Mulgan, *Aristotle's Political Theory* (Oxford: Clarendon Press, 1977), com a bibliografia ali contida.

Em termos gerais, Aristóteles considera a riqueza como o fator determinante primário da organização política.[15] Toda comunidade contém alguns que são ricos, que tendem a ser a minoria, e os pobres, que tendem a ser a maioria. Cada classe tende a preferir uma organização política que a entrincheire no poder: onde a minoria rica está no poder, temos algum tipo de oligarquia, e onde a maioria pobre está no poder, temos algum tipo de democracia (1290b17-20). A maioria dos regimes efetivos são um ou outro (1296a22-23). A distinção entre um regime oligárquico e um democrático não é precisa, e sim uma questão de grau; um regime é mais ou menos democrático ou oligárquico em virtude de ser caracterizado por uma maior ou menor quantidade de detalhes que perfazem um grupo determinado. Assim, traços caracteristicamente democráticos são: o pagamento pelos serviços públicos, incluindo o comparecimento à assembleia legislativa e o serviço como jurado, a seleção de magistrados de forma coletiva e a ausência de uma qualificação para cargos de acordo com as propriedades. Traços caracteristicamente oligárquicos são: uma qualificação para cargos de acordo com as propriedades, a eleição de magistrados e punições financeiras para o não comparecimento a corpos deliberativos ou judiciários. Instâncias extremas desses dois casos serão caracterizadas por todos esses traços, menos extremas por menos traços, ao passo que alguns regimes são mistos, sendo caracterizados por traços tanto democráticos quanto oligárquicos (1293a30-1294b13). Aristóteles não tem nenhuma simpatia pelos extremos dos dois tipos, os quais ele pensa que tendem a promover o interesse setorial de ricos ou pobres às custas do interesse comum. O interesse comum é mais bem promovido, em sua opinião, por um regime misto, embora, em harmonia com seu princípio geral de que questões práticas não admitem generalizações sem exceções, ele evite qualquer tentativa de especificar alguma mescla particular como a melhor em todos os casos. Em harmonia com sua posição geral (veja acima), ele

---

[15] Para uma discussão mais detalhada, veja T. H. Irwin, "Moral Science and Political Theory in Aristotle", *in* P. Cartledge e F. Harvey, eds., *Crux, Esays in Greek History presented to G. E. M. de Ste. Croix* (London: Duckworth, 1985), 150-167.

supõe que uma constituição mista terá também um determinante econômico, a saber, a predominância política daqueles de riqueza intermediária (IV.11). Por conseguinte, ele tende a descrever o melhor tipo de constituição praticamente alcançável como uma constituição intermediária (*mesê politeia*), que pode ter qualquer forma, desde que seja caracterizada por uma mescla de traços democráticos e oligárquicos e na qual predomine a classe intermediária ou média (*hoi mesoi* – literalmente, "as pessoas médias") (1295b34-1296b12). Ele não explica por que a predominância da classe média é menos propensa a levar à elevação imprópria de seu interesse setorial acima do interesse comum que a predominância de ricos ou pobres. É porque eles não têm um interesse setorial próprio? Mas por que seria assim? Ou é porque seu interesse setorial sempre coincide com o interesse comum? Se é assim, o que garante essa feliz coincidência?

V

A escravidão é objeto de destaque nas páginas introdutórias da discussão aristotélica da *polis*, uma vez que a relação senhor-escravo é, como vimos, um elemento da forma mais primitiva de comunidade. Senhor e escravo são descritos como tipos de ser humano que não podem prescindir um do outro (1252a26-27); tal como macho e fêmea precisam um do outro para a perpetuação da espécie, senhor e escravo precisam um do outro "para preservação" (a31). Preservação tem de querer dizer não defesa, e sim subsistência, já que o papel do escravo é elucidado por meio de uma comparação não com uma arma, mas com uma ferramenta (1253b32-33) e com um animal de tração (1252b12). O senhor precisa do escravo, então, como o camponês precisa de uma enxada ou de um boi; ele usa o escravo para realizar uma tarefa que ele não poderia realizar, ou poderia realizar menos facilmente, por si mesmo. Mas por que o escravo precisa do senhor, como implica a descrição "incapazes de prescindir um do outro"? É certo que nem o boi nem a enxada precisam do fazendeiro. Neste ponto, vem à tona uma outra analogia, a saber, aquela entre a alma e o corpo. O corpo está naturalmente (e portanto propriamente) sob a direção da alma; sem direcionamento racional (suprido pela alma), o corpo não é páreo para o ambiente. De modo que é melhor *para o corpo* estar sob a direção da alma e não meramente no sentido de que é melhor que o corpo esteja sob controle racional do que não esteja, mas no sentido de que é benéfico para o corpo ser assim controlado. Similarmente, seres vivos que não possuem a capacidade de autodireção racional estão em melhor situação quando sujeitos ao controle racional de outrem do que quando abandonados a suas próprias incitações não racionais (1254b2-23). Alguns humanos são assim; eles são os escravos naturais, aos quais falta completamente a capacidade de deliberação (1260a12). Por conseguinte, a) eles encontram seu papel natural e dão sua contribuição especial à *polis*, como animais de tração humanos e, b) ao fazerem isso, fazem o que é melhor para si próprios.

Se levamos a sério a analogia com os animais de tração, temos de perguntar em que sentido é do interesse do boi estar atrelado ao arado. Pode-se, com efeito, argumentar que a domesticação é do interesse a) de algumas espécies, na medida em que isso melhora as chances de sobrevivência dos membros da espécie, e b) de membros individuais dessas espécies, na medida em que, por exemplo, este boi é cuidado pelo fazendeiro, mas logo seria devorado por predadores na vida selvagem (1254b10-13). Aplicamos aqui a concepção padrão de interesse, a sobrevivência e a saúde, a uma espécie animal e a seus membros e pretendemos afirmar que há uma coincidência entre esse interesse e o interesse econômico do domesticador. Se Aristóteles aplicasse essa analogia ao caso dos escravos, ele teria que argumentar que a escravização de escravos naturais os beneficia por dar-lhes uma vida melhor que a que teriam se tivessem sido deixados em liberdade (como alguns apologistas do comércio moderno de escravos argumentavam que a escravidão beneficiava os escravos por dar-lhes a oportunidade de abraçar o cristianismo). Talvez isso esteja sugerido na descrição dos escravos naturais como indivíduos que não têm a capacidade de deliberação; poder-se-ia concebê-los como deficientes mentais que, abandonados a si mesmos, apenas flanariam por aí, desamparados, até sua (presumivelmente rápida) extinção. Mas animais não humanos passam bastante bem sem deliberação, guiados como são pelo instinto e pela percepção; não seria mais plausível pensar os escravos naturais dessa forma? Se sim, a afirmação de que eles estariam piores se abandonados a si mesmos que escravizados parece duvidosa. As outras analogias de Aristóteles, aquelas de uma ferramenta e de uma parte do corpo, no máximo tendem a confundir a questão. Pois aqui não há coincidência de interesses independentes como Aristóteles parece afirmar a respeito do senhor e do escravo; pode ser bom para uma enxada que ela seja mantida limpa e afiada, e para os músculos que eles recebam exercícios regulares, mas o que é bom para essas coisas é justamente qualquer coisa que as leve a fazer seu trabalho. De modo que, com base nessas analogias, a afirmação de que a mesma coisa é boa para o senhor e o escravo (1252a34) não significa que os interesses do senhor e do escravo coincidam (como na analogia dos animais de tração), mas que o interesse do último é completamente determinado pelo interesse do primeiro.

As dificuldades de Aristóteles a respeito da escravidão natural são reveladas por sua vacilação sobre a questão acerca de se pode haver amizade entre senhor e escravo. Em 1255b4-15, ele recorre aos princípios de que o que é bom para o todo é bom para a parte e de que o escravo é parte do senhor, para corroborar as afirmações de que existe identidade de interesse "e amizade um pelo outro" entre aqueles que estão na relação natural de senhor-escravo. A amizade, de acordo com a *EN* (1155b27-1156a5), exige cuidado mútuo (*antiphilêsis*), que cada parte deseje o bem da outra. O senhor certamente preocupa-se com o bem de seu escravo na medida em que ele tem de estar em boa condição para cumprir suas tarefas; Aristóteles, portanto, é preciso ao dizer que, embora de certa forma o senhor e o escravo tenham o mesmo interesse, a relação apenas diz respeito ao bem do escravo incidentalmente, na medida em que a subordinação não pode ser preservada (e com isso os propósitos do senhor satisfeitos) se o escravo perece (1278b32-37). Mas a relação inversa é problemática. O problema não é primariamente por que o escravo *deve* estar preocupado com o bem-estar do senhor; se, como Aristóteles afirma, a continuidade da relação oferecesse benefício mútuo, mesmo em grau limitado, como sugerido pela analogia do animal de tração, e se o escravo estivesse ciente desse fato, o escravo teria alguma razão para querer que a relação continuasse e, portanto, para preocupar-se com a sobrevivência e a prosperidade do senhor. Em vez disso, o problema é explicar como um ser que supostamente é completamente destituído de capacidade deliberativa *poderia* ter essa preocupação para com o outro. Pois tal ser não pode ter nenhuma ideia do bem a longo prazo de alguma coisa (incluindo de si mesmo) ou dos meios pelos quais esse bem pode ser cultivado. Dessa forma, encontramos Aristóteles dizendo, com toda consistência (em *EN* 1161a33-b5), que nos casos em que não há nada em comum entre dominador e dominado não pode haver amizade entre eles, dando como exemplos a impossibilidade de uma amizade entre o artesão e suas ferramentas, um fazendeiro e seus animais, ou um senhor e seu escravo, "pois o escravo é uma ferramenta viva, e a ferramenta, um escravo sem vida".[16] Ele acrescenta que, embora não se possa ser amigo de um escravo enquanto escravo, pode-se ser amigo dele enquanto humano, "pois, de certa maneira, todo ser humano pode ter uma relação de justiça com alguém que pode ser parte de leis e de acordos; e também pode haver amizade, na medida em que [a outra parte é] humana" (b5-8). Mas justamente os traços de humanidade que tornam possível manter relações como as de justiça e amizade são incompatíveis com o estatuto do escravo natural, já que é na medida em que alguém é um agente racional que ele pode tomar parte nessas relações, ao passo que o escravo natural é um escravo natural precisamente porque lhe falta racionalidade.[17] O único tipo de escravo do qual é possível ser amigo é o tipo que não deveria de forma alguma ser escravo, o agente racional que foi injustamente submetido à escravidão por conta de um acaso de guerra ou uma circunstância similar (por exemplo, capturado por piratas) (I.6).

Aristóteles não consegue oferecer uma justificação da escravidão como ela era efetivamente praticada no mundo grego ou em qualquer outra sociedade conhecida. A única forma de escravidão que seus princípios justificam é aquela em que o escravo é um escravo natural, mas ele não dá nenhuma razão para acreditar que existam escravos naturais. Mas será que até mesmo poderia ter havido algum? De acordo com sua explicação, um escravo natural teria de ser uma espécie de deficiente mental, alguém que

---

[16] Cf. *Pol* 1253b30-1254a1.
[17] Rigorosamente, o escravo natural não é *totalmente* destituído de racionalidade; ele "participa na razão a ponto de percebê-la, mas não de tê-la" (1254b22-23).

não tivesse a capacidade da razão prática; mas esse ser, para que sobrevivesse até a idade adulta, teria de ter sido cuidado por adultos racionais. A própria ideia de uma *comunidade* de escravos naturais é incoerente; no entanto, a prática da escravidão, como concebida por Aristóteles, concebia que os povos bárbaros eram justamente tais comunidades, adaptadas por natureza para servir como fonte contínua de escravos para os gregos (1252b7-9). A única alternativa seria negar que sociedades não gregas eram comunidades no sentido de Aristóteles, isto é, associações determinadas por propósitos compartilhados, e tentar, em vez disso, explicar sua organização fazendo apelo ao instinto não racional, talvez segundo o modelo dos bandos de pássaros. Contudo, uma vez que Aristóteles usa o fenômeno da linguagem precisamente para diferenciar sociedades humanas de associações de animais sociais como as abelhas (1253a7-18), isso pareceria comprometê-lo a negar a linguagem aos não gregos.[18]

VI

Este breve estudo foi necessariamente muito seletivo. Ao buscar elucidar alguns temas centrais da filosofia política de Aristóteles exibindo suas conexões com sua teoria ética e sua filosofia natural, fui obrigado, por limitações de espaço, a ignorar não apenas os livros "empíricos" IV-VI (veja acima, pp. 321-322), mas também muitas partes de interesse filosófico, principalmente as avaliações críticas de Aristóteles no livro II a respeito de diversos Estados ideais propostos (incluindo o de Platão), e sua exposição, no livro VIII, do sistema educacional de seu próprio Estado ideal. Espero que este ensaio possa estimular o leitor a explorar independentemente essas e outras facetas dessa rica e complexa obra.

---

[18] Sobre o tratamento de Aristóteles da escravidão, veja W. W. Fortenbaugh, "Aristotle on Slaves and Women", *in* Barnes, Schofield e Sorabji, eds., *Articles on Aristotle Vol. 2: Ethics and Politics* (London, 1977); Nicholas D. Smith, "Aristotle's Theory of Natural Slavery", *Phoenix* 37 (1983): 109-22 (reimpresso *in* Keyt e Miller, *op. cit.*, 142-55) e Bernard Williams, *Shame and Necessity* (Berkeley, Los Angeles e Oxford: University of California Press, 1993), cap. 5.

9 Retórica e poética

JONATHAN BARNES

I. UMA ARTE DA RETÓRICA?

A filosofia moderna não se ocupa muito com a retórica. A antiga, sim: a filosofia às vezes era hostil e às vezes amistosa, mas nunca ignorou a retórica. Com efeito, uma das questões que preocupavam os filósofos era precisamente a questão de qual atitude a filosofia devia assumir para com a retórica.

A formulação padrão da questão é esta: A retórica é uma arte, uma *technê*? A tarefa da oratória, supunha-se universalmente, é persuadir; e bons oradores têm a capacidade de persuadir com seus discursos. O objeto da retórica era estudar e ensinar essa capacidade, e a retórica é uma arte apenas na medida em que pode atingir seu objeto com o uso de meios intelectualmente respeitáveis. Em particular, uma arte é um corpo de conhecimento, prático na meta, mas sistemático na organização, em que se mostra que teoremas e preceitos particulares decorrem de um conjunto relativamente pequeno de verdades fundamentais. (Uma arte é para a prática o que a ciência é para a teoria; e a concepção de uma arte que acabei de esboçar mantém uma relação evidente com o conceito de ciência demonstrativa.[1]) Se a retórica é uma arte, então ela é em princípio o tipo de coisa que um filósofo poderia estudar.

Platão, no *Górgias*, argumentara que a retórica não era uma arte – ela é um mero jeito, como a habilidade exibida por um bom *chef*. (E, ainda por cima, é um jeito que não merece respeito.) Em seu *Fedro*, ele modificou sua posição: a retórica, como é comumente entendida, é realmente bem desprezível; mas não há razão pela qual não deva ser desenvolvida uma retórica "filosófica". As refle-

---

[1] Sobre o qual, veja pp. 155-159.

xões de Platão formavam o pano de fundo contra o qual filósofos e retóricos discutiram por séculos: o debate eventualmente se ossificou, mas no início ele era sério e bem vivo. Aristóteles tomou parte. Somos informados de que, no *Grilos* – uma obra perdida escrita enquanto Aristóteles ainda era um jovem –, ele "produziu, para a investigação, certos argumentos com sua usual sutileza" a fim de mostrar que a retórica não era uma arte;[2] podemos razoavelmente supor que argumentos similares eram usados nas polêmicas entre a Academia e a escola de Isócrates, polêmicas de que Aristóteles participava; e não há dúvida de que muitos livros que Aristóteles dedicou à retórica[3] continuaram o debate.

Dessas obras, apenas a *Retórica* sobreviveu.[4] Podemos de antemão supor que aqui Aristóteles teria chegado à posição de que a retórica *era* uma arte ou de todo modo de que ela tinha partes com pretensões artísticas. Pois por que outra razão um filósofo escreveria tanto sobre o assunto? E a abertura do livro I prova que a suposição é verdadeira:

> ... todos tentam discutir proposições e sustentá-las, defender-se e atacar os outros. Os leigos fazem isso ou aleatoriamente ou por meio da prática e do hábito adquirido. Já que esses dois modos são possíveis, o assunto pode manifestamente ser tratado de forma sistemática – pois podemos perguntar por que alguns oradores obtêm sucesso por meio da prática e outros espontaneamente; e todos de pronto concordarão que tal investigação é a função de uma arte (I 1, 1354a5-11).

O argumento de Aristóteles é frágil, mas sua conclusão é clara: há uma arte da retórica.

Contudo, a arte de Aristóteles não parecerá com os tratados padrões sobre o assunto.[5] Pois seus autores perderam de vista o ponto principal do assunto:

---

[2] Fragmento 69 R³ = Quintiliano, II xvii 14.
[3] Veja acima, p. 37.
[4] A assim chamada *Retórica a Alexandre* não é de Aristóteles: estudiosos geralmente a atribuem a um contemporâneo de Aristóteles, Anaxímenes de Lampsaco.
[5] Dos quais havia muitos; com efeito, a palavra "arte" ou "*technê*", em um uso, significava simplesmente "manual de retórica".

Os modos de persuasão são os únicos verdadeiros constituintes da arte: todo o resto é acessório. Porém esses escritores não dizem nada sobre entimemas, que são a substância da persuasão retórica, mas dedicam muitas páginas para lidar com coisas não essenciais. O despertar do preconceito, da pena, da ira e de emoções similares não tem nada a ver com os fatos essenciais... (I 1, 1354a12-18).

Aristóteles, ao que parece, tem em mente uma retórica purificada, "filosófica". A função da oratória continua a ser, é claro, a persuasão pública, de modo que a retórica é uma arte que visa, de um passo atrás, a persuasão. Mas a arte é austera: embora despertar as emoções possa ser eficiente para colocar a plateia ao seu lado, o estudo das emoções não é parte da retórica de Aristóteles — não é, rigorosamente, um modo de persuasão. Pois os modos de persuasão são formas de argumento — entimemas são a substância do assunto. Aristóteles é bem claro sobre a questão:

> É manifesto, então, que o estudo técnico da retórica diz respeito aos modos de persuasão. Ora, a persuasão é uma espécie de prova (já que somos mais persuadidos quando consideramos que uma coisa foi provada); as provas do orador são entimemas,[6] e um entimema é uma espécie de dedução... (I 1, 1355a4-8).

Portanto, a retórica, na medida em que é uma técnica ou uma arte, estuda deduções, ela estuda lógica.

Essa alegação parece bastante clara em si mesma — mas ela certamente teria surpreendido os contemporâneos de Aristóteles. Sua surpresa rapidamente ter-se-ia tornado perplexidade; pois a alegação do capítulo 1 parece ser rejeitada no capítulo 2. Aqui a retórica ainda diz respeito "aos modos de persuasão". Contudo, agora Aristóteles distingue esses modos. Primeiramente, alguns modos são técnicos, e outros, não técnicos, sendo que a arte da retórica restringe-se (é claro) aos modos técnicos. Mas os modos "não técnicos" de persuasão não são, como poderíamos imaginar,

---

[6] Sobre os entimemas, veja abaixo, pp. 340-344.

operações como o despertar da pena; antes, eles são itens "que não podem ser fornecidos pelo orador" – testemunho escrito, documentos à guisa de evidências e assim por diante.[7] Acerca dos modos técnicos,

> há três gêneros. O primeiro gênero depende do caráter pessoal do orador; o segundo, de colocar a plateia num certo estado de espírito; o terceiro, da prova, ou prova aparente, suprida pelas palavras do próprio discurso (I 2, 1358a2-4).

O terceiro desses itens corresponde ao único item que o capítulo I aprovava como um modo de persuasão; e o segundo item parece, de forma suspeita, o recurso às emoções que o capítulo I bania expressamente, uma suspeita que é confirmada algumas linhas depois, em 1358a13-14.

Alguma coisa está fora do lugar. Será que um escrutínio mais cuidadoso mostrará que os dois primeiros capítulos da obra são, afinal de contas, consistentes um com o outro? Será que devemos, ao contrário, supor que os dois capítulos são "duplos", um deles originalmente escrito para suplantar o outro, mas que foram publicados juntos de maneira nada convincente por Andrônico?[8] Será que o próprio Aristóteles estava confuso? A maioria dos estudiosos hoje prefere a primeira destas sugestões. De minha parte, opto pela segunda.

De todo modo, podemos perguntar-nos qual dos dois capítulos é mais adequado como introdução a nossa *Retórica*. O capítulo I dificilmente tem algo de apropriado. A lógica, num sentido amplo, é com efeito o tópico do livro I da *Retórica* (com a exceção de I 15) e da segunda parte do livro II (II 20-26). Mas não é o assunto principal do livro II, e não é de forma alguma tratada no livro III. O capítulo 2 parece mais promissor: afinal de contas, ele distingue os "modos de persuasão", e nossa *Retórica* está dividida em três livros – um livro para cada modo? O terceiro dos três modos é a "prova"; e isso corresponde bastante bem ao livro I. O segundo modo, a

---

[7] Não obstante, esses modos não técnicos recebem uma breve discussão em I 15.
[8] Veja acima, p. 40.

agitação das emoções, é explicitamente apresentado como o tópico do livro II. Mas o primeiro, o caráter, não é o assunto do livro III.

O modo de persuasão que "depende do caráter pessoal do orador" não é uma questão de, em geral, ser considerado um negociante honesto. Pelo contrário,

> essa espécie de persuasão, como os outros, deve ser alcançada por meio do que o orador diz, não por meio do que as pessoas pensam de seu caráter antes que ele fale (I 2, 1356a9-11).

Isto é, o orador, desejando persuadir sua plateia de que P, tem de mostrar, *por meio do que diz*, que tem um caráter crível – e isso o ajudará a persuadir a plateia de que P. No começo do livro II, Aristóteles observa que três coisas inspirarão uma confiança desse tipo: bom senso, bondade de caráter e boa vontade. Esses três itens, porém, não precisam de uma discussão especial; pois já se lidou implicitamente com os dois primeiros no livro I, e lidar-se-á com o terceiro sob o tópico das emoções (II 1, 1378a7-20).

Se a terceira parte do programa tripartite indicado no capítulo 2 dissolve-se em outras duas partes, a terceira parte da *Retórica* subitamente emerge da neblina:

> Para fazer um discurso, você tem de estudar três itens: o primeiro, os meios de produzir a persuasão; o segundo, a linguagem; o terceiro, a disposição apropriada das diversas partes do discurso. Nós já distinguimos os modos de persuasão, que mostramos serem três em número (III 1, 1403b5-10)

– ainda resta primeiro discutir a linguagem e depois a disposição. Nada em I 1 ou em I 2 indica que esse material ocupará um terço de toda a *Retórica*, tampouco III 1 explica ou se desculpa pelo novo rumo das coisas.

Em suma, os capítulos 1 e 2 não parecem ser coerentes um com o outro; e nenhum desses capítulos serve como uma introdução particularmente adequada para nossa *Retórica*.

Seja como for, as várias partes da *Retórica* são manifestamente escritas sob a suposição de que a retórica é uma arte ou ao menos que ela tem aspectos técnicos. Os embaraços sobre os capítulos 1 e 2 levantam algumas questões sobre quais eram esses aspectos na opinião de Aristóteles; mas não sugerem que ele tinha alguma dúvida sobre a existência de uma arte. Ele estava certo? É tentador pensar que não.

Primeiramente, os três livros da *Rhet* não se combinam para formar uma *única* arte. Não quero dizer que Aristóteles – ou seu editor – compôs uma obra sem uma espinha dorsal aprumada; ao contrário, quer a *Rhet* tenha organizado bem seu assunto, quer o tenha organizado mal, o próprio assunto é intrinsecamente fragmentário. Como os parágrafos anteriores indicaram, partes substanciais da *Rhet* lidam com a lógica, partes substanciais lidam com o que poderia ser chamado psicologia moral, e partes substanciais lidam com questões de linguagem e composição. Os três tópicos são bem diferentes e devem sua união apenas ao fato de que todos visam o mesmo objetivo, a persuasão. Nada há nada mais para unificá-los – nada de axiomas comuns, conceitos comuns, estruturas comuns. (Por que deveria haver? Como poderia haver?) A *Rhet* não apresenta uma arte, porquanto ela não apresenta *uma* arte: ela apresenta três.

Ou, antes – e em segundo lugar –, ela apresenta fragmentos de três artes, e de três artes que existem de forma bem independente da retórica. As seções sobre lógica têm conexões muito próximas com a dialética e em parte sobrepõem-se ao que Aristóteles diz nos *Tópicos*; as seções sobre as emoções[9] ligam-se tanto aos escritos éticos quanto aos psicológicos; e o livro III – como o próprio Aristóteles indica (III 1, 1404a37) – compartilha seu assunto com a *Poética*. A retórica, como a *Rhet* a apresenta, não é uma constelação de três brilhantes estrelas. É preciso uma metáfora diferente: a retórica é uma pega, que rouba um pedaço de uma arte e um pedaço de outra e então remenda um ninho próprio.[10]

Não se segue disso que a retórica não é, afinal, um assunto técnico, pois precisamos distinguir duas questões: "A retórica é uma arte (digamos,

---

[9] E também certas partes das seções lógicas, a saber, aquelas que lidam com proposições sobre a bondade e a maldade.

[10] Note que o próprio Aristóteles declara que "a retórica é uma combinação das ciências da lógica e da ética" (I 4, 1359b8-9).

como a medicina, ou a navegação)?" e: "A retórica é um assunto técnico?".
A resposta implícita na *Rhet* à primeira questão é NÃO; a resposta explícita
na *Rhet* à última é SIM. As duas respostas me parecem estar certas. (O debate antigo sobre o estatuto da retórica foi longo e inconclusivo em parte
porque nunca se distinguiram as duas questões).

II. Linguagem, emoção e lógica

A atitude de Aristóteles em relação ao conteúdo do livro III é curiosa.

> Ao falarmos, devemos ficar propriamente satisfeitos se não irritarmos nossa plateia – não devemos também tentar agradá-los; pois o justo é que defendamos nossa causa sem nenhuma ajuda para além dos fatos, e nada deve importar, a não ser a prova desses fatos. Não obstante, como eu já disse, outras coisas têm um efeito considerável sobre o resultado, por conta das deficiências da plateia. Desse modo, as artes da linguagem têm de ter uma pequena, mas genuína importância... Mas não tanta importância quanto algumas pessoas pensam (III 1, 1404a4-11).

A despeito de sua aparente antipatia pelo assunto, Aristóteles tem muito a dizer. Boa parte disso foi sem dúvida herdada de escritores anteriores das "Artes", os quais sabemos que Aristóteles leu e, em alguns casos, resumiu; mas a introdução à segunda metade da discussão – a explicação da disposição – tem um tom polêmico:

> Um discurso tem duas partes: você tem de enunciar sua causa e tem de prová-la.... As divisões correntes são absurdas: a narração faz parte apenas dos discursos forenses – num discurso político ou num discurso epidíctico, como pode haver uma narração? (III 13, 1414a30-38).

Aristóteles está anunciando uma nova retórica, uma retórica "filosófica", na qual todo o peso está na prova sóbria e atribui-se a itens como o estilo e a disposição um papel menor e acessório?

O brusco início da discussão, na realidade, não serve de prefácio a algum conjunto radicalmente novo de prescrições; com efeito, a segunda parte do livro III contém o que parece um desfile de lugares-comuns, de posições que ou já eram familiares ou não causariam nenhuma grande consternação. Desse modo, há parágrafos sobre a maneira correta de compor uma Introdução, sobre como caluniar o oponente e defender-se de suas calúnias, sobre a Narração, sobre o papel dos argumentos e assim por diante. Tudo isso pode ser – pode ter sido – um conjunto de bons e sólidos conselhos para alguém que pretende ser um orador; mas temo que é consideravelmente impositivo e maçante.

A primeira parte do livro III discute a linguagem, porém não está interessada nem em sintaxe nem em semântica: o orador precisa ficar sabendo, antes de tudo, sobre o bom estilo – isto é, sobre o estilo eficiente, sobre o estilo que servirá aos fins persuasivos da arte. Assim, há observações sobre a frieza do estilo e sobre ter um vocabulário apropriado, observações sobre a maneira pela qual um discurso pode ser tornado impressivo ou grandioso ou brilhante, observações sobre ritmos de prosa e o equilíbrio dos períodos.

Pode parecer que a sintaxe dá as caras em um ponto, na discussão da "correção da linguagem", em III 5. Ali é dito que a correção da linguagem – de forma bem implausível – está contida em cinco seções. As duas últimas seções são simples injunções gramaticais: não erre nos gêneros e não confunda singular e plural. Mas, se há uma sintaxe elementar aqui, não devemos inferir que a correção da linguagem é uma questão de sintaxe. Pois a segunda seção nos aconselha a evitar generalidades vagas, e a terceira aconselha a prestarmos atenção às homonímias.

Pode-se bem pensar que a semântica faz uma aparição, porquanto Aristóteles gasta algum tempo com a metáfora. Metáforas inadequadas tornarão um discurso frígido (III 3, 1406b5-19), ao passo que a metáfora apropriada acrescentará brilhantismo e vivacidade (III 10-11). Em geral, está claro que

> as metáforas não devem ser implausíveis, senão elas não serão compreendidas; tampouco devem ser óbvias, senão elas não terão efeito (III 10, 1410b31-33).

Aristóteles produz numerosos exemplos ilustrativos. Ele explica por que certas metáforas tendem a ter o resultado desejado, enquanto outras parecerão pomposas ou absurdas. Ele cataloga diferentes gêneros de metáfora.

Só que nada disso toca no aspecto da metáfora que mais interessa aos filósofos modernos. Contudo, interesses semânticos podem ser desvelados em ao menos um texto. Aristóteles distingue as metáforas dos símiles, da seguinte maneira:

> Símiles são também metáforas – a diferença é tênue. Quando Homero diz "Ele saltou sobre seu inimigo como um leão", isto é um símile; quando diz dele "O leão saltou", é uma metáfora – já que ambos são bravos, ele transferiu[11] a palavra "leão" para Aquiles (III 4, 1406b20-24).

A diferença entre um símile e uma metáfora propriamente é simplesmente esta: um símile é introduzido por alguma partícula comparativa como "como". Aristóteles pensa que essa é uma diferença tênue. É tentador supor que ele pensa que não ela faz diferença para o *sentido* do que é dito. Ora, se metáforas podem ser semanticamente assimiladas aos símiles, e se símiles são menos problemáticos que as metáforas de um ponto de vista semântico, então Aristóteles indicou uma maneira de lidar com a semântica da metáfora. Mas, se é essa a mensagem implícita no texto que acabei de citar, ela é uma mensagem que Aristóteles nunca torna explícita; e pode-se duvidar sobre se, aqui ou alhures no livro III, ele tinha qualquer interesse em tais questões semânticas.

As emoções ocupam os onze primeiros capítulos do livro II, em seguida dos quais Aristóteles volta-se ao tópico relacionado dos traços de caráter. Ele lida com um número de emoções particulares, uma após a outra, tentando, em cada caso, explicar três coisas: o que é ter a emoção em questão; a que tipo de pessoas a emoção tipicamente se dirige; e que espécie de razões a fazem estar tipicamente dirigida a elas. Ele começa oferecendo uma breve definição geral:

> As emoções são aqueles sentimentos que nos mudam de tal maneira que afetam nosso juízo e que são acompanhadas por dor ou prazer (II 1, 1378a21-22).

---

[11] O verbo grego é *"metapherein"*, do qual deriva *"metaphora"* ou "metáfora".

A conexão entre as emoções e o juízo pareceu impressionante: é provocador afirmar que um traço *essencial*, digamos, da ira seja que ela muda os juízos daqueles que estão irados. No entanto, não devemos atribuir ao texto o que é próprio de nossa leitura. A razão por que, na *Retórica*, Aristóteles refere-se ao efeito das emoções sobre o juízo é clara: o orador quer persuadir, ou, em outras palavras, afetar o juízo – e a estimulação das emoções lhe é, portanto, relevante apenas na medida em que as emoções afetam o juízo. É temerário procurar alguma reflexão filosófica profunda por trás da sentença.

As descrições das emoções individuais também são feitas com as necessidades do orador em mente, e devemos acautelar-nos de ver uma teoria ética ou psicológica em algo que tem a intenção de ser uma ajuda prática para oradores públicos. Apesar disso, leitores da *Ética* de Aristóteles encontrarão coisas muito interessantes nessas descrições; e estudantes de sua psicologia, que podem ficar surpresos ao verem que o *De Anima* não dedica quase nenhuma atenção aos sentimentos, podem de forma útil se voltar a esses capítulos da *Retórica*.

À guisa de ilustração, aqui está um sumário do que Aristóteles diz sobre a pena, em II 8.[12] A definição inicial é:

> A pena pode ser definida como um sentimento de dor frente a um mal aparente, destrutivo ou doloroso, que sucede a alguém que não o merece e que podemos esperar que suceda a nós mesmos ou a algum amigo nosso – e suceda a nós logo (II 8, 1385b12-15).

Quando você perde todo o seu dinheiro no cassino, só vou sentir pena de você se eu pensar que eu – ou um amigo meu pode (logo) sofrer a mesma desventura. Essa parece uma afirmação duvidosa (ao menos uma afirmação duvidosa sobre o que normalmente chamamos pena); mas Aristóteles infere dela que, se você é completamente desvalido ou absolutamente autoconfiante, então não pode de forma alguma sentir pena. (No último

---

[12] Minha razão para escolher a pena virá à tona na seção sobre a Tragédia.

caso, você não esperará que nada de mal lhe suceda e, no primeiro, você não poderá esperar isso.)[13] De fato, os velhos, os fracos e os educados são os mais propensos à pena – especialmente se eles têm pais vivos ou filhos ou cônjuges.

Aristóteles também infere da definição que, se você sente pena, então acredita que algumas pessoas são boas; pois você tem de acreditar que o infortúnio que dá origem a seu sentimento de pena é imerecido, e portanto (duvidosamente) que os sofredores são bons. A caracterização da pena como um estado de espírito termina com a afirmação de que sentimos pena se "nos lembramos de desventuras semelhantes que aconteceram a nós ou a nossos amigos ou se esperamos que elas aconteçam no futuro" (II 8, 1386a2-4). Isto parece modificar a definição, em qual caso Aristóteles tem de voltar atrás em sua tese de que os desvalidos e os pretensiosos não podem sentir pena.

O parágrafo sobre as razões da pena é, na maior parte de sua extensão, uma lista padrão de infortúnios. Mas ela termina com duas alegações interessantes: sentimos pena se observamos

> a chegada do bem quando o pior aconteceu (por exemplo, a chegada dos presentes do rei da Pérsia para Diopeites depois de sua morte); e também quando absolutamente nada de bom sucedeu a um homem, ou quando ele não foi capaz de desfrutá-lo quando lhe sucedeu (II 8, 1386a14-16).

A ausência completa de boa sorte talvez possa ser considerada um infortúnio; mas a chegada tardia dos presentes do rei certamente não foi nem destrutiva nem dolorosa para Diopeites – novamente, parece que a definição inicial precisa ser modificada.

Finalmente, de quem sentimos pena? Apenas de pessoas que são bem parecidas conosco – pois, de outro modo, não vamos supor que o que lhes sucedeu pode nos suceder. Aristóteles também diz que temos de *conhecer*

---

[13] Presumivelmente, seus amigos também têm de ser desvalidos ou pretensiosos – ou então você tem de ser uma pessoa sem amigos.

as pessoas de quem sentimos pena: ele quer dizer que não podemos ter pena de estranhos? Ou será que ele está apenas dizendo a trivialidade de que, para ter pena de alguém, temos de saber – ou ao menos crer – que ele sofreu alguma desventura? Seja como for, não sentimos pena de pessoas que são bem próximas de nós:

> Amásis não chorou, eles dizem, quando viu seu filho ser conduzido à morte, mas chorou quando viu um amigo implorando: a última visão despertava pena, a primeira era terrível (II 8, 1386a19-21).

A proximidade é presumivelmente a proximidade de afeição, não de sangue; você não pode ter pena de alguém que você ama.

Agora volto-me à lógica. Em I 3, Aristóteles distingue os três diferentes tipos de retórica – a deliberativa ou política, a forense e a epidíctica ou oratória ostensiva – e faz a observação de que os oradores de cada um dos tipos precisarão ter diversas proposições à disposição. Logo, a maior parte do livro I, capítulos 4 a 14, é uma reunião de "proposições" relevantes, ou receitas para preparar "proposições", organizadas sob designações apropriadas. A palavra "proposição" é "*protasis*", um termo frequentemente vertido como "premissa" em vez de "proposição"; e de fato as "proposições" de I 4-14 devem ser todas concebidas como potenciais premissas em argumentos retóricos ou ainda como verdades extremamente gerais cujas instâncias particulares podem servir como premissas nos argumentos de um orador. É apenas na medida em que I 4-14 tratam do fornecimento de premissas que eles podem ser considerados contribuições à lógica.

Ainda restam as observações gerais sobre o argumento retórico em I 1-3 e o material em II 20-26. Os últimos capítulos, e II 23 em particular, estão estreitamente conectados aos *Tópicos*, conexão essa que Aristóteles assinala. No livro I, Aristóteles diz que a retórica é a "contraparte" da dialética, que é o assunto dos *Tópicos* (I 1, 1354a1), e mais tarde observa, fazendo referência explicitamente a essa declaração inicial, que a retórica é "um ramo da dialética e similar a ela" (I 2, 1356a30-31). Como a retórica – ou a parte lógica da retórica – é, se é que ela é, distinguida da dialética?

Não há uma diferença geral em princípio entre os tipos de argumento usados na retórica e em outros lugares. Pois

> qualquer um que persuada por meio de provas usa ou entimemas ou induções – não há outra maneira. E, já que qualquer um que prove alguma coisa é obrigado a usar ou deduções ou induções,... segue-se que cada uma destas últimas é o mesmo que algum dos primeiros (I 2, 1356b6-10).

As deduções, quando ocorrem na oratória, são chamadas "entimemas"[14]; induções são chamadas "exemplos".[15] O que, então, separa entimemas em particular de deduções em geral, exemplos em particular de induções em geral?

A distinção é traçada de maneira implícita nos seguintes dois textos:

> A tarefa da retórica é lidar com aquelas questões sobre as quais deliberamos sem possuir artes ou disciplinas para guiar-nos, e lidar com elas enquanto ouvidas por pessoas que não conseguem apreender de uma só vez argumentos complicados ou seguir uma longa cadeia de raciocínio (I 2, 1357a2-4).

> ... notamos também a diferença entre um entimema e uma dedução dialética. Assim, [em discursos retóricos] não temos que retroceder demais no raciocínio, senão a extensão do argumento produzirá obscuridade; tampouco devemos incluir todos os passos que levam à conclusão, senão desperdiçaremos palavras declarando o óbvio... Não temos de começar a partir de alguma velha opinião, mas daquelas de grupos definidos de pessoas, a saber, dos juízes ou daqueles cuja autoridade eles reconhecem... Temos também de fundar nossos argumentos naquilo que acontece na maior parte das vezes, bem como naquilo que acontece necessariamente (II 22, 1395b24-1396a3).

---

[14] Nos manuais de lógica em língua inglesa, a palavra "entimema" é às vezes usada para significar uma dedução com uma ou mais premissas suprimidas. Embora Aristóteles pense que os oradores suprimem e devem suprimir premissas em seus argumentos, a palavra "entimema", como ele a usa, não *significa* "argumento com premissas suprimidas".

[15] Sobre a dedução e a indução na lógica de Aristóteles, veja acima, pp. 61-64.

Desse modo, o assunto do orador e sua plateia determinam, ambos, em algum grau, a espécie de argumento que ele usa.

Primeiramente, a plateia. Discursos são ouvidos, não lidos, e suas plateias não são compostas de lógicos sutis. Logo, os argumentos de um orador têm de ser curtos e simples. (E eles podem, na verdade, omitir o material que a plateia suprirá sem dificuldade.) Ademais, o orador tem de persuadir uma plateia efetiva. Portanto, seus argumentos têm de tomar como premissas proposições que a plateia provavelmente acreditará e aceitará. Em segundo lugar, o assunto. Oradores não argumentam sobre questões técnicas: eles não tentarão provar teoremas geométricos ou oferecer ciência médica. Portanto, normalmente não estão preocupados com o que é conhecimento firme e certo. Novamente, suas preocupações dizem respeito ao que os homens fazem – e, no mundo da ação, não há regras sem exceção, e as coisas não acontecem invariavelmente da mesma maneira. Logo, as premissas do argumento de um orador consistirão predominantemente em proposições que valem "na maior parte".

O ponto mais interessante aqui – com efeito, o único ponto de interesse estritamente lógico – diz respeito a essas proposições "na maior parte" que formam os componentes de argumentos tipicamente retóricos.[16]

> É sobre ações que deliberamos e questionamos, e todas as ações têm um caráter contingente – praticamente nenhuma delas é determinada com necessidade. Mais uma vez, conclusões que declaram o que vale na maior parte dos casos têm de ser tiradas de premissas que valem na maior parte dos casos, tal como conclusões necessárias têm de ser tiradas de premissas necessárias... É assim evidente que as proposições nas quais os entimemas estão fundados, embora algumas delas possam ser necessárias, valerão predominantemente na maior parte dos casos (I 2, 1357a25-32).

Os objetos de nossa deliberação valem na maior parte dos casos; e conclusões "na maior parte" dependem de premissas "na maior parte"; por conseguinte, as premissas de argumentos retóricos em geral valerão apenas na maior parte dos casos.

---

[16] Veja também acima, capítulo 4, pp. 159-163.

O que dizer do elo entre premissas e conclusões? Aristóteles diz que

> quando é mostrado que, certas proposições sendo verdadeiras, uma outra proposição distinta tem também de ser consequentemente verdadeira, quer universalmente, quer na maior parte dos casos, isso é chamado uma dedução na dialética e um entimema na retórica (I 2, 1356b15-18).

Nessa sentença, a frase qualificadora "quer universalmente, quer na maior parte dos casos" parece referir-se não à conclusão de um argumento, e sim ao elo entre as premissas e a conclusão. Poderíamos, então, supor que um argumento caracteristicamente retórico teria a seguinte forma:

Na maior parte dos casos, P_1.
Na maior parte dos casos, P_2.
...
...
Na maior parte dos casos, P_n.
Logo, na maior parte dos casos: Na maior parte dos casos, Q.

E é precisamente a investigação de tais formas de argumento que dará à parte lógica da retórica um caráter e um interesse próprios.

Que desgraça! Procuramos em vão uma investigação dessa espécie na *Retórica*.

Existem os primeiros passos em direção de uma investigação nos *Analíticos*[17] – donde vemos que os argumentos "na maior parte" não são, de todo modo, propriedade exclusiva da retórica. (Na ética, todas as coisas, e na física muitas coisas acontecem apenas na maior parte dos casos.) Mas mesmo nos *Analíticos* as coisas são decepcionantes, e por várias razões. Primeiramente, a sugestão de que o elo entre premissas e conclusão poderia

---

[17] Veja *An.Pr* I 13, 32b5-10; I 27, 43b32-36; *An.Post* I 30, 87b19-26; II 12, 96a8-19. A referência explícita a *An.Pr* em *Rhet* I 2, 1357a30 é, sem dúvida, uma adição posterior: acima, pp. 49-50.

valer apenas na maior parte dos casos nunca é elaborada e nem mesmo sugerida. (Poderíamos plausivelmente suspeitar que ela faz apenas uma aparição fantasmagórica na *Retórica*.) Em segundo lugar, não está claro que argumentos "na maior parte" contêm proposições *da forma* "Na maior parte dos casos, P": talvez eles sejam simplesmente argumentos da forma "P_1, P_2, ..., P_n; portanto, Q" em que, como questão de fato, uma ou mais proposições componentes valem para a maioria. Em terceiro lugar, as poucas coisas que Aristóteles diz sobre as deduções "na maior parte" não têm sistematicidade e são de validade duvidosa.[18]

Em quarto lugar, e capitalmente, Aristóteles não explica como devemos entender a frase "na maior parte", e seu uso efetivo da frase sugere mais de uma interpretação. Às vezes ela parece expressar uma noção estatística: "Na maior parte dos casos, P" significa que a maioria dos As são B. Às vezes ela parece um operador modal, de modo que "Na maior parte dos casos, P" é antes como – talvez, na verdade, um caso especial de – "Possivelmente P". Às vezes ele parece um operador independente com um sentido parecido com o de "Por natureza". Essas diferentes interpretações dificilmente são consistentes umas com as outras, e cada uma delas validaria um conjunto diferente de regras e argumentos.

Aristóteles viu que proposições "na maior parte" têm uma importância científica e merecem investigação lógica. Mas ele mesmo não perseguiu o assunto muito longe – certamente não no curso de seus estudos retóricos.

III. Poesia

A *Poética* de Aristóteles está incompleta. Nosso texto promete uma discussão de todos os tipos de poesia e é interrompido bruscamente de-

---

[18] *An.Pr* faz alguns avanços. Assim, ao passo que *Rhet* diz, de forma indeterminada, que as conclusões para a maior parte dos casos dependem de premissas para a maior parte dos casos, *An.Pr* I 27, 43b32-36 especifica que as premissas têm, *"todas ou algumas"*, de valer para a maior parte dos casos. No entanto, continua a não estar claro se a regra determinada é verdadeira.

pois de discutir a tragédia e o épico. Há poucas dúvidas de que Aristóteles escreveu um segundo livro para a *Poética*, que continha suas reflexões sobre a comédia. Alguns vestígios delas sobrevivem em textos posteriores, de forma mais notória em um epítome adulterado e estéril conhecido como "Tractatus Coislinianus"; mas não está claro com que precisão os vestígios marcam a passagem dos pés do próprio Aristóteles.[19]

O primeiro livro da *Poética* – ou a *Poética*, como vou chamá-la abreviadamente – divide-se em três partes principais. A primeira é uma seção introdutória que apresenta a noção geral de "imitação" artística (*Poet* 1) e suas diferentes espécies (2) e mapeia o suposto desenvolvimento da poesia (4-5). A segunda e principal parte da obra é dedicada à tragédia: depois de uma definição e uma anatomia do assunto (6), a maior parte da discussão diz respeito à história ou trama, que Aristóteles considera ser a mais importante das diferentes "partes" ou aspectos da tragédia (7-18). Há também capítulos sobre o caráter (15, inserido nas discussões da trama), sobre o "pensamento" (19) e sobre a dicção (20-22).[20] A terceira parte da obra discute o épico, rápida e agudamente (23-24); em seguida levanta um punhado de questões sobre crítica literária (25) e termina com uma discussão dos méritos relativos da tragédia e do épico (26).

Toda a discussão é introduzida e unida pela noção de "imitação" ou *mimêsis*. Esta noção define o assunto de que trata a *Poética*. Pois Aristóteles considera que a poesia é uma "arte" ou *technê*[21] (ao lado da navegação, da medicina, da construção de casas e da criação de cavalos) e a distingue da maioria das outras artes ou *technai*, porquanto ela é "imitativa". Mas ela não é a única arte imitativa – um poeta "é um imitador tal como um pintor ou outro fazedor de imagens" (25, 1460b7-8). As artes imitativas de Aristóteles correspondem, em um sentido, ao que às vezes chamamos as artes ou belas-artes (literatura, música,

---

[19] Veja Richard Janko, *Aristotle on Comedy* (London, 1984).
[20] 22 sobre estilo, 20-21 sobre gramática e questões relacionadas – alguns estudiosos supõem que 20-21 estão fora do lugar e talvez nem mesmo sejam de Aristóteles.
[21] Veja acima, p. 329.

pintura, escultura, dança,...); mas a correspondência é aproximada e parcial — e as diferenças entre o conceito aristotélico e o nosso talvez sejam mais interessantes que as semelhanças. Seja com for, a poesia é distinta das outras artes imitativas por seu meio: a poesia imita *na linguagem* (1, 1447a19-21).

Novamente, o conceito de imitação explica a origem e a popularidade da poesia.

> A imitação é natural para o homem desde sua infância, sendo que uma das vantagens dos homens sobre outros animais consiste precisamente nisto, que os homens são a mais imitativa das coisas e aprendem por meio da imitação. Além disso, é natural a todos ter prazer com obras de imitação (4, 1448b6-9).

Obras de poesia sempre estarão continuamente aparecendo, uma vez que os homens são, por natureza, propensos à imitação, e a arte poética é uma arte imitativa. Obras de poesia sempre serão procuradas, uma vez que os homens, por natureza, gostam de observar imitações. Aí está por que poesia vende muito mais que Coca-Cola.

O que é "imitação"? Aristóteles não oferece uma explicação. Presumivelmente, ele supunha que seu público teria familiaridade com o termo — talvez por terem lido Platão. Mas em Platão a palavra "*mimêsis*" é usada em ao menos dois sentidos diferentes. No primeiro sentido, a poesia imitativa é contrastada com a poesia narrativa e ilustrada pelos discursos nos poemas de Homero (ou, mais geralmente, pela poesia dramática). Aqui são os personagens que falam ao invés do autor; e diz-se que o autor está "imitando" porquanto ele parodia ou personifica. "Das mais belas criaturas da natureza...": aí está W. S. falando a nós em sua própria voz. "Um cavalo, um cavalo...": aqui está W. S. colocando a máscara e personificando — imitando — o Rei Ricardo III. No segundo sentido, toda poesia é imitativa, e a imitação é explicada como a produção de uma semelhança [*likeness*]. Projetistas de mansões de estilo georgiano são imitadores nesse sentido. De acordo com Platão, pintores também são imitadores nesse sentido; pois a cama pintada que o pintor produz não é uma cama de verdade, mas a semelhança de uma cama. E assim também os poetas são imitadores; pois o que eles fazem senão produzir semelhanças das coisas?[22]

Quando Aristóteles faz a observação de que somos imitadores naturais, ele certamente tem o primeiro sentido de "imitar" em mente: somos mimetizadores naturais, não falsificadores naturais. Mas é evidente que nem toda poesia é imitativa nesse sentido. Portanto, Aristóteles tem, afinal de contas, de ter o segundo sentido em mente; e, com efeito, em 25, 1460b7-8, ele classifica os poetas como "fazedores de semelhanças".

É claro que os poetas não são fazedores de semelhanças.[23] De que "Das mais belas criaturas da natureza..." é uma semelhança? Talvez, então, pintores *façam* semelhanças, ao passo que poetas *descrevem* semelhanças: um artista de paisagens imita a natureza diretamente, produzindo uma natureza falsificada em sua tela; um poeta pastoril imita a natureza indiretamente, descrevendo em seu poema uma natureza fictícia que sua mente criou. Porém essa sugestão também está, ou deve parecer que está, exposta a objeções devastadoras: ela simplesmente não se encaixa com "Das mais belas criaturas da natureza..." ou qualquer número de outros poemas. E é tentador supor que Aristóteles – e Platão antes dele – observara que *imagens* eram semelhanças e imprudentemente inferiu que a mesma coisa valia para a poesia.

Nem todas as pinturas são semelhanças. Retratos são ou talvez devessem ser. (Mas o que exatamente é um retrato de Nelson ser *como* Nelson – ele tem de ser curto e não ter uma parte de sua moldura?) No entanto, poucas imagens são retratos. Por outro lado, muitas e muitas imagens – e a maioria das imagens antigas – *representam* coisas: *Déjeuner sur l'herbe* não é a semelhança de um piquenique, mas certamente representa um piquenique, é uma imagem *de* um piquenique (embora não haja um piquenique de que ele é uma imagem). E da mesma maneira como imagens frequen-

---

[22] Platão desdobra o primeiro sentido nos livros II e III da *República*, o segundo no livro X.
[23] Tampouco, evidentemente, são os músicos. Como a Sonata ao Luar poderia ser a semelhança de algo?

temente são representativas, pode-se também dizer que a poesia representa coisas.[24] Talvez, então, a imitação não seja nem mimetização nem falsificação – ao contrário, imitação é representação.

Esta é uma feliz sugestão, mas não é completamente adequada. Qualquer escritor pode representar: com efeito, fora algumas poucas formas estranhas de escrita "experimental", todos os escritores *representam*. Desse modo, Gibbon, em seu *Declínio e Queda*, certamente representou a degeneração de Roma; e podemos dizer que Hume, em seu *Tratado*, representou um empirismo atomista. Mas historiadores e filósofos não são, no sentido aristotélico, escritores imitativos – a história é marcadamente distinta da poesia (9, 1451a38-b7), e os poemas filosóficos de Empédocles não são poesia (1, 1447b15-19). Pois a imitação difere da representação e é similar à falsificação, ao menos neste ponto: a imitação liga-se ao não verdadeiro, ao irreal, ao fictício. No *Centre Pompidou*, em Paris, você pode olhar para uma cadeira ordinária de sala de jantar colocada contra a parede sob o rótulo "Chaise": ela pode ser uma obra de arte, pode representar uma cadeira, mas certamente não é uma imitação aristotélica.

Imitação, então, é um gênero especial de representação: é antes uma questão de representar *um* tal-e-tal do que de representar *o* tal-e-tal. Às vezes é verdade que você representa um tal-e-tal sem que haja nenhum tal-e-tal que você representa. Gibbon representou um império degenerado – e havia um império degenerado que ele representou. Manet representou um almoço, mas não havia um almoço que ele representou. Imitar, coloquemos assim, é representar não à maneira de Gibbon, mas à maneira de Manet.

Essa pode ser uma forma útil de colocar a questão. Mas não consigo ver que ela se esquive dos perigos que a noção de "descrever semelhanças" supostamente corre. O estilo de representação de Manet é uma questão, por assim dizer, de produzir uma descrição em que não há nada na realidade sendo descrito. Em outras palavras – mais ou menos – poetas imaginam coisas que são parecidas com a realidade e depois as descrevem. O "mais

---

[24] E a música? Ela *pode* ser representativa (os "Interlúdios Marítimos" da ópera *Peter Grimes*); mas a maioria das músicas é não representacional.

ou menos" glosa algumas diferenças significativas; mas é difícil pensar que a versão da imitação de Manet encontrará espaço para muitos itens que a interpretação da semelhança exclui e vice-versa.

E podemos razoavelmente concluir não que Aristóteles tenha feito uma bagunça ao definir o que conhecemos como poesia, mas, antes, que a noção de poesia que interessa a Aristóteles – ou, ao menos, que lhe interessa na *Poética* – é muito diferente da nossa. Certamente, a poesia aristotélica não pode ser identificada com poemas e distinta da prosa: há muitos poemas que não são poesia aristotélica. Certamente, a poesia aristotélica não deve ser identificada com a literatura e contrastada com a mera escrita: Empédocles e Gibbon eram ambos literatura, no entanto nenhum deles escreveu poesia aristotélica. Pelo contrário, a poesia aristotélica está próxima de nossa noção de ficção e contrasta com a escrita não ficcional; pois imitação é, *grosso modo*, representação ficcional.

Isso certamente não está de todo certo, e certamente não está perfeitamente claro.[25] Mas estou convencido de que está aproximadamente certo. De qualquer modo, é interessante. E também tem algumas consequências divertidas: talvez a guerra de Troia tenha realmente acontecido e a *Ilíada* não seja, afinal de contas, um poema.

IV. Tragédia

Limitarei meus comentários aos três elementos mais célebres da explicação aristotélica da tragédia: sua definição do gênero, sua explicação do "herói trágico" e sua teoria da "unidade" da tragédia. Aristóteles não afirma que essas três coisas são o mais importante de suas reflexões; mas sua extraordinária influência na história posterior do assunto – e na história posterior do teatro – garante sua seleção aqui.

A definição de tragédia no capítulo 6 é apresentada como um sumário do material já exposto:

---

[25] "Das mais belas criaturas da natureza..." é ficção ou não ficção?

Uma tragédia é a imitação de uma ação que é séria e, tendo grandeza, completa em si mesma, feita em linguagem impregnada com adornos, cada um aparecendo separadamente em partes diferentes da obra, em forma dramática e não narrativa, realizando, por meio da pena e do medo, a catarse de tais sentimentos (6, 1449b22-28).

A natureza séria da ação que ela imita separa a tragédia da comédia. A noção de "completude" adverte da unidade da peça, à qual voltarei depois. Na sentença seguinte, Aristóteles explica que, com "adornos", ele quer dizer ritmo e harmonia, e que a referência a "partes diferentes da obra" indica que algumas partes da tragédia serão em versos cantados e outras em versos falados. Está, então, implícito na definição que uma tragédia é um drama *em versos*.

A última cláusula da definição angariou a maior atenção crítica. Passagens posteriores na *Poética* confirmam alguns pontos que, de outra forma, seriam óbvios. Assim, a tragédia opera "por meio da pena e do medo", porquanto ela imita incidentes que despertam pena e medo (9, 1452a3-4); e os sentimentos podem ser despertados pelo "espetáculo", pelo que é efetivamente *visto* sobre o palco, ou ainda – e melhor – pela estrutura e natureza da trama (14, 1453b1-2). Está claro, também, que a pena e o medo são despertados *na plateia* (ou melhor, nos espectadores); pois certos tipos de trama são descartadas como não trágicas sob a alegação de que elas não "se dirigem a nossos sentimentos humanos ou a nossa pena, ou a nosso medo" (13, 1452b36-38).

Quando vamos ao teatro para ver o *Édipo Tirano* de Sófocles, certos incidentes na peça despertam nossa pena, e certos incidentes – talvez os mesmos incidentes? – despertam nosso medo. (Será que outras emoções também são despertadas, e a pena e o medo servem apenas como representantes de seus gêneros?) Aristóteles não diz que os autores trágicos escrevem *para* produzir esse efeito, tampouco ele diz que vamos ao teatro *para* experienciá-lo; mas diz que ele acontece – e sugere que seu acontecer é a *raison d'être* da tragédia. Pois, quando ele acontece, tem um efeito: realiza uma "catarse".

A palavra "*katharsis*" é usada em dois contextos gregos relevantes: nos textos médicos, ela se refere à purgação (aos efeitos dos eméticos e laxantes); em um contexto religioso, ela se refere à purificação. Aristóteles quer dizer que a tragédia nos livra de nossas emoções ou que ela as refina? Nenhum texto nos dá uma resposta clara a essa questão, e podemos perguntar-nos se qualquer uma dessas respostas é particularmente plausível como uma explicação do efeito da tragédia sobre sua plateia.

Os espectadores sentem pena e medo? Bem, de quem eles têm pena? De Édipo, se têm de alguém. Mas, segundo a explicação da pena do próprio Aristóteles, isso é impossível.[26] Só posso ter pena de alguém se o conheço ou sei que ele sofreu alguma desventura, e apenas se ele é de alguma maneira próximo – mas não próximo demais – a mim. Eu não conheço Édipo (não há nenhum Édipo para conhecer), e não acredito que ele sofreu alguma desventura. Mesmo que eu equivocadamente considere que Sófocles está relatando uma história sobre um rei de Tebas que existiu, não posso sentir pena: Édipo não é em nada como eu. Novamente, de acordo com Aristóteles, apenas posso ter pena de alguém se eu supuser que é provável que uma desventura semelhante suceda a mim ou a algum de meus amigos, e suceda logo. Mas não espero casar com minha mãe ou com qualquer parente próxima; não espero arrancar meus próprios olhos ou privar-me de nenhum órgão vital. Tampouco antevejo tal futuro para qualquer um de meus amigos.

O que temo? Um destino como o de Édipo, se temo algo. Mas nunca tive medo – nem mesmo no teatro – de fazer o que Édipo fez; e também não acredito que muitos outros membros de uma plateia tenham tido.

O *Édipo* não desperta pena por Édipo e não desperta medo de um destino edipiano. O teatro ou o cinema podem despertar medo genuíno e pena genuína: um filme de horror pode ocasionalmente causar medo genuíno (embora usualmente cause um *frisson* bem prazeroso); e uma peça romântica, que prende minha atenção apenas em parte, pode levar-me a refletir sobre as desgraças por que passam as pessoas de meia-idade. Contudo, isso não é o tipo de coisa que Aristóteles tem em mente. Com efeito, ele não pode de forma alguma ter em mente pena de verdade e medo

---

[26] Veja acima, p. 339.

genuíno; pois ele se refere ao *prazer* que vem com a pena e o medo (14, 1453b12); e pena genuína e medo de verdade não causam prazer.

Ele tem de querer dizer que sentimos uma espécie de semipena por Édipo, ou talvez que nós semissentimos pena por ele: é, de alguma forma, *como se* sentíssemos pena por ele. Novamente, não temos um destino edipiano – mas é *como se* tivéssemos esse medo. Não há dúvida de que algumas emoções, ou algumas semiemoções, são sentidas, ou semissentidas, no teatro; e parece plausível pensar que incidentes trágicos estão de alguma forma ligados a um grupo especial de emoções, do qual fazem parte a pena e o medo. Até esse ponto, Aristóteles certamente tem razão. Mas, se é patente que nós não temos genuinamente pena de Édipo, está longe de ser patente o que acontece quando sentimos semipena por ele.

Seja como for, será que essas emoções ou semiemoções teatrais têm um efeito purgativo ou purificador? Depois de uma encenação do *Édipo*, será que deixo de ter pena de pessoas como Édipo e deixo de temer um destino como o destino de Édipo? Ou, de forma mais geral, eu deixo, pelo menos por um tempo, de sentir pena ou medo? Nada parecido com isso acontece comigo, e duvido que aconteça com você: não somos purgados pelo teatro. Somos purificados? Nossas emoções são "purificadas", suponhamos, se passam a ser sentidas mais apropriadamente – sentidas em momentos mais apropriados, em relação a pessoas mais apropriadas, com uma duração mais apropriada e assim por diante. Em outras palavras, a purificação de uma emoção é uma questão de trazê-la para mais perto do "meio-termo".[27] Bem, meus sentimentos de pena e medo estão mais bem equilibrados depois de uma encenação do *Édipo*? Depois de ver uma representação de grande sofrimento, estou agora, digamos, menos inclinado a temer uma diminuição de meu salário? Depois de ver uma representação de uma ação que, se tivesse sido real, teria despertado intensa pena, estou agora, digamos, menos inclinado a sentir-me mal por pensionistas idosos que não têm como comprar uma segunda televisão?

---

[27] Sobre o qual, veja acima, pp. 280-282.

Não há dúvida de que nossas emoções *podem* ser purificadas dessa maneira. Mas a sugestão de que é intrínseco à tragédia purificá-las dessa forma instiga três comentários. Primeiramente, não acredito que a tragédia *normalmente* tenha algum efeito como esse sobre mim (ou sobre meus amigos); de modo que o efeito é, na melhor das hipóteses, ocasional. Em segundo lugar, tenho minhas dúvidas sobre se a tragédia é uma forma particularmente eficiente de purificação: a história, em qualquer momento, purifica mais que a ficção, e um filme de cinco minutos de Belsen fará mais pelas suas emoções que qualquer número de *Édipos*. Em terceiro lugar, não consigo persuadir-me de que esse seja um importante aspecto da tragédia: supor que a razão primária, ou mesmo uma razão capital, para incentivar produções do *Édipo* seja que elas depuram nossos sentimentos é transformar arte em terapia emocional.

O fato de que as tragédias devem despertar pena e medo determina a natureza da trama trágica e, portanto, o destino do herói trágico. Um homem mau cuja má sorte o torna bom não inspirará pena alguma: um homem mau cuja boa sorte o torna azedo despertará sentimentos – mas não sentimentos de pena e medo. A queda de um homem bom parecerá antes execrável que penosa.

> Resta, então, o gênero intermediário de pessoa, um homem que não é proeminentemente virtuoso ou justo, mas que goza de uma alta reputação e prosperidade, cuja desventurança incide sobre ele não por vício e depravação, mas por alguma falta (I 3, 1453a6-10).

Um homem como Édipo.

A análise de Aristóteles não é convincente em todos os detalhes. Poderíamos supor, por exemplo, que a queda imerecida de um homem virtuoso bem poderia ser, em circunstâncias adequadas, o tipo de coisa que, se fosse real, nos causaria pena; e, a despeito da explicação aristotélica da pena, poderíamos imaginar que a queda de um homem perverso poderia, por sua vez, propriamente estimular a pena. Novamente, por que insistir em que um herói trágico seja eminente e próspero? Não existem tragédias do homem comum? Mas a cláusula na análise que ocasionou mais comentários é a última cláusula: "por alguma falta".

A palavra para "falta" aqui é "*hamartia*". Está razoavelmente claro que uma *hamartia* não é uma falha de caráter – uma *hamartia* é um evento, uma ação, algo que você faz quando erra de alguma maneira. A desventurança dos heróis aristotélicos depende do que eles fazem.

Pecados, ou erros morais, são sem dúvida faltas de alguma espécie; e uma *hamartia* trágica às vezes foi interpretada como uma falta dessa ordem moral. A queda de Adão foi uma queda trágica porquanto Adão desobedeceu os mandamentos de Deus e, assim, pecou. Mas a desventura que se segue à falta trágica tem de ser uma desventura *imerecida* – caso contrário, ela não despertará pena. E, embora possamos prontamente imaginar casos em que um erro moral leva a uma desventura imerecida (talvez porque a desventura seja inapropriada ou desproporcional ao pecado), parece claro que Aristóteles não pensa que seus heróis cometerão algum crime moral. Uma *hamartia* trágica é simplesmente um erro.

Édipo matou seu pai na encruzilhada – *hinc illae lacrimae*. Sua *hamartia* não era a falta moral do parricídio, nem mesmo a falta moral do assassinato. Sua falta, seu erro, foi sua incapacidade de perceber que o homem na carruagem era seu pai.

Édipo não tinha como evitar seu erro: ele não podia ter descoberto que o homem que encontrou na encruzilhada era seu pai. Sua falta foi, falando de forma prática, inevitável. (Não quero dizer que toda a coisa estava fadada ou planejada de antemão pelos deuses – embora essa seja uma questão que propriamente estimula estudantes da tragédia de Sófocles. Quero simplesmente dizer que, nas circunstâncias imaginadas, Édipo não teve chance de descobrir a verdade.) Esse ponto é uma característica especial do caso de Édipo, ou Aristóteles dá a entender que a falta trágica é sempre e necessariamente inevitável? Alguns intérpretes sustentam que é isso que Aristóteles faz – esse é o porquê de a desventura ser imerecida: a falta do herói não era sua culpa. Então a pena que a tragédia inspira será a pena que sentimos quando contemplamos as vítimas da má sorte: estamos sempre à mercê do acaso, e é precisamente esse aspecto da situação humana que é o material da tragédia.

Essa conclusão não é exigida pelo texto. E é uma conclusão que preferiríamos evitar. Suponha que Édipo realmente pudesse ter descoberto, sem maiores pesquisas, que o homem na encruzilhada era seu pai, mas que ele não parou para fazer as perguntas certas: desse modo, ele não poderia ser responsável por sua falta e, mesmo assim, ser um herói trágico? (Não devemos argumentar que, nesse caso, sua desventura seria merecida: quando um erro evitável leva a um desastre, não se segue que o desastre era merecido.) Ademais, o erro trágico não poderia fluir de uma falha de caráter e manifestar essa falha? Suponha que Édipo fosse impetuoso e que sua impetuosidade o levasse a não perguntar quem era o homem na encruzilhada. Ainda há uma falta, uma *hamartia*; mas ela é causada pelo caráter do agente (o qual, estamos lembrados, não deve ser "proeminentemente virtuoso e justo").

Entretanto, não há fim para especulações dessa espécie: o texto da *Poética* as estimula.

Finalmente, uma palavra sobre a unidade da tragédia. A tragédia clássica moderna obedeceu – ou foi só da boca para fora – à teoria das "três unidades": unidade de tempo, unidade de lugar e unidade de ação. *Grosso modo*, o tempo que a peça dura sobre o palco deve ser o mesmo tempo que a ação representada teria efetivamente durado; o lugar que o palco representa deve ser o mesmo por toda a peça; e deve haver apenas uma ação que dura aquele tempo, naquele lugar. Dessas três unidades, apenas a última, a unidade de ação, é aristotélica. Se, além disso, a tragédia exibe unidade de tempo e de lugar, isso será simplesmente uma consequência acidental do fato de que ela representa uma única ação.

Mas por que uma tragédia deve observar qualquer uma das unidades? Por definição, uma tragédia imita uma ação "completa". Uma ação completa tem de ter um começo, um meio e um fim (7, 1450b26). A trama ou história, portanto, tem de possuir uma unidade. Porém

> a unidade da trama não consiste, como alguns supõem, em ela ter um homem como seu assunto; pois um número indefinido de coisas podem suceder a um homem, nem todas as quais podem ser reduzidas a uma unidade (8, 1451a16-19).

Sem dúvida – mas a unidade da trama não poderia depender do fato de que ela mostra um desenrolar coerente do *caráter* de um único homem? (Será que a unidade de *Hamlet* deriva, em parte, de algo dessa espécie?) Não, pois

> a tragédia é uma imitação não de pessoas, mas da ação e da vida....
> Em uma peça, então, as pessoas não agem para retratar o caráter: elas incluem o caráter pela ação (6, 1450a16-21).

A unidade da trama tem, portanto, de derivar do fato de que ela representa uma única ação.

O que, contudo, tudo isso quer dizer – o que, afinal de contas, é "uma" ação? Como as ações são individuadas? A questão tem algum interesse filosófico – e Aristóteles oferece a ela respostas implícitas na sua *Física* e na sua *Ética*. Mas ele não a aborda na *Poética*, e não tem razão para fazê-lo. Pois a *Poética* não está interessada na individuação das ações, e seu ponto é não filosófico: a insistência em "uma ação" serve para excluir dois tipos de trama – primeiramente, a trama episódica, em que uma sequência de incidentes não relacionados seguem-se uns aos outros: em segundo lugar, a trama em camadas, em que tramas e subtramas entrelaçam-se.

E por que excluir tais coisas? A insistência de Aristóteles em "uma ação" é algo mais que uma restrição estipulada, quer trivial, quer perniciosa? (Trivial, se Aristóteles simplesmente se recusa a aplicar a palavra "tragédia" a peças que não se limitam a uma única ação; perniciosa, se ele espera ou pretende desencorajar dramaturgos de escrever tramas mais complexas.) De minha parte, prefiro a complexidade à simplicidade, gosto de personagens bem como de trama e não encontro nada na *Poética* que me faz temer que meu gosto possa ser pueril ou pervertido.

V. A arte da poesia

Essa última reflexão conduz à questão final: Quão valiosas são as reflexões de Aristóteles sobre a tragédia? Elas tinham uma pequena prevalência na Antiguidade e, por certo período, dominaram extraordinariamente o palco moderno. Por que e quão justamente?

Volte à definição de tragédia e considere a referência às "partes diferentes da obra". Sem dúvida, toda tragédia terá partes – existe algo mais inócuo que isso? Mas, um pouco depois, Aristóteles especifica que as partes têm de ser, a saber, "prólogo, episódio, êxodo e parte coral, sendo que a última é dividida em párodo e estásimo" (12, 1452b17-18). Ele assim exige que toda tragédia tenha *essas* partes – e, como que incidentalmente, que toda tragédia tenha um coro. Em seu comentário sobre a definição no capítulo 6, ele já explicara que as "partes diferentes" serão algumas em verso falado e algumas delas cantadas. Desse modo, uma tragédia tem de ser em verso; e partes dela têm de ser em música.

Essas afirmações parecem curiosamente restritivas: todas as tragédias têm realmente de ser em verso e ter um coro? Talvez possamos admitir que os versos sejam um melhor meio para a tragédia que a prosa, que uma tragédia em verso tenha maior possibilidade de ser mais satisfatória esteticamente e mais poderosa emocionalmente que uma tragédia em prosa; mas certamente não admitiremos que seja efetivamente *impossível* escrever uma tragédia em prosa. (Ainda menos que seja *impossível* que uma tragédia não tenha um coro. Por que diabo *deve* ser impossível?) O que faremos com uma definição que implica que nem Shakespeare nem Ibsen escreveram uma tragédia?

Não adianta alegar que Aristóteles está definindo não a noção inglesa de tragédia (não a palavra inglesa "tragedy"), mas a noção grega de uma *tragôdia* (a palavra grega "*tragôdia*"); e nem mencionar que a noção inglesa, embora derivada da noção grega, é em grande medida diferente dela. Isso pode ser bem verdade; mas não se segue que a explicação aristotélica da tragédia seja uma análise decente do conceito grego. E é difícil pensar que seja; pois é difícil acreditar que um grego, diante de um *Édipo* ou uma *Electra* em prosa, teria dito "Mas isso não é de forma alguma uma tragédia" em vez de "Que interessante. Que tipo mais *avant-garde* (irritantemente novo) de tragédia".

Apesar disso, a definição de Aristóteles claramente corresponde antes a fatos gregos que a fatos modernos. Sua explicação da tragédia está fundada em um exame — ou talvez, antes, em um conhecimento profundo — do teatro grego. Ele observou, ou pensou que observou, que a tragédia passara por certo amadurecimento e desenvolvimento e, embora ele tenha explicitamente evitado afirmar que ela atingira sua forma acabada (4, 1449a7-9), manifestamente considerou que ela estava perto da perfeição. E em seguida começou a descrever, em termos gerais, as tragédias que considerava os melhores exemplos do gênero. A descrição é fundada empiricamente: ela não pretende ser uma explicação do uso grego da palavra "*tragôdia*" (menos ainda da palavra inglesa "tragedy") e não implica que é *conceitualmente* impossível que haja, digamos, tragédias em prosa.

Não pode haver tragédias em prosa da mesma maneira como não pode haver narcisos pretos. Um botânico que está interessado no narciso observa a planta crescendo; ele coleta o que considera ser um grupo de espécimes maduros e quase perfeitos e oferece uma descrição científica do "narciso". Ele não oferece com isso uma análise do *conceito* de narciso e, se declara que todos os narcisos têm de ter flores amarelas ou brancas, ele certamente não quer dizer que é *conceitualmente* impossível que haja narcisos pretos. O estudante de poesia de Aristóteles deve agir como um botânico. Aristóteles não diz algo assim na *Poética*, mas seu procedimento na *Poética* é comparável a seu procedimento na *Política*:

> Como em outras ciências, também na política os compostos devem ser reduzidos a elementos simples ou partes menores do todo... E se você considerar as coisas ainda começando a crescer e em sua origem, quer elas sejam Estados, quer qualquer outra coisa, você obterá a visão mais clara delas (*Pol* I 1, 1252a19-25).

Analise um composto em seus elementos e, para fazer isso, olhe para sua origem e veja como ele cresce. Aristóteles supõe que os Estados — e a tragédia — são suscetíveis à mesma espécie de investigação científica que os animais e as plantas. Ele não supõe que a tragédia — nem mesmo o Estado — seja *simplesmente* um produto da natureza; mas supõe, isso sim, que ela seja suficientemente parecida com um produto natural para responder ao mesmo método de investigação. Donde as singularidades de sua definição e de suas discussões subsequentes. Pois a suposição é falsa.

A teoria da poesia de Aristóteles é deficiente da mesma maneira como sua teoria da política é deficiente: as duas são paroquiais. A razão não é que Aristóteles não tinha imaginação para conceber formas diferentes de vida social e cultural, e sim que ele seguiu, conscientemente, certo método de estudo que é inapropriado para seus objetos.

Isso significa que a *Poética* não tem, como eles dizem, "nenhum valor para nós nos dias de hoje"? De forma alguma. A poética de Aristóteles tem uma base sólida de fatos; e qualquer um que esteja interessado na tragédia grega achará que sua discussão do fenômeno é inestimável. Além disso, a *Poética* foi posteriormente usada como um manual para dramaturgos, e se você está interessado, digamos, no drama de Racine, então Aristóteles será indispensável. Mas, a menos que você tenha esses particulares interesses históricos, a *Poética* será uma decepção. Se você é um dramaturgo, não deve procurar regras e dicas úteis ali. Se você está interessado na natureza da tragédia em geral, você vai aprender pouco com Aristóteles, exceto incidentalmente. Se você está preocupado em entender a força trágica de Shakespeare ou Ibsen ou de qualquer autor contemporâneo, as categorias no interior das quais Aristóteles discute a tragédia parecerão irrelevantes.

VI. Envoi

Dois dos poemas do próprio Aristóteles sobreviveram. Esta é uma tradução pouco rigorosa de seu "hino à virtude", escrito para comemorar a morte de seu tio Hérmias.[28]

---

[28] Veja acima, p. 33. O texto grego está em Diógenes Laércio, *Vidas dos Filósofos*, V 7 = fragmento 675 R³.

Virtue, whom men attain by constant struggle,
our noblest aim in life, a goddess pure,
in Greece we deem it sweet to die for you,
or anguish and unending toil endure.
You fill our hearts with such immortal gifts –
dearer than parents, gold, or sleep's soft rays –
that Hercules, Zeus' son, and Leda's twins
aspired through labours to bring home your bays.
For love of you Achiles and Ajax both
left the clear day of men for Hades' night.
For you dear sake, Atarneus' noblest son
forsook this upper world of sun and light.
Therefore, immortal, famed for virtuous deeds,
the Muses nine with honour him attend,
daughters of Memory, who thus honour Zeus,
the god of guests, and the firm love of friends.[29]

---

[29] N.T.: Preferimos reproduzir a tradução original de Barnes para não correr o risco de adulterar por completo o sentido do poema de Aristóteles. Se sua tradução já é pouco rigorosa, aqui está uma outra, absolutamente literal, apenas para oferecer uma pequena orientação ao leitor brasileiro a respeito de que Aristóteles está falando: "Virtude, que os homens alcançam por meio de uma luta constante, / nossa meta mais nobre na vida, uma deusa pura, / na Grécia, julgamos agradável morrer por ti / ou suportar uma labuta angustiante e interminável. / Você enche nossos corações com esses dons imortais – / mais caros que os antepassados, o ouro ou os suaves raios do sono – /que Hércules, filho de Zeus, e os gêmeos de Leda / trouxeram com esforço a sua morada. / Por amor a ti, Aquiles e Ajax / trocaram o dia claro dos homens pela noite do Hades. / Por ti, o filho mais nobre de Atarneu / renunciou a este mundo superior de sol e luz. / Portanto, imortal, famoso por feitos virtuosos, / as nove Musas com honra por ele esperam, / filhas da Memória, que assim honram a Zeus, / o deus dos convidados, e ao amor inabalável dos amigos".

Sugestões para leitura

A maioria dos leitores deste *Companion* estará estudando Aristóteles em traduções para o inglês. Todas as obras inclusas no Aristóteles de Bekker (veja "Os escritos de Aristóteles", neste volume, p. 20), juntamente com uma generosa seleção de fragmentos, pode ser encontrada em

Jonathan Barnes (ed.): *The Complete Works of Aristotle - The Revised Oxford Translation* (Princeton, Princeton University Press, 1984).

A maior parte das principais obras de Aristóteles também está prontamente disponível em outras edições: as traduções recentes são, tomadas em seu todo, razoavelmente confiáveis, e é uma boa prática consultar ao menos duas versões diferentes de um mesmo texto.

A Biblioteca Clássica Loeb inclui a maioria dos escritos de Aristóteles. As edições da Loeb imprimem o inglês e o grego face a face. Mesmo que você tenha apenas uma leve noção de grego, você deve estar preparado para ir a um Loeb. Você será capaz, por exemplo, de ver que a palavra traduzida como "virtude" nesta passagem é, na realidade, a mesma em grego que é traduzida como "excelência" naquela passagem. Para leitores que sabem um pouco mais de grego, as melhores edições dos textos das obras principais de Aristóteles são estas:

Cat e *Int:* Minio-Paluello, OCT (Oxford Classical Texts)
An.Pr e *An.Post:* Ross, OCT
Top e *SE:* Ross, OCT (mas Brunschwig, Budé, para *Top* I-IV)
Phys: Ross, OCT
Cael: Moraux, Budé
GC: Joachim (Oxford, 1922)
Meteor: Fobes (Cambridge, Mass., 1919)

An: Ross, OCT
Sens: Ross (Oxford, 1955)
HA: Balme, Loeb
PA: Peck, Loeb
MA: Nussbaum (Princeton, 1978)
GA: Drossaart Lulofs, OCT
Met: Ross (Oxford, 1923)
EN: Bywater, OCT
EE: Walzer/Mingay, OCT
Pol: Dreizehnter (Munich, 1970)
Rhet: Kassel (Berlin, 1976)
Poet: Kassel, OCT

O capítulo 1 contém algumas observações sobre a natureza dos escritos sobreviventes de Aristóteles que deve ensinar uma lição para os leitores. A lição é esta: Leia Aristóteles Devagar. Toda escrita filosófica decente é densa – você não pode ler filosofia como leria um romance; mas Aristóteles, pelas razões expostas no capítulo 1, é incomumente denso. Vale a pena dizer isso a si mesmo três vezes antes de começar a lê-lo; caso contrário, você tirará pouco proveito da leitura e provavelmente ficará frustrado e entediado. Aristóteles é difícil, mas não é castigador. Se você lê-lo devagar, bem devagar, então ele se torna inspirador e prende sua atenção.

Muitos estudantes começarão em Aristóteles no contexto de algum curso, e as aulas do curso sugerirão que textos ler. Mas, se você não está sujeito a essa obrigação, você se verá confrontado por quase duas mil páginas de dura filosofia e, com razão, perguntará: "Por onde devo começar? E o que devo tentar enfrentar?"

É mais fácil oferecer conselhos negativos que positivos. Desse modo, não comece com a *Met*, que é demasiado difícil até que você tenha lido, digamos, as *Cat* e a *Phys*; não comece com a *Pol*, que faz mais sentido depois da *EN* ou *EE*; não comece com *Sens*, que pressupõe *An*. Por sua vez, não ignore as obras "científicas", justificando que seu interesse em Aristóteles é filosófico: pois *PA* e *GA* incluem uma vasta quantidade de material filosófico, e *Cael* é mais filosófico que astronômico.

Quanto às sugestões positivas, o que imagino ser a prática usual não é uma má prática. A maioria dos estudantes, imagino, começa com a ética, e usualmente com a *EN* em vez da *EE*. O assunto torna o texto acessível, e as semelhanças e as diferenças entre a ética de Aristóteles e a filosofia moral moderna proveem um estímulo imediato. Um ponto de partida alternativo, a meu ver igualmente recomendável, é a *Phys*, ou melhor, os quatro primeiros livros da *Phys*. O texto provavelmente é mais difícil que *EN*, e nem tudo nele se liga de pronto às preocupações filosóficas modernas. Mas é mais centralmente e mais tipicamente aristotélico, e mostra Aristóteles – pelo menos é o que penso – em sua melhor forma.

Uma vez tendo começado, é fácil continuar; pois o que você lê no primeiro texto o leva ao segundo e ao terceiro. Você poderá propriamente dizer que tem um contato razoável com Aristóteles quando tiver lido algo como os seguintes itens (é claro que não nessa ordem): *Cat, Int, An.Pr* A 1-13, *An.Post* A, *Phys* A-Δ, *An, PA* A, *Met* A, Γ-Θ, *EN* (ou *EE), Pol* A, *Poet*. Outros estudiosos lhe oferecerão outras listas.

A melhor ajuda para ler Aristóteles é o próprio Aristóteles. Vale dizer, se você quer ajuda para entender as observações de Aristóteles nesta passagem sobre, como poderia ser o caso, o prazer e o acaso, então veja o que ele diz em outros lugares sobre o mesmo tópico. Ocasionalmente, Aristóteles – ou seu editor na Antiguidade – fornecerá uma remissão a outros textos. É frequentemente fácil adivinhar quais são os textos paralelos apropriados. (Ao ler a *EN*, você deve ter a *EE* à mão; ao ler partes da *Met*, as *Cat* serão um útil aliado; para a *Poet*, haverá paralelos na *Rhet*; e assim por diante.) Mas muitos paralelos não são óbvios, e aqui você precisa consultar os índices. As *Complete Works* têm um índice passável; e há também

T.W. Organ: *An Index to Aristotle in Translation* (Princeton: Princeton University Press, 1972).

Leitores que saibam grego considerarão "Bonitz" indispensável:

H. Bonitz: *Index Aristotelicus* (Berlin, 1870).

Platão também é uma ajuda; pois Aristóteles está frequentemente pensando nas ideias de Platão e elas subjazem a seus pensamentos e argumentos. Leitores modernos de Aristóteles perderão muito se não estiverem dispostos a visitar as páginas de Platão de tempos em tempos.

Depois disso, há os comentários. Leitores do *Companion* considerarão os comentários na série Clarendon sobre Aristóteles particularmente simpáticos. Eles são feitos especificamente para estudantes de filosofia e não pressupõem nenhum conhecimento do grego. Além disso, muitos comentários escritos para falantes do grego podem ser utilizados com proveito por quem não sabe grego; em particular, os comentários de Sir David Ross sobre *Met*, *Phys*, *An.Pr* e *An.Post*, e *Sens* estão repletos de valiosas observações (e as "análises" ou os sumários que Ross inclui são um guia inestimável para a estrutura geral dos argumentos). Também vale a pena mencionar as traduções dos comentários sobreviventes da Antiguidade, editados por Richard Sorabji, na série *Ancient Commentators on Aristotle*: essas obras às vezes são entediantemente longas e às vezes têm preocupações paroquiais, mas, como regra geral, ver-se-á que elas são uma maior ajuda que boa parte da literatura moderna.

Finalmente, alguns itens da literatura secundária moderna (que foram selecionadas pelos autores dos capítulos a que eles dizem respeito). Pelas razões dadas na Introdução, a lista que se segue é minimalista: leitores que não acharam essas razões convincentes, ou que chegaram a um nível ao qual elas já não se aplicam, devem pular as próximas três páginas e voltar-se à Bibliografia.

Capítulo 1. Vida e Obra

Os textos que dizem respeito ao caráter e à vida de Aristóteles estão reunidos e analisados em

I. Düring: *Aristotle in the Ancient Biographical Tradition* (Göteborg, 1957).

(Düring não traduz os textos para o inglês.) Sobre as obras de Aristóteles, o estudo padrão é

P. MORAUX: *Les listes anciennes des ouvrages d'Aristote* (Louvain, 1948).
Para as origens de nosso *corpus*, veja
P. MORAUX: *Der Aristotelismus bei den Griechen* I (Berlin, 1973).
Todos os estudos modernos do desenvolvimento intelectual de Aristóteles dependem de
W. JAEGER: *Aristotle: Fundamentals of His Development,* trad. Richard Robinson (Oxford, 1948) [primeira edição alemã, Berlin, 1923].
A concepção de Aristóteles como um pensador aporético pode ser encontrada em ação em vários dos artigos em
S. MANSION (ed.): *Aristote et les problèmes de méthode* (Louvain, 1961).

CAPÍTULO 2. LÓGICA
Sobre *Cat* e *Int,* veja
J. L. ACKRILL: *Aristotle's* Categories *and* de Interpretatione (Oxford, 1962), na série Clarendon sobre Aristóteles. Sobre *An.Pr*
R. SMITH: *Aristotle's* Prior Analytics (Indianapolis, 1991); e sobre *An.Post*
J. BARNES: *Aristotle's* Posterior Analytics (Oxford, 1994²), novamente na série Clarendon sobre Aristóteles, assim como
R. SMITH: *Aristotle's* Topics *Books I and VIII* (Oxford, 1994).
A exposição geral da lógica de Aristóteles feita por Martha Kneale em
M. e W. C. KNEALE: *The Development of Logic* (Oxford, 1962) ainda é uma ótima leitura. Aqueles que desejem mais detalhes, devem voltar-se para
G. PATZIG: *Aristotle's Theory of the Syllogism* (Dordrecht, 1968).
Em
R. MCKIRAHAN: *Principles and Proofs* (Princeton, 1992), há um estudo de *An.Post* que, embora detalhado, também pode ser lido.

CAPÍTULO 3. METAFÍSICA
O comentário de Ross,
W. D. Ross: *Aristotle - Metaphysics* (Oxford, 1923), é inestimável. E há também dois itens na série Clarendon sobre Aristóteles:

C. A. KIRWAN: *Aristotle's* Metaphysics *Books* E (Oxford, 1978),

e

J. ANNAS: *Aristotle's* Metaphysics *Books M and N* (Oxford, 1977).

Os últimos anos nos deram uma safra de livros, alguns deles excelentes, sobre as ideias metafísicas de Aristóteles; escolher alguns entre eles seria indelicado. Ao invés disso, recomendo quatro artigos clássicos de Gwil Owen – "Logic and Metaphysics in some earlier works of Aristotle", "The Platonism of Aristotle", "Aristotle in the Snares of Ontology" e "Particular and General in Aristotle". Todos estão reimpressos em

G. E. L. OWEN: *Logic, Science and Dialectic* (London, 1985).

CAPÍTULO 4. FILOSOFIA DA CIÊNCIA

Sobre *Phys*, há

W. D. ROSS: *Aristotle's Physics* (Oxford, 1946),

e dois volumes da Clarendon:

W. CHARLTON: *Aristotle's Physics Books I-II* (Oxford, 1980),

E. HUSSEY: *Aristotle's Physics Books III-IV* (Oxford, 1983).

Para uma descrição geral da imagem de mundo de Aristóteles, veja

F. SOLMSEN: *Aristotle's System of the Physical World* (Ithaca, 1960).

Algumas das ideias mais particulares de Aristóteles são discutidas nos capítulos relevantes da trilogia de Richard Sorabji:

R. SORABJI: *Necessity, Cause and Blame* (London, 1980),

R. SORABJI: *Matter, Space and Motion* (London, 1988),

R. SORABJI: *Time and the Continuum* (London, 1990).

CAPÍTULO 5. CIÊNCIA

Há um Aristóteles da Clarendon:

D. BALME: *Aristotle's de Partibus Animalium I and de Generatione Animalium* I (Oxford, 1993²).

Sobre a faceta filosófica da biologia de Aristóteles, veja

P. PELLEGRIN: *Aristotle's Classification of Animals* (Berkeley, 1986)

e os ensaios compilados em

A. GOTTHELF e J. LENNOX (eds.): *Philosophical Issues in Aristotle's Biology* (Cambridge, 1985).

Sobre as ciências matemáticas, veja o artigo sobre a mecânica de Aristóteles em

G. E. L. Owen: *Logic, Science and Dialectic* (London, 1985).

Capítulo 6. Psicologia

A maior parte do melhor trabalho recente foi publicada na forma de artigos. Há duas boas antologias:

J. Barnes, M. Schofield e R. Sorabji (eds.): *Articles on Aristotle: 4 - Psychology and Aesthetics* (London, 1979),

M. C. Nussbaum e A. O. Rorty (eds.): *Essays on Aristotle's de Anima* (Oxford, 1992).

A área intimamente relacionada da filosofia da ação é abordada em:

D. Charles: *Aristotle's Philosophy of Action* (London, 1984).

Capítulo 7. Ética

A fonte secundária mais tradicional para a filosofia moral de Aristóteles é a *Magna Moralia*, preparada nos séculos após a morte de Aristóteles por um seguidor peripatético e transmitida a nós sob o nome de Aristóteles. Ela é clara e continua a ser de grande ajuda para um leitor moderno. Leitores do inglês têm um manual detalhado e abrangente em

W. F. R. Hardie: *Aristotle's Ethical Theory* (Oxford, 1980^2).

Um livro estimulante, que se concentra na ideia central de *eudaimonia*, é

J. M. Cooper: *Reason and Human Good in Aristotle* (Cambridge, Mass., 1975).

Em

D. S. Hutchinson: *The Virtues of Aristotle* (London, 1986).

há uma curta e clara explicação das conexões entre a concepção de virtude moral aristotélica e outros temas em sua filosofia. A vida política e a vida intelectual são discutidas por

R. Kraut: *Aristotle on the Human Good* (Princeton, 1989).

Para um exemplo de como aplicar as ideias aristotélicas de uma forma contemporânea, veja

S. Broadie: *Ethics with Aristotle* (Oxford, 1991).

Capítulo 8. Política

Na série Clarendon, há

R. ROBINSON: *Aristotle's Politics Books III and IV* (Oxford, 1962).

Há também duas úteis traduções de *Pol* em

T. A. SINCLAIR, rev. T. J. SAUNDERS: *Aristotle: the Politics* (Harmondsworth, 1981),

S. EVERSON: *Aristotle: the Politics* (Cambridge, 1988).

Para um panorama geral, veja

R. G. MULGAN: *Aristotle's Political Theory* (Oxford, 1977).

Há úteis compilações de artigos em

J. BARNES, M. SCHOFIELD e R. SORABJI (eds.): *Articles on Aristotle: 2 - Ethics and Politics* (London, 1977),

e em

D. KEYT e F. D. MILLER (eds.): *A Companion to Aristotle's Politics* (Oxford, 1991).

Capítulo 9. Retórica e Poética

A literatura filosófica sobre *Rhet* é relativamente esparsa. Mas há um comentário,

W. M. A. GRIMALDI: *Aristotle's Rhetoric* (Amsterdam, 1990),

e algumas das ideias do livro II são discutidas em

W. W. FORTENBAUGH: *Aristotle on the Emotions* (London, 1979).

Em contrapartida, *Poet* devastou florestas. Dos numerosos comentários, o mais minucioso talvez seja

G. ELSE: *Aristotle's* Poetics (Cambridge, Mass., 1965).

J. JONES: *Aristotle on Tragedy* (London, 1980)

oferece um estudo vívido dos temas centrais da obra.

Bibliografia

Jonathan Barnes, Malcolm Schofield,
Richard Sorabji

PREFÁCIO

Todas as bibliografias são resultados de transferências, esta mais que a maioria. Seu arquétipo foi compilado em 1975, para uma antologia de *Artigos sobre Aristóteles*. Em 1977, ela foi extensivamente revisada e preparada para publicação em separado como um auxílio para os estudos na Universidade de Oxford. O auxílio para os estudos recebeu uma segunda edição em 1978 e uma terceira em 1980; em 1988, apareceu uma nova edição substancialmente modificada. O catálogo presente é uma versão, minuciosamente revisada e consideravelmente modificada, da nova edição.

A coisa foi feita de modo a servir a filósofos anglófonos. Por conseguinte, sua bibliografia lista relativamente poucos estudos que são de caráter exclusivamente histórico ou filológico (e cobre de maneira relativamente magra as pesquisas científicas e antiquárias do próprio Aristóteles); e é fortemente parcial em favor de livros e artigos escritos em inglês. Além disso, tendemos a dar preferência aos itens mais recentes (que são geralmente mais acessíveis) e nos concentramos no trabalho feito naquela que às vezes é chamada de tradição "analítica" em filosofia. Mesmo no interior desses limites, a lista está longe de ser abrangente. Esperamos que tenhamos esquecido pouco daquilo que é de primeiríssima linha (e que tenhamos incluído pouco daquilo que é de última linha). Contudo, nós certamente omitimos, por uma razão ou outra, muitos bons trabalhos; e outros estudiosos, sem dúvida, teriam proposto outras seleções.

A organização da bibliografia e seus princípios de divisão pedem uma palavra. Em termos gerais, os capítulos seguem a ordem das coisas nas edições tradicionais de Aristóteles: primeiro a lógica, depois a física ou filosofia da ciência e assim por diante. E, de maneira geral, cada capítulo das seções segue a ordem das coisas no interior das obras de Aristóteles. (No interior das seções, o material é usualmente subdividido segundo linhas temáticas. Dentro das subdivisões, os itens são ordenados cronologicamente.) Desse modo, os tópicos serão encontrados, por via de regra, antes em seu lugar aristotélico que no lugar que os filósofos modernos poderiam atribuir-lhes. Mas há várias exceções a essa regra.

A primeira seção de cada capítulo contém material relevante para todo o capítulo: se você está procurando o que ler sobre o prazer, você deve examinar não apenas a seção (N) do capítulo VIII, mas também a seção (A). Muitos dos livros que citamos contêm capítulos abordando questões que não pertencem à seção em que eles estão listados; além disso, muitas vezes é difícil saber se um item deve ser colocado nesta ou naquela seção da bibliografia: acrescentamos remissões (talvez em menor número do que poderíamos ter acrescentado) para mitigar os efeitos dessas indeterminações. (Os itens são numerados consecutivamente no interior dos capítulos, e faz-se referência a eles pelo número do capítulo e do item. Assim, "III.14" refere-se ao item 14 do capítulo III.)

A bibliografia estará desatualizada à época em que você a estiver lendo. Ela será revisada para cada edição subsequente do *Companion*. O editor acolherá quaisquer sugestões para seu aperfeiçoamento.

Abreviações

AGP	Archiv fur Geschichte der Philosophie
AJP	American Journal of Philology
An	Analysis
APQ	American Philosophical Quarterly
AustJP	Australasian Journal of Philosophy
BACAP	Boston Area Colloquium in Ancient Philosophy
BICS	Bulletin of the Institute of Classical Studies
CJP	Canadian Journal of Philosophy
CP	Classical Philology

CQ	Classical Quarterly
CR	Classical Review
GRBS	Greek, Roman, and Byzantine Studies
H	Hermes
HPQ	History of Philosophy Quarterly
HSCP	Harvard Studies in Classical Philology
ICS	Illinois Classical Studies
JAAC	Journal of Art and Art Criticism
JHI	Journal for the History of Ideas
JHP	Journal of the History of Philosophy
JHPL	Journal for the History and Philosophy of Logic
JHS	Journal of Hellenic Studies
JP	Journal of Philosophy
JPh	Journal of Philology
M	Mind
MH	Museum Helveticum
Mn	Mnemosyne
OSAP	Oxford Studies in Ancient Philosophy
PAS	Proceedings of the Aristotelian Society
PASS	Proceedings of the Aristotelian Society, volume suplementar
PBA	Proceedings of the British Academy
PCPS	Proceedings of the Cambridge Philological Society
Phg	Philologus
Phil	Philosophy
Phron	Phronesis
PhSc	Philosophy of Science
PhSt	Philosophical Studies
PPR	Philosophy and Phenomenological Research
PQ	Philosophical Quarterly
PR	Philosophical Review
REG	Revue des études grecques
RhM	Rheinisches Museum
RIP	Revue internationale de philosophie

RM   Review of Metaphysics
RPA   Revue de la philosophie ancienne
RPL   Revue philosophique de Louvain
TAPA   Transactions of the American Philological Association

Conteúdo

I INTRODUTÓRIOS
(A) Textos
(B) Biografia
(C) Aristotelismo
(D) Estudos Gerais
(E) Compilações

II OBRAS DE JUVENTUDE
(A) Desenvolvimento Filosófico
(B) Aristóteles sobre Platão
(C) Filosofia de Juventude

III LÓGICA
(A) Geral
(B) Linguagem e Significado
(C) Homonímia
(D) Predicação
(E) Os Predicáveis
(F) Futuros Contingentes
(G) Modalidade
(H) Silogística
(I) Silogística Modal
(J) Lógica Não Silogística
(K) Dialética
(L) Método Filosófico

(M) Demonstração
(N) Definição
(O) Epistemologia

IV FILOSOFIA DA CIÊNCIA
(A) Geral
(B) Natureza
(C) Mudança
(D) Explicação
(E) Teleologia
(F) Acaso e Determinismo
(G) Movimento
(H) Infinitude
(I) Lugar
(J) Espaço e Vazio
(K) Tempo
(L) Zenão

V CIÊNCIA
(A) Geral
(B) Matemática
(C) Astronomia
(D) Química
(E) Biologia
(F) Taxonomia

VI PSICOLOGIA
(A) Geral
(B) A Alma
(C) Corpo e Alma
(D) Percepção
(E) Sentido Comum
(F) Imaginação
(G) Pensamento

VII METAFÍSICA

(A) Geral
(B) A Natureza da Metafísica
(C) A Lei de Contradição
(D) Verdade
(E) Ser
(F) Categorias
(G) Substância
(H) Essência
(I) Forma
(J) Matéria
(K) Individuação
(L) Identidade
(M) Teologia
(N) Filosofia da Matemática

VIII ÉTICA

(A) Geral
(B) Método em Ética
(C) Epistemologia Moral
(D) Bondade
(E) Felicidade
(F) Virtude Moral
(G) Virtudes Particulares
(H) Justiça
(I) Ações Voluntárias
(J) Escolha
(K) Deliberação
(L) Virtudes Intelectuais
(M) Acrasia
(N) Prazer
(O) Amizade

IX POLÍTICA

(A) Geral

(B) Ética e Política

(C) Natureza e Sociedade

(D) Cidadãos

(E) Escravos

(F) Economia

(G) Constituições

(H) História

X RETÓRICA E POÉTICA

(A) Retórica

(B) Poética

(C) Imitação

(D) Tragédia

(E) Erro Trágico

(F) Catarse

(G) Comédia

I INTRODUTÓRIOS

(A) Textos

Os textos gregos da maioria das obras de Aristóteles podem ser encontrados nas séries OCT, Teubner, Budé e Loeb: edições recomendadas estão listadas nas Sugestões para Mais Leituras.

A versão inglesa padrão de Aristóteles é a Tradução Oxford, da qual uma versão revisada pode ser encontrada em:

(1) J. BARNES (ed.): *The Complete Works of Aristotle* (Princeton, 1984).

Há uma útil antologia em:

(2) J. L. ACKRILL (ed.): *A New Aristotle Reader* (Oxford, 1987).

Os volumes na série Clarendon sobre Aristóteles contêm traduções e notas feitas sob medida para as necessidades do leitor de filosofia que não sabe grego. As edições magistrais de Sir David Ross são inestimáveis, ainda mais pelas sinopses em inglês abrangentes e precisas que elas contêm. Os comentários da Antiguidade, muitos dos quais hoje estão disponíveis em traduções para o inglês, podem ainda ser consultados com proveito. Referências individuais a essas obras são dadas nos capítulos apropriados.

A concordância feita por:

(3) H. BONITZ: *Index Aristotelicus* (Berlin, 1870);

é indispensável; ela pode ser de grande utilidade mesmo àqueles que sabem muito pouco grego. Há também uma concordância em inglês, feita com base na tradução Oxford por:

(4) T. W. ORGAN: *An Index to Aristotle in English Translation* (Princeton, 1949).

Bibliografias abrangentes dos escritos sobre Aristóteles podem ser encontradas em:

(5) M. SCHWAB: *Bibliographie d'Aristote* (Paris, 1896);

(6) H. FLASHAR: *Die Philosophie der Antike 3: Ältere Akademie, Aristoteles, Peripatos* (Basel/Stuttgart, 1983).

Muitas das obras mencionadas nas próximas páginas contêm suas próprias bibliografias; novas publicações são regularmente divulgadas em *The Philosopher's Index*, no *Répertoire bibliographique de la philosophie*, no *L'année philologique* e em *Elenchos*.

(B) Biografia

As evidências sobreviventes a respeito da vida de Aristóteles estão compiladas e discutidas em:

(7) I. DÜRING: *Aristotle in the Ancient Biographical Tradition* (Göteborg, 1957).

Veja também:

(8) A. H. CHROUST: *Aristotle* (London, 1973);

(9) H. B. GOTTSCHALK: "Notes on the wills of the Peripatetic scholarchs", *H* 100, 1972, 314-342;

(10) D. WHITEHEAD: "Aristotle the metic", *PCPS* 21, 1975, 94-99; e

(11) "Aristote de Stagire", in R. GOULET (ed.), *Dictionnaire des philosophes antiques*, vol. 1 (Paris, 1989); um artigo desigual, escritos por várias mãos, que contém uma quantidade de material útil.

Há uma reconstrução da técnica tutorial de Aristóteles em:

(12) H. JACKSON: "Aristotle's lecture-room and lectures", *JPh* 35, 1920, 191-200.

Veja também:

(13) C. NATALI: "Aristotele professore?", *Phron* 26, 1991, 61-74.

A compilação de textos e artigos em:

(14) C. NATALI (ed.): *La scuola dei filosofi* (L'Aquila, 1981); inclui GOTTSCHALK I.9 e Jackson I.12.

Questões sobre o número e a natureza dos escritos de Aristóteles são exaustivamente discutidas em:

(15) P. MORAUX: *Les listes anciennes des ouvrages d'Aristote* (Louvain, 1951).

E problemas de autenticidade foram abordados com novas armas em:

(16) A. J. P. KENNY: "A stylometric comparison between five disputed works and the remainder of the Aristotelian corpus", in MORAUX e WIESNER I.47 e KENNY VIII.35.

(C) **Aristotelismo**

Teofrasto foi o sucessor imediato de Aristóteles. A maioria de suas obras não sobreviveu (com a exceção dos *Caracteres* e um curto ensaio sobre a *Metafísica*, há dois escritos botânicos: a *História das Plantas* e as *Causas das Plantas*). Fragmentos das obras perdidas estão compilados em:

(17) W. W. FORTENBAUGH, P. M. HUBY, R. W. SHARPLES e D. GUTAS (eds.): *Theophrastus of Eresus*, Philosophia Antiqua 54 (Leiden, 1992).

Para os sucessores de Teofrasto, nada sobrevive intacto. Fragmentos e testemunhos podem ser encontrados nos vários volumes de:

(18) F. WEHRLI: *Die Schule des Aristoteles* (Basel, 1944-1969).

Para a história do Peripatos, veja:

(19) K. O. BRINK: "Peripatos", *Pauly-Wissowas Realencyclopädie der klassischen Altertumswissenschaft*, supl. 7, 1940, 899-949.

(20) J. P. LYNCH: *Aristotle's School* (Berkeley, 1972).

(21) P. MORAUX: *Der Aristotelismus bei den Griechen* (Berlin, 1973, 1984);

(22) F. H. SANDBACH: *Aristotle and the Stoics* (Cambridge, 1985);

(23) P. MORAUX: "Les débuts de la philologie aristotélicienne" *in* CAMBIANO I.80;

(24) R. SORABJI (ed.): *Philoponus and the Rejection of Aristotelian Science* (London, 1987);

(25) R. SORABJI (ed.): *Aristotle Transformed* (London, 1990).

Aspectos da história posterior do aristotelismo são examinados em:

(26) L. MINIO-PALUELLO: *Opuscula: the Latin Aristotle* (Amsterdam, 1973);

(27) L. MINIO-PALUELLO: "Aristotle: tradition and influence", in GILLISPIE I.71;

(28) I. DÜRING: "Von Aristoteles bis Leibniz", *Antike und Abendland* 4, 1954, 118-54 = MORAUX I.64.

(D) Estudos Gerais

Há um guia magistral para todos os aspectos da vida e pensamento de Aristóteles em:

(29) I. DÜRING: *Aristoteles* (Heidelberg, 1966).

Uma versão bastante abreviada em:

(30) I. DÜRING: *Aristoteles* (Stuttgart, 1968).

Dos numerosos estudos mais curtos em inglês que fazem uma exposição geral do pensamento de Aristóteles, podem ser mencionados os seguintes:

(31) W. D. ROSS: *Aristotle* (London, 1923);

(32) D. J. ALLAN: *The Philosophy of Aristotle* (Oxford, 1952);

(33) G. E. R. LLOYD: *Aristotle* (Cambridge, 1968);

(34) J. L. ACKRILL: *Aristotle the Philosopher* (London, 1981);

(35) J. BARNES: *Aristotle* (London 1982);

(36) J. LEAR: *Aristotle: the Desire to Understand* (Cambridge, 1988).

E ainda hoje vale a pena consultar:

(37) G. GROTE: *Aristotle* (London, 1883);

(38) F. BRENTANO: *Über Aristoteles – nachgelassene Aufsätze* (Hamburg, 1986).

(E) Compilações

Os anais dos *Symposia Aristotelica* trienais, que foram inaugurados em 1957, fornecem excelentes exemplos daquilo que hoje se produz academicamente sobre Aristóteles. Veja:

(39) I. DÜRING e G. E. L. OWEN (eds.): *Aristotle and Plato in the mid-Fourth Century* (Göteborg, 1960);

(40) S. MANSION (ed.): *Aristote et les problèmes de méthode* (Louvain, 1961);

(41) G. E. L. OWEN (ed.): *Aristote on Dialectic* (Oxford, 1968);

(42) I. DÜRING (ed.): *Naturforschung bei Aristoteles und Theophrast* (Heidelberg, 1969);

(43) P. MORAUX (ed.): *Untersuchungen zur Eudemischen Ethik* (Berlin, 1970);

(44) P. AUBENQUE (ed.): *Études sur la Métaphysique d'Aristote* (Paris, 1979);

(45) G. E. R. LLOYD e G. E. L. OWEN (eds.): *Aristotle on Mind and the Senses* (Cambridge, 1978);

(46) E. BERTI (ed.): *Aristotle on Science* (Padua, 1981);

(47) P. MORAUX e J. WIESNER (eds.): *Zweifelhaftes im Corpus Aristotelicum* (Berlin, 1983);

(48) A. GRAESER (ed.): *Mathematics and Metaphysics in Aristotle* (Bern/Stuttgart, 1987);

(49) G. PATZIG (ed.): *Aristoteles' 'Politik'* (Göttingen, 1990);

(50) D. J. FURLEY e A. NEHAMAS (eds.): *Philosophical Aspects of Aristotle's Rhetoric* (Princeton, 1994).

Há inúmeras outras coleções de *papers* ocasionais; entre elas:

(51) A. MANSION: *Autour d'Aristote* (Louvain, 1955);

(52) D. O. MEARA (ed.): *Studies in Aristotle* (Washington, 1981);

(53) *Proceedings of the World Congress on Aristotle*, Thessaloniki, 1978 (Atenas, 1981-84);

(54) J. IRMSCHER e R. MÜLLER (eds.): *Aristoteles als Wissenschaftstheoretiker* (Berlin, 1983);

(55) F. J. PELLETIER e J. A. KING-FARLOW (eds.): *New Essays on Aristotle, CJP* supl. 10 (Edmonton, 1984);

(56) A. GOTTHELF (ed.): *Aristotle on Nature and Living Things* (Bristol, 1985);

(57) J. WIESNER (ed.): *Aristoteles – Werke und Wirkung* (Berlin, 1985 e 1987);

(58) M. MATTHEN (ed.): *Aristotle Today* (Edmonton, 1987);

(59) D. T. DEVEREUX e P. PELLEGRIN (eds.): *Biologie, logique et métaphysique chez Aristote* (Paris, 1990);

(60) M. A. SINACEUR (ed.): *Penser avec Aristote* (Toulouse, 1991).

Há muitas antologias, entre elas:

(61) J. M. E. MORAVCSIK (ed.): *Aristotle* (Garden City, 1967);

(62) J. BARNES, M. SCHOFIELD e R. SORABJI (eds.): *Articles on Aristotle* (London, 1975-1979);

(63) A. PREUS e J. P. ANTON (eds.): *Aristotle's Ontology: Essays in Ancient Greek Philosophy* 5 (Albany, 1992);

e um grupo na série *Wege der Forschung*:

(64) P. MORAUX (ed.): *Aristoteles in der neueren Forschung* (Darmstadt, 1968);

(65) F.-P. HAGER (ed.): *Metaphysik und Theologie des Aristoteles* (Darmstadt, 1968);

(66) F.-P. HAGER (ed.): *Logik und Erkenntnislehre des Aristoteles* (Darmstadt, 1972);

(67) F.-P. HAGER (ed.): *Ethik und Politik des Aristoteles* (Darmstadt, 1972);

(68) G. A. SEECK (ed.): *Die Naturphilosophie des Aristoteles* (Darmstadt, 1975).

Compilações e antologias dedicadas a aspectos específicos do pensamento de Aristóteles serão listadas nos capítulos apropriados.

Agora é ocasião para citar um número de compilações que não são dedicadas exclusivamente a Aristóteles:

(69) H. FLASHAR e K. GAISER (eds.): *Synusia: Festgabe für W. Schadewaldt* (Pfullingen, 1965);

(70) R. BAMBROUGH (ed.): *New Essays on Plato and Aristotle* (London, 1965);

(71) C. C. GILLISPIE (ed.): *Dictionary of Scientific Biography* (New York, 1970);

(72) J. P. ANTON e G. KUSTAS (eds.): *Essays in Ancient Greek Philosophy* I (Albany, 1971);

(73) S. STERN, A. HOURANI e V. BROWN (eds.): *Islamic Philosophy and the Classical Tradition* (Oxford, 1972);

(74) E. N. LEE, A. P. D. MOURELATOS e R. RORTY (eds.): *Exegesis and Argument, Phron* supl. 1 (Assen, 1973);

(75) M. SCHOFIELD e M. C. NUSSBAUM (eds.): *Language and Logos* (Cambridge, 1982);

(76) J. BOGEN e J. MCQUIRE (eds.): *How Things Are* (Dordrecht, 1985);

(77) *Language and Reality in Greek Philosophy* (Atenas, 1985);

(78) W. W. FORTENBAUGH (ed.): *Theophrastus of Eresus,* Rutgers University Studies in Classical Humanities 2 (New Brunswick, 1985);

(79) P. CARTLEDGE e F. D. HARVEY (eds.): *Crux* (Exeter, 1985);

(80) G. CAMBIANO (ed.): *Storiografia e dossografia nella filosofia antica* (Turin, 1986);

(81) S. KNUUTTILA e J. HINTIKKA (eds.): *The Logic of Being* (Dordrecht, 1986);

(82) W. W. FORTENBAUGH e R. W. SHARPLES (eds.): *Theophrastean Studies*, Rutgers University Studies in Classical Humanities 3 (New Brunswick, 1988).

Finalmente, alguns conjuntos de *papers* compilados:

(83) M. FREDE: *Essays on Ancient Philosophy* (Oxford, 1987);

(84) D. J. FURLEY: *Cosmic Problems* (Cambridge, 1989);

(85) K. J. J. HINTIKKA: *Time and Necessity* (Oxford, 1963);

(86) G. E. R. LLOYD: *Methods and Problems in Greek Science* (Cambridge, 1991);

(87) J. MANSFELD: *Studies in the Historiography of Greek Philosophy* (Assen, 1990);

(88) S. MANSION: *Etudes aristotéliciennes* (Louvain, 1984);

(89) K. OEHLER: *Antike Philosophie und byzantinisches Mittelalter* (Munich, 1969);

(90) G. E. L. OWEN: *Logic, Science, and Dialectic* (London, 1986);

(91) J. OWENS: *Collected Papers* (Albany, 1981);

(92) F. SOLMSEN: *Kleine Schriften* (Hildesheim, 1968).

II OBRAS DE JUVENTUDE

(A) Desenvolvimento Filosófico

Uma grande parte do trabalho acadêmico sobre Aristóteles nos últimos setenta anos tomou como ponto de partida as hipóteses sobre o desenvolvimento do pensamento de Aristóteles propostas por:

(1) W. W. JAEGER: *Aristotle*, trad. R. Robinson (Oxford, 1948 [publicado pela primeira vez em alemão, 1923]).

Duas das mais ambiciosas contribuições a essa linha de trabalho acadêmico são:

(2) F. SOLMSEN: *Die Entwicklung der aristotelischen Logik und Rhetorik* (Berlin, 1929)

e

(3) F. J. NUYENS: *L'évolution de la psychologie d'Aristote* (Louvain, 1948 [publicado originalmente em flamengo, 1939]).

As posições de Solmsen são expostas em:

(4) J. L. STOCKS: "The composition of Aristotle's logical works", *CQ* 27, 1933, 114-124 = HAGER I.66

e as de Nuyens, na introdução de Ross VI.3.

Há dois *papers* clássicos sobre o assunto:

(5) W. D. Ross: "The development of Aristotle's thought", *PBA* 43, 1957, 63-78 = DÜRING e OWEN I.39 = BARNES, SCHOFIELD, SORABJI I.62

(6) G. E. L. OWEN: "The Platonism of Aristotle", *PBA* 50, 1965, 125-150 = BARNES, SCHOFIELD, SORABJI I.62 = OWEN I.90.

Veja também:

(7) A. MANSION: "La genèse de l'oeuvre d'Aristote d'après les travaux récents", in MORAUX I.64;

(8) A. H. CHROUST: "The first thirty years of modern Aristotelian scholarship", *Classica et Mediaevalia* 24, 1963/4, 27-57 = MORAUX I.64.

Um longo ensaio recente sobre a tradição desenvolvimentista é:

(9) B. DUMOULIN: *Analyse génétique de la Métaphysique d'Aristote* (Paris, 1986).

Estudos desenvolvimentistas de áreas particulares do pensamento de Aristóteles estão listados nos capítulos apropriados.

(B) Aristóteles sobre Platão

JAEGER II.1 argumentou que Aristóteles começou como um platônico, rompeu com as principais doutrinas de seu mestre e gradualmente foi afastando-se para cada vez mais longe do platonismo. Uma questão crucial é a da atitude de Aristóteles em relação à Teoria das Formas de Platão. Veja, além de JAEGER II.1 e OWEN II.6:

(10) C. J. DE VOGEL: "The legend of the Platonizing Aristotle", in DÜRING e OWEN I.39;

(11) C. J. DE VOGEL: "Did Aristotle ever accept Plato's theory of transcendent Ideas?", *AGP* 47, 1965, 261-298;

(12) I. DÜRING: "Did Aristotle ever accept Plato's theory of transcendent Ideas?", *AGP* 48, 1966, 312-326;

(13) CH. CHEN: "Aristotle's analysis of change and Plato's theory of transcendent Ideas", *Phron* 20, 1975, 129-145;

(14) J. ANNAS: "Forms and first principles", *Phron 19,* 1974, 257-283;

(15) J. ANNAS: "Aristotle on substance, accident and Plato's Forms", *Phron* 22, 1977, 146-160;

(16) G. FINE: "Forms as causes: Plato and Aristotle", in GRAESER I.48.

Um texto central para a apreciação crítica da teoria feita por Aristóteles é o seu *Das Ideias*, do qual fragmentos estão editados por:

(17) W. LESZL: *Il «de Ideis» di Aristotele e la teoria platonica delle Idee* (Padua, 1975).

Veja, especialmente:

(18) G. FINE: *On Ideas* (Oxford, 1983)

e também:

(19) S. MANSION: "La critique de la théorie des Idées dans le *Peri Ideôn* d'Aristote", *RPL* 47, 1949, 169-202 = MANSION I.88;

(20) P. WILPERT: *Zwei aristotelische Frühschriften über die Ideenlehre* (Regensburg, 1949);

(21) J. L. ACKRILL: recensão de WILPERT II.20, *M* 61, 1952, 102-113;

(22) G. E. L. OWEN: "A proof in the *Peri Ideôn*", *JHS* 77, 1957, 103-111 = OWEN I.90;

(23) R. BARFORD: "A proof from the *Peri Ide ôn* revisited", *Phron* 21, 1976, 198-218;

(24) C. J. ROWE: "The proof from relatives in the *Peri Ideôn:* further reconsideration", *Phron* 24, 1979, 270-281;

(25) D. H. FRANK: *The Argument "From the Sciences" in Aristotle's* Peri Ideôn (New York, 1984).

Sobre a atitude de Aristóteles em relação ao argumento do "terceiro homem", veja:

(26) G. E. L. OWEN: "Dialectic and eristic in the treatment of the Forms", in OWEN I.41 = OWEN I.90;

(27) J. KUNG: "Aristotle on thises, suches and the Third Man argument", *Phron* 26, 1981, 207-247;

(28) G. FINE: "Owen, Aristotle and the Third Man", *Phron* 27, 1982, 13-33;

(29) F. A. LEWIS: "On Plato's Third Man argument and the 'Platonism' of Aristotle", in BOGEN e MCQUIRE I.76.

Seções posteriores contêm itens que discutem a apreciação crítica feita por Aristóteles de aspectos particulares da filosofia platônica.

(C) **Filosofia de Juventude**

Os escritos de juventude de Aristóteles sobrevivem apenas em fragmentos, os mais importantes dos quais estão traduzidos na tradução Oxford, I.1. Há uma edição anotada:

(30) R. LAURENTI: *Aristotele: i frammenti dei dialoghi* (Nápoles, 1987).

Para exposições gerais, veja:

(31) J. BERNAYS: *Die Dialoge des Aristoteles* (Berlin, 1863);

(32) E. BERTI: *La filosofia del primo Aristotele* (Padua, 1962).

Juntamente com o *Das Ideias,* as mais importantes dessas obras de juventude são o *Protrepticus* e o *de Philosophia.* O *Protrepticus* foi descoberto – ou inventado – por:

(33) I. BYWATER: "On a lost dialogue of Aristotle", *JPh* 2, 1869, 55-69 = MORAUX I.64.

Para reconstruções, veja:

(34) I. DÜRING: *Aristotle's* Protrepticus (Göteborg, 1961);

(35) A. H. CHROUST: *Aristotle's* Protrepticus (Notre Dame, 1964).

Há ceticismo em:

(36) W. G. RABINOWITZ: *Aristotle's* Protrepticus (Berkeley, 1957);

(37) H. FLASHAR: "Platon und Aristóteles im *Protreptikos* des Iamblichus", *AGP* 47, 1965, 53-79 = MORAUX I.64.

Veja também:

(38) P. VON DER MÜHLL: "Isocrates und der *Protreptikos* des Aristoteles", *Phg* 94, 1941, 259-265;

(39) B. EINARSON: "Aristotle's *Protrepticus* and the structure of the *Epinomis*", *TAPA* 67, 1963, 261-272;

(40) D. J. ALLAN: "Critical and explanatory notes on some passages assigned to Aristotle's *Protrepticus*", *Phron* 21, 1976, 219-240; e caps. VII-X do vol.2 de CHROUST I.8.

O *de Philosophia* foi editado por:

(41) M. UNTERSTEINER: *Aristotele – della filosofia* (Padua, 1962).

Entre estudos de seu conteúdo, veja:

(42) H. D. SAFFREY: *Le* Peri philosophias *d'Aristote et la théorie platonicienne des idées nombres* (Leiden, 1955);

(43) H. F. CHERNISS: recensão de SAFFREY II.42, *Gnomon* 31, 1959, 36-51;

(44) P. WILPERT: "Die Stellung der Schrift 'Über die Philosophie' in der Gedankenentwicklung des Aristóteles", *JHS* 77, 1957, 155-162 = MORAUX I.64;

(45) J. PEPIN: "L'interprétation du *de Philosophia* d'Aristote d'après quelques travaux recents", *REG* 77, 1964, 445-458;

(46) W. HAASE: "Ein vermeintliches Aristoteles-Fragment bei Johannes Philoponos", in FLASHAR e GAISER I.69; veja também caps. XII-XVI do vol.2 de CHROUST I.8.

Estudos de outras obras filosoficamente interessantes incluem:

(47) O. GIGON: "Prolegomena to an edition of the *Eudemus*", in DÜRING e OWEN I.39;

(48) P. MORAUX: *A la recherche de l'Aristote perdu: le dialogue "Sur la justice"* (Louvain, 1957);

(49) A. H. CHROUST: "Aristotle's *Politikos* – a lost dialogue", *RhM* 108, 1965, 346-353;

(50) P.-M. SCHUHL: *Aristote – cinq oeuvres perdus* (Paris, 1968).
Veja também:
(51) H. F. CHERNISS: *The Riddle of the Early Academy* (Berkeley, 1945);
e os ensaios em DÜRING e OWEN I.39.

III LÓGICA

(A) Geral
A edição padrão das obras lógicas de Aristóteles, conhecidas coletivamente como o *Organon*, é:
(1) T. WAITZ: *Aristotelis Organon* (Leipzig, 1844-1846).
Os *Analíticos* foram editados por:
(2) W. D. ROSS: *Aristotle's Prior and Posterior Analytics* (Oxford, 1955).
E note o comentário da Antiguidade:
(3) J. BARNES, S. BOBZIEN, K. FLANNERY e K. IERODIAKONOU: *Alexander of Aphrodisias: On Aristotle, Prior Analytics I.1-7* (London, 1991).
O Aristóteles da Clarendon inclui:
(4) J. L. ACKRILL: *Aristotle's Categories and de Interpretatione* (Oxford, 1963);
(5) J. BARNES: *Aristotle's Posterior Analytics* (Oxford, 1994²);
(6) R. SMITH: *Aristotle's Topics, Books I and VIII* (Oxford, 1994).
Há uma inestimável introdução à edição Budé de *Top*:
(7) J. BRUNSCHWIG: *Aristote – Topiques, livres I-IV* (Paris, 1967).
Veja também:
(8) K. OEHLER: *Aristoteles: Kategorien* (Berlin, 1983);
(9) H. WEIDEMANN: *Aristoteles: de Interpretatione* (Berlin, 1994);
(10) R. SMITH: *Aristotle's Prior Analytics* (Indianapolis, 1989);
(11) W. DETEL: *Aristoteles: Analytica Posteriora* (Berlin, 1993).
Há explicações gerais da lógica de Aristóteles em:
(12) E. KAPP: *Greek Foundations of Traditional Logic* (New York, 1942);
(13) J. M. BOCHENSKI: *Ancient Formal Logic* (Amsterdam, 1951);
(14) W. C. e M. KNEALE: *The Development of Logic* (Oxford, 1962).
Alguns *papers* estão reunidos em:

(15) A. MENNE e N. OFFENBERGER (eds.): *Zur modernen Deutung der aristotelischen Logik* (Hildesheim, 1982-1890);

(16) J. CORCORAN (ed.): *Ancient Logic and its Modern Interpretations* (Dordrecht, 1974).

Para as origens e desenvolvimento da lógica, veja SOLMSEN, II.2; TURNBULL, III.63; e os itens III.133-138. Sobre as origens do *Organon*:

(17) F. SOLMSEN: "Boethius and the history of the Organon", *AJP* 65, 1944, 69-74 = SOLMSEN I.92;

(18) J. BRUNSCHWIG: "Sur quelques malentendus concernant la logique d'Aristote", in SINACEUR I.60.

(B) Linguagem e Significado

Reflexões sobre a linguagem podem ser encontradas em diversas partes das obras de Aristóteles, notoriamente em *Poet* e *Rhet*. Veja, em geral, a obra monumental de:

(19) H. STEINTHAL: *Geschichte der Sprachwissenschaft bei den Griechen und Römern* (Berlin, 1890)

e também:

(20) R. BRANDT: *Die aristotelische Urteilslehre* (Marburg, 1965);

(21) R. H. ROBINS: *A Short History of Linguistics* (London, 1967), cap. 2;

(22) M. LARKIN: *Language in the Philosophy of Aristotle* (The Hague, 1972);

(23) M. SORETH: "Zum infiniten Prädikat im 10. Kapitel der aristotelischen Hermeneutik", in STERN, HOURANI e BROWN I.73

(24) H. WEIDEMANN: "Grundzüge der aristotelischen Sprachtheorie", in P. SCHMITTER (ed.), *Geschichte der Sprachtheorie*, vol. 2 (Tübingen, 1991).

Para a "teoria semântica" de Aristóteles – que estudiosos posteriores descobriram nas primeiras linhas de *Int* –, veja:

(25) G. NUCHELMANS: *Theories of the Proposition* (Amsterdam/London 1973), cap. 3;

(25) N. KRETZMANN: "Aristotle on spoken sound significant by convention", in CORCORAN III.16;

(26) J. PEPIN: "*Simbola, sêmeia, homoiômata*: à propos de *de Interpretatione* 1, 16a3-8 et *Politique* VIII 5, 1340a6-39", in WIESNER I.57;

(27) R. POLANSKI e M. KUCZIEWSKI: "Speech and thought, symbol and likeness: Aristotle's *de Interpretatione* 16a3-9", *Apeiron* 23, 1990, 51-63;

(28) J. BARNES: "Meaning, saying and thinking", in K. DÖRING e T. EBERT (eds.), *Dialektiker und Stoiker* (Stuttgart, 1993).

Sobre a história da "teoria" aristotélica, veja os textos reunidos em:

(30) H. ARENS: *Aristotle's Theory of Language* (Amsterdam, 1984); e os artigos de:

(31) L. M. DE RIJK: "Ancient and mediaeval semantics and metaphysics", *Vivarium* 16, 1978, 81-107; 18, 1980, 1-62; 19, 1981, 81-125;

(32) L. M. DE RIJK: "'Categorisation' as a key notion in ancient and mediaeval semantics", *Vivarium* 26, 1988, 1-23.

Estudiosos encontraram traços de semântica em outros lugares nos escritos de Aristóteles. Veja:

(33) R. BOLTON: "Essentialism and semantic theory in Aristotle", *PR* 85, 1976, 514-545;

(34) T. H. IRWIN: "Aristotle's concept of signification", in SCHOFIELD e NUSSBAUM I.75;

(35) R. BOLTON: "Aristotle on the significance of names", in I.77;

(36) P. TSELEMANIS: "Theory of meaning and signification in Aristotle", in I.77;

(37) D. CHARLES: "Aristotle on meaning, natural kinds, and natural history", in DEVEREUX e PELLEGRIN I.59.

(C) Homonímia

A noção de homonímia – ou, cruamente, de multiplicidade de sentido – impregna todo o pensamento de Aristóteles. Ela é desenvolvida primeiramente em *Cat*,[1] sobre a qual, veja:

(38) J. P. ANTON: "The Aristotelian doctrine of *homonyma* in the *Categories* and its Platonic antecedents", *JHP* 6, 1968, 315-326;

---

[1] Sobre as categorias mesmas, veja abaixo, VIII (F).

(39) J. P. ANTON: "Ancient interpretations of Aristotle's doctrine of *homonyma*", *JHP* 7, 1969, 1-18;

(40) J. P. ANTON: "The meaning of *logos tês ousias* in Aristotle's *Categories* 1a", *Monist* 52, 1968, 252-267;

(41) J. BARNES: "Homonymy in Aristotle and Speusippus", *CQ* 21, 1971, 65-80;

(42) L. TARÁN: "Speusippus and Aristotle on homonymy and synonymy", *H* 106, 1978, 73-99.

As ramificações posteriores da noção são discutidas por:

(43) K. J. J. HINTIKKA: "Aristotle and the ambiguity of ambiguity", *Inquiry* 2, 1959- 137-151 = HINTIKKA I.85

e especialmente por:

(44) G. E. L. OWEN: "Logic and metaphysics in some earlier works of Aristotle", in DÜRING e OWEN I.39 = HAGER I.65 = BARNES, SCHOFIELD, SORABJI I.62 = OWEN I.90

que anatomiza o conceito de "significado focal". Para mais discussões, veja:

(45) H. WAGNER: Über das aristotelische *pollachôs legetai to on*', *Kantstudien* 53, 1961-1962, 75-91;

(46) W. LESZL: *Logic and Metaphysics in Aristotle* (Padua, 1970);

(47) E. BERTI: "Multiplicité et unité du Bien selon *EE* I.8", in MORAUX I.43;

(48) J. BARNES: recensão de MORAUX I.43, *AGP* 55, 1973, 335-336;

(49) D. W. HAMLYN: "Focai meaning", *PAS* 78, 1977/8, 1-18;

(50) M. T. FEREJOHN: "Aristotle on focal meaning and the unity of science", *Phron* 25, 1980, 117-128;

(51) T. IRWIN: "Homonymy in Aristotle", *RM* 34, 1981, 523-544.

Sobre a noção relacionada de analogia, veja:

(52) M. HESSE: "Aristotle's logic of analogy", *PQ* 15, 1965, 328-340;

(53) E. DE STRYKER: "Prédicats univoques et prédicats analogiques dans le *Protreptique* d'Aristote", *RPL* 66, 1968, 597-618;

(54) E. BERTI: "Logical and ontological priority among the genera of substance in Aristotle", in J. MANSFELD e L. M. DE RIJK (eds.), *Kephalaion* (Assen, 1975);

(55) C. RUTTEN: "L'analogie chez Aristote", *RPA* 1, 1983, 31-48.
Sobre a homonímia do ser, veja VII (E).

(D) Predicação

Em *Int*, Aristóteles segue Platão e supõe que sentenças simples são construídas com dois itens heterogêneos, um nome e um verbo. Alhures, ele prefere uma análise sujeito/predicado. Veja:

(56) P. T. GEACH: "History of the corruptions of logic", em seu *Logic Matters* (Oxford, 1972).

Sobre a teoria da predicação, veja:

(57) J. M. E. MORAVCSIK: "Aristotle on predication", *PR* 76, 1967, 80-97;

(58) T. EBERT: "Zur Formulierung prädikativer Aussagen in den logischen Schriften des Aristoteles", *Phron* 22, 1977, 123-145;

(59) M. D. ROHR: "Aristotle on the transitivity of *being said of*, *JHP* 16, 1978, 379-385;

(60) H. WEIDEMANN: "In defence of Aristotle's theory of predication", *Phron* 25, 1980, 76-87;

(61) R. VAN BRENNEKOM: "Aristotle and the copula", *JHP* 24, 1982, 1-18.

Para sua relação a Platão:

(62) P. MERLAN: "Zur Erklärung der dem Aristóteles zugeschriebenen Kategorienschrift", *Phg* 89, 1934, 35-53;

(63) R. G. TURNBULL: "Aristotle's debt to the 'Natural Philosophy' of the *Phaedo*", *PQ* 8, 1958, 131-143;

(64) A. CODE: "On the origin of Aristotle's theory of predication", in BOGEN e MCQUIRE I.76.

(E) Os predicáveis

Em *Top*, Aristóteles desenvolve uma classificação dos tipos de predicação conhecida como a teoria dos predicáveis: diz-se que todo predicado significa ou uma propriedade ou a definição, ou o gênero, ou um acidente do sujeito:

(65) D. HADGOPOULOS: "The definition of the predicables in Aristotle", *Phron* 21, 1976, 266-276;

(66) T. EBERT: "Gattungen der Prädikate und Gattungen des Seienden bei Aristóteles", *AGP* 67, 1985, 113-138.

Definições e gêneros são abordados alhures.² Sobre propriedades e acidentes, veja:

(67) G. VERBERE: "La notion de propriété dans les *Topiques*", in OWEN I.41.

(68) J. BARNES: "Property in Aristotle's *Topics*", *AGP* 52, 1970, 136-155; que estimulou ensaios de:

(69) M. V. WEDIN: "A remark on *per se* accidents and properties", *AGP* 55, 1973, 30-35;

(70) W. GRAHAM: "Counterpredicability and *per se* accidents", *AGP* 57, 1975, 182-187;

(71) H. GRANGER: "The *differentia* and the *per se* accident in Aristotle", *AGP* 63, 1981, 118-129;

(72) H. GRANGER: "Aristotle on *genus* and *differentiae*", *JHP* 22, 1984, 1-23.

Veja também:

(73) T. EBERT: "Aristotelischer und traditioneller Akzidenzbegriff", in G. PATZIG, E. SCHEIBE, W. WIELAND (eds.), *XI deutscher Kongress für Philosophie* (Hamburg, 1977);

(74) J. BARNES, J. BRUNSCHWIG e M. FREDE: "Le propre de la prudence", in R. BRAGUE e J.-F COURTINE (eds.), *Herméneutique et ontologie: hommage à Pierre Aubenque* (Paris, 1991).

(F) Futuros Contingentes

O capítulo 9 de *Int* é dedicado ao célebre argumento sobre o fatalismo. O capítulo causou um burburinho acadêmico. Veja os *papers* de Lukasiewicz de 1920, 1922 e 1930 em:

(75) S. MCCALL (ed.): *Polish Logic* 1920-39 (Oxford, 1967);

e então:

---

² Veja III (N) – e, para acidentes, note também IV (F).

(76) A. N. PRIOR: "Three-valued logic and future contingents", *PQ* 3, 1953, 317-326;

(77) R. J. BUTLER: "Aristotle's sea-fight and three-valued logic", *PR* 64, 1955, 264-274;

(78) G. E. M. ANSCOMBE: "Aristotle and the sea-battle", *M* 65, 1956, 1-15 = MORAVCSIK I.61 = HAGER I.66;

(79) K. J. J. HINTIKKA: "The once and future sea-fight", *PR* 73, 1964, 461-492 = HINTIKKA I.85 = HAGER I.66;

(80) D. FREDE: *Aristoteles und die "Seeschlacht"* (Göttingen, 1970);

(81) D. FREDE: *"Omne quod est quando est necesse est esse"*, *AGP* 54, 1972, 153-167;

(82) G. FINE: "Truth and necessity in *de Interpretatione* 9", *HPQ* 1, 1984, 23-48;

(83) D. FREDE: "The sea-battle reconsidered: a defence of the traditional interpretation", *OSAP* 3, 1985, 31-87;

(84) S. BROADIE: "Necessity and deliberation: an argument from *de Interpretatione* 9", *CJP* 17, 1987, 289-306;

(85) L. JUDSON: "La bataille navale d'aujourd'hui: *de Interpretatione* 9", *RPA* 6, 1988, 5-38;

(86) A. BÄCK: "Sailing through the sea-battle", *AP* 12, 1992, 133-151.

Um útil panorama:

(87) V. CELLUPRICA: *Il capitolo 9 dei "De Interpretatione" di Aristotele* (1977).

Informações sobre as discussões medievais do problema podem ser encontradas em:

(87) L. BAUDRY: *La querelle des futurs contingents* (Paris, 1950).

Sobre a questão relacionada do argumento dominador:

(89) N. RESCHER: "A version of the 'Master Argument' of Diodorus", *JP* 63, 1966, 438-445;

(90) K. J. J. HINTIKKA: "Aristotle and the 'Master Argument' of Diodorus", in HINTIKKA I.85.

Veja também:

(91) R. W. SHARPLES: "Aristotelian and Stoic conceptions of necessity in the *de Fato* of Alexander of Aphrodisias", *Phron* 20, 1975, 247-274;

(92) C. A. KIRWAN: "Aristotle on the necessity of the present", *OSAP* 4, 1986, 167-188.

Note, além disso, os itens em IV (F), sobre o determinismo, e em VIII (I), sobre o livre-arbítrio.

(G) Modalidade

Aristóteles iniciou o estudo lógico das modalidades anancásticas. A obra pioneira sobre sua lógica modal é:

(93) A. BECKER: *Die aristotelische Theorie der Möglichkeitsschlüsse* (Berlin, 1933).

Mais recentemente, veja:

(94) G. SEEL: *Die aristotelische Modaltheorie* (Berlin, 1982);

(95) S. WATERLOW: *Passage and Possibility* (Oxford, 1982);

(96) J. VAN RIJEN: *Aspects of Aristotle's Logic of Modalities* (Dordrecht, 1989).

Sobre o tratamento da modalidade em *Int*, veja:

(97) J. M. BOCHENSKI: "Notes historiques sur les propositions modales", *Revue des sciences philosophiques et théologiques* 31, 1937, 673-692;

(98) K. J. J. HINTIKKA: "Aristotle's different possibilities", *Inquiry* 3, 1960, 17-28 = HINTIKKA I.85 = MORAVCSIK I.61;

(99) K. J. J. HINTIKKA: "On the interpretation of *de Interpretatione* 12-13", *Acta Philosophica Fennica* 14, 1962, 5-22 = HINTIKKA I.85;

(100) R. BLUCK: "On the interpretation of Aristotle, *de Interpretatione* 12-13", *CQ* 2, 1963, 214-223;

(101) E. P. BRANDON: "Hintikka on *akolouthein*", *Phron* 23, 1978, 173-178.

Em alguns textos aristotélicos, a modalidade e o tempo estão conectados; e alguns atribuíram a Aristóteles uma versão do "princípio de plenitude" ("tudo o que é possível é, em algum momento, atual"). Veja:

(102) K. J. J. HINTIKKA: "Aristotle on the realization of possibilities in time", in HINTIKKA I.85 = BARNES, SCHOFIELD, SORABJI I.62;

(103) K. J. J. HINTIKKA: *Aristotle on Modality and Determinism*, Acta Philosophica Fennica 29 (Helsinki, 1977).

As ideias de Hintikka são investigadas por:

(104) C. J. F. WILLIAMS: "Aristotle and corruptibility", *Religious Studies* 1, 1965, 95-107, 203-215;

(105) J. BARNES: recensão de HINTIKKA 1.85, *JHS* 97, 1977, 183-186;

(106) M. J. WHITE: "Aristotle and temporally relative modalities", *An* 39, 1979, 88-93;

(107) L. JUDSON: "Eternity and necessity in *de caelo* I.12", *OSAP* 1, 1983, 217-255;

(108) J. VAN RIJEN: "The principle of plenitude, the de *omni/per se* distinction, and the development of modal thinking", *AGP* 66, 1984, 61-88;

(109) M. MIGNUCCI: "Aristotle's *de caelo* 1.13 and his notion of possibility", in DEVEREUX e PELLEGRIN I.59.

Note também:

(110) C. FREELAND: "Aristotle on possibilities and capabilities", *AP* 6, 1986, 69-90;

(111) W. CHARLTON: "Aristotelian powers", *Phron* 32, 1987, 277-289 e SORABJI IV.72, parte II.

Sobre a noção semimodal do que acontece "na maior parte dos casos", veja:

(112) J. BARNES: "Sheep have four legs", in I.53;

(113) M. MIGNUCCI: "*Hôs epi to polu* et nécessaire dans la conception aristotélicienne de la science", in BERTI I.46;

(114) G. STRIKER: "Notwendigkeit mit Lücke: Aristóteles über die Kontingenz der Naturvorgänge", *Neue Hefte für Philosophie* 24/5, 1985, 146-164;

(115) L. JUDSON: "Chance and 'always or for the most part' in Aristotle", in JUDSON IV.15;

(116) D. FREDE: "Necessity, chance, and 'what happens for the most part' in Aristotle's *Poetics*", in RORTY X.45;

Sobre a necessidade "hipotética", veja V (E); sobre a silogística modal, veja III (I).

(H) Silogística

A silogística de Aristóteles é exposta e discutida em *An.Pr*. Há uma exposição informal da teoria em:

(117) E. KAPP: "Syllogistic", in BARNES, SCHOFIELD, SORABJI I.62 [publicado pela primeira vez em alemão em 1931].

A interpretação moderna clássica é:

(118) J. LUKASIEWICZ: *Aristotle's Syllogistic* (Oxford, 1957²); recenseado por:

(119) J. L. AUSTIN: recensão de LUKASIEWICZ III.118, *M* 61, 1952, 395-404.

A explicação de Lukasiewicz foi desenvolvida e modificada por:

(120) G. PATZIG: *Aristotle's Theory of the Syllogism* (Dordrecht, 1969) [publicado pela primeira vez em alemão em 1959];
recenseado por:

(121) J. L. ACKRILL: recensão de PATZIG III.120, *M* 71, 1962, 107-117.

Lukasiewicz e Patzig continuam indispensáveis, mas foram propostas melhores interpretações da silogística. Veja:

(122) J. C. SHEPHERDSON: "On the interpretation of Aristotelian syllogistic", *Journal of Symbolic Logic* 21, 1956, 137-147;

(123) K. EBBINGHAUS: *Ein Formales Modell der Syllogistik des Aristoteles* (Göttingen, 1964);

(124) W. WIELAND: "Zur Deutung der aristotelischen Logik", *Philosophische Rundschau* 14, 1966, 1-27;

(125) T. SMILEY: "What is a syllogism?", *Journal of Philosophical Logic* 2, 1973, 136-154;

(126) J. CORCORAN: "A mathematical model of Aristotle's syllogistic", *AGP* 55, 1973, 191-219;

(127) J. CORCORAN: "Aristotelian syllogisms: valid arguments or true universalised conditionals?", *M* 83, 1974, 278-281 = MENNE e OFFENBERGER III.15;

(128) J. CORCORAN: "Aristotle's natural deduction system", in CORCORAN III.16;

(129) P. THOM: *The Syllogism* (Munich, 1981).

A questão a respeito da origem da silogística de Aristóteles despertou controvérsia. Adicionalmente a SOLMSEN, II.2 e a introdução de ROSS, III.2, veja:

(130) P. Shorey: "The origins of the syllogism", *CP* 19, 1924, 1-19;

(131) W. D. Ross: "The discovery of the syllogism", *PR* 48, 1939, 251-272;

(132) F. Solmsen: "The discovery of the syllogism", *PR* 50, 1941, 410-421;

(133) F. Solmsen: "Aristotle's syllogism and its Platonic background", *PR* 60, 1951, 563-571 = Hager I.66;

(134) J. Lohmann: "Vom ursprunglichen Sinn der aristotelischen Syllogistik", *Lexis* 2, 1951, 205-236 = Hager I.66;

(135) A. Mansion: "L'origine du syllogisme et la théorie de la science chez Aristote", in Mansion 1.40 = Hager I.66.

O "quadrado da oposição" subjaz à silogística. Veja:

(136) H. L. A. Hart: "A logicians's fairy tale", *PR* 60, 1951, 198-212;

(137) M. Thompson: "On Aristotle's square of opposition", *PR* 62, 1953, 251-262 = Moravcsik I.61.

E sobre uma questão intimamente relacionada:

(138) M. V. Wedin: "Aristotle on the existential import of singular sentences", *Phron* 23, 1978, 179-196;

(139) W. Jacobs: "Aristotle and non-referring subjects", *Phron* 24, 1979, 282-300;

(140) M. V. Wedin: "Negation and quantification in Aristotle", *JHPL* 2 1990, 131-150.

Para outros aspectos das ideias "metalógicas" de Aristóteles, veja:

(141) J. Brunschwig: "La proposition particulière et les preuves de non-concluance chez Aristote", *Cahieis pour l'analyse* 10, 1969, 3-26 = Menne e Offenberger III.15;

(142) J. Lear: "Aristotle's compactness proof", *JP* 76, 1979, 198-215;

(143) J. Lear: *Aristotle and Logical Theory* (Cambridge, 1980);

(144) T. Ebert: "Warum fehlt die 4. Figur bei Aristoteles?", *AGP* 62, 1980, 13-31 = Menne e Offenberger III.15;

(145) M. Scanlan: "On finding compactness in Aristotle", *JHPL* 4, 1982, 1-8;

(146) R. SMITH: "Aristotle as a proof theorist", *Philosophia Naturalis* 21, 1984, 590-597;

(147) R. SMITH: "Immediate propositions and Aristotle's proof theory", *AP* 6, 1986, 47-68;

(148) M. MIGNUCCI: "Expository proofs in Aristotle's syllogistic", *OSAP* supl 1991, 9-28.

Veja também:

(149) M. FREDE: "Stoic vs. Aristotelian syllogistic", *AGP* 56, 1974, 1-32 = FREDE I.83.

(I) Silogística Modal

A silogística modal de Aristóteles decepcionou seus sucessores e deixa os intérpretes modernos perplexos. Para a reação de Teofrasto, veja:

(150) J. M. BOCHENSKI: *La logique de Théophraste* (Fribourg, 1947).

A obra moderna fundamental é BECKER III.93. Entre os muitos itens dedicados ao tópico desde Becker, é suficiente mencionar:

(151) S. MCCALL: *Aristotle's Modal Syllogisms* (Amsterdam, 1963);

(152) W. WIELAND: "Die aristotelische Theorie der Notwendigkeitsschlüsse," *Phron* 11, 1966, 35-60 = HAGER I.66;

(153) W. WIELAND: "Die aristotelische Theorie der Möglichkeitsschlüsse", *Phron* 17, 1972, 124-152 = MENNE e OFFENBERGER III.15;

(154) W. WIELAND: "Die aristotelische Theorie der Syllogismen mit modal gemischten Prämissen", *Phron* 20, 1975, 77-92;

(155) W. WIELAND: "Die aristotelische Theorie der Konversion von Modalaussagen", *Phron* 25, 1980, 109-16 = MENNE e OFFENBERGER III.15;

(156) K. J. J. HINTIKKA: "On Aristotle's modal syllogistic", in HINTIKKA I.85;

(157) R. PATTERSON: "The case of the two Barbaras", *OSAP* 7, 1989, 1-40;

(158) K. J. SCHMIDT: "Ein modal prädikatenlogische Interpretation der modalen Syllogistik des Aristoteles", *Phron* 34, 1989, 80-106;

(159) D. JOHNSTON: "Aristotle's apodeictic syllogism", *Dialogue* 29, 1990, 111-121;

(160) R. PATTERSON: "Conversion principles and the base of Aristotle's modal logic", *JHPL* 2, 1990, 151-172.

(J) Lógica Não Silogística

Se a silogística forma a realização capital dos estudos lógicos de Aristóteles, as inferências não-silogísticas também são discutidas – ao ou menos aludidas – em *An.Pr* B, em *Top* e em *Rhet*. Sobre as inferências proposicionais, ou "silogismos hipotéticos", como a tradição posterior as chamou, veja:

(161) J. M. BOCHENSKI: "Non-analytical laws and rules in Aristotle", *Methodos* 3, 1951, 70-80;

(162) W. e M. KNEALE: "Prosleptic propositions and arguments", in STERN, HOURANI e BROWN I.73;

(163) B. H. SLATER: "Aristotle's propositional logic", *PhSt* 36, 1979, 35-49;

(164) G. STRIKER: "Aristoteles über Syllogismen 'Aufgrund einer Hypothese'", *H* 107, 1979, 34-50;

e, para a história posterior:

(165) J. BARNES: "Theophrastus and hypothetical syllogistic", in WIESNER I.57 = FORTENBAUGH I.78;

(166) J. BARNES: "Terms and sentences", *PBA* 69, 279-326.

Sobre indução:[3]

(167) K. VON FRITZ: "*Epagôgê* bei Aristoteles", *Sitzungsberichte der bayerischen Akademie der Wissenschaften*, phil.-hist.Kl. (Munich, 1964);

(168) D. W. HAMLYN: "Aristotelian *epagoge*", *Phron* 21, 1976, 167-184;

(169) T. ENGBERG-PEDERSEN: "More on Aristotelian *epagoge*", *Phron* 24, 1979, 301-319;

(170) K. J. J. HINTIKKA: "Aristotelian induction", *RIP* 34, 1980, 422-440;

(171) R. MCKIRAHAN: "Aristotelian *epagôgê* in *Prior Analytics* II.21 and *Posterior Analytics* I.1", *JHP* 21, 1983, 1-13;

(172) S. KNUUTTILA: "Remarks on induction in Aristotle's dialectic and rhetoric", *RIP* 47, 1993, 78-88.

Sobre o tópico relacionado das inferências a partir de "sinais":

---

[3] A "*epagôgê*" de Aristóteles é usualmente traduzida como "indução", mas a palavra é frequentemente usada de uma maneira que tem muito pouco a ver com o que pensamos de uma inferência indutiva. Veja ROSS III.2, pp. 47-51.

(173) E. H. MADDEN: "Aristotle's treatment of probability and signs", *PhSc* 24, 1957, 167-172;

(174) M. F. BURNYEAT: "The origins of non-deductive inference", in J. BARNES, J. BRUNSCHWIG, M. F. BURNYEAT, M. SCHOFIELD (eds.), *Science and Speculation* (Cambridge, 1982);

(175) H. WEIDEMANN: "Aristotle on inferences from signs", *Phron* 34, 1989, 341-351.

Argumentos fundados em *topoi* – "lugares-comuns" ou, em termos aproximados, princípios lógicos gerais – são discutidos em *Top* e *Rhet*. Veja a introdução em BRUNSCHWIG III.7 e:

(176) E. HAMBRUCH: *Logische Regeln der platonischen Schule in der aristotelischen Topik* (Berlin, 1904);

(177) E. H. MADDEN: "The enthymeme: crossroads of logic, rhetoric and metaphysics", *PR* 61, 1952, 368-376;

(178) S. RAPHAEL: "Rhetoric, dialectic, and syllogistic argument: Aristotle's position in *Rhetoric* I-II", *Phron* 19, 1974, 153-167;

(179) D. J. HADGOPOULOS: "Protasis and problema in the *Topics*", *Phron* 21, 1976, 266-276;

(180) S. VAN NOORDEN: "Rhetorical arguments in Aristotle and Perelman", *RIP* 127/8, 1979, 178-187;

(181) M. F. BURNYEAT: "Enthymeme: Aristotle on the logic of persuasion", in FURLEY e NEHAMAS I.50.

Sobre falácias, que são o assunto de *SE*, veja:

(182) C. L. HAMBLIN: *Fallacies* (London, 1970);

(183) J. D. G. EVANS: "The codification of false refutations in Aristotle's *de sophisticis elenchis*", *PCPS* 21, 1975, 42-52;

(184) C. A. KIRWAN: "Aristotle and the so-called fallacy of equivocation", *PQ* 29, 1979, 35-46.

E há uma massa de material fascinante em:

(185) S. EBBESEN: *Commentators and Commentaries on Aristotle's Sophistici Elenchi, Corpus latinum commentariorum in Aristotelem graecorum* 7 (Leiden, 1981).

(K) Dialética

Aristóteles distingue os argumentos "dialéticos" dos "demonstrativos". Sobre a arte da "dialética", que constitui o assunto de *Top*, veja a introdução em BRUNSCHWIG III.7, e:

(186) E. WEIL: "La place de la logique dans la pensée aristotélicienne", *Revue de métaphysique et de morale* 56, 1951, 283-315 = HAGER I.66 = BARNES, SCHOFIELD, SORABJI I.62;

(187) W. A. DE PATER: *Les Topiques d'Aristote et la dialectique platonicienne* (Fribourg, 1965);

(188) G. RYLE: "Dialectic in the Academy", *in* OWEN I.41;

(189) P. MORAUX: "La joute dialectique d'après le huitième livre des *Topiques*", in OWEN I.41;

(190) J. D. G. EVANS: *Aristotle's Concept of Dialectic* (Cambridge, 1977);

(191) J. CROISSANT: "La dialectique chez Aristote", em seu *Etudes de philosophie ancienne* (Brussels, 1986);

(192) A. BERIGER: *Die aristotelische Dialektik* (Heidelberg, 1989).

A dialética tem um importante papel a desempenhar nos estudos filosóficos e científicos gerais de Aristóteles. Sobre isso, veja especialmente:

(193) G. E. L. OWEN: *"Tithenai ta phainomena"*, in MANSION, I.40 = BARNES, SCHOFIELD, SORABJI I.62 = OWEN I.90; com:

(194) G. E. L. OWEN: "Aristotle", in GILLISPIE I.71 = OWEN I.90;

(195) M. NUSSBAUM: "Saving Aristotle's appearances", in SCHOFIELD e NUSSBAUM I.75;

(196) W. WIANS: "Saving Aristotle from Nussbaum's *phainomena*", in PREUS e ANTON I.63.

Note também a suposta distinção entre uma forma "fraca" e uma forma "forte" de argumento dialético, feita por:

(197) T. H. IRWIN: *Aristotle's First Principies* (Oxford, 1988), ch. 2-3; – discussão em:

(198) J. BARNES: "Philosophie et dialectique", in SINACEUR I.60;

(199) D. W. HAMLYN: "Aristotle on dialectic", *Phil* 65, 1990, 465-476;

(200) R. WARDY: "Transcendental dialectic", *Phron* 26, 1991, 86-106.

Veja também:

(201) W. WIELAND: "Das Problem der Prinzipienforschung und die aristotelische Physik", *Kantstudien* 52, 1960-1961, 206-219 [tradução para o inglês em BARNES, SCHOFIELD, SORABJI I.62];

(202) J. BRUNSCHWIG: "Dialectique et ontologie chez Aristote", *Revue Philosophique* 89, 1964, 179-200;

(203) E. BERTI: "Aristote et la méthode du *Parménide* de Platon", *RIP* 34, 1980, 341-358;

(204) D. L. BLANK: "Dialectical method in the Aristotelian *Athenaiôn Politeia*", *GRBS* 25, 1984, 275-284;

(205) R. BOLTON: "The epistemological basis of Aristotle's dialectic", in DEVEREUX e PELLEGRIN I.59;

(206) J. BRUNSCHWIG: "Remarques sur la communication de R. Bolton", in DEVEREUX e PELLEGRIN I.59

(207) H. BALTUSSEN: "Peripatetic dialectic in the *de sensibus* of Theophrastus", in FORTENBAUGH e SHARPLES I.82.

(L) Método Filosófico

Argumentos dialéticos lidam com *endoxa* ou proposições respeitáveis. A reunião de tais itens tipicamente dá origem a embaraços ou *aporiai*, sobre os quais, veja:

(208) S. MANSION: "Les apories de la métaphysique aristotélicienne", in MANSION I.51 = HAGER I.65 = MANSION I.88;

(209) P. AUBENQUE: "Sur la notion aristotélicienne d'aporie", in MANSION I.40;

(210) E. HALPER: "The origin of the *aporiai* in Aristotle's *Metaphysics* B", *Apeiron* 21, 1988, 1-27.

Não obstante, o avanço filosófico e científico requer uma compreensão crítica de ideias do passado e do presente. Desse modo, exposições semi-históricas das *endoxa* pertinentes aparecem regularmente como prefácios aos tratados de Aristóteles. Veja:

(211) S. MANSION: "Le rôle de l'exposé et de la critique des philosophies antérieures chez Aristote", in MANSION I.40;

(212) K. OEHLER: "Der Consensus Omnium als Kriterium der Wahrheit in der antiken Philosophie und der Patristik", in OEHLER I.89.

A reputação de Aristóteles como um historiador foi vigorosamente atacada por:

(213) H. F. CHERNISS: *Aristotle's Criticism of Presocratic Philosophy* (Baltimore, 1935);

(214) H. F. CHERNISS: *Aristotle's Criticism of Plato and the Academy* (Baltimore, 1944) e Cherniss II.51. Não houve uma reabilitação geral. Mas veja:

(215) O. GIGON: "Die Geschichtlichkeit der Philosophie bei Aristoteles", *Archivio di Filosofia* I, 1954, 129-150;

(216) W. K. C. GUTHRIE: "Aristotle as a historian of philosophy", *JHS* 77, 1957, 35-41 = MORAUX I.64;

(217) W. BURKERT: *Lore and Science in Early Pythagoreanism* (Cambridge Mass., 1972), cap. 1;

(218) J. G. STEVENSON: "Aristotle as a historian of philosophy", *JHS* 94, 1974, 138-143;

(219) J. MANSFELD: "Aristotle and others on Thales", *Mn* 38, 1985, 109-129 = MANSFELD I.87;

(220) J. MANSFELD: "Aristotle, Plato, and the Peripatetic doxography and chronography", in CAMBIANO I.80 = MANSFELD I.87;

(221) E. BERTI: "Sul carratere 'dialettico' delia storiografia di Aristotele", in CAMBIANO I.80.

Sobre o método científico e filosófico de Aristóteles em geral, e os elos entre seus interesses teóricos e práticos, veja:

(222) R. EUCKEN: *Die Methode der aristotelischen Forschung* (Berlin, 1872);

(223) J. M. LE BLOND: *Eulogos et l'argument de convenance chez Aristote* (Paris, 1938);

(224) J. M. LE BLOND: *Logique et méthode chez Aristote* (Paris, 1939);

(225) L. BOURGEY: *Observation et expérience chez Aristote* (Paris, 1955) [excertos traduzidos em BARNES, SCHOFIELD, SORABJI I.62];

(226) I. DÜRING: "Aristotle's method in biology – a note on *PA* 1, 639b30-640a2", in MANSION I.40 = SEECK I.68;

(227) P. MORAUX: "La méthode d'Aristote dans l'étude du ciel", in MANSION I.40;
(228) W. KULLMANN: "Zur wissenschaftlichen Methode des Aristoteles", in FLASHAR e GAISER I.69 = SEECK I.68;
(229) D. M. BALME: "Aristotle, *PA* I.2-3, argument and text", *PCPS* 196, 1970, 12-21;
(230) A. PREUS: "Science and philosophy in Aristotle's *Generation of Animals*", *Journal of the History of Biology* 3, 1970, 1-52;
(231) W. KULLMANN: "Der platonische *Timaios* und der Methode der aristotelischen Biologie", in *Studia Platonica – Festschrift für Hermann Gundert* (Amsterdam, 1974);
(232) G. E. R. LLOYD: "Empirical research in Aristotle's biology", in GOTTHELF e LENNOX V.72 = LLOYD I.86;
(233) W. KULLMANN: *Wissenschaft und Methode* (Berlin, 1974).
Veja ainda os itens sobre o método ético, em VIII (B).

(M) Demonstração

Argumentos demonstrativos, ou provas, são discutidos em *An.Post* A, em que Aristóteles desenvolve sua teoria da ciência demonstrativa. Sobre o objetivo da teoria, veja:
(234) J. BARNES: "Aristotle's Theory of Demonstration", *Phron* 14, 1969, 123-152 = BARNES, SCHOFIELD, SORABJI I.62;
(235) R. BOLTON: "Definition and scientific method in Aristotle's *Posterior Analytics* and *Generation of Animals*", in GOTTHELF e LENNOX V.72;
(236) A. GOTTHELF: "First principies in Aristotle's *Parts of Animals*", in GOTTHELF e LENNOX V.72;
(237) J. G. LENNOX: "Divide and explain: the *Posterior Analytics* in practice", in GOTTHELF e LENNOX V.72;
(238) W. WIANS: "Aristotle, demonstration, and teaching", *Apeiron* 9, 1989, 253-254.
Sobre os elementos da teoria, veja BARNES III.5 e:
(239) H. SCHOLZ: "The ancient axiomatic theory", in BARNES, SCHOFIELD, SORABJI I.62;

(240) K. J. J. HINTIKKA: "On the ingredients of an Aristotelian science", *Nous* 6, 1972, 55-69;

(241) D. FREDE: "Commenton Hintikka's paper", *Synthèse* 28, 1974, 79-89;

(242) G. G. GRANGER: *La theorie aristotélicienne de la science* (Paris, 1976);

(243) G. PATZIG: "Erkenntnisgründe, Realgründe, und Erklärungen (zu *Anal.Post.* A 13)", in BERTI I.46 = MENNE e OFFENBERGER III.15;

(244) J. E. TILES: "Why the triangle has two right angles *kath' hauto*", *Phron* 27, 1983, 1-16;

(245) G. B. MATTHEWS: "Aristotelian explanation", *ICS* 2, 1986, 173-179;

(246) A. KOSMAN: "Necessity and explanation in Aristotle's *Analytics*", in DEVEREUX E PELLEGRIN I.59;

(247) M. FEREJOHN: *The Origins of Aristotelian Science* (New Haven, 1991);

(248) R. D. MCKIRAHAN: *Principies and Proofs* (Princeton, 1992).

Para uma apreciação da teoria por parte de um lógico moderno, veja:

(249) E. W. BETH: *The Foundations of Mathematics* (Amsterdam, 1964).

E note:

(250) B. C. VAN FRAASSEN: "A re-examination of Aristotle's philosophy of science", *Dialogue* 19, 1980, 20-45.

Sobre a questão da conexão entre silogística e teoria da demonstração, veja:

(251) J. BARNES: "Proof and the syllogism", in BERTI I.46;

(252) J. BRUNSCHWIG: "L'objet et la structure des *Secondes Analytiques*", in BERTI I.46;

(253) R. SMITH: "The relationship between Aristotle's two *Analytics*", *CQ* 32, 1982, 327-335;

(254) R. SMITH: "The syllogism in *Posterior Analytics* I", *AGP* 64, 1982, 113-135.

Sobre a conexão entre a teoria da demonstração de Aristóteles e as realizações gregas em matemática axiomatizada, veja:

(255) T. L. HEATH: *The Thirteen Books of Euclid's Elements* (Cambridge 1925);

(256) B. EINARSON: "On certain mathematical terms in Aristotle's logic", *AJP* 57, 1936, 33-54, 151-172;

(257) I. MUELLER: "Greek mathematics and logic", in CORCORAN III.16.

A natureza dos primeiros princípios ou *archai*, nos quais se funda toda ciência demonstrativa, é discutida em IRWIN III.197, cap. 1 e:

(258) H. D. P. LEE: "Geometrical method and Aristotle's account of first principles", *CQ* 29, 1935, 113-124;

(259) K. VON FRITZ: "Die *APXAI* in der griechischen Mathematik", *Archiv für Begriffsgeschichte* 1, 1955, 13-103;

(260) A. GOMEZ-LOBO: "Aristotle's hypotheses and the Euclidean postulates", *RM* 30, 1977, 430-439;

(261) T. H. IRWIN: "Aristotle's discovery of metaphysics", *RM* 31, 1977/8, 210-229;

(262) B. INWOOD: "A note on commensurate universals in the *Posterior Analytics*", *Phron* 24, 1979, 320-329;

(263) A. GOMEZ-LOBO: "The so-called question of existence in Aristotle, *An.Post*. 2.1-2", *RM* 34, 1980, 71-89;

(264) A. GOMEZ-LOBO: "Definitions in Aristotle's *Posterior Analytics*", in O'MEARA I.52;

(265) B. LANDOR: "Definitions and hypotheses in *Posterior Analytics* 72a19-25 and 76b35-77a4", *Phron* 26, 1981, 308-318.

(N) Definição

Definições estão entre os primeiros princípios das ciências demonstrativas, e a relação entre definição e demonstração é um problema central de *An.Post* B. Sobre isso, veja:

(266) J. L. ACKRILL: "Aristotle's theory of definition: some questions on *Posterior Analytics* II 8-10", in BERTI I.46;

(267) M. FEREJOHN: "Definition and the two stages of Aristotle's demonstration", *RM* 36, 1982, 375-395;

(268) J. CROISSANT: "Sur la théorie de la définition dans les *Secondes Analytiques* d'Aristote", em seu *Etudes de philosophie ancienne* (Brussels, 1986);

(269) D. DEMOSS e D. T. DEVEREUX: "Essence, existence, and nominal definition in Aristotle's *Posterior Analytics* II 8-10", *Phron* 32, 1988, 133-154;

(270) M. DESLAURIERS: "Aristotle's four types of definition", *Apeiron* 23, 1990, 1-26;

(271) M. DESLAURIERS: "Plato and Aristotle on division and definition", *AP* 10, 1990, 203-219.

Os principais textos aristotélicos sobre definição (em *Top* Z, *An.Post* B, *PA* A, *Met* Z and H) recebem um exame feito por:

(272) J. M. LE BLOND: "La definition chez Aristote", *Gregorianum* 20, 1939, 351-380 [tradução para o inglês em BARNES, SCHOFIELD, SORABJI I.62].

Veja também:

(273) M. S. ROLAND-GOSSELIN: "Les méthodes de définition d'Aristote", *Revue des sciences philosophiques et théologiques* 6, 1912, 236-252, 661-675;

(274) A. J. FESTUGIÈRE: "Les méthodes de la définition de l'âme", *Revue des sciences philosophiques et théologiques* 20, 1931, 83-90;

(275) R. SORABJI: "Aristotle and Oxford philosophy", *APQ* 6, 1969, 127-135;

(276) S. MANSION: "*To simon* et la définition physique", in AUBENQUE I.44 = MANSION I.88;

(277) J. E. HARE: "Aristotle and the definition of natural things", *Phron* 24, 1979, 168-179;

(278) R. SORABJI: "Definitions: why necessary and in what way?", in BERTI I.46;

(279) D. MORRISON: "Some remarks on definition in *Metaphysics* Z", in DEVEREUX e PELLEGRIN I.59.

De acordo com *Met* Z 12, a definição deve ser dada por meio do gênero e da diferença:[4] sobre a maneira como essa exigência é trabalhada, veja:

---

[4] Note aqui as leituras sobre taxonomia, em V (F).

(280) D. M. BALME: "Aristotle's use of division and differentiae", in GOTTHELF e LENNOX V.72.

E compare o ensaio sobre definição escrito por um notável estudioso de Aristóteles:

(281) R. ROBINSON: *Definition* (Oxford, 1950).

(O) Epistemologia

Aristóteles em nenhum lugar considera questões epistemológicas demoradamente. Para um panorama do que ele diz, veja:

(282) C. C. W. TAYLOR: "Aristotle's epistemology", in S. EVERSON (ed.), *Companions to Ancient Thought: 1 Epistemology* (Cambridge, 1990).

Para a concepção aristotélica de *epistêmê* – conhecimento científico ou entendimento – veja IRWIN III.197, caps. 6-7, e:

(283) W. LESZL: "Knowledge of the universal and knowledge of the particular in Aristotle", *RM* 26, 1972-1973, 278-313;

(284) S. MANSION: *Le jugement d'existence chez Aristote* (Louvain, 1976²);

(285) M. F. BURNYEAT: "Aristotle on understanding knowledge", in BERTI I.46;

(286) S. MANSION: "La signification de l'universel d'après *APst* 1.1", in BERTI I.46 = MANSION I.88.

Sobre as ciências, *epistêmai*, e as relações entre elas, veja:

(287) J. KUNG: "Aristotle's *de Motu Animalium* and the separability of the sciences", *JHP* 20, 1982, 65-76;

(288) J. BARNES: "Aristotle's philosophy of the sciences", *OSAP* 11, 1993, 225-241.

E sobre o *nous*,[5] que às vezes é tomado como "intuição" e por meio do qual apreendemos os primeiros princípios das ciências (*An.Post* B 19), veja:

(289) J. H. LESHER: "The meaning of *nous* in the *Posterior Analytics*", *Phron* 18, 1973, 44-68;

---

[5] Veja mais abaixo, VI (G).

(290) L. A. KOSMAN: "Understanding, explanation and insight in the *Posterior Analytics*", in LEE, MOURELATOS e RORTY I.74.

Para a atitude de Aristóteles em relação ao ceticismo:

(291) J. BARNES: "Aristotle, Menaechmus, and circular proof", *CQ* 26, 1976, 78-92;

(292) A. A. LONG: "Aristotle and the history of Greek scepticism", in O'MEARA I.52;

(293) J. BARNES: "An Aristotelian way with scepticism", in MATTHEN I.52.

Note também:

(294) A. GOMEZ-LOBO: "Aristotle's first philosophy and the principles of particular disciplines", *Zeitschrift für Philosophische Forschung* 32, 1978, 183-194;

(295) M. T. FEREJOHN: "Meno's paradox and *de re* knowledge in Aristotle's theory of demonstration", *HPQ* 5, 1988, 99-117 = PREUS e ANTON I.63.

IV FILOSOFIA DA CIÊNCIA

(A) Geral

Este capítulo lida fundamentalmente com o assunto de que trata a *Física* de Aristóteles. Aqui, novamente, a edição de Ross é indispensável:

(1) W. D. Ross: *Aristotle's Physics* (Oxford, 1936).

Os comentários da Antiguidade sobre *Phys* são particularmente ricos. Veja:

(2) A. R. LACEY: *Philoponus: On Aristotle, Physics 2* (London, 1993);

(3) J. O. URMSON: *Simplicius: On Aristotle, Physics 4.1-5, 10-14* (London, 1992);

(4) D. KONSTAN: *Simplicius: On Aristotle, Physics 6* (London, 1989); e adicionalmente a URMSON IV.121 e FURLEY e WILDBERG IV.125:

(5) R. W. SHARPLES: *Alexander of Aphrodisias: Quaestiones 1.1-2.15* (London, 1992).

Há uma edição alemã, que inclui uma extensa bibliografia:

(6) H. WAGNER: *Aristoteles: Physikvorlesung* (Berlin, 1967).

A série Clarendon contém:

(7) W. CHARLTON: *Aristotle's Physics I-II* (Oxford, 1992);

(8) E. HUSSEY: *Aristotle's Physics III-IV* (Oxford, 1983);

e, sobre a *GC*:

(9) C. J. F. WILLIAMS: *Aristotle's de Generatione et Corruptione* (Oxford, 1982);

a respeito da qual, também veja:

(10) H. H. JOACHIM: *Aristotle on coming-to-be and passing-away* (Oxford, 1922).

Panoramas gerais da "física" ou da filosofia da ciência de Aristóteles podem ser encontrados em:

(11) A. MANSION: *Introduction à la physique aristotélicienne* (Louvain, 1945);

(12) F. SOLMSEN: *Aristotle's System of the Physical World* (Ithaca, 1960);

(13) W. WIELAND: *Die aristotelische Physik* (Göttingen, 1970²).

Há compilações de *papers* em DÜRING I.42, SEECK I.68 e:

(14) P. K. MACHAMER e R. J. TURNBULL (eds.): *Motion and Time, Space and Matter* (Ohio, 1976);

(15) L. JUDSON: *Aristotle's Physics* (Oxford, 1991).

(B) Natureza

O termo "física" provém do grego "*phusis*" ou "natureza". Sobre a concepção de natureza de Aristóteles, veja:

(16) S. WATERLOW: *Nature, Change, and Agency in Aristotle's Physics* (Oxford, 1982)

e também:

(17) A. MANSION: "La notion de nature dans la physique aristotélicienne", *Université de Louvain: annales de l'institut supérieur de philosophie* I, 1912, 471-567;

(18) A. P. D. MOURELATOS: "Aristotle's 'powers' and modern empiricism", *Ratio* 9, 1967, 97-104;

(19) H. S. THAYER: "Aristotle on nature", *RM* 28, 1975, 725-744;

(20) R. SMITH: "Filling in nature's deficiencies", in PREUS e ANTON I.63.

Discussões gerais da relação da física à metafísica em Aristóteles são fornecidas por:

(21) A. MANSION: "La physique aristotélicienne et la philosophie", *Revue néoscolastique de philosophie* 39, 1936, 5-26;

(22) E. BERTI: "Physique et métaphysique selon Aristote", in AUBENQUE I.44.

(C) Mudança

A natureza é um princípio de mudança, e Aristóteles enfrenta os embaraços relativos à mudança em *Phys* A. Veja caps. 4-9 de WIELAND V.13 e:

(23) G. BOAS: "Aristotle's presuppositions about change", *AJP* 68, 1947, 404-413;

(24) B. JONES: "Aristotle's introduction of matter", *PR* 83, 1974, 474-500;

(25) G. MORROW: "Qualitative change in Aristotle's *Physics*", in DÜRING I.42;

(26) R. DANCY: "On some of Aristotle's second thoughts about substances: matter", *PR* 87, 1978, 372-413;

(27) D. BOSTOCK: "The principles of change in *Physics* 1", in SCHOFIELD e NUSSBAUM I.75;

(28) M. L. GILL: "Aristotle on the individuation of changes", *AP* 4, 1984, 122-133;

(29) A. P. D. MOURELATOS: "Aristotle's rationalist account of qualitative interaction", *Phron* 29, 1984, 1-16;

(30) J. KOSTMAN: "Aristotle's definition of change", *HPQ* 4, 1987, 3-16;

(31) C. J. F. WILLIAMS: "Aristotle on Cambridge change", *OSAP* 7, 1989, 41-57;

(32) J. BOGEN: "Change and contrariety in Aristotle", *Phron* 37, 1992, 1-21;

(33) R. BOLTON: "Aristotle's method in natural science: *Physics* 1", in JUDSON IV.15.

Veja também:

(34) S. MANSION: "Sur la composition ontologique des substances sensibles chez Aristote", in R. B. PALMER, R. HAMERTON-KELLY (eds.),

Philomathes (The Hague, 1971) = BARNES, SCHOFIELD, SORABJI I.62 = MANSION I.88;

(35) K. OEHLER: "Das aristotelische Argument: Ein mensch zeugt einen Menschen", in OEHLER I.89.

O conceito de mudança envolve as noções de matéria e forma, que serão tratadas em um capítulo posterior (veja VII (I) e (J)). O conceito também envolve a noção de agência, para a qual, veja:

(36) M. L. GILL: "Aristotle's theory of causal action in *Physics* III.3", *Phron* 25, 1980, 129-147.

(D) Explicação

Agentes são causas – de acordo com a célebre doutrina de Aristóteles das "quatro causas" ou modos de explicação, agentes são causas "eficientes". Sobre as "quatro causas" (*Phys* B), veja:

(37) M. HOCUTT: "Aristotle's four becauses", *Phil* 49, 1974, 385-399;

(38) G. R. G. MURE: "Cause and because in Aristotle", *Phil* 50, 1975, 356-357.

A concepção de causalidade de Aristóteles for analisada por:

(39) L. ROBIN: "La conception aristotélicienne de la causalité", *AGP* 23, 1909/10, 1-28, 184-210;

(40) D. J. ALLAN: "Causality ancient and modern", *PASS* 39, 1965, 1-18;

(41) W. WIELAND: "Zeitliche Kausalstrukturen in der aristotelischen Logik", *AGP* 54, 1972, 229-237;

(42) J. M. E. MORAVCSIK: "*Aitia* as generative factor in Aristotle's philosophy", *Dialogue* 14, 1975, 622-638.

Veja também:

(43) M. FREDE: "The original notion of cause", in M. SCHOFIELD, M. F. BURNYEAT, J. BARNES (eds.), *Doubt and Dogmatism* (Oxford, 1980) = FREDE I.83;

(44) J. ANNAS: "Inefficient causes", *PQ* 32, 1982, 311-326;

(45) M. J. WHITE: "Causes as necessary conditions: Aristotle, Alexander of Aphrodisias, and J. L. Mackie", in PELLETIER e KING-FARLOW I.55.

E sobre a intimamente conectada noção de explicação científica, veja:

(46) B. A. BRODY: "Towards an Aristotelian theory of scientific explanation", *PhSc* 39, 1972, 20-31;

(47) T. MCCARTHY: "On an Aristotelian model of scientific explanation", *PhSc* 44, 1977, 159-166;

(48) J. M. E. MORAVCSIK: "Aristotle on adequate explanations", *Synthèse* 28, 1974, 3-17;

(49) M. SCHOFIELD: "Explanatory projects in *Physics* 2.3 and 7", *OSAP* supl. 1991, 29-40;

(50) J. M. E. MORAVCSIK: "What makes reality intelligible? Reflections on Aristotle's theory of *aitia*", in JUDSON IV.15;

(51) C. FREELAND: "Accidental causes and real explanations", in JUDSON IV.15.

Veja também IRWIN 3.197, cap. 5, e as leituras sobre demonstração em III (M).

Sobre um ponto particular:

(52) A. C. LLOYD: "The principle that the cause is greater than its effect", *Phron* 21, 1976, 146-156;

(53) S. MAKIN: "An ancient principle about causation", *PAS* 91, 1990/1, 135-152.

(E) Teleologia

Das quatro causas, a causa "final" foi talvez a que ocasionou o maior debate.[6] Os principais textos sobre teleologia – ou a tese de que "A natureza não faz nada em vão" – estão em *Phys* B e *PA* A. Veja o cap. 3 de WIELAND IV.3 [versão em inglês em BARNES, SCHOFIELD, SORABJI I.62], a parte 3 de SORABJI IV.43 e a conferência inaugural de:

(54) D. M. BALME: *Aristotle's Use of Teleological Explanation* (London, 1965).

Os materiais que servem de fonte sobre a teoria teleológica antiga estão reunidos em:

---

[6] Sobre as causas material e formal, veja VII (I) e (J).

(55) A. S. PEASE: "Caeli enarrant", *Harvard Theological Review* 34, 1941, 163-200.

Veja também:

(56) D. M. BALME: "Greek science and mechanism", *CQ* 33, 1939, 129-138; 35, 1941, 23-28;

(57) J. M. RIST: "Some aspects of Aristotelian teleology", *TAPA* 96, 1965, 337-349;

(58) K. GAISER: "Das zweifache Telos bei Aristoteles", in DÜRING I.42;

(59) J. OWENS: "The teleology of nature in Aristotle", *Monist* 52, 1968, 159-173 = OWENS I.91;

(60) W. KULLMANN: "Different concepts of the final cause in Aristotle", in GOTTHELF I.56;

(61) D. J. FURLEY: "The rainfall example in *Physics* ii 8", in GOTTHELF I.56;

(62) C. H. KAHN: "The place of the prime mover in Aristotle's teleology", in GOTTHELF I.56;

(63) A. GOTTHELF: "Aristotle's conception of final causality", *RM* 30, 1976/7, 226-54 = in GOTTHELF e LENNOX V.72;

(64) A. GOTTHELF: "The place of the good in Aristotle's natural teleology", *BACAP* 4, 1988, 113-139;

(65) S. BROADIE: "Nature and art in Aristotelian teleology", in DEVEREUX e PELLEGRIN I.59;

(66) D. N. SEDLEY: "Is Aristotle's teleology anthropocentric?", *Phron* 36, 1991, 179-196;

(67) S. SAUVE MEYER: "Aristotle, teleology, and reduction", *PR* 101, 1992, 791-825;

(68) R. WARDY: "Aristotelian rainfall or the lore of averages", *Phron* 38, 1993, 18-30;

(69) D. CHARLES: "Teleological causation in the *Physics*", in JUDSON IV.15.

Veja também:

(70) R. J. HANKINSON: "Galen on the best of all possible worlds", *CQ* 39, 1989, 206-227;

(71) J. LENNOX: "Theophrastus on the limits of teleology", in FORTENBAUGH e SHARPLES I.82.

A teleologia está conectada a uma forma de necessidade, a saber, a necessidade hipotética:

(72) R. SORABJI: *Necessity, Cause and Blame* (London, 1980), parte III;

(73) M. BRADIE e F. D. MILLER: "Teleology and natural necessity in Aristotle", *HPQ* 1, 1984, 133-146;

(74) W. KULLMANN: "Notwendigkeit in der Natur bei Aristoteles", in WIESNER I.57;

(75) D. M. BALME: "Teleology and necessity", in GOTTHELF e LENNOX V.72;

(76) J. COOPER: "Hypothetical necessity and natural teleology", in GOTTHELF e LENNOX V.72;

(77) D. CHARLES: "Aristotle on hypothetical necessity and irreducibility", *Pacific Philosophical Quarterly* 69, 1988, 1-53.

(F) Acaso e Determinismo

Sobre a explicação de Aristóteles para o acaso em *Phys* B 4-5, veja SORABJI IV.72, parte I, e:

(78) H. WEISS: *Kausalität und Zufall bei Aristoteles* (Basel, 1942);

(79) D. M. BALME: "Development of biology in Aristotle and Theophrastus – theory of spontaneous generation", *Phron* 7, 1962, 91-104;

(80) J. LENNOX: "Teleology, chance, and Aristotle's theory of spontaneous generation", *JHP* 20, 1982, 219-238;

(81) J. LENNOX: "Aristotle on chance", *AGP* 66, 1984, 52-60;

(82) R. HEINAMAN: "Aristotle on accidents", *JHP* 23, 1985, 311-324;

(83) S. EVERSON: "L'explication aristotélicienne du hazard", *RPA* 6, 1988, 39-76;

(84) A. GOTTHELF: "Teleology and spontaneous generation in Aristotle", *Apeiron* 22, 1989, 181-193;

(85) D. FREDE: "Accidental causes in Aristotle", *Synthèse* 92, 1992, 39-62.

E sobre o problema do determinismo causal, veja, além de HINTIKKA III.103:

(86) M. J. WHITE: "Fatalism and causal determination: an Aristotelian essay", *PQ* 31, 1981, 231-241;

(87) G. FINE: "Aristotle on determinism", *PR* 90, 1981, 61-79;

(88) A. MADIGAN: "*Metaphysics* E 3: a modest proposal", *Phron* 29, 1984, 123-136;

(89) D. FREDE: "Aristotle on the limits of determination: accidental causes in *Metaphysics* E 3", in GOTTHELF I.56;

(90) H. WEIDEMANN: "Aristoteles und das Problem des kausalen Determinismus", *Phron* 31, 1986, 27-50;

(91) M. J. WHITE: *Agency and Integrality* (Dordrecht, 1986);

(92) P. L. DONINI: *Ethos: Aristotele e il determinismo* (Turin, 1989).

Veja também os itens sobre o fatalismo, em III (F), e aqueles sobre o livre-arbítrio, em VIII (I).

(G) Movimento

O conceito de *phusis* inclui o conceito de movimento, e uma grande parte de *Phys* é dedicada à análise da *kinêsis*, ou movimento no sentido mais amplo, e dos conceitos associados de espaço e tempo. O movimento mesmo é discutido em *Phys* Γ, e novamente em E, Z e H.[7] Sobre a difícil explicação de Aristóteles acerca da *kinêsis*, veja:

(93) L. A. KOSMAN: "Aristotle's definition of motion", *Phron* 14, 1969, 40-62;

(94) A. L. PECK: "Aristotle on *kinêsis*", in ANTON e KUSTAS I.72;

(95) T. PENNER: "Verbs and the identity of actions", in G. PITCHER e O. P. WOOD (eds.), *Ryle* (New York, 1970);

(96) P. MACHAMER: "Aristotle on natural place and natural motion", *Isis* 69, 1978, 377-387;

(97) S. WATERLOW: "Instants of motion in Aristotle's *Physics* VI", *AGP* 65, 1983, 128-146;

(98) R. HEINAMAN: "Aristotle on housebuilding", *HPQ* 2, 1985, 145-162;

---

[7] Sobre os Motores Imóveis, discutidos em *Phys* H e Θ, veja VII (M).

(99) D. Graham: "Aristotle's definition of motion", *AP* 8, 1988, 209-215.

Há duas monografias dedicadas ao livro H:

(100) B. Manuwald: *Das Buch H der aristotelischen Physik* (Meisenheim, 1971);

(101) R. Wardy: *The Chain of Change* (Cambridge, 1990).

Veja também:

(102) G. Verbeke: "L'argument de livre VII de la *Physique*", in Düring I.42.

Sobre as "leis do movimento" aristotélicas:

(103) I. Drabkin: "Notes on the laws of motion in Aristotle", *AJP* 59, 1938, 60-84;

(104) H. Carteron: "Does Aristotle have a mechanics?", in Barnes, Schofield, Sorabji I.62;

(105) G. E. L. Owen: "Aristotelian mechanics", in Gotthelf 1.56 = Owen I.90;

(106) E. Hussey: "Aristotle's mathematical physics: a reconstruction", in Judson IV. 15.

E note:

(107) O. Becker: "Eudoxos-Studien III: Spuren eines Stetigkeitsaxioms in der Art des Dedekind'schen zur Zeit des Eudoxos", *Quellen und Studien zur Geschichte der Mathematik, Astronomie und Physik* B3, 1936, 236-244.

(H) Infinitude

De acordo com Aristóteles, espaço, tempo e matéria são contínuos ou infinitamente divisíveis; a explicação de Aristóteles do *continuum* e sua rejeição do atomismo estão entre os tópicos de:

(108) A. van Melsen: *From Atomos to Atom* (Pittsburgh, 1952);

(109) D. J. Furley: *Two Studies in the Greek Atomists* (Princeton, 1967);

(110) R. Sorabji: *Time, Creation, and the Continuum* (London, 1983), parte V;

(111) M. J. White: "On continuity: Aristotle versus topology?", *JHPL* 9 1988, 1-12;

(112) M. J. WHITE: *The Continuous and the Discrete* (Oxford, 1992);
(113) D. BOSTOCK: "Aristotle on continuity in *Physics* VI", in JUDSON IV.125.

Os problemas particulares levantados pela noção aristotélica de infinitude e a discussão em *Phys* Γ 4-8 são abordadas por:

(114) K. J. J. HINTIKKA: "Aristotelian infinity", *PR* 75, 1966, 197-212 = BARNES, SCHOFIELD, SORABJI I.62 = HINTIKKA I.85;

(115) K. VON FRITZ: "Das *apeiron* bei Aristoeles", in DÜRING I.42;

(116) D. J. FURLEY: "Aristotle and the atomists on infinity", in DÜRING I.42;

(117) J. LEAR: "Aristotelian infinity", *PAS* 80, 1980, 187-210;

(118) D. KONSTAN: "Points, lines, and infinity: Aristotle's *Physics* Z and Hellenistic philosophy", *BACAP* 3, 1987, 1-32;

(119) W. CHARLTON: "Aristotle's potential infinites", in JUDSON IV.15.

(I) Lugar

Lugar, *topos*, ocupa *Phys* Δ 1-5; veja:

(120) J. O. URMSON: *Simplicius: Corollaries on Place and Time* (London, 1992);

(121) M. DEHN: "Raum, Zeit, Zahl bei Aristoteles vom mathematischen Standpunkt aus", *Scientia* (Bologna) 60, 1936, 12-21; 69-74 = SEECK I.68;

(122) H. R. KING: "Aristotle's theory of topos", *CQ* 44, 1950, 76-96;

(123) R. SORABJI: "Theophrastus on place", in FORTENBAUGH e SHARPLES I.82.

(J) Espaço e Vazio

Espaço e vazio são discutidos em Δ 6-9. Sobre esses tópicos, veja, mais uma vez, os comentários da Antiguidade:

(124) D. J. FURLEY e C. WILDBERG: *Philoponus: Corollaries on Space and Void, and Simplicius: against Philoponus on the Eternity of the World* (London, 1991);

e também:

(125) M. JAMMER: *Concepts of Space* (Cambridge, Mass., 1954);

(126) J. MOREAU: *L'espace et le temps selon Aristote* (Padua, 1965);

(127) H. BARREAU: "L'espace et le temps chez Aristote", *Revue de métaphysique et de morale* 80, 1975, 417-438;

(128) R. SORABJI: *Matter, Space, and Motion* (London, 1988), parte II;

(129) H. MENDELL: "*Topoi* on *topos*: the development of Aristotle's concept of space", *Phron* 32, 1987, 206-231.

Sobre o espaço vazio, ou o "vazio", veja:

(130) D. J. FURLEY: "Aristotle and the atomists on motion in a void", in MACHAMER e TURNBULL IV. 14;

(131) B. INWOOD: "The origins of Epicurus' concept of void", *CP* 76, 1981, 273-285;

(132) D. N. SEDLEY: "Two conceptions of vacuum", *Phron* 27, 1982, 175-193;

(133) J. THORP: "Aristotle's *horror vacui*", *CJP* 20, 1990, 149-166.

(K) Tempo

Sobre o tempo, que é o assunto de *Phys* Δ 10-14, veja, além de SORABJI IV.110, DEHN IV.122 e MOREAU IV.127:

(134) J. F. CALLAHAN: *Four Views of Time in Ancient Philosophy* (Cambridge, Mass., 1948);

(135) P. F. CONEN: *Die Zeittheorie des Aristoteles* (Munich, 1964);

(136) W. VON LEYDEN: "Time, number, and eternity in Plato and Aristotle", *PQ* 14, 1964, 35-52;

(137) J. MOREAU: "Le temps de l'instant selon Aristote", in DÜRING I.42;

(138) G. E. L. OWEN: "Aristotle on time", BARNES, SCHOFIELD, SORABJI I.62 = OWEN I.90;

(139) F. D. MILLER: "Aristotle on the reality of time", *AGP* 56, 1974, 132-155;

(140) J. ANNAS: "Aristotle, number and time", *PQ* 25, 1975, 97-113;

(141) D. CORISH: "Aristotle's attempted derivation of temporal order from that of movement and space", *Phron*, 1976, 241-251;

(142) D. BOSTOCK: "Aristotle's account of time", *Phron* 25, 1980, 148-169;

(143) S. WATERLOW: "The Aristotelian 'now'", *PQ* 34, 1984, 104-128;

(144) G. VERBEKE: "Les apories aristotéliciennes sur le temps", in WIESNER I.57;

(145) D. BOSTOCK: "Time and the continuum", *OSAP* 6, 1988, 255-270;

(146) M. J. WHITE: "Aristotle on 'time' and 'a time'", *Apeiron* 22, 1989, 207-224;

(147) M. INWOOD: "Aristotle on the reality of time", in JUDSON IV.15;

(148) T. MAUDLIN: "Substance and space-time: what Aristotle would have said to Einstein", in DEVEREUX e PELLEGRIN I.59.

(L) Zenão

As posições de Aristóteles sobre o movimento levam-no, em *Phys* Z, a discutir os famosos paradoxos de Zenão. Os paradoxos granjearam uma vasta literatura modena. Alguns excelentes exemplos estão compilados em:

(149) W. C. SALMON (ed.): *Zeno's Paradoxes* (Indianapolis, 1969).

Veja também:

(150) J. BARNES: *The Presocratic Philosophers* (London, 1982²), caps. 12-13.

Sobre a resposta de Aristóteles a Zenão, veja especialmente:

(151) G. E. L. OWEN: "Zeno and the mathematicians", *PAS* 58, 1957/8 199-222 = SALMON IV.149 = OWEN I.90;

(152) D. BOSTOCK: "Aristotle, Zeno, and the potential infinite", *PAS* 73, 1972-1973, 37-51;

(153) P. SCHOEDEL: *Aristoteles' Widerlegungen der zenonischen Bewegungsparadoxien* (Göttingen, 1975);

(154) F. R. PICKERING: "Aristotle on Zeno and the now", *Phron* 23, 1978, 253-257;

(155) J. LEAR: "A note on Zeno's arrow", *Phron* 26, 1981, 91-104; e SORABJI IV.110, cap. 21.

Os embaraços relacionados sobre o instante da mudança são discutidos por:

(156) R. SORABJI e N. KRETZMANN: "Aristotle on the instant of change" *PASS* 50, 1976, 69-115 = BARNES, SCHOFIELD, SORABJI I.62;

e SORABJI IV.110, cap. 26. Continuações medievais da discussão de Aristóteles são tratadas por:

(157) A. C. WILSON: *William Heytesbury* (Madison, Wis., 1956);
(158) N. KRETZMANN: "Incipit/desinit", in MACHAMER e TURNBULL IV.14;
(159) N. KRETZMANN: "Socrates is whiter than Plato begins to be white", *Nous* 11, 1977, 3-15.

V CIÊNCIA

(A) Geral

Há discussões das realizações científicas de Aristóteles em SOLMSEN IV.12 e em:

(1) G. M. LEWES: *Aristotle: a Chapter from the History of Science* (London, 1864);

(2) J. R. PARTINGTON: *A History of Chemistry* (London, 1970);
e, em menor escala, na introdução de:

(3) J. M. LE BLOND: *Aristote: traité sur les parties des animaux I* (Paris, 1945).

Veja também:

(4) T. E. LONES: *Aristotle"s Researches into Natural Science* (London, 1912);

(5) W. A. HEIDEL: *The Heroic Age of Greek Science* (Baltimore, 1933).

Algumas das obras espúrias incluídas no *corpus* aristotélico dão uma ideia de uma tradição científica ou semicientífica entre os peripatéticos posteriores. Veja:

(6) G. MARENGHI (ed.): *Aristotele: Problemi di Medicina* (Milan, s.d.);

(7) H. FLASHAR (ed.): *Aristoteles: Mirabilia* (Berlin, 1981);

(8) M. E. BOTTECCHIA (ed.): *Aristotele: MHXANIKA* (Padua, 1982);

(9) H. FLASHAR (ed.): *Aristoteles: Problemata Physica* (Berlin, 1983).

Leituras sobre o método científico são mencionadas em III (L).

(B) Matemática

Tem parecido a muitos estudiosos que a ciência de Aristóteles é caracteristicamente inferior à ciência moderna em virtude de dois traços que a permeiam: sua abordagem não matemática e sua queda para explicações teleológicas. Para a teleologia de Aristóteles, veja IV (E). Costumava ser um chavão que o próprio Aristóteles não era um matemático. O *paper* clássico sobre isso é:

(10) G. MILHAUD: "Aristote et les mathématiciens", *AGP* 16, 1902/3, 367-392.

O material matemático no *corpus* aristotélico foi compilado, traduzido e exposto por:

(11) T. L. HEATH: *Mathematics in Aristotle* (Oxford, 1949).

O chavão sobre a incompetência de Aristóteles é questionado por OWEN, III.194, e por:

(12) R. SORABJI: "Aristotle, mathematics, and colour", *CQ* 22, 1972, 293-308.

Veja também:

(13) S. BOCHNER: *The Role of Mathematics in the Rise of Science* (Princeton, 1966);

(14) J. KLEIN: *Greek Mathematical Thought and the Origins of Algebra*, trad. E. BRAUN (Cambridge, Mass., 1968).

E compare, sobre a dinâmica de Aristóteles, CARTERON IV.104, OWEN IV.105 e:

(15) T. S. KUHN: "A function for thought-experiments", in *Mélanges Alexandre Koyré* (Paris, 1964); e os capítulos relevantes de:

(16) M. HESSE: *Forces and Fields* (London, 1961);

(17) M. JAMMER: *Concepts of Force* (Cambridge, Mass., 1957);

(18) M. JAMMER: *Concepts of Mass* (Cambridge, Mass., 1961).

(C) Astronomia

Questões cosmológicas e astronômicas são discutidas em *Cael* (e também em *Met* Λ^8). A edições de *Cael* de:

---

[8] Para o qual, veja VII (M).

(19) W. K. C. GUTHRIE: *Aristotle: On the Heavens, Loeb Classical Library* (London, 1939);

(20) P. MORAUX: *Aristote: du Ciel* (Paris, 1965);

(21) L. ELDERS: *Aristotle's Cosmology* (Assen, 1966).

Há alguma discussão em:

(22) S. TOULMIN e J. GOODFIELD: *The Fabric of the Heavens* (London, 1963);

e um argumento caracteristicamente divertido em:

(23) N. R. HANSON: "On counting Aristotle's spheres", *Scientia* 98, 1963, 223-232;

respondido por:

(24) D. R. DICKS: *Greek Astronomy from Thales to Aristotle* (London, 1970).

Veja também MORAUX III.227 e

(25) N. R. HANSON: *Constellations and Conjectures* (Dordrecht, 1974).

A eternidade do universo é o assunto de:

(26) E. ZELLER: "Über die Lehre des Aristoteles von der Ewigkeit der Welt", *Abh. Berlin Ak. Wiss.*, phil. hist. Kl. (Berlin, 1878 [= seu *Vorträge und Abhandlungen* III (Leipzig, 1884)]);

(27) J. BERNADETE: "Aristotle's argument from time", *JP* 54, 1957, 151-152;

(28) W. WIELAND: "Die Ewigkeit der Welt", in D. HENRICH, W. SCHULZ e K.-H. VOLKMANN-SCHLUCK (eds.), *Die Gegenwart der Griechen in neuerer Denken: Festschrift für H. G. Gadamer* (Tübingen, 1960);

e WILLIAMS III.104, SORABJI IV.110, parte III. Veja também:

(29) C. WILDBERG: *Philoponus: against Aristotle on the Eternity of the World* (London, 1987).

(D) Química

A química de Aristóteles – se podemos chamá-la assim – é encontrada principalmente em *Meteor* Δ. Há uma edição feita por:

(30) I. DÜRING: *Aristotle's Chemical Treatise* (Göteborg, 1944). Para o debate sobre a auteticidade da obra, veja:

(31) H. Gottschalk: "The authorship of *Meteorologica* book IV", *CQ* 2, 1961, 67-79;

(32) H. Strohm: "Beobachtungen zum vierten Buch der aristotelischen *Meteorologie*", in Moraux e Wiesner I.47;

(33) D. J. Furley: "The mechanics of *Meteorologica* IV", in Moraux e Wiesner I.47;

(34) C. Baffione: *Il IV libro dei 'Meteorologica' di Aristotele* (Napoles, 1981).

Para as ideias expostas na obra, veja:

(35) H. H. Joachim: "Aristotle's conception of chemical combination", *JPh* 29, 1904, 72-86;

(36) H. Kapp: "Der chemische Traktat des Aristoteles", in Flashar e Gaiser I.69;

(37) R. A. Horne: "Aristotelian chemistry", *Chymia* 11, 1966, 21-7 = Seeck I.68;

(38) R. Sharvy: "Aristotle on mixtures", *JP* 80, 1983, 439-457;

(39) J. Mansfeld: "Zeno and Aristotle on mixture", *Mn* 36, 1984, 306-12 = Mansfeld I.87

(40) R. Sorabji: "The Greek origin of the idea of chemical combination: can two bodies be in the same place?", *BACAP* 4, 1988, 35-63.

Alguns tópicos relacionados – mineralogia:

(41) D. E. Eichholz: "Aristotle's theory of the formation of metals and minerals", *CQ* 43, 1949, 141-146; cor: Sorabji V.11 e:

(42) P. Kucharski: "Sur la théorie des couleurs et des saveurs dans le *de Sensu* aristotélicien", *REG* 67, 1954, 355-390;

(43) B. E. Harry: "A defence of Aristotle, *Meteorologica* III 375ab", *CQ* 21, 1971, 397-401; luz:

(44) S. Sambursky: "Philoponus' interpretation of Aristotle's theory of light", *Osiris* 13, 1958, 114-126; peso:

(45) D. O'Brien: "Heavy and light in Democritus and Aristotle", *JHS* 97, 1977, 64-74.

As teorias da cor e do som de Aristóteles são comparadas às teorias de seus sucessores por:

(46) H. B. GOTTSCHALK: "The *de Coloribus* and its author", *H* 92, 1964, 59-85;

(47) H. B. GOTTSCHALK: "The *de Audibilibus* and Peripatetic acoustics", *H* 96, 1968, 435-460;

e em vários dos estudos em FORTENBAUGH e SHARPLES I.82.

(E) Biologia

As obras biológicas de Aristóteles, embora de forma alguma desprovidas de teoria, são ao menos mais empíricas que seus tratados sobre ciência física. JAEGER II.1 detectou uma evolução em seu pensamento, partindo de uma abordagem teórica à ciência a uma empírica; mas, contra isso, veja:

(48) H. D. P. LEE: "Place-names and the date of Aristotle's biological works", *CQ* 42, 1948, 61-67 = SEECK I.68;

(49) G. E. R. LLOYD: "The development of Aristotle's theory of the classification of animals", *Phron* 6, 1961, 59-81 = LLOYD I.86;

(50) F. SOLMSEN: "The fishes of Lesbos and their alleged significance for the development of Aristotle", *H* 106, 1978, 467-484 = SOLMSEN I.92;

(51) H. D. P. LEE: "The fishes of Lesbos again", in GOTTHELF I.56;

(52) J. S. ROHM: "Aristotle's elephant and the myth of Alexander's scientific patronage", *AJP* 110, 1989, 566-575.

Para os escritos biológicos, há um volume na série Clarendon:

(53) D. M. BALME: *Aristotle's de Partibus Animalium I and de Generatione Animalium I* (Oxford, 1992²);

e há edições na Biblioteca Clássica Loeb:

(54) A. L. PECK: *Aristotle: Parts of Animals* (London, 1937);

(55) A. L. PECK: *Aristotle: Generation of Animals* (London, 1953);

(56) A. L. PECK: *Aristotle: Historia Animalium I-VI* (London, 1965 and 1970);

(57) D. M. BALME: *Aristotle: History of Animals VII-X* (London, 1991).

Note também:

(58) J. B. MEYER: *Aristoteles' Thierkunde* (Berlin, 1855);

(59) W. OGLE: *Aristotle's Parts of Animals* (London, 1882);

(60) P. LOUIS: *Aristote: Histoire des animaux* (Paris, 1964-69);
e veja:

(61) D. M. BALME: "Aristotle *Historia Animalium* Book Ten", in WIESNER I.57.

Há várias boas apreciações de Aristóteles como um biólogo:

(62) W. D'A. THOMPSON: *On Aristotle as a Biologist* (Oxford, 1912);

(63) M. MANQUAT: *Aristote naturaliste* (Paris, 1932);

(64) D. M. BALME: "Aristotle: natural history and zoology", in GILLISPIE I.71;

(65) L.G. WILSON: "Aristotle: anatomy and physiology", in GILLISPIE I.71;

(66) D. M. BALME: "The place of biology in Aristotle's philosophy", in GOTTHELF e LENNOX V.72.

Veja também:

(67) C. SINGER: "Greek biology and its relation to the rise of modern biology", in C. SINGER (ed.), *Studies in the History and Method of Science* II (Oxford, 1921);

(68) W. D'A. THOMPSON: "Aristotle the naturalist", em seu *Science and the Classics* (Oxford, 1940);

(69) D. M. BALME: "Aristotle and the beginnings of zoology", *Journal of the Society for the Bibliography of Natural History* 5, 1970, 272-285;

(70) S. BYL: *Recherches sur les grandes traités biologiques d'Aristote* (Brussels, 1980);

(71) M. FURTH: "Aristotle's biological universe: an overview", in GOTTHELF e LENNOX V.72.

Há uma compilação de *papers*:

(72) A. GOTTHELF e J. LENNOX (eds.): *Philosophical Issues in Aristotle's Biology* (Cambridge, 1987).

Itens sobre o método de Aristóteles em biologia são mencionados em III (L).

(F) Taxonomia

As tentativas de Aristóteles de organizar e classificar o material em seus escritos biológicos têm sido particularmente estudadas. Veja:

(73) P. LOUIS: "Remarques sur la classification des animaux chez Aristote", in MANSION I.51;

(74) D. M. BALME: "Aristotle's use of differentiae in zoology", in MANSION I.40 = BARNES, SCHOFIELD, SORABJI I.62;

(75) D. M. BALME: "*Genos* and *eidos* in Aristotle's biology", *CQ* 12, 1962, 81-98 = SEECK I.68;

(76) A. C. LLOYD: "Genus, species, and ordered series in Aristotle", *Phron* 7, 1962, 67-90;

(77) J. LENNOX: "Aristotle on genera, species and 'the more and the less'", *Journal of the History of Biology* 13, 1980, 321-346;

(78) P. PELLEGRIN: *Aristotle's Classification of Animals* (Berkeley, 1986 [publicado pela primeira vez em francês, 1982]);

(79) P. PELLEGRIN: "Aristotle: a zoology without species", in GOTTHELF I.56;

(80) P. PELLEGRIN: "Les fonctions explicatives de l'*Histoire des Animaux* d'Aristote", *Phron* 31, 1986, 148-166;

(81) G. E. R. LLOYD: "Aristotle's zoology and his metaphysics", in DEVEREUX e PELLEGRIN I.59 = LLOYD I.86;

(82) P. PELLEGRIN: "Taxinomie, moriologie, division: réponses à G. E. R. Lloyd", in DEVEREUX e PELLEGRIN I.59.

Sobre uma questão relacionada:

(83) H. B. TORREY e F. FELIN: "Was Aristotle an evolutionist?", *Quarterly Review of Biology* 12, 1937, 1-18;

(84) L. EDELSTEIN: "Aristotle and the concept of evolution", *Classical Weekly* 37, 1943/4, 148-150.

Veja também:

(85) W. JACOBS: "Art and Biology in Aristotle", *Paideia* 7, 1978, 16-29;

(86) J. LENNOX: "Are Aristotelian species eternal?", in GOTTHELF I.56.

E uma curiosidade final:

(87) J. B. S. HALDANE: "Aristotle's account of bees' dances", *JHS* 75, 1955, 24-25.

VI PSICOLOGIA

(A) Geral

A psicologia e a filosofia da mente de Aristóteles estão intimamente conectadas à sua biologia, sua ética e sua metafísica. O corpo principal de seu pensamento sobre o assunto está contido no *de Anima* e na compilação de curtos tratados conhecida como *Parva Naturalia*. Sobre *An*, os dois melhores comentários são:

(1) G. RODIER: *Aristote: Traité de l'ame* (Paris, 1900);

(2) R. D. HICKS: *Aristotle: de Anima* (Cambridge, 1907).

Veja também:

(3) W. D. ROSS: *Aristotle's de Anima* (Oxford, 1956);

e na série Clarendon sobre Aristóteles:

(4) D. W. HAMLYN: *Aristotle's de Anima Books II and III* (Oxford, 1993²).

Note também a introdução de:

(5) H. LAWSON-TANCRED: *Aristotle: de Anima* (Harmondsworth, 1986);

e:

(6) D. S. HUTCHINSON: "Restoring the order of Aristotle's *de Anima*", *CQ* 37, 1987, 373-381.

Sobre o *Parva Naturalia*, veja:

(7) W. D. ROSS: *Aristotle's Parva Naturalia* (Oxford, 1955);

(8) P. SIWEK: *Aristotelis Parva Naturalia graece et latine* (Rome, 1963).

Para o *de Sensu* e *de Memoria*, há um comentário feito por:

(9) G. R. T. ROSS: *Aristotle: De Sensu et De Memoria* (Cambridge, 1906).

Sobre o *de Memoria*, veja também:

(10) R. SORABJI: *Aristotle on Memory* (London, 1972).

Sobre o *de Somno* e *de Insomniis*:

(11) H. J. DROSSAART LULOFS: *De Insomniis et De Divinatione per Somnum* (Leyden, 1947);

(12) D. GALLOP: *Aristotle on Sleep and Dreams* (Peterborough Ont., 1990).

Para exposições gerais da posição de Aristóteles nessa área, veja:

(13) F. BRENTANO: *The Psychology of Aristotle*, trad. R. GEORGE (Berkeley, 1977);

(14) P. SIWEK: *La psychophysique humaine d'après Aristote* (Paris, 1930);

(15) E. HARTMAN: *Substance, Body, and Soul* (Princeton, 1977);

(16) M. FURTH: *Substance, Form, and Psyche* (Cambridge, 1988);

(17) D. N. ROBINSON: *Aristotle's Psychology* (New York, 1989);

(18) T. H. IRWIN: "Aristotle's philosophy of mind", in S. EVERSON (ed.), *Companions to Ancient Thought: 2 Psychology* (Cambridge, 1991).

Adicionalmente a LLOYD e OWEN I.42, há duas compilações de ensaios:

(19) M. C. NUSSBAUM e A. O. RORTY (eds.): *Essays on Aristotle's* de Anima (Oxford, 1992);

(20) M. DURRANT (ed.): *Aristotle's* de Anima *in Focus* (London, 1993).

(B) A Alma

A alma ou *psuchê* é o conceito central. Sobre as definições da alma dadas por Aristóteles em *An* B 1-3, veja:

(21) J. L. ACKRILL: "Aristotle's definitions of *psuchê*", PAS 76, 1972/3, 119-133 = BARNES, SCHOFIELD, SORABJI I.62;

(22) S. MANSION: "Soul and life in the *de Anima*", in LLOYD e OWEN I.45;

(23) S. MANSION: "Deux définitions différentes de la vie chez Aristote" *RPL* 71, 1973, 425-450 = MANSION I.88;

(24) R. BOLTON: "Aristotle's definitions of the soul: *de Anima* II 1-3" *Phron* 23, 1978, 258-278;

(25) W. CHARLTON: "Aristotle's definition of soul", *Phron* 25, 1980, 170-186 = DURRANT VI.20;

(26) D. WIGGINS: *Sameness and Substance* (Oxford, 1980);

(27) G. B. MATTHEWS: "*De anima* 2.2-4 and the meaning of life", in NUSSBAUM e RORTY VI.19;

(28) A. CODE e J. M. E. MORAVCSIK: "Explaining various forms of living", in NUSSBAUM e RORTY VI.19.

Note também:

(29) R. K. SPRAGUE: "Aristotle, *de Anima* 414a4-14", *Phoenix* 21, 1967, 102-107;

(30) R. SHINER: "More on Aristotle, *de Anima* 414a4-14", *Phoenix* 24, 1970.

Sobre a alma como uma causa, veja:

(31) H. J. EASTERLING: "A note on *de Anima* 413a8-9", *Phron* 11, 1966, 159-162;

(32) D. J. FURLEY: "Self movers", in LLOYD e OWEN I.45;

(33) A. CODE: "Soul as efficient cause in Aristotle's embryology", *Philosophical Topics* 15, 1987, 51-60.

Para um pouco do pano de fundo histórico que influenciou as preocupações de Aristóteles em *An* A, veja:

(34) G. M. STRATTON: *Theophrastus and the Greek Physiological Psychology before Aristotle* (London, 1917);

(35) F. SOLMSEN: "Antecedents of Aristotle's psychology and scale of beings", *AJP* 76, 1955, 148-164 = SOLMSEN I.92;

(36) F. SOLMSEN: "Greek philosophy and the discovery of the nerves", *MH* 18, 1961, 150-197 = SOLMSEN I.92;

(37) T. M. OLSHEWSKY: "On the relations of soul to body in Plato and Aristotle", *JHP* 14, 1976, 391-404;

(38) D. B. CLAUS: *Toward the Soul* (New Haven, 1981);

(39) B. A. O. WILLIAMS: *Shame and Necessity* (Berkeley, 1993), cap. 2;

e para as posições de Aristóteles sobre seus predecessores:

(40) H. B. GOTTSCHALK: "Soul as *harmonia*", *Phron* 16, 1971, 179-198;

(41) W. CHARLTON: "Aristotle and the *harmonia* theory", in GOTTHELF I.56;

(42) C. WITT: "Dialectic, motion, and perception: *de Anima* book I", in NUSSBAUM e RORTY VI.19.

Aristóteles não distingue marcadamente entre aquilo que poderíamos chamar questões filosóficas e aquilo que chamaríamos questões científicas; e sua psicologia é contígua à sua biologia. Sobre a faceta "fisiológica" de seu trabalho nessa área, veja:

(43) J. NEUHAUSER: *Aristoteles' Lehre von dem sinnlichen Erkenntnisvermögen und seinen Organen* (Leipzig, 1878);

(44) F. SOLMSEN: "Tissues and the soul", *PR* 59, 1950, 435-468 = SOLMSEN I.92;

(45) A. L. PECK: "The connate *pneuma*: an essential factor in Aristotle's solutions to the problems of reproduction and sensation", in E. A. UNDERWOOD (ed.), *Science, Medicine and History* (Oxford, 1953);

(46) T. TRACY: *Physiological Theory and the Doctrine of the Mean in Plato and Aristotle* (The Hague, 1969);

(47) G. E. R. LLOYD: "The empirical basis of the physiology of *Parva Naturalia*", in LLOYD e OWEN I.45 = LLOYD I.86;

(48) G. VERBEKE: "Doctrine du *pneuma* et entéléchie chez Aristote", in LLOYD e OWEN I.45;

(49) J. WIESNER: "The unity of the *de Somno* and the physiological explanation of sleep in Aristotle", in LLOYD e OWEN I.45;

(50) J. THORP: "Le mécanisme de la perception chez Aristote", *Dialogue* 19, 1980, 575-598;

(51) P. WEBB: "Bodily structure and psychic faculties in Aristotle's theory of perception", *H* 110, 1982, 25-50;

(52) G. E. R. LLOYD: "Aspects of the relationship between Aristotle's psychology and his zoology", in NUSSBAUM e RORTY VI.19.

Veja também:

(53) P. M. HUBY: "The paranormal in the works of Aristotle and his circle", *Apeiron* 13, 1979, 53-62.

(C) Corpo e Alma

A alma, de acordo com *An* B, é a forma do corpo vivo: isso compromete Aristóteles com que espécie de "ismo" psicológico? E sua posição desenvolveu-se de alguma teoria menos sofisticada? Sobre a última questão, NUYENS II.3 provê o ponto de partida, e a discussão é continuada por:

(54) D. A. REES: "Bipartition of the soul in the early Academy", *JHS* 77, 1957, 112-118;

(55) D. A. REES: "Theories of the soul in the early Aristotle", in DÜRING e OWEN, I.39;

(56) I. BLOCK: "The order of Aristotle's psychological writings", *AJP* 82, 1961, 50-77;

(57) W. F. R. HARDIE: "Aristotle's treatment of the relation between the soul and the body", *PQ* 14, 1964, 53-72.

Veja também o capítulo 5 de HARDIE VIII.17 e:

(58) C. LEFEVRE: "Sur le statut de l'âme dans le *de Anima* et les *Parva Naturalia*", in LLOYD e OWEN I.45;

(59) C. LEFEVRE: *Sur l'évolution d'Aristote en psychologie* (Louvain, 1972);

(60) W. W. FORTENBAUGH: "Zur Zweiteilung der Seele in EN I 7 und I 13", *Phg* 120, 1976, 299-302.

Será que Aristóteles era um dualista? Sobre essa sugestão, veja:

(61) D. W. HAMLYN: "Aristotle's Cartesianism", *Paideia* 7, 1978, 8-15;

(62) H. M. ROBINSON: "Mind and body in Aristotle", *CQ* 28, 1978, 107-124;

(63) H. M. ROBINSON: "Aristotelian dualism", *OSAP* 1, 1983, 123-144;

(64) M. C. NUSSBAUM: "Aristotelian dualism: reply to Howard Robinson", *OSAP* 2, 1984, 197-207.

Ou ele antecipou Brentano? Veja BRENTANO VI.13 e:

(65) J. BARNES: "Aristotle's concept of mind", *PAS* 75, 1971/2, 101-14 = BARNES, SCHOFIELD, SORABJI I.62;

(66) R. SORABJI: "From Aristotle to Brentano: the development of the concept of intentionality", *OSAP* supl. 1991, 227-260.

Ou ele era – como têm dito alguns estudiosos recentes – algum tipo de funcionalista? Veja:

(67) R. SORABJI: "Body and soul in Aristotle", *Phil* 49, 1974, 63-89 = BARNES, SCHOFIELD, SORABJI I.62 = DURRANT VI.20;

(68) A. KOSMAN: "Animals and other beings in Aristotle", in GOTTHELF e LENNOX V.72;

(69) C. SHIELDS: "Body and soul in Aristotle", *OSAP* 6, 1988, 103-138;

(70) H. GRANGER: "Aristotle and the functionalist debate", *Apeiron* 23, 1990, 27-49;

(71) M. F. BURNYEAT: "Is an Aristotelian philosophy of mind still credible?", in NUSSBAUM e RORTY VI.19;

(72) M. C. NUSSBAUM e H. PUTNAM: "Changing Aristotle's mind", in NUSSBAUM e RORTY VI.19;

(73) S. M. COHEN: "Hylomorphism and functionalism", in NUSSBAUM e RORTY VI.19

(74) J. WHITING: "Living bodies", in NUSSBAUM e RORTY VI.19.

Veja também:

(75) P. AUBENQUE: "La définition aristotélicienne de la colère", *Revue philosophique* 147, 1957, 300-317;

(76) M. MANNING: "Materialism, dualism, and functionalism in Aristotle's philosophy of mind", *Apeiron* 19, 1985, 11-23;

(77) B. WILLIAMS: "Hylomorphism", *OSAP* 4, 1986, 186-199;

(78) W. CHARLTON: "Aristotle on the place of mind in nature", in GOTTHELF e LENNOX V.72;

(79) C. SHIELDS: "Soul as subject in Aristotle", *CQ* 38, 1988, 140-40 = PREUS e ANTON I.63;

(80) R. HEINAMAN: "Aristotle and the mind-body problem", *Phron* 35, 1990, 83-102;

(81) M. FREDE: "On Aristotle's conception of the soul", in R. W. SHARPLES (ed.), *Ancient Thinkers and Modern Thinkers* (London, 1993) = NUSSBAUM e RORTY VI.19;

(82) C. SHIELDS: "The homonymy of the body in Aristotle", *AGP* 75, 1993, 1-30.

(D) Percepção

A explicação da percepção dada por Aristóteles é encontrada em *An* B e *Sens*. Para análises gerais, veja:

(83) J. BEARE: *Greek Theories of Elementary Cognition* (Oxford, 1906);

(84) D. W. HAMLYN: "Aristotle's account of aisthêsis in the *de Anima*", *CQ* 9, 1959, 6-16;

(85) F. SOLMSEN: Aisthêsis *in Aristotle and Epicurus* (Amsterdam, 1961) = SOLMSEN I.92;

(86) T. SLAKEY: "Aristotle on sense perception", *PR* 70, 1961, 470-484 = DURRANT VI.20;

(87) T. EBERT: "Aristotle on what is done in perceiving", *Zeitschrift für Philosophische Forschung* 37, 1983, 181-198;

(88) D. MODRAK: *Aristotle – the power of perception* (Chicago, 1987);

(89) T. W. BYNUM: "A new look at Aristotle's theory of perception", *HPQ* 4, 1987, 163-78 = DURRANT VI.20;

(90) R. SORABJI: "Intentionality and physiological process: Aristotle's theory of sense-perception", in NUSSBAUM e RORTY VI.19.

Para a teoria de que perceber envolve receber forma sem matéria, veja, além de BRENTANO VI.13:

(91) G. VAN REIT: "La théorie thomiste de la sensation externe", *RPL* 51, 1953, 374-408;

(92) C. J. F. WILLIAMS e R. J. HIRST: "Form and sensation", *PASS* 39, 1965, 139-172;

(93) O. ANDERSEN: "Aristotle on sense-perception in plants", *Symbolae Osloenses* 51, 1976, 81-85.

Para a ideia de que a percepção envolve um "meio-termo":

(94) A. BARKER: "Aristotle on perception and ratios", *Phron* 25, 1981, 248-266;

(95) J. K. WARD: "Perception and *logos* in *de Anima* II.12", *Apeiron* 8, 1988, 217-233;

Sobre os objetos da percepção e a distinção entre os diferentes sentidos, veja:

(96) I. BLOCK: "Aristotle and the physical object", *PPR* 21, 1960, 93-101;

(97) R. SORABJI: "Aristotle on demarcating the five senses", *PR* 80, 1971, 55-79 = BARNES, SCHOFIELD, SORABJI I.62;

(98) S. CASHDOLLAR: "Aristotle's account of incidental perception", *Phron* 18, 1973, 156-175;

(99) A. GRAESER: "On Aristotle's framework of sensibilia", in LLOYD e OWEN I.45;

(100) T. MAUDLIN: "*De Anima* III.1: is any sense missing?", *Phron* 31, 1986, 51-67;

(101) A. SILVERMAN: "Colour and colour-perception in Aristotle's *de Anima*", *AP* 9, 1989, 271-292;

(102) C. FREELAND: "Aristotle on the sense of touch", in NUSSBAUM e RORTY VI.19.

E sobre a conexão entre percepção e verdade:

(103) I. BLOCK: "Truth and error in Aristotle's theory of sense perception", *PQ* 11, 1961, 1-9;

(104) R. G. TURNBULL: "The role of the 'special sensibles' in the perception theories of Plato and Aristotle", in P. K. MACHAMER e R. G. TURNBULL (eds.), *Studies in Perception* (Columbus, Ohio, 1978);

e KENNY VII.37, SCHOLAR VII.38.

(E) Sentido Comum

A ideia de um "sentido comum" é exposta em *An* Γ e em parte de *Parva Naturalia*. Para algumas discussões, veja:

(105) M. DE CORTE: "Notes exégétiques sur la théorie aristotélicienne du *sensus communis*", *New Scholasticism* 6, 1932, 187-214;

(106) I. BLOCK: "Three German commentators on the individual senses and the common sense in Aristotle", *Phron* 9, 1964, 58-63;

(107) I. BLOCK: "On the commonness of the common sensibles", *Aust. JP* 43, 1965, 189-195;

(108) D. W. HAMLYN: "*Koinê aisthêsis*", *Monist* 52, 1968, 195-209;

(109) A. C. LLOYD: "Was Aristotle's theory of perception Lockean?", *Ratio* 21, 1979, 135-148;

(110) D. MODRAK: "*Koinê aisthêsis* and the discrimination of sensible difference in *de Anima* III.2", *CJP* 11, 1981, 404-423.

Sobre a consciência:

(111) A. C. LLOYD: "*Nosce teipsum* and *conscientia*", *AGP* 46, 1964, 188-200;

(112) C. H. KAHN: "Sensation and consciousness in Aristotle's psychology", *AGP* 48, 1966, 43-81 = BARNES, SCHOFIELD, SORABJI II.62;

(113) J. SCHILLER: "Aristotle and the concept of awareness in sense-perception", *JHP* 13, 1975, 283-296;

(114) A. KOSMAN: "Perceiving that we perceive: 'On the soul', III.2", *PR* 84, 1975, 499-519;

(115) W. F. R. HARDIE: "Concepts of consciousness in Aristotle", *M* 85, 1976, 388-411;

(116) G. B. MATTHEWS: "Consciousness and life", *Phil* 52, 1977, 13-26;

(117) D. MODRAK: "An Aristotelian theory of consciousness?", *AP* 1, 1981, 160-170;

(118) C. OSBORNE: "Aristotle, *de Anima* 3.2: how do we perceive that we perceive?", *CQ* 33, 1983, 401-411;

(119) I. BLOCK: "Aristotle on common sense: a reply to Kahn and others", *AP* 8, 1988, 235-249.

(120) J. BRUNSCHWIG: "Les multiples chemins aristotéliciens de la sensation commune", *Revue de métaphysique et de morale* 96, 1991, 455-474.

(F) **Imaginação**

Para as posições de Aristóteles sobre *phantasia* ou imaginação, que são encontradas principalmente em *An* Γ 3, veja:

(121) K. LYCOS: "Aristotle and Plato on appearing", *M* 73, 1964, 496-514;

(122) D. A. REES: "Aristotle's treatment of *phantasia*", in ANTON e KUSTAS I.72;

(123) M. SCHOFIELD: "Aristotle on the imagination", in LLOYD e OWEN I.45 = BARNES, SCHOFIELD, SORABJI I.62 = NUSSBAUM e RORTY VI.19;

(124) J. ENGMANN: "Imagination and truth in Aristotle", *JHP* 14, 1976, 259-266;

(125) H. J. BLUMENTHAL: "Neoplatonic interpretations of Aristotle on *phantasia*", *RM* 31, 1977, 242-257;

(126) G. WATSON: "*Phantasia* in Aristotle *de Anima* 3.3", *CQ* 32, 1982, 100-113;

(127) J.-L. LABARRIÈRE: "Imagination humaine et imagination animale chez Aristote", *Phron* 29, 1984, 17-49;

(128) D. Modrak: "*Phantasia* reconsidered", *AGP* 68, 1986, 47-96;

(129) G. Watson: *Phantasia in Classical Thought* (Galway, 1988);

(130) M. Wedin: *Mind and Imagination in Aristotle* (New Haven, 1988);

(131) D. Modrak: "Aristotle the first cognitivist?", *Apeiron* 23, 1990, 65-75;

(132) D. Frede: "The cognitive side of *phantasia* in Aristotle", in Nussbaum e Rorty VI.19; e o ensaio 5 em:

(133) M. C. Nussbaum: *Aristotle's de Motu Animalium* (Princeton, 1985²).

Sobre a memória, veja Sorabji VI.10 e:

(134) H. S. Lang: "On memory: Aristotle's corrections of Plato", *JHP* 18, 1980, 379-393;

(135) J. Annas: "Aristotle on memory and the self", *OSAP* 4, 1986, 99-118 = Nussbaum e Rorty VI.19;

e sobre os sonhos, Drossaart Lulofs VI.11, Gallop VI.12 e:

(136) A. Preus: "*On Dreams* 2, 459b24-460a33, and Aristotle's *opsis*", *Phron* 13, 1968, 175-182;

(137) R. K. Sprague: "Aristotle and the metaphysics of sleep", *RM* 31, 1977/8, 230-241;

(138) H. Wijsenbeek-Wijler: *Aristotle's Concept of Soul, Sleep, and Dreams* (Amsterdam, 1978);

(139) M. Lowe: "Aristotle's *de Somno* and his theory of causes", *Phron* 23, 1978, 279-291;

(140) D. Gallop: "Aristotle on sleep, dreams, and final causes", *BACAP* 4, 1988, 257-290.

Há material de pano de fundo no capítulo 4 de

(141) E. R. Dodds: *The Greeks and the Irrational* (Berkeley and Los Angeles, 1963).

(G) Pensamento

Sobre a obscura explicação de Aristóteles sobre a natureza do pensamento (*An* Γ 4-6), veja:

(142) O. HAMELIN: *La théorie de l'intellect d'après Aristote et ses commentateurs* (Paris, 1953);

(143) K. OEHLER: *Die Lehre vom noetischen und dianoetischen Denken bei Platon und Aristoteles* (Munich, 1962);

(144) R. NORMAN: "Aristotle's philosopher-god", *Phron* 14, 1969, 63-74 = BARNES, SCHOFIELD, SORABJI I.62;

(145) J. OWENS: "A note on Aristotle's *de Anima*, III.4, 429b9", *Phoenix* 30, 1976, 107-118;

(146) T. LOWE: "Aristotle on kinds of thinking", *Phron* 28, 1983, 17-30 = DURRANT VI.20;

(147) D. MODRAK: "Aristotle on thinking", *BACAP* 2, 1987, 209-236;

(148) M. V. WEDIN: "Aristotle on the mechanics of thought", *AP* 9, 1989, 67-86 = PREUS e ANTON I.63; e também HINTIKKA IV.115, SORABJI IV.110, cap. 10.

Para o pensamento não discursivo consulte:

(149) S. H. ROSEN: "Thought and touch: a note on Aristotle's *de Anima*", *Phron* 6, 1961, 127-137;

(150) A. C. LLOYD: "Non-discursive thought – an enigma of Greek philosophy", *PAS* 70, 1969/70, 261-274;

(151) E. BERTI: "The intellection of 'indivisibles' according to Aristotle *de Anima* III.6", in LLOYD e OWEN I.45;

(152) P. AUBENQUE: "La pensée du simple dans la *Métaphysique* (Z 17 et Θ 10)", in AUBENQUE I.44;

(153) P. HARVEY: "Aristotle on truth and falsity in *de Anima* 3.6", *JHP* 16, 1978, 219-220;

(154) R. SORABJI: "Myths about non-propositional thought", in SCHOFIELD e NUSSBAUM I.75.

E veja os itens sobre o *nous* em III (O).

A distinção de Aristóteles entre intelecto "ativo" e "passivo", em *An* 5, intrigou seus sucessores imediatos:

(155) E. BARBOTIN: *La théeorie aristotélicienne de l'intellect d'après Théophraste* (Paris, 1954); e deixa comentadores perplexos desde então. Veja:

(156) W. CHARLTON: *Philoponus on Aristotle on the Intellect* (London, 1991);

(157) F. BRENTANO: *Aristoteles' Lehre vom Ursprung des menschlichen Geistes* (Leipzig, 1911) [traduzido parcialmente em NUSSBAUM e RORTY VI.19];

(158) A. MANSION: "L'immortalité de l'âme et de l'intellect d'après Aristote", *RPL* 51, 1953, 444-472;

(159) P. MORAUX: "A propos du *nous thurathen* chez Aristote", in MANSION I.53;

(160) J. RIST: "Notes on Aristotle, *de Anima* III.5", *CP* 61, 1966, 8-20;

(161) S. BERNARDETE: "Aristotle, *de Anima*, III.5", *RM* 28, 1975, 611-622;

(162) J. LEAR: "Active *epistêmê*", in GRAESER I.48;

(163) A. KOSMAN: "What does the maker mind make?", in NUSSBAUM e RORTY VI.19;

(164) M. V. WEDIN: "Tracking Aristotle's *nous*", *in* DURRANT VI.20; e cap. 16 de HARDIE VIII.17.

VII METAFÍSICA

(A) Geral
Para a *Metafísica*, há o comentário de Ross:
(1) W. D. Ross: *Aristotle's Metaphysics* (Oxford, 1923). Além disso, vale a pena consultar:
(2) H. BONITZ: *Aristotelis Metaphysica* (Bonn, 1848/9); e talvez o melhor de todos os comentários gregos da Antiguidade sobre Aristóteles:
(3) ALEXANDRE de Afrodísia: In *Aristotelis Metaphysica Commentaria*, ed. M. HAYDUCK (Berlin, 1891); para o qual, veja:
(4) W. E. DOOLEY: *Alexander of Aphrodisias: On Aristotle, Metaphysics 1* (London, 1989);
(5) W. E. DOOLEY e A. MADIGAN: *Alexander of Aphrodisias: On Aristotle, Metaphysics 2 and 3* (London, 1992).

O Aristóteles da Clarendon inclui:

(6) C. A. KIRWAN: *Aristotle's Metaphysics, Books Gamma, Delta, Epsilon* (Oxford, 1971);

(7) J. ANNAS: *Aristotle's Metaphysics, Books Mu and Nu* (Oxford, 1976).

E note:

(8) M. F. BURNYEAT: *Notes on Zeta* (Oxford, 1979);

(9) M. F. BURNYEAT: *Notes on Eta and Theta* (Oxford, 1984);

(10) M. FREDE e G. PATZIG: *Aristoteles: Metaphysik Z* (Munich, 1988).

O trabalho de Jaeger sobre o desenvolvimento do pensamento de Aristóteles começou com uma monografia sobre a *Metafísica*:

(11) W. W. JAEGER: *Studien zur Entstehungsgeschichte der Metaphysik des Aristoteles* (Berlin, 1912).

As investigações de Jaeger são contempladas em muitos dos itens incluídos neste capítulo. Eles são particularmente influentes em conexão com a teologia de Aristóteles. Veja:

(12) H. VON ARNIM: "Die Entwicklung der aristotelischen Gotteslehre", in HAGER I.65;

(13) W. K. C. GUTHRIE: "The development of Aristotle's theology", *CQ* 27, 1933, 162-171; 28, 1934, 90-98 = HAGER I.65.

Obras gerais sobre a *Metafísica* incluem:

(14) J. OWENS: *The Doctrine of Being in the Aristotelian Metaphysics* (Toronto, 1978³);

(15) P. AUBENQUE: *Le problème de l'être chez Aristote* (Paris, 1966);

e o ensaio de Anscombe em:

(16) G. E. M. ANSCOMBE e P. T. GEACH: *Three Philosophers* (Oxford, 1961).

(B) A Natureza da Metafísica

A "Filosofia Primeira" é caracterizada por Aristóteles como o estudo do "ente enquanto ente" (*metaphysica generalis*) e como "teologia" (*metaphysica specialis*). Os principais textos estão em *Met* A, Γ e E, e têm sido objeto de muita disputa. Veja especialmente OWEN III.44 e:

(17) G. PATZIG: "Theologie und Ontologie in der Metaphysik des Aristoteles", *Kantstudien* 52, 1960/1, 185-205 [tradução para o inglês em BARNES, SCHOFIELD, SORABJI I.62].

Também:

(18) P. MERLAN: *From Platonism to Neoplatonism* (The Hague, 1960²);

(19) A. MANSION: "Philosophie première, philosophie seconde et métaphysique chez Aristote", *RPL* 56, 1958, 165-221;

(20) H. WAGNER: "Zum Problem des aristotelischen Metaphysiksbegriff", *Philosophische Rundschau* 7, 1959, 129-148;

(21) P. MERLAN: "*On hêi on* and *prôtê ousia*: Postskript zu einer Besprechung", *Philosophische Rundschau* 7, 1959, 148-153;

(22) L. ROUTILA: *Die aristotelische Idee der ersten Philosophie*, Acta Philosophica Fennica 23 (Amsterdam, 1969);

(23) V. DECARIE: *L'objet de la métaphysique chez Aristote* (Montreal/ Paris, 1961);

(24) K. OEHLER: "Die systematische Integration der aristotelischen Metaphysik", in AUBENQUE I.44;

(25) M. FREDE: "The unity of general and special metaphysics: Aristotle's conception of metaphysics", in FREDE I.83;

e também IRWIN III.197, caps. 8-9.

Sobre o nome "metafísica" em sua aplicação ao tratado de Aristóteles, veja:

(26) H. REINER: "Die Entstehung und ursprungliche Bedeutung des Namens Metaphysik", *Zeitschrift für Philosophische Forschung* 9, 1955, 77-99;

(27) P. MERLAN: "Metaphysik: Name und Gegenstand", *JHS* 77, 1957, 87-92 = HAGER I.65;

(28) P. MERLAN: "On the terms 'metaphysics' and 'being-qua-being'", *Monist* 52, 1968, 174-194.

(C) A Lei de Contradição

O estudo dos entes em geral inclui o estudo de ao menos algumas leis lógicas. Para a discussão de Aristóteles sobre o princípio de não contradição, em *Met* Γ⁹, veja, além de ANSCOMBE VII.6 e KIRWAN VII.6:

(29) J. LUKASIEWICZ: "On the principle of contradiction in Aristotle", *RM* 95, 1971, 485-509 = BARNES, SCHOFIELD, SORABJI I.62 = MENNE e OFFENBERGER III.15;

(30) R. M. DANCY: *Sense and Contradiction* (Dordrecht, 1975);

(31) B. CASSIN e M. NARCY: *La décision du sens – le livre Gamma de la Métaphysique d'Aristote* (Paris, 1989).

Veja também:

(32) I. HUSIK: "Aristotle on the law of contradiction and the basis of the syllogism", em seu *Philosophical Essays* (Oxford, 1952);

(33) J. BARNES: "The law of contradiction", *PQ* 19, 1969, 302-309;

(34) J. G. STEVENSON: "Aristotle and the principle of contradiction as a law of thought", *Personalist* 56, 1975, 403-413;

(35) H. W. NOONAN: "An argument of Aristotle on non-contradiction", *An* 37, 1977, 163-169;

(36) A. CODE: "Metaphysics and logic", in MATTHEN I.58;

(37) D. S. HUTCHINSON: "L'épistémologie du principe de contradiction chez Aristote", *RPA* 6, 1988, 213-228.

Os argumentos de Aristóteles nesse contexto contra o relativismo são examinados por:

(38) A. J. P. KENNY: "The argument from illusion in Aristotle's *Metaphysics*", *M* 76, 1967, 184-197;

(39) M. C. SCHOLAR: "Aristotle *Metaphysics* IV 1010b1-3", *M* 80, 1971, 266-268;

(40) J. D. G. EVANS: "Aristotle on relativism", *PQ* 24, 1974, 193-203;

(41) F. C. T. MOORE: "Evans off target", *PQ* 25, 1975, 58-69.

(D) Verdade

Met E contém algumas observações sobre a verdade (veja também o último capítulo de Θ). As posições de Aristóteles sobre a verdade são expostas e discutidas em:

---

⁹ Para o livro B, que é uma reunião de *aporiai*, veja III (L).

(42) F. BRENTANO: *The True and the Evident*, trad. R. M. CHISHOLM (London, 1966);

(43) P. WILPERT: "Zum aristotelischen Wahrheitsbegriff", in HAGER I.66;

(44) J. G. DEHNINGER: *"Wahres sein" in der Philosophie des Aristoteles* (Meisenheim, 1961);

(45) K. J. J. HINTIKKA: "Time, truth, and knowledge in ancient Greek philosophy", *APQ* 4, 1967, 1-4 = HINTIKKA I.85;

(46) M. MATTHEN: "Greek ontology and the *is* of truth", *Phron* 28, 1983, 113-135;

(47) C. IMBERT: "La vérité d'Aristote et la vérité de Tarski", in J. BRUNSCHWIG, C. IMBERT e A. ROGER (eds.), *Histoire et Structure: à la mémoire de V. Goldschmidt* (Paris, 1985);

(48) C. J. F. WILLIAMS: "Aristotle and Copernican revolutions", *Phron* 36, 1991, 305-312.

(E) Ser

"Ser", o assunto de que trata a metafísica, é analisada em Γ, Δ e E. Os entes são homônimos ou "ditos de muitas maneiras";[10] para uma exposição completa das posições de Aristóteles, veja:

(49) F. BRENTANO: *On the Several Senses of Being in Aristotle*, trad. R. GEORGE (Berkeley, 1975).

Há um ensaio de:

(50) G. E. L. OWEN: "Aristotle on the snares of ontology", in BAMBROUGH I.70 = OWEN I.90;

e uma série de estudos feitos por Charles Kahn:

(51) C. H. KAHN: "The Greek verb 'to be' and the concept of being", *Foundations of Language* 2, 1966, 245-265;

(52) C. H. KAHN: "On the terminology for *copula* and *existence*", in STERN HOURANI e BROWN I.73;

(53) C. H. KAHN: *The Verb Be in Ancient Greek* (Dordrecht, 1973);

---

[10] Sobre a homonímia em geral, veja III (C).

(54) C. H. KAHN: "On the theory of the verb 'to be'", in M. MUNITZ (ed.) *Logic and Ontology* (New York, 1974);

(55) C. H. KAHN: "Why existence does not emerge as a distinct concept in Greek philosophy", *AGP* 58, 1976, 323-334;

(56) C. H. KAHN: "Retrospect on the verb 'to be' and the concept of being", in KNUUTILLA e HINTIKKA I.81.

Veja também:

(57) R. DANCY: "Aristotle on existence", in KNUUTILLA e HINTIKKA I.81;

(58) K. J. J. HINTIKKA: "The varieties of being in Aristotle", in KNUUTILLA e HINTIKKA I.81.

Sobre algumas questões particulares levantadas por *Met* Δ, veja:

(59) R. A. COBB: "The present progressive periphrasis and the *Metaphysics* of Aristotle", *Phron* 18, 1973, 80-90;

(60) R. K. SPRAGUE: "Aristotelian periphrasis: a reply to Mr. Cobb", *Phron* 20, 1975, 75-76;

(61) J. W. THORP: "Aristotle's use of categories", *Phron* 19, 1974, 238-256;

(62) J. KUNG: "Aristotle on 'being is said in many ways'", *HPQ* 3, 1986, 3-18.

A doutrina de Aristóteles de que ser não é um gênero, e a relação dela com sua posição de que "ser" é homônimo, é discutida por:

(63) J. COOK WILSON: *Statement and Inference* (Oxford, 1926), vol. 2, 696-706;

(64) M. J. LOUX: "Aristotle on the transcendentals", *Phron* 18, 1973, 225-239.

Veja também, sobre questões relacionadas:

(65) D. MORRISON: "The evidence for degrees of being in Aristotle", *CQ* 37, 1987, 382-401;

(66) J. J. CLEARY: *Aristotle on the Many Senses of Priority* (Carbondale, 1988).

(F) **Categorias**

A homonímia do ser é parcialmente exibida pela distinção que Aristóteles traça entre as des "categorias" do ser. Sobre *Cat*, veja ACKRILL III.4 e os comentários antigos:

(67) J. DILLON: *Dexippus: On Aristotle, Categories* (London, 1990);

(68) S. M. COHEN e G. B. MATTHEWS: *Ammonius: On Aristotle, Categories* (London, 1991);

(69) S. K. STRANGE: *Porphyry: On Aristotle, Categories* (London, 1992).

A autenticidade da obra tem sido debatida – veja:

(70) I. HUSIK: "The Categories of Aristotle", em seu *Philosophical Essays* (Oxford, 1952);

(71) L. M. DE RIJK: "The authenticity of Aristotle's Categories", *Mn* 4, 1951, 129-159;

(72) L. M. DE RIJK: *The Place of the Categories of Being m Aristotle's Philosophy* (Assen, 1952);

(73) M. FREDE: "Titel, Einheit und Echtheit der aristotelishen Kategorienschrif", in MORAUX e WIESNER I.47.

A origem e caráter geral da doutrina das categorias de Aristóteles têm sido amplamente debatidas. Duas notáveis contribuições são:

(74) F. A. TRENDLENBURG: *Geschichte der Kategorienlehre* (Hildesheim, 1846);

(75) H. BONITZ: *Über die Kategorien des Aristoteles* (Vienna, 1853).

Veja também:

(76) C. M. GILLESPIE: "The Aristotelian Categories", *CQ* 19, 1925, 75-84 = HAGER I.66 = BARNES, SCHOFIELD, SORABJI I.62;

(77) K. VON FRITZ: "Der Ursprung der aristotelischen Kategorienlehre", *AGP* 40, 1931, 449-496 = HAGER I.66;

(78) C. H. KAHN: "Questions and categories", in H. HIZ (ed.), *Ques-tions* (Dordrecht, 1978); e MERLAN III.62.

A teoria das categorias inspirou a influente tese de:

(79) G. RYLE: "Categories", em seu *Collected Papers*, vol.2 (London, 1971).

Para algumas das questões filosóficas, veja:

(80) J. M. E. MORAVCSIK: "Aristotle's theory of categories", in MORAVCSIK I.61;

(81) A. EDEL: "Aristotle's *Categories* and the nature of categorial theory", *RM* 29, 1975, 45-65;

(82) M. FREDE: "Categories in Aristotle", in O'MEARA I.52 = FREDE I.83; e os *papers* em:

(83) P. AUBENQUE (ed.): *Concepts et catégories dans la pensée antique* (Paris, 1980).

Sobre categorias particulares, veja:[11]

(84) D. O'BRIEN: "Aristote et la catégorie de quantité", *Les études philosophiques* 1, 1978, 25-40;

(85) M. MIGNUCCI: "Aristotle's definition of relatives in *Cat.* 7", *Phron* 31, 1986, 101-127.

Sobre o tratamento das categorias nos *Tópicos*, veja:

(86) S. MANSION: "Notes sur la doctrine des catégories dans les *Topiques*", OWEN I.41 = MANSION I.88.

O caráter dos indivíduos em categorias diferentes da de substância foi explorado em:

(87) G. E. L. OWEN: "Inherence", *Phron* 10, 1965, 97-105 = HAGER I.66 = OWEN I.90; um ensaio que provocou um bom tanto de discussão:

(88) G. B. MATTHEWS e S. M. COHEN: "The one and the many", *RM* 21, 1967/8, 630-655;

(89) R. E. ALLEN: "Individual properties in Aristotle's *Categories*", *Phron* 14, 1969, 31-39;

(90) B. JONES: "Individuals in Aristotle's *Categories*", *Phron* 17, 1972, 104-123;

(91) J. ANNAS: "Individuals in Aristotle's *Categories*: two queries", *Phron* 19, 1974, 146-152;

(92) R. HEINAMAN: "Non-substantial individuals in the *Categories*", *Phron* 26, 1981, 295-307;

(93) M. FREDE: "Individuals in Aristotle", in FREDE I.83;

(94) G. B. MATTHEWS: "The enigma of *Cat* 1a20ff and why it matters", *Apeiron* 22, 1989, 91-104;

---

[11] Para a categoria de substância, veja abaixo, III (G).

(95) D. T. DEVEREUX: "Inherence and primary substance in Aristotle's *Categories*", AP 12, 1992, 113-131;

(96) M. V. WEDIN: "Non-substantial individuals", *Phron* 38, 1993, 37-65.

(G) Substância

A primeira categoria, e o modo primário de ser, é a substância, para a qual *Met* Z e H são centrais. Veja os comentários em BURNYEAT VII.8 e VII.9, e de FREDE e PATZIG VII.10. Há uma compilação de ensaios:

(97) M. L. O'HARA (ed.): *Substances and Things: Aristotle's Doctrine of Physical Substance in Recent Essays* (Washington, 1982); e um número de livros recentes:

(98) M. L. GILL: *Aristotle on Substance* (Princeton, 1989);

(99) C. WITT: *Substance and Essence in Aristotle* (Ithaca, 1989);

(100) F. A. LEWIS: *Substance and Predication in Aristotle* (Cambridge, 1991);

(101) M. J. LOUX: *Primary* Ousia: *an Essay on Aristotle's* Metaphysics Z *and* K (Ithaca, 1991).

Sobre o tratamento da noção de substância em *Cat*, veja:

(102) C. L. STOUGH: "Language and ontology in Aristotle's *Categories*", *JHP* 10, 1972, 261-272;

(103) R. E. ALLEN: "Substance and predication in Aristotle's *Categories*", in LEE, MOURELATOS e RORTY I.74;

(104) R. M. DANCY: "On some of Aristotle's first thoughts about substances", *PR* 84, 1975, 338-373;

(105) B. JONES: "An introduction to the first five chapters of Aristotle's *Categories*", *Phron* 20, 1975, 146-172;

(106) J. DRISCOLL: "The Platonic ancestry of primary substance", *Phron* 24, 1979, 253-269.

Uma questão é se a ontologia de *Cat* é a mesma que, ou até mesmo consistente com, a de *Met*. Veja:

(107) D. W. GRAHAM: *Aristotle's Two Systems* (Oxford, 1987).

Sobre substância em *Met*, veja, além de muitos dos estudos mencionados nas três próximas seções:

(108) E. D. HARTER: "Aristotle on primary *ousia*", *AGP* 57, 1975, 1-20;

(109) M. FURTH: "Transtemporal stability in Aristotelian substances", *JP* 75, 1978, 624-646;

(110) G. E. L. OWEN: "Particular and general", *PAS* 99, 1978/9, 1-21 = OWEN I.90;

(111) M. FREDE: "Substance in Aristotle's *Metaphysics*", in GOTTHELF I.56 = FREDE I.83;

(112) L. A. KOSMAN: "Substance, being, and *energeia*", *OSAP* 2, 1984, 121-149;

(113) M. L. GILL: "Aristotle on matters of life and death", *BACAP* 4, 1988, 187-205;

(114) M. FREDE: "The definition of sensible substances in *Metaphysics* Z", in DEVEREUX e PELLEGRIN I.59 e IRWIN III.197, caps.4, 10.

(H) Essência

Substâncias podem ser definidas, e definições enunciam suas essências.[12] Aristóteles elabora sua concepção de essência em *Met* Z, 4-6 e 10-12. Há uma útil monografia filológica:

(115) C. ARPE: *Das ti ên einai bei Aristoteles* (Hamburg, 1938).

Entre as numerosas discussões filosóficas, veja SORABJI IV.72, parte IV, WITT VII.99, e:

(116) I. M. COPI: "Essence and accident", *JP* 51, 1954, 706-719;

(117) C. A. KIRWAN: "How strong are the objections to essence?", *PAS* 71, 1970/1, 43-59;

(118) M. J. CRESSWELL: "Essence and existence in Plato and Aristotle", *Theoria* 37, 1971, 91-113;

(119) N. P. WHITE: "Origins of Aristotle's essentialism", *RM* 26, 1972/3, 57-85;

(120) B. BRODY: "Why settle for anything less than good, old-fashioned Aristotelian essentialism?", *Nous* 7, 1973, 351-365;

---

[12] Sobre definição, veja III (N).

(121) M. J. WOODS: "Substance and essence in Aristotle", *PAS* 75, 1974/5, 167-180;

(122) M. DURRANT: "Essence and accident", *M* 84, 1975, 595-600;

(123) J. KUNG: "Aristotle on essence and explanation", *PhSt* 31, 1977, 361-383;

(124) S. M. COHEN: "Essentialism in Aristotle", *RM* 31, 1977/8, 387-405;

(125) A. C. LLOYD: "Necessity and essence in the *Posterior Analytics*", in BERTI I.46;

(126) C. WITT: "Aristotelian essentialism revisited", *JHP* 27, 1989, 285-253;

(127) G. B. MATTHEWS: "Aristotelian essentialism", *PPR* 51, 1990, 251-262.

Para a essência nas obras biológicas, veja:

(128) D. M. BALME: "Aristotle's biology was not essentialist", *AGP* 62, 1980, 1-12 = GOTTHELF e LENNOX V.72;

(129) A. GOTTHELF: "Notes towards a study of substance and essence in Aristotle's *Parts of Animals* ii-iv", in GOTTHELF I.56.

(I) Forma

Substâncias são compostas de matéria e forma, *hulê* e *eidos*.[13] Sobre a noção de forma, veja:

(130) G. PATZIG: "Bemerkungen über den Begriff der Form", *Archiv für Philosophie* 9, 1959, 93-111;

(131) E. S. HARING: "Substantial form in Aristotle's *Metaphysics* Z 1", *RM* 10, 1956-1957, 308-332, 482-501, 698-713;

(132) D. C. WILLIAMS: "Form and matter", *PR* 67, 1958, 291-312, 499-521;

(133) D. W. HAMLYN: "Aristotle on form", in GOTTHELF I.56;

(134) C. WITT: "Form, reproduction, and inherited characteristics in Aristotle's *de Generatione Animalium*", *Phron* 30, 1985, 46-57;

---

[13] Note também vários dos itens em VI (B) e (C).

(135) C WITT: "Hylomorphism in Aristotle", *JP* 84, 1987, 673-679.

Os seguintes itens concentram-se na relação das ideias de forma e substância com a de universal:

(136) J. A. SMITH: "*Tode ti* in Aristotle", *CR* 35, 1921, 19;

(137) A. R. LACEY: "*Ousia* and form in Aristotle", *Phron* 10, 1965, 54-69;

(138) M. J. WOODS: "Problems in *Metaphysics* Z, chapter 13", in MORAVCSIK I.61;

(139) J. H. LESHER: "Aristotle on form, substance, and universals: a dilemma", *Phron* 16, 1971, 169-178;

(140) R. D. SYKES: "Form in Aristotle", *Phil* 50, 1975, 311-331;

(141) A. CODE: "No universal is a substance: an interpretation of *Metaphysics* Z 13, 1038b8-15", *Paideia* 7, 1978, 65-74;

(142) M. J. LOUX: "Form, species, and predication in *Metaphysics* Z, H, and ", *M* 88, 1979, 1-23;

(143) A. C. LLOYD: *Form and Universal in Aristotle* (Liverpool, 1981);

(144) F. LEWIS: "Form and predication in Aristotle's Metaphysics", in BOGEN e MCQUIRE I.76;

(145) M. FURTH: "Aristotle on the unity of form", *BACAP* 2, 1987, 209-236;

(146) M. J. WOODS: "Form, species, and predication in Aristotle", *Synthèse* 96, 1993, 399-415.

Veja também:

(147) G. FINE: "Plato and Aristotle on form and substance", *PCPS* 29, 1983, 23-47;

(148) C. SHIELDS: "The generation of form in Aristotle", *HPQ* 7, 1990, 367-390.

(J) Matéria

Uma enorme discussão do conceito de matéria de Aristóteles é oferecida por:

(149) H. HAPP: *Hyle: Studien zum aristotelischen Materie Begriff* (Berlin, 1971).

Uma discussão mais antiga, clássica, é a de:

(150) C. BAEUMKER: *Das Problem der Materie in der griechischen Philosophie* (Munster, 1890).

Sobre a palavra "*hulê*", veja:

(151) F. SOLMSEN: "Aristotle's word for 'matter'", in SOLMSEN I.92.

Há uma compilação de ensaios:

(152) E. MCMULLIN (ed.): *The Concept of Matter in Greek and Medieval Philosophy* (Notre Dame, 1963).

Diversos aspectos dos pensamentos de Aristóteles sobre a matéria são discutidos por:[14]

(153) R. RORTY: "Genus as matter", in LEE, MOURELATOS e RORTY I.74;

(154) V. CHAPPELL: "Aristotle's conception of matter", *JP* 70, 1973, 679-696;

(155) P. SUPPES: "Aristotle's conception of matter and its relation to modern concepts of matter", *Synthèse* 28, 1974, 27-50;

(156) M. GRENE: "Is genus to species as matter to form?", *Synthèse* 28, 1974, 51-69;

(157) M. J. WHITE: "Genos as matter in Aristotle?", *International Studies in Philosophy* 7, 1975, 41-56;

(158) F. D. MILLER: "Aristotle's use of matter", *Paideia* 7, 1978, 105-119;

(159) S. MANSION: "La notion de la matière en *Métaphysique*, Z 10-11", in AUBENQUE I.44 = MANSION I.88;

(160) J. BRUNSCHWIG: "La forme, prédicat de la matière?", in AUBENQUE I.44;

(161) J. KUNG: "Can substance be predicted of matter?", *AGP* 60, 1978, 140-159;

(162) S. M. COHEN: "Aristotle's doctrine of material substrate", *PR* 93, 1984, 171-194;

(163) D. W. GRAHAM: "Aristotle's discovery of matter", *AGP* 66, 1984, 37-51;

---

[14] Veja também IV (C), sobre a mudança.

(164) C. PAGE: "Predicating forms of matter in Aristotle's *Metaphysics*", *RM* 39, 1985, 57-82;

(165) K. C. COOK: "The underlying thing, the underlying nature, and matter", *Apeiron* 22, 1989, 105-119.

A questão sobre se Aristóteles acreditava em "matéria-prima", um único substrato último de toda mudança, tem sido muito debatida. Os textos primários são *Met* Z 3 e *GC*. Veja:

(166) H. R. KING: "Aristotle without *prima materia*", *JHI* 17, 1956, 370-389;

(167) F. SOLMSEN: "Aristotle and prime matter", *JHI* 19, 1958, 243-252 = SOLMSEN I.92.

E depois CHARLTON, em um apêndice a IV.7, intitulado "Did Aristotle Believe in Prime Matter?", e:

(168) H. M. ROBINSON: "Prime matter in Aristotle", *Phron* 19, 1974, 168-188;

(169) W. CHARLTON: "Prime matter: a rejoinder", *Phron* 28, 1983, 197-211;

(170) D. GRAHAM: "The paradox of prime matter", *JHP* 25, 1987, 475-490.

Veja também:

(171) M. SCHOFIELD: "*Metaph.* Z 3: some suggestions", *Phron* 17, 1972, 97-101;

(172) D. STAHL: "Stripped away: some contemporary obscurities surrounding *Metaphysics* Z 3 (1029a10-26)", *Phron* 26, 1981, 177-180.

Algumas apreciações filosóficas do conceito de matéria podem ser encontradas em:

(173) M. MACDONALD: "The philosopher's use of analogy", in A. FLEW (ed.), *Logic and Language* (1ª série) (Oxford, 1952);

(174) V. CHAPPELL: "Stuff and things", *PAS* 71, 1970-71, 61-76;

(175) H. M. CARTWRIGHT: "Chappell on stuff and things", *Nous* 6, 1972, 369-377;

(176) K. FINE: "Aristotle on matter", *M* 101, 1992, 35-57.

(K) Individuação

A questão sobre se é a matéria ou a forma que constitui o princípio de individuação de Aristóteles tem sido muito discutida. Veja:

(177) J. LUKASIEWICZ, G. E. M. ANSCOMBE e K. POPPER: "The principle of individuation", *PASS* 27, 1953, 69-120 = BARNES, SCHOFIELD, SORABJI I.62;

(178) A. C. LLOYD: "Aristotle's principle of individuation", *M* 69, 1970, 519-529;

(179) W. CHARLTON: "Aristotle and the principle of individuation", *Phron* 17, 1972, 239-249;

(180) E. REGIS: "Aristotle's principle of individuation", *Phron* 21, 1976, 157-166.

A discussão gira em torno principalmente do problema sobre se Aristóteles sanciona ou não "forma individuais". Sobre isso, veja FREDE e PATZIG VII.10, e:

(181) W. SELLARS: "Substance and form in Aristotle", *JP* 54, 1957, 688-699;

(182) R. ALBRITTON: "Forms of particular substances in Aristotle's *Metaphysics*", *JP* 54, 1957, 699-708;

(183) S. M. COHEN: "Individual and essence in Aristotle's *Metaphysics*", *Paideia* 7, 1978, 75-85;

(184) R. BURGER: "Is each thing the same as its essence?", RM 41, 1987/8, 53-76;

(185) M. FURTH: "Specific and individual form in Aristotle", in DEVEREUX e PELLEGRIN I.59;

(186) M. J. WOODS: "Particular forms revisited", *Phron* 26, 1991, 75-87;

(187) M. J. WOODS: "Universals and particular forms in Aristotle's *Metaphysics*", *OSAP* supl. 1991, 41-56;

(188) M. V. WEDIN: "Partisanship in *Metaphysics* Z", *AP* 11, 1991, 361-385.

(L) Identidade

O livro Θ discute a atualidade e a potencialidade: leituras sobre estes tópicos são fornecidas indiretamente em III (G), VII (H) e VIII (N). O livro I lida com a "unicidade" – unidade e identidade. Os pensamentos de Aristóteles sobre a identidade foram examinados por:

(189) N. WHITE: "Aristotle on sameness and oneness", *PR* 80, 1971, 177-197;

(190) F. D. MILLER: "Did Aristotle have a concept of identity?", *PR* 82, 1973, 483-490;

(191) J. M. E. MORAVCSIK: "The discernibility of identicals", *JP* 73, 1976, 587-598;

(192) F. J. PELLETIER: "Sameness and referential opacity in Aristotle", *Nous* 13, 1979, 283-311;

(193) G. B. MATTHEWS: "Accidental unities", in SCHOFIELD e NUSSBAUM I.76;

(194) F. A. LEWIS: "Accidental sameness in Aristotle", *PhSt* 42, 1985, 1-36;

(195) N. WHITE: "Identity, modal individuation, and matter in Aristotle", *Mid-West Studies in Philosophy* 11, 1986, 475-494;

(196) M. MIGNUCCI: "Puzzles about identity", in WIESNER I.57.

Veja também:

(197) C. J. F. WILLIAMS: "Aristotle's theory of descriptions", *PR* 94, 1985, 63-80;

(198) L. SPELLMAN: "Referential opacity in Aristotle", *HPQ* 7, 1990, 17-31.

(M) Teologia

Da mesma maneira como a substância é primária entre as categorias, os entes divinos são primários entre as substâncias (veja, especialmente, PATZIG IV.17). O livro Λ contém as reflexões teológicas de Aristóteles. Veja:

(199) W. J. VERDENIUS: "Traditional and personal elements in Aristotle's religion", *Phron* 5, 1960, 56-70;

(200) H. J. KRÄMER: *Der Ursprung der Geistmetaphysik* (Amsterdam, 1967);

(201) H. J. KRÄMER: "Grundfragen der aristotelischen Theologie", *Theologie und Philosophie* 44, 1969, 363-382, 481-505;

(202) J. VUILLEMIN: *De la logique à la théologie* (Paris, 1967);

com uma recensão feita por:

(203) J. BRUNSCHWIG: "Le Dieu d'Aristote au tribunal de la logique", *L'âge de la science* 3, 1972, 323-343.

As entidades divinas são "motores imóveis". Os argumentos de Aristóteles em favor dos motores imóveis, em Λ e também nos últimos livros de *Phys*, foram examinados por:

(204) P. MERLAN: "Aristotle's unmoved movers", *Traditio* 4, 1946, 1-30;

(205) P. MERLAN: *Studies in Epicurus and Aristotle* (Wiesbaden, 1960), cap. 3;

(206) K. OEHLER: "Der Beweis für den Unbewegten Beweger bei Aristoteles", *Phg* 99, 1955, 70-92;

(207) H. J. EASTERLING: "The unmoved mover in early Aristotle", *Phron* 16, 1970, 252-265;

(208) H. S. LANG: "God or soul: the problem of the first mover in *Physics* VII", *Paideia* 7, 1978, 86-104;

(209) H. S. LANG: "Aristotle's immaterial mover and the problem of location in *Physics* VIII", *RM* 35, 1981/2, 321-335;

(210) A. KOSMAN: "Divine being and divine thinking in *Metaphysics* Lambda", *BACAP* 3, 1987, 165-188;

(211) J. L. ACKRILL: "Change and Aristotle's theological argument", *OSAP* supl. 1991, 57-66;

(212) M. L. GILL: "Aristotle on self-motion", in JUDSON IV.15.

Veja também:

(213) D. FREDE: "Theophrasts Kritik am unbewegten Beweger des Aristoteles", *Phron* 16, 1970, 65-79;

(214) D. T. DEVEREUX: "The relationship between Theophrastus" *Metaphysics* and Aristotle's *Metaphysics* Lambda", in FORTENBAUGH e SHARPLES I.82.

(N) **Filosofia da Matemática**

A filosofia da matemática de Aristóteles está contida, em sua maior parte, em *Met* M e N, sobre os quais, veja ANNAS VII.7. Sobre "abstração", veja:

(215) M. D. PHILIPPE: "Abstraction, addition, séparation chez Aristote", *Revue Thomiste* 48, 1948, 461-479;

(216) J. CLEARY: "On the terminology of abstraction in Aristotle", *Phron* 30, 1985, 13-45.

Mais especificamente sobre a natureza dos objetos matemáticos:

(217) I. MUELLER: "Aristotle on geometrical objects", *AGP* 52, 1970, 156-171 = BARNES, SCHOFIELD, SORABJI I.62;

(218) S. GAUKROGER: "Aristotle on intelligible matter", *Phron* 25, 1980, 187-197;

(219) J. ANNAS: "Die Gegenstände der Mathematik bei Aristoteles", in GRAESER I.48;

(220) I. MUELLER: "Aristotle's approach to the problem of principles in *Met* M and N", in GRAESER I.48;

(221) E. HUSSEY: "Aristotle on mathematical objects", in I. MUELLER (ed.) *PERI TΩN MAΘHMATΩN* (Edmonton, 1991);

(222) M. J. WHITE: "The metaphysical location of Aristotle's *mathêmatika*", *Phron* 38, 1993, 166-182.

E sobre filosofia da matemática em geral, bem como LEAR IV. 118:

(223) J. LEAR: "Aristotle's philosophy of mathematics", *PR* 91, 1982, 161-192;

(224) J. BARNES: "Aristotle's arithmetic", *RPA* 3, 1985, 97-133;

(225) M. MIGNUCCI: "Aristotelian arithmetic", in GRAESER I.48.

Sobre o pano de fundo platônico, veja ANNAS VII.7 e:

(226) J. COOK WILSON: "On the Platonist doctrine of the *asumblêtoi arithmoi*", *CR* 18, 1904, 247-260;

(227) M. F. BURNYEAT: "Platonism and mathematics: a prelude to discussion", in GRAESER I.48.

VIII ÉTICA

(A) Geral

O cometário mais completo e, em muitos respeitos, mais útil sobre a *EN* está em francês:

(1) R. A. GAUTHIER e J. Y. JOLIF: *Aristote: l'Ethique à Nicomaque* (Louvain, 1970);

leitores do inglês encontrarão muito que é de valor em três comentários mais antigos:

(2) A. GRANT: *The Ethics of Aristotle* (London, 1885);

(3) J. A. STEWART: *Notes on the Nicomachean Ethics of Aristotle* (Oxford, 1892);

(4) J. BURNET: *The Ethics of Aristotle* (London, 1900).

Veja também:

(5) H. H. JOACHIM: *Aristotle: The Nicomachean Ethics* (Oxford, 1955); e as notas a:

(6) J. L. ACKRILL: *Aristotle's Ethics* (London, 1973);

(7) T. H. IRWIN: *Aristotle's Ethica Nicomachea* (Indianapolis, 1986).

Há um comentário alemão escrito por:

(8) F. DIRLMEIER: *Aristoteles: Nikomachische Ethik* (Berlin, 1966).

Quatro comentários sobre livros individuais são: RODIER VIII.121; JACKSON, VIII.156; GREENWOOD VIII.241; FESTUGIÈRE VIII.269.

Sobre *EE*, veja, além de BURNET VIII.4, o volume da Clarendon:

(9) M. J. WOODS: *Aristotle's Eudemian Ethics Books I, II and VIII* (Oxford, 1992²); e:

(10) F. DIRLMEIER: *Aristoteles: Eudemische Ethik* (Berlin, 1962).

Note também:

(11) D. HARLFINGER: "Die Ueberlieferungsgeschichte der Eudemischen Ethik", *in* MORAUX I.43.

Sobre *MM*, veja:

(12) F. DIRLMEIER: *Aristoteles: Magna Moralia* (Berlin, 1968).

Em seu comentário, Dirlmeier defende a autenticidade da obra, como faz:

(13) J. M. COOPER: "The *Magna Moralia* and Aristotle's moral philosophy", AJP 94, 1973, 327-349 = MÜLLER-GOLDINGEN VIII.39.

A posição oposta é defendida por:

(14) F. DIRLMEIER: "Die Zeit der 'Grossen Ethik'", *RhM* 88, 1939, 214-243 = MÜLLER-GOLDINGEN VIII.39;

(15) D. J. ALLAN: "*Magna Moralia* and *Nicomachean Ethics*", *JHS* 77, 1957, 7-11;

(16) C. J. Rowe: "Reply to John Cooper on the *Magna Moralia*", *AJP* 96, 1975, 160-172 = Müller-Goldingen VIII.39.

Um útil *Companion* à *EN* é fornecido por:

(17) W. F. R. Hardie: *Aristotle's Ethical Theory* (Oxford, 1980²).

Há curtas introduções em:

(18) R. A. Gauthier: *La morale d'Aristote* (Paris, 1963);

(19) J. O. Urmson: *Aristotle's Ethics* (Oxford, 1987).

Entre os estudos gerais das teorias éticas de Aristóteles, consulte:

(20) R. W. Sharples: *Alexander of Aphrodisias: Ethical Problems* (London, 1990);

(21) M. Wittmann: *Die Ethik des Aristoteles* (Regensburg, 1921);

(22) R. Stark: *Aristotelesstudien* (Munich, 19722);

(23) J. M. Cooper: *Reason and Human Good in Aristotle* (Cambridge, Mass., 1975);

(24) T. Engberg-Pedersen: *Aristotle's Theory of Moral Insight* (Oxford 1983);

(25) N. Sherman: *The Fabric of Character* (Oxford, 1988);

(26) R. Kraut: *Aristotle on the Human Good* (Princeton, 1989);

(27) S. Broadie: *Ethics with Aristotle* (New York, 1991).

Veja também:

(28) J. Barnes: introdução a *Aristotle: Nicomachean Ethics* (Harmondsworth, 1976);

(29) T. H. Irwin: "Aristotle's conception of morality", *BACAP* 1, 1985, 115-144; e as seções relevantes de:

(30) J. Annas: *The Morality of Happiness* (New York, 1993).

Para um pouco do pano de fundo histórico:

(31) K. J. Dover: *Greek Popular Morality at the Time of Plato and Aristotle* (Oxford, 1974).

Sobre o desenvolvimento do pensamento de Aristóteles a respeito da ética, veja:

(32) H. Flashar: "The critique of Plato's theory of Ideas in Aristotle's *Ethics*", in Barnes, Schofield, Sorabji I.62 = Müller-Goldingen VIII.39;

(33) C. J. Rowe: *The Eudemian and Nicomachean Ethics – a study in the development of Aristotle's thought* (Cambridge, 1971);

(34) A. von Fragstein: *Studien zur Ethik des Aristoteles* (Amsterdam, 1974);

(35) A. J. P. Kenny: *The Aristotelian Ethics* (Oxford, 1978).

Há compilações de *papers* em Moraux I.43; vol. 2 de Barnes, Schofield, Sorabji I.62; Hager I.67; e:

(36) J. J. Walsh e H. L. Shapiro: *Aristotle's Ethics* (Belmont, Ca., 1967);

(37) A. O. Rorty (ed.): *Essays on Aristotle's Ethics* (Berkeley, 1980);

(38) S. Panagiotou (ed.): *Justice, Law, and Method in Plato and Aristotle* (Edmonton, 1987);

(39) C. Müller-Goldingen: *Schriften zur aristotelischen Ethik* (Hildesheim, 1988);

(40) A. Alberti (ed.): *Studi sull'etica di Aristotele* (Naples, 1990);

(41) J. P. Anton e A. Preus (eds.): *Aristotle's Ethics: Essays in Ancient Greek Philosophy* 5 (Albany, 1991).

(B) Método em Ética

Há reflexões dispersas sobre método em *EN* A e H, e em *EE* A. Sobre o método de Aristóteles em ética, veja Owen III.193 e:

(42) W. W. Jaeger: "Aristotle's use of medicine as a model of method in his ethics", *JHS* 77, 1957, 54-61 = Müller-Goldingen VIII.39;

(43) D. J. Allan: "Quasi-mathematical method in the *Eudemian Ethics*", in Mansion I.40 = Müller-Goldingen VIII.39;

(44) G. E. R. Lloyd: "The role of medical and biological analogies in Aristotle's ethics", *Phron* 13, 1968, 68-83 = Müller-Goldingen VIII.39;

(45) J. D. Monan: *Moral Knowledge and its Methodology in Aristotle* (Oxford, 1968);

(46) T. H. Irwin: "Aristotle's method in ethics", in O'Meara I.52;

(47) T. H. Irwin: "First principles in Aristotle's *Ethics*", *Mid-West Studies in Philosophy* 3, 1978, 252-272;

(48) J. Barnes: "Aristotle and the methods of ethics", *RIP* 34, 1980, 490-511 = Müller-Goldingen VIII.39;

(49) T. H. IRWIN: "The metaphysical and psychological basis of Aristotle's *Ethics*", in RORTY VIII.37;

(50) T. D. ROCHE: "On the alleged metaphysical foundation of Aristotle's *Ethics*", *AP* 8, 1988, 49-62;

(51) S. KLEIN: "An analysis and defence of Aristotle's method in *Nicomachean Ethics* I and X", *AP* 8, 1988, 63-72;

(52) E. BERTI: "Il metodo della filosofia pratica secondo Aristotele", in ALBERTI VIII.40;

(53) R. BOLTON: "The objectivity of ethics", in ANTON e PREUS VIII.41;

(54) S. KLEIN: "The value of *endoxa* in ethical argument", *HPQ* 9, 1992, 141-157;

(55) T. D. ROCHE: "In defence of an alternative view of the foundation of Aristotle's moral theory", *Phron* 37, 1992, 46-84;

(56) J. E. BARRETT: "The moral status of 'the many' in Aristotle", *JHP* 31, 1993, 171-190.

(C) **Epistemologia Moral**

Aristóteles não tem uma discussão continuada da natureza do conhecimento moral, mas suas obras fornecem evidências dispersas em favor de uma posição, ou um conjunto de posições. Elas são discutidas por ENGBERG-PEDERSON VIII.24, MONAN VIII.45 e:

(57) E. H. OLMSTED: "The 'moral sense' aspect of Aristotle's ethical theory", *AJP* 69, 1948, 42-61 = MÜLLER-GOLDINGEN VIII.39;

(58) W. W. FORTENBAUGH: "Aristotle's conception of moral virtue and its perceptive role", *TAPA* 95, 1964, 77-87;

(59) M. J. WOODS: "Intuition and perception in Aristotle's *Ethics*", *OSAP* 4, 1986, 145-166;

(60) R. B. LOUDEN: "Aristotle's practical particularism", *AP* 6, 1986, 123-138 = ANTON e PREUS VIII.41;

(61) R. HURSTHOUSE: "Moral habituation", *OSAP* 6, 1988, 201-219;

(62) C. D.C. REEVE: *Practices of Reason* (Oxford, 1992);

(63) R. J. HANKINSON: "Perception and maturation: Aristotle on the moral imagination", *Dialogue* 29, 1990, 41-63.

(D) Bondade

As críticas de Aristóteles à Forma do Bem de Platão e suas próprias observações sobre as diferentes maneiras pelas quais as coisas são chamadas boas (*EN* A e *EE* A) ocasionaram uma quantidade de comentários. Veja FLASHAR VIII.32 e:

(64) D. J. ALLAN: "Aristotle's criticism of Platonic doctrine concerning goodness and the good", *PAS* 64, 1963/4, 273-286;

(65) W. W. FORTENBAUGH: "*Nicomachean Ethics* I, 1096b26-9", *Phron* 11, 1966, 185-194.

(66) A. KOSMAN: "Predicating the good", *Phron* 13, 1968, 171-174;

(67) D. WIGGINS: "Sentence-sense, word-sense, and difference of word-sense", in D. D. STEINBERG e L. A. JACOBOVITS (eds.), *Semantics* (Cambridge, 1971);

(68) J. L. ACKRILL: "Aristotle on 'good' and the categories", in STERN, HOURANI E BROWN I.73 = BARNES, SCHOFIELD, SORABJI I.62;
e OWEN III.44, BERTI III.47. Note também os itens em II (B).

A explicação de "o bem para o homem" dada por Aristóteles funda-se em sua noção de *ergon* ou "função" do homem. Veja:

(69) P. GLASSEN: "A fallacy in Aristotle's argument about the good", *PQ* 7, 1957, 319-322;

(70) R. SORABJI: "Function", *PQ* 14, 1964, 289-302;

(71) W. F. R. HARDIE: "The final good in Aristotle's *Ethics*", *Phil* 40, 1965, 277-295;

(72) J. M. RIST: "Aristotle: the value of man and the origin of morality", *CJP* 4, 1974, 1-21;

(73) B. SUITS: "Aristotle on the function of man", *CJP* 4, 1974, 23-40;

(74) W. F. R. HARDIE: "Aristotle on the best life for man", *Phil* 54, 1979, 35-50;

(75) K. V. WILKES: "The good man and the good for man in Aristotle's *Ethics*", *M* 87, 1978, 553-571 = RORTY VIII.37;

(76) R. KRAUT: "The peculiar function of human beings", *CJP* 9, 1979/ 53-62;

(77) M. WEDIN: "Aristotle on the good for man", *M* 90, 1981, 243-262;

(78) C. M. KORSGAARD: "Aristotle on function and virtue", *HPQ* 3, 1986, 259-279;

(79) J. E. WHITING: "Aristotle's function argument: a defence", *AP* 8, 1988, 33-48;

(80) A. GOMEZ-LOBO: "The *ergon* inference", Phron 34, 1989, 170-184 = ANTON e PREUS VIII.41;

(81) D. ACHTENBERG: "The role of the *ergon* argument in Aristotle's Nicomachean *Ethics*", *AP* 9, 1989, 37-47 = ANTON e PREUS VIII.41.

Há análises da concepção aristotélica da bondade feitas por:

(82) B. A. O. WILLIAMS: "Aristotle on the good – a formal sketch", *PQ* 12, 1962, 289-296;

(83) C. A. KIRWAN: "Logic and the good in Aristotle", *PQ* 17, 1967, 97-114;

(84) S. MACDONALD: "Aristotle and the homonymy of the good", *AGP* 71, 1989, 150-174;

(85) H. RICHARDSON: "Degrees of finality and the highest good in Aristotle", *JHP* 30, 1992, 327-352;

(86) M. PAKULUK: "Friendship and the comparison of goods", *Phron* 37, 1992, 111-130.

Veja também:

(87) D. J. ALLAN: "The fine and the good in the *Eudemian Ethics*", in MORAUX I.43.

Para um pouco da discussão filosófica acerca das questões que subjazem à posição de Aristóteles, veja:

(88) P. T. GEACH: "Good and evil", *An* 17, 1956/7, 30-42;

(89) R. M. HARE: "Geach, good and evil", *An* 17, 1956/7, 101-111;

(90) A. M. MACIVER: "Good and evil and Mr Geach", *An* 18, 1957/8, 7-13;

(91) S. HAMPSHIRE: "Ethics – a defence of Aristotle", em seu *Freedom of Mind* (Oxford, 1972);

(92) C. R. PIDGEN: "Geach on 'good'", *PQ* 40, 1990, 129-154; e o capítulo 5 de:

(93) G. H. VON WRIGHT: *The Varieties of Goodness* (London, 1963).

(E) Felicidade

Eudaimonia, ou "felicidade",[15] é o bem para o homem, e a maioria dos itens listados na seção anterior forçosamente tocam na *eudaimonia*. Veja, em geral:

(94) J. LEONARD: *Le bonheur chez Aristote* (Brussels, 1948);

(95) A. J. P. KENNY: *Aristotle on the Perfect Life* (Oxford, 1992).

Para a relação entre felicidade e bondade (*EN* A, *EE* A), veja também:

(96) H. A. PRICHARD: "The meaning of *agathon* in the *Ethics* of Aristotle", in MORAVCSIK I.61;

(98) F. A. SIEGLER: "Reason, happiness, and goodness", in WALSH e SHAPIRO VIII.36;

(99) T. NAGEL: "Aristotle on *eudaimonia*", *Phron* 17, 1972, 252-259 = RORTY VIII.37;

(100) J. MCDOWELL: "The role of *eudaimonia* in Aristotle's *Ethics*", in RORTY VIII.37;

A felicidade é dita ser completa ou perfeita, e autossuficiente. Para reflexões sobre isso, veja:

(101) G. MÜLLER: "Probleme der aristotelischen Eudaimonielehre", *MH* 17, 1960, 121-143;

(102) A. J. P. KENNY: "Happiness", *PAS* 66, 1965/6, 93-102 = BARNES, SCHOFIELD, SORABJI I.62;

(103) R. HEINAMAN: "*Eudaimonia* and self-sufficiency in the *Nicomachean Ethics*", *Phron* 33, 1988, 31-53;

(104) G. SANTAS: "Desire and perfection in Aristotle's theory of the good", *Apeiron* 22, 1989, 75-99;

(105) H. J. CURZER: "Criteria for happiness in *Nicomachean Ethics* I 7 and X 6-8", *CQ* 40, 1990, 421-432;

(106) H. J. CURZER: "The supremely happy life in Aristotle's *Nicomachean Ethics*", *Apeiron* 24, 1991, 47-69;

---

[15] Esta é a tradução padrão, mas ela é de alguma maneira desencaminhadora – alguns estudiosos preferem falar de "prosperidade" ou "sucesso". E também, é claro, em EE A e Θ.

(107) A. J. P. KENNY: "The Nicomachean conception of happiness", *OSAP* supl. 1991, 67-80;

(108) P. STEMMER: "'Aristoteles' Glucksbegriff in der *Nikomachischen Ethik*: eine Interpretation von *EN* I 7, 1097b2-5", *Phron* 37, 1992, 85-110;

(109) C. A. KIRWAN: "Two Aristotelian theses about eudaimonia", in ALBERTI VIII.40;

(110) R. HEINAMAN: "Rationality, *eudaimonia* and *kakodaimonia* in Aristotle", *Phron* 38, 1993, 31-56.

E sobre a questão relacionada da "sorte moral":

(111) J. M. COOPER: "Aristotle on the goods of fortune", *PR* 94, 1985, 173-196;

(112) M. NUSSBAUM: *The Fragility of Goodness* (Cambridge, 1986);

(113) S. BOTROS: "Precarious virtue", *Phron* 32, 1987, 101-131;

(114) A. J. P. KENNY: *The Heritage of Wisdom* (Oxford, 1987), cap. 1;

(115) S. A. WHITE: *Sovereign Virtue* (Stanford, 1992).

A felicidade é discutida tanto em *EN* A quanto em *EN* K.[16] As explicações nos dois livros têm sido frequentemente consideradas inconsistentes uma com a outra. Veja:

(116) J. L. ACKRILL: "Aristotle on *eudaimonia*", *PBA* 60, 1974, 339-360 = RORTY VIII.37 = MÜLLER-GOLDINGEN I.39;

(117) D. KEYT: "Intellectualism in Aristotle", *Paideia* 7, 1978, 138-157;

(118) R. KRAUT: "Two conceptions of happiness", *PR* 88, 1979, 167-197;

(119) J. E. WHITING: "Human nature and intellectualism in Aristotle", *AGP* 68, 1986, 70-95;

(120) D. KEYT: "The meaning of BIOS in Aristotle's *Ethics* and *Politics*", *AP* 9, 1989, 15-21.

Sobre *theôria* ou "contemplação" e a explicação substantiva da felicidade em *EN* K e *EE* Θ, veja:

(121) G. RODIER: *Aristote: Ethique à Nicomaque, livre X* (Paris, 1897);

---

[16] Note também os itens no final de VIII (N).

(122) M. DEFOURNY: "L'activité de contemplation dans les morales d'Aristote", in BARNES, SCHOFIELD, SORABJI I.62 = HAGER I.67;

(123) P. MORAUX: "Das fragment VIII.1 – Text und Interpretation", in MORAUX I.43;

(124) W. J. VERDENIUS: "Human reason and god in the *Eudemian Ethics*", in MORAUX I.43;

(125) T. B. ERIKSEN: *Bios Theoretikos* (New York, 1977);

(126) A. O. RORTY: "The place of contemplation in Aristotle's *Nicomachean Ethics*", *M* 87, 1978, 343-58 = RORTY VIII.37 = MÜLLER-GOLDINGEN VIII.39;

(127) A. W. H. ADKINS: "*Theôria* versus *praxis* in the *Nicomachean Ethics* and the *Republic*", *CP* 73, 1978, 297-313 = MÜLLER-GOLDINGEN VIII.39;

(128) J. M. COOPER: "Contemplation and happiness: a reconsideration", *Synthèse* 72, 1987, 187-216.

(F) **Virtude Moral**

A virtude, *aretê*, entra na explicação do que é a felicidade, e é discutida em *EN* B e *EE* B. Veja, em geral:

(128) D. S. HUTCHINSON: *The Virtues of Aristotle* (London, 1986); e IRWIN III.197, cap. 17 e 21.

A célebre doutrina de Aristóteles de que a virtude moral é um "meio-termo" é discutida, em detalhe, por:

(129) H. B. W. JOSEPH: *Essays in Ancient and Modern Philosophy* (Oxford, 1935);

(130) W. F. R. HARDIE: "Aristotle's doctrine that virtue is a mean", *PAS* 66, 1964/5, 183-204 = BARNES, SCHOFIELD e SORABJI I.62;

(131) W. W. FORTENBAUGH: "Aristotle and the questionable mean-dispositions", *TAPA* 99, 1968, 203-231;

(132) J. O. URMSON: "Aristotle's doctrine of the mean", *APQ* 10, 1973, 223-230 = RORTY VIII.37;

(133) R. HURSTHOUSE: "A false doctrine of the mean", *PAS* 81, 1981, 57-72;

(134) S. PETERSON: "'*Horos*' (limit) in Aristotle's *Nicomachean Ethics*", *Phron* 33, 1988, 233-250;

(135) U. WOLF: "Über den Sinn der aristotelischen Mesonlehre", *Phron* 33, 1988, 54-75.

Sobre a "unidade" das virtudes, veja:

(136) T. H. IRWIN: "Disunity in the Aristotelian virtues", *OSAP* supl. 1988, 61-78;

(137) E. TELFER: "The unity of moral virtues in Aristotle's *Nicomachean Ethics*", *PAS* 91, 1989/90, 35-48.

Sobre o pano de fundo histórico da doutrina do meio-termo, veja JAEGER, II.1 e:

(138) F. WEHRLI: "Ethik und Medizin: zur Vorgeschichte der aristotelischen Mesonlehre", *MH* 8, 1951, 36-62;

(139) H. J. KRAMER: Aretê *bei Platon und Aristoteles* (Heidelberg, 1959), cap. 6;

(140) D. S. HUTCHINSON: "Doctrines of the mean and the debate concerning skills in fourth-century medicine, rhetoric and ethics", in R. J. HANKINSON (ed.), *Medicine, Method, and Metaphysics* (Edmonton, 1988).

Sobre a aquisição da virtude moral, veja HURSTHOUSE VIII.61, SORABJI VIII.222 e:

(141) W. K. FRANKENA: *Three Historic Philosophies of Education* (Glenview, Ill., 1965);

(142) M. F. BURNYEAT: "Aristotle on learning to be good", in RORTY VIII.37.

(G) Virtudes Particulares

EN Γ e Δ, e *EE* Γ contêm análises de virtudes morais particulares. Sobre a curiosa virtude da "magnanimidade", veja:

(143) R. A. GAUTHIER: *Magnanimité* (Paris, 1961);

(144) D. A. REES: "'Magnanimity' in the *Eudemian* and *Nicomachean Ethics*", in MORAUX I.43;

(145) W. F. R. HARDIE: "'Magnanimity' in Aristotle's *Ethics*", *Phron* 23 1978, 63-79;

(146) E. SCHÜTRUMPF: "Magnanimity, *megalopsuchia* and the system of Aristotle's *Nicomachean Ethics*", *AGP* 71, 1989, 10-22;

(147) H. J. CURZER: "A great philosopher's not so great account of great virtue: Aristotle's treatment of 'greatness of soul'", *CJP* 20, 1990, 517-537;

(148) H. J. CURZER: "Aristotle's much-maligned *megalapsuchos*", *AustJP* 69, 1991, 131-151.

Sobre a coragem:

(149) D. F. PEARS: "Aristotle's analysis of courage", *Mid-West Studies in Philosophy* 3, 1978, 273-285 = RORTY VIII.37;

(150) M. J. MILLS: "The discussions of *andreia* in the *Eudemian* and *Nicomachean Ethics*", *Phron* 25, 1980, 198-218;

(151) S. R. LEIGHTON: "Aristotle's courageous passions", *Phron* 33, 1988, 76-99.

Veja também:

(152) M. J. MILLS: "*Phthonos* and its related *pathê* in Plato and Aristotle", *Phron* 30, 1985, 1-12;

(153) J. HARE: "*Eleutheriotês* in Aristotle's *Ethics*", *AP* 8, 1988, 19-32;

(154) C. M. YOUNG: "Aristotle on temperance", *PR* 97, 1988, 521-542 = ANTON e PREUS VIII.41;

(155) J. S. ZEMBATY: "Aristotle on lying", *JHP* 31, 1993, 7-30.

(H) Justiça

A especial virtude da justiça é analisada em *EN* E. Há notas a esse livro em:

(156) H. JACKSON: Peri Dikaiosunês: *the Fifth Book of the Nicomachean Ethics of Aristotle* (London, 1879).

A análise de Aristóteles é discutida por:

(157) R. BAMBROUGH: "Aristotle on justice, a paradigm of philosophy", in BAMBROUGH I.70;

(158) H. KELSEN: "Aristotle's doctrine of justice", in WALSH e SHAPIRO VIII.36;

(159) K. MARC-WOGAU: "Aristotle's theory of corrective justice and reciprocity", em seu *Philosophical Essays* (Lund, 1967);

(160) B. A. O. WILLIAMS: "Justice as a virtue", in RORTY VIII.37;

(161) W. VON LEYDEN: *Aristotle on Equality and Justice* (London, 1985);

(162) A. MACINTYRE: *Whose Justice? Which Rationality?* (London, 1988), cap. 7;

(163) E. J. WEINRIB: "Aristotle's forms of justice", in PANAGIOTOU VIII.38;

(164) D. KEYT: "Aristotle's theory of distributive justice", in KEYT e MILLER IX.22;

(165) P. KEYSER: "A proposed diagram in Aristotle, *EN* V 3, 1131a24-b20 for distributive justice in proportion", *Apeiron* 25, 1992, 15-44; e IRWIN III.197, cap. 20.

Sobre as conexões entre a concepção de justiça de Aristóteles e a lei, veja:

(166) M. HAMBURGER: *Morals and Law: the Growth of Aristotle's Legal Theory* (New Haven, Conn., 1951);

(167) A. R. W. HARRISON: "Aristotle's *Nicomachean Ethics*, Book V, and the law of Athens", *JHS* 77, 1957, 42-47;

(168) S. ROSEN: "The political context of Aristotle's theories of justice", *Phron* 20, 1975, 228-240;

(169) W. VON LEYDEN: "Aristotle and the concept of law", *Phil* 42, 1967, 1-19;

(170) J. RITTER: "Le droit naturel chez Aristote – contribution au renouveau du droit naturel", *Archives de philosophie* 32, 1969, 416-457;

(171) F. D. MILLER: "Aristotle on natural law and justice", in KEYT e MILLER IX.22.

Sobre a equidade:

(172) M. S. MACRAKIS: "*Epieikeia* and satisficing", *AP* 5, 1985, 53-58;

(173) C. GEORGIADIS: "Equitable and equity in Aristotle", in PANAGIOTOU VIII.38;

(174) R. SHINER: "Aristotle's theory of equity", in PANAGIOTOU VIII.38.

(I) Ações Voluntárias

A ação virtuosa e a viciosa exigem certo estado de espírito no agente. As observações de Aristóteles sobre as precondições mentais da ação são encontradas em *EN* Γ, Z e H, e *EE* B. Discussões modernas desse tópico tendem a gravitar em torno do problema do livre-arbítrio. Para a atitude de Aristóteles em relação a essa questão, veja:

(175) P. M. HUBY: "The first discovery of the free will problem", *Phil* 42, 1967, 353-362;

(176) W. F. R. HARDIE: "Aristotle and the free will problem", *Phil* 43, 1968, 274-278;

(177) S. BROADIE: "On what would have happened otherwise: a problem for determinism", *RM* 39, 1985/6, 433-454;

(178) S. EVERSON: "Aristotle's compatibilism in the *Nicomachean Ethics*", *RPA* 10, 1990, 81-99.

E compare os itens sobre fatalismo em III (F) e sobre determinismo em IV (F).

Sobre a questão conectada da responsabilidade, veja SORABJI IV.72, parte V; e:

(179) R. BONDESON: "Aristotle on responsibility for one's character and the possibility of character change", *Phron* 19, 1974, 59-65;

(180) T. H. IRWIN: "Reason and responsibility in Aristotle", in RORTY VIII.37;

(181) J. ROBERTS: "Aristotle on responsibility for action and character", *AP* 9, 1989, 23-36;

(182) R. CURREN: "The contribution of *Nicomachean Ethics* III.5 to Aristotle's theory of responsibility", *HPQ* 6, 1989, 261-277;

(183) J. N. MOLINE: "Aristotle on praise and blame", *AGP* 71, 1989, 283-302;

(184) S. SAUVE MEYER: *Aristotle on Moral Responsibility* (Oxford, 1993).

Veja também:

(185) V. HAKSAR: "Aristotle and the punishment of psychopaths", *Phil* 39, 1964, 323-340;

(186) J. C. B. GLOVER: *Responsibility* (London, 1970), cap. 1;

(187) R. W. SHARPLES: "Responsibility and the possibility of more than one course of action: a note on Aristotle, *de Caelo* II.12", *BICS* 23, 1976, 69-72.

A explicação de Aristóteles da *hekousion*, ou voluntariedade, é examinada por FURLEY IV.109. Veja também:

(188) R. LOENING: *Die Zurechnungslehre des Aristoteles* (Jena, 1903);

(189) F. A. SIEGLER: "Voluntary and involuntary", *Monist* 52, 1968, 268-287;

(190) J. L. ACKRILL: "An Aristotelian argument about virtue", *Paideia* 7, 1978, 133-137;

(191) A. J. P. KENNY: *Aristotle's Theory of the Will* (London, 1979);

(192) R. HURSTHOUSE: "Acting and feeling in character: *Nicomachean Ethics* 3.1", *Phron* 29, 1984, 252-266;

(193) A. MADIGAN: "Dimensions of voluntariness in *EN* III.12, 1119a21-33", *AP* 6, 1986, 139-152;

(194) R. HEINAMAN: "The *Eudemian Ethics* on knowledge and voluntary action", *Phron* 31, 1986, 128-147;

(195) R. HEINAMAN: "Compulsion and voluntary action in the *Eudemian Ethics*", *Nous* 22, 1988, 253-281.

A explicação é colocada em sua posição histórica por:

(196) A. W. H. ADKINS: *Merit and Responsibility* (Oxford, 1960).

O pano de fundo legal é discutido por:

(197) R. MASCHE: *Die Willenslehre im griechischen Recht* (Berlin, 1926);

(198) H. D. R. LEE: "The legal background of two passages in the *Nicomachean Ethics*", *CQ* 31, 1937, 129-140;

(199) R. R. DYER: "Aristotle's categories of voluntary torts (*EN* 1135b8-25)", *CR* 25, 1965, 250-252;

(200) D. DAUBE: *Roman Law: Linguistic, Social, and Philosophical Aspects* (Edinburgh, 1969), parte III.1A;

(201) M. SCHOFIELD: "Aristotelian mistakes", *PCPS* 19, 1973, 66-70.

Sobre algumas das posições gerais de Aristóteles acerca da natureza da ação humana, veja PENNER IV.95 e:[17]

(202) J. L. ACKRILL: "Aristotle on action", *M* 87, 1978, 595-601 = RORTY VIII.37;

---

[17] Para a qual, veja IV (B).

(203) D. CHARLES: *Aristotle's Philosophy of Action* (London, 1984);
(204) C. A. FREELAND: "Aristotelian actions", *Nous* 19, 1985, 397-414;
(205) T. H. IRWIN: "Aristotelian actions", *Phron* 31, 1986, 68-89;
(206) D. CHARLES: "Aristotle: ontology and moral reasoning", *OSAP* 4, 1986, 119-144.

(J) Escolha

Nem todas as ações voluntárias são intencionais ou determinadas por escolha ou *prohairesis*. Sobre a *prohairesis*, veja cap. 7 de JOSEPH VIII.129; SORABJI VIII.222; WIGGINS VIII.224; e:

(207) G. E. M. ANSCOMBE: *Intention* (Oxford, 1963);

(208) G. E. M. ANSCOMBE: "Two kinds of error in action", *JP* 60, 1963, 393-401;

(209) G. E. M. ANSCOMBE: "Thought and action in Aristotle", in BAMBROUGH I.70 = BARNES, SCHOFIELD, SORABJI I.62;

(210) A. MELE: "Choice and virtue in the *Nicomachean Ethics*", *JHP* 19, 1981, 405-424;

(211) M. C. NUSSBAUM: "The 'common explanation' of animal motion", in MORAUX e WIESNER I.47;

(212) N. SHERMAN: "Character, planning, and choice", *RM* 39, 1985/6, 83-116.

A *prohairesis* envolve tanto desejo, *orexis*, quanto deliberação. Sobre a noção de *orexis* e o aspecto de apetite ou emocional da ação, veja:

(213) W. W. FORTENBAUGH: "Aristotle, emotion, and moral virtue", *Arethusa* 2, 1969, 163-185;

(214) W. W. FORTENBAUGH: *Aristotle on Emotion* (London, 1975);

(215) N. J. H. DENT e J. BENSON: "Varieties of desire", *PASS* 50, 1976, 153-192;

(216) A. KOSMAN: "On being properly affected: virtues and feelings in Aristotle's ethics", in RORTY VIII.37;

(217) S. R. LEIGHTON: "Aristotle and the emotions", *Phron* 27, 1982, 144-174;

(218) D. S. HUTCHINSON: "Aristotle on the spheres of motivation: *de Anima* III", *Dialogue* 29, 1990, 7-20;

(219) H. RICHARDSON: "Desire and the good in the de Anima", in NUSSBAUM e RORTY VI.19;

(220) S. HALLIWELL: "Pleasure, understanding, and emotion in Aristotle's *Poetics*", in RORTY X.45.

(K) Deliberação

A escolha não é simplesmente desejo, e sim desejo deliberado. Sobre a deliberação e os antecedentes intelectuais da ação, veja:

(221) T. ANDO: *Aristotle's Theory of Practical Cognition* (Kyoto, 1958);

(222) R. SORABJI: "Aristotle on the role of intellect in virtue", *PAS* 74, 1973/4, 107-129 = RORTY VIII.37;

(223) A. BROADIE: "Aristotle on rational action", *Phron* 19, 1974, 70-80;

(224) D. WIGGINS: "Deliberation and practical reason", *PAS* 76, 1975/6 29-51;

(225) M. C. NUSSBAUM: "The discernment of perception in Aristotle's conception of private and public morality", *BACAP* 1, 1985, 151-201;

(226) S. BROADIE: "The problem of practical intellect in Aristotle's *Ethics*", *BACAP* 3, 1987, 229-252.

Aristóteles compara a deliberação ao processo de "análise geométrica"; sobre a qual, veja:

(227) K. J. J. HINTIKKA e U. REMES: *The Method of Analysis* (Dordrecht, 1974);

(228) J. BARNES: recensão de HINTIKKA e REMES VIII.227, *M* 86, 1977 133-136.

A deliberação envolve raciocinar ou fazer um silogismo. Sobre o assim chamado "silogismo prático", consulte:

(229) D. J. ALLAN: "The practical syllogism", in MANSION I.51;

(230) W. W. FORTENBAUGH: "*Ta pros to telos* and syllogistic vocabulary in Aristotle's *Ethics*", *Phron* 10, 1965, 191-201;

(231) S. J. ETHERIDGE: "Aristotle's practical syllogism and necessity", *Phg* 112, 1968, 20-42;

(232) D. K. MODRAK: "*Aisthêsis* in the practical syllogism", *PhSt* 30, 1976, 379-392;

(233) J. BARNES: "Aristote et la philosophie anglo-saxonne", *RPL* 75, 1977, 204-218;

(234) R. A. SHINER: "*Aisthêsis*, *nous*, and *phronêsis* in the practical syllogism", *PhSt* 36, 1979, 377-387;

(235) M. T. THORNTON: "Aristotelian practical reason", *M* 92, 1982, 57-76;

(236) D. T. DEVEREUX: "Particular and universal in Aristotle's conception of practical knowledge", *RM* 39, 1985/6, 483-504;

(237) D. MCKERLIE: "The practical syllogism and *akrasia*", *CJP* 21, 1991, 299-321; e o ensaio 4 em NUSSBAUM VI.133.

Para as questões filosóficas envolvidas, veja:

(238) M. MOTHERSILL: "Anscombe's account of the practical syllogism", *PR* 70, 1962, 448-461;

(239) A. J. P. KENNY: "Practical inferences", *An* 26, 1965/6, 65-75;

(240) R. M. HARE: "Practical inferences", em seu *Practical Inferences* (London, 1971).

(L) **Virtudes Intelectuais**

Algumas das dificuldades em *EN* Z são suavizadas por:

(241) D. H. G. GREENWOOD: *Aristotle: Nicomachean Ethics Book Six* (Cambridge, 1909).

As "virtudes intelectuais" que esse livro disseca têm recebido parca atenção, com a exceção da "sabedoria prática" ou *phronêsis*. Alguns dos problemas que cercam essa noção são examinados por LOENING VIII.188 e:

(242) J. WALTER: *Die Lehre von der praktischen Vernunft in der griechischen Philosophie* (Jena, 1874);

(243) D. J. ALLAN: "Aristotle's account of moral principles", *Actes du XIe Congrès Internationale de Philosophie* Vol. XII (Brussels, 1963) = BARNES, SCHOFIELD, SORABJI I.62 = HAGER I.67;

(244) P. AUBENQUE: *La prudence chez Aristote* (Paris, 1963);

(245) P. AUBENQUE: "La prudence aristotélicienne, porte-t-elle sur la fin ou sur les moyens?", *REG* 78, 1965, 40-51.

Veja também:

(246) R. JACKSON: "Rationalism and intellectualism in the *Ethics* of Aristotle", *M* 51, 1942, 343-360;

(247) R. DEMOS: "Some remarks on Aristotle's doctrine of practical reason", *PPR* 22, 1961/2, 153-162;

(248) T. H. IRWIN: "Aristotle on reason, desire and virtue", *JP* 72, 1975, 567-578;

(249) C. J. ROWE: "The meaning of '*phronêsis*' in the *Eudemian Ethics*", in MORAUX I.43 = MÜLLER-GOLDINGEN VIII.39;

(250) A. MELE: "Aristotle on the roles of reason in motivation and justification", *AGP* 66, 1984, 124-147;

(251) D. DEMOSS: "Acquiring ethical ends", *AP* 10, 1990, 63-79.

Sobre um tópico relacionado, veja:

(252) G. RYLE: "On forgetting the difference between right and wrong", in A. I. MELDEN (ed.), *Essays in Moral Philosophy* (Seattle, 1958).

(M) Acrasia

Sobre os embaraços que cercam a discussão aristotélica da fraqueza moral ou *akrasia* em *EN* H, veja:

(253) J. COOK WILSON: *On the Structure of Book Seven of the Nicomachean Ethics* (Oxford, 1912);

(254) R. ROBINSON: "Aristotle on *akrasia*", em seu *Essays on Greek Philosophy* (Oxford, 1969) = BARNES, SCHOFIELD, SORABJI I.62;

(255) J. WALSH: *Aristotle's Conception of Moral Weakness* (New York, 1963);

(256) R. D. MILO: *Aristotle on Practical Knowledge and Weakness of Will* (The Hague, 1966);

(257) A. J. P. KENNY: "The practical syllogism and incontinence", *Phron* 11, 1966, 162-189;

(258) G. SANTAS: "Aristotle on practical inference, the explanation of action, and *akrasia*", *Phron* 14, 1969, 162-189;

(259) T. C. MCCONNELL: "Is Aristotle's account of incontinence inconsistent?", *CJP* 4, 1975, 635-651;

(260) A. W. H. ADKINS: "Paralysis and *akrasia* in *Eth. Nic.* 1102b16ff", *AJP* 97, 1976, 62-64;

(261) D. WIGGINS: "Weakness of will, commensurability and the objects of deliberation and desire", *PAS* 79, 1978/9, 251-277 = RORTY VIII.37;

(262) G. LAWRENCE: "*Akrasia* and clear-eyed *akrasia* in *Nicomachean Ethics* 7", *RPA* 6, 1988, 77-106;

(263) M. F. WOODS: "Aristotle on *akrasia*", in Alberti VIII.40;

(264) J. C. B. GOSLING: "Mad, drunk, or a sleep? – Aristotle's akratic" *Phron* 38, 1993, 98-104.

Veja também CHARLES VIII.203 e:

(265) R. M. HARE: *Freedom and Reason* (Oxford, 1963), cap. 5;

(266) D. DAVIDSON: "How is weakness of the will possible?", in J. FEINBERG (ed.), *Moral Concepts* (Oxford, 1969);

(267) J. C. B. GOSLING: "The Stoics and *akrasia*", *Apeiron* 20, 1987, 179-202.

(N) Prazer

Diversas razões tornam o prazer uma preocupação central do filósofo moral. Há um estudo abrangente em:

(268) J. C. B. GOSLING e C. C. W. TAYLOR: *The Greeks on Pleasure* (Oxford, 1982).

A maioria dos problemas levantados pelas explicações duplas do prazer em *EN* H e K é tratada por:

(269) A. J. FESTUGIÈRE: *Aristote: le plaisir* (Paris, 1946);

(270) G. LIEBERG: *Die Lehre von der Lust in den Ethiken des Aristoteles* (Munich, 1958);

(271) J. M. RIST: "Pleasure, 360-300BC", *Phoenix* 28, 1974, 167-179;

(272) F. RICKEN: *Der Lustbegriff in der Nikomachischen Ethik* (Göttingen, 1976);

(273) P. WEBB: "The relative dating of the accounts of pleasure in Aristotle's *Ethics*", *Phron* 22, 1977, 235-262 = MÜLLER-GOLDINGEN VIII.39.

As sugestões desafiadoras de:

(274) G. E. L. OWEN: "Aristotelian pleasures", *PAS* 72, 1971/2, 135-152 = OWEN I.90 = MÜLLER-GOLDINGEN VIII.39; foram refutadas por:

(275) J. C. B. GOSLING: "More Aristotelian pleasures", *PAS* 1973/4, 15-34.

Veja também:

(276) P. MERLAN: *Studies in Aristotle and Epicurus* (Wiesbaden, 1960).

Para algumas análises das diferentes e desorientadoras observações de Aristóteles sobre a natureza do prazer e dos prazeres, veja:

(277) J. O. URMSON: "Aristotle on pleasure", in MORAVCSIK I.61;

(278) A. O. RORTY: "The place of pleasure in Aristotle's *Ethics*", *M* 83, 1974, 481-493;

(279) J. ANNAS: "Aristotle on pleasure and goodness", in RORTY VIII.37;

(280) R. WEISS: "Aristotle's criticism of Eudoxan hedonism", *CP* 74, 1979, 214-221;

(281) C. C. W. TAYLOR: "Urmson on Aristotle on pleasure", in R. DANCY, J. M. E. MORAVCSIK e C. C. W. TAYLOR (eds.), *Human Agency* (Stanford, 1988);

(282) P. GOTTLIEB: "Aristotle's measure doctrine and pleasure", *AGP* 75, 1993, 31-46.

Um traço crucial da explicação de Aristóteles é a afirmação de que o prazer não é uma mudança (*kinêsis*), mas uma atividade (*energeia*). Sobre essa distinção, veja:

(283) J. L. ACKRILL: "Aristotle's distinction between *energeia* and *kinêsis*", in BAMBROUGH I.70;

(284) C. C. W. TAYLOR: "States, activities, and performances", *PASS* 39, 1965, 85-102;

(285) F. R. PICKERING: "Aristotle on walking", *AGP* 59, 1977, 37-43;

(286) D. GRAHAM: "States and performances: Aristotle's test", *PQ* 30, 1980, 117-130;

(287) M. J. WHITE: "Aristotle's concept of *theôria* and the *energeia/kinêsis* distinction", *JHP* 18, 1980, 253-265;

(288) C. T. HAGEN: "The *energeia/kinêsis* distinction and Aristotle's theory of action", JHP 22, 1984, 263-280;

(289) D. BOSTOCK: "Pleasure and activity in Aristotle's *Ethics*", *Phron* 33, 1988, 251-272;

(290) F. J. GONZALEZ: "Aristotle on pleasure and perfection", *Phron* 36, 1991, 141-159;

(291) M. T. LISKE: "*Kinêsis* und *energeia* bei Aristoteles", *Phron* 36, 1991, 161-178; e PENNER IV.95

Para as questões filosóficas levantadas em tudo isso, o melhor texto ainda é:

(292) A. J. P. KENNY: *Action, Emotion, and Will* (London, 1963).

(O) Amizade

Há uma longa discussão da amizade ou *philia* em *EN* e I. Sobre isso, veja:

(293) E. HOFFMAN: "Aristoteles' Philosophie der Freundschaft", in HAGER I.67;

(294) A. W. H. ADKINS: "Friendship and self-sufficiency in Homer and Aristotle", *CQ* 13, 1963, 30-45;

(295) E. TELFER: "Friendship", *PAS* 71, 1970/1, 223-241;

(296) J. C FRAISSE: "*Autarkeia* et *philia* en *EE* VII 12, 1244b1-1245b19", in MORAUX I.43;

(297) W. W. FORTENBAUGH: "Aristotle's analysis of friendship", *Phron* 20, 1975, 51-62;

(298) J. ANNAS: "Plato and Aristotle on friendship and altruism", *M* 86, 1977, 532-554;

(299) J. M. COOPER: "Aristotle on the forms of friendship", *RM* 30, 1977, 619-648;

(300) J. M. COOPER: "Friendship and the good in Aristotle", *PR* 86, 1977, 290-315 = RORTY VIII.37;

(301) A. D. M. WALKER: "Aristotle's account of friendship in the *Nicomachean Ethics*", *Phron* 24, 1979, 180-196;

(302) C. H. KAHN: "Aristotle and altruism", *M* 90, 1981, 20-40;

(303) A. W. PRICE: *Love and Friendship in Plato and Aristotle* (Oxford, 1989);

(304) G. E. L. Owen: "*Philia* and *akrasia* in Aristotle", in Sinaceur I.60;

(305) A. Alberti: "*Philia* e identità personale in Aristotele", in Alberti VIII.40;

(306) D. McKerlie: "Friendship, self-love, and concern for others in Aristotle's *Ethics*", *AP* 11, 1991, 85-101;

(307) J. E. Whiting: "Impersonal friends", *Monist* 75, 1991, 3-29.

Note também:

(308) G. Vlastos: "The individual as object of love in Plato", em seu *Platonic Studies* (Princeton, 1973).

IX POLÍTICA

(a) Geral

O comentário clássico sobre a *Política* é:

(1) W. L. Newman: *The Politics of Aristotle* (Oxford, 1887-1902). Este contém ensaios, copiosas notas e sábios apêndices. O Budé:

(2) J. Aubonnet: *Aristote: Politique* (Paris, 1960-1989); é útil. Para os livros A-E, há:

(3) F. Susemihl e R. D. Hicks: *The Politics of Aristotle* (London, 1894).

Para os livros e , na série Clarendon:

(4) R. Robinson: *Aristotle's Politics Books III and IV* (Oxford, 1962).

Para o livro III, veja:

(5) E. Braun: *Das dritte Buch der aristotelischen* Politik: *Interpretation*, Sitzungberichte der österreichischen Akademie der Wissenschaften, Philos.-hist. Kl. 247.4 (Vienna, 1965).

Note também:

(6) E. Barker: *The Politics of Aristotle* (Oxford, 1946).

Para a *Ath.Pol*, veja abaixo, seção (H); para a obra espúria sobre "economia", veja:

(7) U. Victor: [*Aristoteles*]: *Oikonomikos* (Meisenheim, 1983). Há material de pano de fundo em:

(8) W. W. Jaeger: *Paideia* (New York, 1943-44);

(9) T. A. SINCLAIR: *A History of Greek Political Thought* (London, 1951);

(10) M. I. FINLEY: *Democracy Ancient and Modern* (London, 1973).

Para explicações gerais do pensamento político de Aristóteles, veja:

(11) E. BARKER: *The Political Thought of Plato and Aristotle* (London, 1906);

(12) M. DEFOURNY: *Aristote: études sur la Politique* (Paris, 1932);

(13) K. R. POPPER: *The Open Society and its Enemies*, vol. 2 (London, 1945);

(14) G. BIEN: *Die Grundlegung der politischen Philosophie bei Aristoteles* (Munich, 1973);

(15) R. G. MULGAN: *Aristotle's Political Theory* (Oxford, 1977);

(16) J. B. MORRALL: *Aristotle* (London, 1977);

(17) E. SCHÜTRUMPF: *Die Analyse der Polis durch Aristoteles* (Amsterdam, 1980);

(18) R. BODÉUS: *Le philosophe et la cité* (Paris, 1981);

(19) R. BODÉUS: *Philosophie et politique chez Aristote* (Namur, 1991);

e veja também IRWIN III.197, cap. 19.

Há compilações de *papers* sobre as ideias políticas de Aristóteles em:

(20) *La politique d'Aristote*, Entretiens Hardt XI (Geneva, 1964);

(21) P. STEINMETZ (ed.): *Schriften zu den Politika des Aristoteles* (Hildesheim, 1973);

(22) D. KEYT e F. D. MILLER (eds.): *A Companion to Aristotle's Politics* (Oxford, 1991);

e PATZIG I.49.

A tentativa de Jaeger, em II.1, de estabelecer uma cronologia para os escritos políticos sofreu a oposição de um esquema diferente de:

(23) H. VON ARNIM: *Zur Entstehungsgeschichte der aristotelischen Politik*, Sitzungsberichte der österreichischen Akademie der Wissenschaft in Wien, Phil.-hist.Kl. 200.1 (Vienna, 1924).

Veja também:

(24) E. BARKER: "The life of Aristotle and the composition and structure of the *Politics*", *CR* 45, 1931, 162-172;

(25) J. L. STOCKS: "The composition of Aristotle's *Politics*", *CQ* 31, 1937, 177-187.

Há ainda mais controvérsias a respeito da estrutura de *Pol*: a edição de Bekker e a tradução Oxford imprimem os livros na ordem encontrada em todos os MSS; mas alguns estudiosos colocam H e imediatamente depois de Γ. Sobre esta controvérsia, veja Ross II.5 e:

(26) W. THEILER: "Bau und Zeit der aristotelischen *Politik*", *MH* 9, 1952, 65-78;

(27) R. STARK: "Der Gesamtaufbau der aristotelischen *Politik*", in IX.20;

(28) J. MESK: "Die Buchfolge der aristotelischen *Politik*", in STEINMETZ IX.21.

Veja também:

(29) C. J. ROWE: "Aims and methods in Aristotle's *Politics*", CQ 27, 1977, 159-172 = KEYT e MILLER IX.22;

(30) P. PELLEGRIN: "La *Politique* d'Aristote: unité et fractures", *Revue philosophique de la France et de l'Etranger* 110, 1987, 124-159;

(31) C. H. KAHN: "The normative character of Aristotle's *Politics*", in PATZIG I.49.

(B) Ética e Política

O assunto de *EN* é a ciência *política*, e o final da obra volta-se a questões políticas e ao material discutido em *Pol*. Sobre as conexões entre ética e política, veja: NEWMAN IX.1 (vol.2, apend.A); VON FRITZ e KAPP IX.108; e:

(32) D. J. ALLAN: "Individual and state in the *Ethics* and *Politics*", in IX.20 = HAGER I.67;

(33) E. TREPANIER: "La Politique comme philosophie morale chez Aristote", *Dialogue* 2, 1963/4, 251-279;

(34) P. BETBEDER: "Ethique et politique selon Aristote", *Revue des sciences philosophiques et théologiques* 20, 1970, 543-588;

(35) H. FLASHAR: "Ethik und Politik in der Philosophie des Aristoteles", *Gymnasium* 78, 1971, 278-293;

(36) S. CASHDOLLAR: "Aristotle's politics of morals", *JHP* 11, 1973, 145-160;

(37) A. W. H. ADKINS: "The connection between Aristotle's *Ethics* and *Politics*", *Political Theory* 12, 1984, 29-49 = KEYT e MILLER IX.22;

(38) T. H. IRWIN: "Moral science and political theory in Aristotle", in CARTLEDGE e HARVEY I.79;

(39) J. ROBERTS: "Political animals in the *Nicomachean Ethics*", *Phron* 34, 1989, 185-205;

(40) C. J. ROWE: "The good for man in Aristotle's *Ethics* and *Politics*", in ALBERTI VIII.40.

(C) Natureza e Sociedade

Boa parte de *Pol* A diz respeito à natureza.[18] Pois o Estado tem uma base natural (e não depende de acordo ou contrato). A teoria aristotélica da natureza política do homem é discutida por:

(41) E. WEIL: "L'anthropologie d'Aristote", em seu *Essais et conférences*, I (Paris, 1970);

(42) R. G. MULGAN: "Aristotle's doctrine that man is a political animal", *H* 102, 1974, 438-445;

(43) T. J. SAUNDERS: "A note on Aristotle's *Politics* I 1", *CQ* 26, 1976, 316-317;

(44) D. KEYT: "Three fundamental principles in Aristotle's *Politics*", *Phron* 32, 1987, 54-79 = KEYT e MILLER IX.22;

(45) W. KULLMANN: "Man as a political animal", in KEYT e MILLER IX.22;

(46) J. M. COOPER: "Political animals and civic friendship", in PATZIG I.49.

A concepção de Aristóteles do Estado como algo que cresce naturalmente é discutida por:

(47) A. C. BRADLEY: "Aristotle's conception of the State", in E. ABBOTT (ed.), *Hellenica* (London, 1880) = KEYT e MILLER IX.22;

(48) S. EVERSON: "Aristotle on the foundations of the State", *Political Studies* 36, 1988, 89-101;

(49) F. D. MILLER: "Aristotle's political naturalism", *Apeiron* 22, 1989, 195-218.

---

[18] Para as quais, veja VIII (H).

(D) Cidadãos

A cidadania é o conceito político central. A definição de cidadania dada por Aristóteles em *Pol* Γ é discutida por:

(50) C. Mosse: "La conception du citoyen dans la *Politique* d'Aristote", *Eirene* 6, 1967, 17-21;

(51) J. Pecirka: "A note on Aristotle's definition of citizenship", *Eirene* 6, 1967, 23-26;

(52) C. Johnson: "Who is Aristotle's citizen?", *Phron* 29, 1984, 73-90;

A natureza da virtude cívica em Γ 4 é discutida por:

(53) E. Braun: *Aristoteles über Burger- und Menschentugend*, Sitzungsberichte der österreichischen Akademie der Wissenschaft in Wien, Philos. hist.Kl. 236.2 (Vienna, 1961);

(54) R. Develin: "The good man and the good citizen in Aristotle's *Politics*", *Phron* 18, 1973, 71-79;

(55) T. H. Irwin: "The good of political activity", in Patzig IX.49.

Veja também:

(56) J. Barnes: "Aristotle and political liberty", in Patzig I.49.

(E) Escravos

A escravidão convém à natureza de certos homens. Para as notórias posições de Aristóteles sobre os escravos, veja especialmente:

(57) P. A. Brunt: "Aristotle and slavery", em seu *Studies in Greek His-tory and Thought* (Oxford, 1993); e também:

(58) O. Gigon: "Die Sklaverei bei Aristoteles", in IX.20;

(59) R. O. Schlaifer: "Greek theories of slavery from Homer to Aristotle", *HSCP* 47, 1936, 165-204 = M. I. Finley (ed.), *Slavery in Classical Antiquity* (Cambridge, Mass., 1960);

(60) W. W. Fortenbaugh: "Aristotle on women and slaves", in Barnes, Schofield, Sorabji I.62;

(61) A. Baruzzi: "Der Freie und der Sklave in Ethik und Politik des Aristoteles", *Philosophisches Jahrbuch* 77, 1970, 15-28;

(62) N. D. Smith: "Aristotle's theory of natural slavery", *Phoenix* 37, 1983, 109-122 = Keyt e Miller IX.22;

(63) T. J. SAUNDERS: "The Controversy about slavery reported in Aristotle, *Politics* 1255a4 sqq", in A. MOFFATT (ed.), *Maistor: Studies for R. Browning* (Canberra, 1984);

(64) S. R. L. CLARK: "Slaves and citizens", *Phil* 60, 1985, 27-46;

(65) M. SCHOFIELD: "Ideology and philosophy in Aristotle's theory of slavery", in PATZIG I.49.

(F) Economia

Muitas das observações de Aristóteles sobre o que chamaríamos economia política ocorrem em suas discussões da justiça,[19] mas há também alguns vestígios de análise econômica. Sobre isso, veja:

(66) J. SOUDEK: "Aristotle's theory of exchange", *Proceedings of the American Philosophical Society* 96, 1952, 45-75;

(67) K. POLANYI: "Aristotle discovers the economy", in K. POLYANI, C. M. ARENSBERG e H. W. PEARSON (eds.), *Trade and Market in the Early Empires* (Glencoe, Ill., 1957), 64-94;

(68) M. I. FINLEY: "Aristotle and economic analysis", *Past and Present* 47, 1970, 3-25 = BARNES, SCHOFIELD, SORABJI I.62;

(69) S. T. LOWRY: "Aristotle's 'natural limit', and the economics of price regulation", *GRBS* 15, 1974, 57-63;

(70) T. J. LEWIS: "Acquisition and anxiety: Aristotle's case against the market", *Canadian Journal of Economics* 11, 1978, 69-90;

(71) S. MEIKLE: "Aristotle and the political economy of the *polis*", *JHS* 99, 1979, 57-73 = KEYT e MILLER IX.22;

(72) S. MEIKLE: "Aristotle on equality and market exchange", *JHS* 111, 1991, 193-196.

As opiniões de Karl Marx sobre a teoria econômica de Aristóteles são relatadas por:

(73) E. C. WEISKOPF: *Die Produktionsverhältnisse im alten Orient und in der griechenrömischen Antike* (Berlin, 1957).

---

[19] Sobre emoções, veja também VIII (J).

Para a atitude de Hobbes em relação a Aristóteles sobre este e outros assuntos, veja:

(74) J. LAIRD: "Hobbes on Aristotle's *Politics*", *PAS* 43, 1942/3, 1-20.

Aristóteles não oferece uma teoria desenvolvida da propriedade. Suas diversas observações sobre o assunto são analisadas por:

(75) T. H. IRWIN: "Generosity and property in Aristotle's *Politics*", in E. F. PAUL (ed.), *Beneficence, Philanthropy and the Public Good* (Oxford, 1987);

(76) F. D. MILLER: "Aristotle on property rights", in ANTON e PREUS VIII.41;

(77) T. H. IRWIN: "Aristotle's defence of private property", in KEYT e MILLER IX.22;

(78) R. MAYHEW: "Aristotle on property", *RM* 46, 1992/3, 803-831.

(G) Constituições

Em *Pol* B, Aristóteles discute diversas constituições, ideais e reais. Para sua apreciação crítica da constituição espartana, veja:

(79) E. BRAUN: *Die Kritik der Lakedaimonischen Verfassung in den Politika des Aristoteles* (Klagenfurt, 1956);

(80) P. CLOCHE: "Aristote et les institutions de Sparte", *Les études classiques* II, 1942, 289-313 = STEINMETZ IX.21;

(81) R. A. DE LAIX: "Aristotle's conception of the Spartan constitution", *JHP* 12, 1974, 21-30.

Para suas apreciações críticas da constituição cretense, veja:

(82) G. L. HUXLEY: "Crete in Aristotle's *Politics*", *GRBS* 12, 1971, 505-515.

As críticas de Aristóteles a Platão são discutidas por:

(83) E. BORNEMANN: "Aristoteles Urteil über Platons politische Theorie", *Phg* 79, 1923, 70-158, 234-257;

(84) G. R. MORROW: "Aristotle's comments on Plato's *Laws*", in DÜRING e OWEN I.39;

(85) M. C. NUSSBAUM: "Shame, separateness, and political unity: Aristotle's criticism of Plato", in RORTY VIII.19;

(86) P. SIMPSON: "Aristotle's criticism of Socrates' communism of wives and children", *Apeiron* 24, 1991, 99-114;

(87) R. F. STALLEY: "Aristotle's criticism of Plato's Republic", in KEYT e MILLER IX.22.

Sobre a classificação teórica das constituições feita por Aristóteles, em *Pol* Γ e Δ, veja:

(88) W. W. FORTENBAUGH: "Aristotle on prior and posterior, correct and mistaken constitutions", *TAPA* 106, 1976, 125-137 = KEYT e MILLER IX.22.

Sobre a monarquia, veja:

(89) H. KELSEN: "The philosophy of Aristotle and the Hellenic Macedonian policy", *Ethics* 48, 1937, 1-64 = BARNES, SCHOFIELD, SORABJI I.62;

(90) V. EHRENBERG: *Alexander and the Greeks* (Oxford, 1938), cap. 3;

(91) R. G. MULGAN: "Aristotle's sovereign", *Political Studies* 18, 1970, 518-519;

(92) R. G. MULGAN: "A note on Aristotle's absolute ruler", *Phron* 19, 1974, 66-69.

As opiniões de Aristóteles sobre a democracia são discutidas por:

(93) M. CHAMBERS: "Aristotle's 'forms of democracy'", *TAPA* 92, 1961, 20-36;

(94) M. C. NUSSBAUM: "Aristotelian social democracy", in B. DOUGLASS, G. MARA e H. RICHARDSON (eds.), *Liberalism and the Good* (New York, 1990);

(95) R. MULGAN: "Aristotle's analysis of oligarchy and democracy", in KEYT e MILLER IX.22;

(96) A. LINTOTT: "Aristotle and democracy", *CQ* 42, 1992, 114-128;

(97) C. EUCKEN: "Die aristotelische Demokratiebegriff und sein historisches Umfeld", in PATZIG I.49.

A ideia democrática de "sabedoria votada" é tratada por:

(98) E. BRAUN: "Die Summierungstheorie des Aristóteles", *Jahreshefte der österreichischen archäologischen Instituts, Wien* 44, 1959, 57-84 = STEINMETZ IX.21.

O Estado ideal de Aristóteles é discutido em *Pol* H e Θ (que, juntos, constituem um fragmento de sua Utopia). Veja:

(99) P. A. VANDER WAERDT: "Kingship and philosophy in Aristotle's best regime", *Phron* 30, 1985, 249-273;

(100) G. L. HUXLEY: "On Aristotle's best state", in CARTLEDGE e HARVEY I.79.

Sobre o objetivo do Estado ideal, veja DEFOURNY IX.12 e:

(101) J. L. STOCKS: "Schole", *CQ* 30, 1936, 177-187;

(102) F. SOLMSEN: "Leisure and play in Aristotle's ideal state", *RhM* 107, 1964, 193-220 = SOLMSEN I.92;

(103) F. SOLMSEN: "Aristotle *EN* 10.7, 1177b6-15", *CP* 72, 1977, 42-43.

O planejamento da cidade exposto por Aristóteles em *Pol* H e alhures é discutido por:

(104) G. DOWNEY: "Aristotle as an expert on urban problems", *Talanta* 3, 1971, 56-73.

O tratamento de Aristóteles, em *Pol* Δ e E, da prevenção da revolução é discutido por:

(105) M. WHEELER: "Aristotle's analysis of the nature of political struggle", *AJP* 72, 1951, 145-61 = BARNES, SCHOFIELD, SORABJI I.62;

(106) F. KORT: "The quantification of Aristotle's theory of revolution", *American Political Science Review* 46, 1952, 486-493;

(107) E. BRAUN: "Ein Maxime der Staatkunst in den *Politika* des Aristoteles", *Jahreshefte der österreichischen archäologischen Instituts, Wien* 44, 1959, 386-398 = STEINMETZ IX.21.

(H) História

A *Política* é uma obra de teoria, mas ela contém numerosos apartes históricos. A *Consituição de Atenas* de Aristóteles foi descoberta no Egito, em 1890. É uma de um conjunto de 158 constituições que ele escreveu – ou, de todo modo, inspecionou. Sobre esse empreendimento, veja JAEGER II.1, cap. 13. Para a *Ath.Pol*, veja:

(108) K. VON FRITZ e E. KAPP: *Aristotle's Constitution of Athens and Related Texts* (New York, 1950);

(109) P. J. RHODES: *A Commentary on Aristotle's Athênaiôn Politeia* (Oxford, 1981).

A literatura sobre essa obra é imensa. Leitores interessados em filosofia podem encontrar material em:

(110) U. von Wilamowitz-Moellendorf: *Aristoteles und Athen* (Berlin, 1893);

(111) H. Bloch: "Studies in the historical literature of the fourth century: Theophrastus' *Nomoi* and Aristotle", in *Athenian Studies presented to W. S. Ferguson, HSCP* supl. 1, 1940;

(112) H. Bloch: "Herakleides Lembos and his *Epitome* of Aristotle's *Politeiai*", *TAPA* 71, 1940, 29-39;

(113) J. Day e M. Chambers: *Aristotle's History of Athenian Democracy* (Berkeley e Los Angeles, 1962);

(114) J. J. Keaney: "The structure of Aristotle's *Athênaiôn Politeia*", *HSCP* 67, 1963, 115-146;

(115) J. J. Keaney: "The date of Aristotle's *Athênaiôn Politeia*", *Historia* 19, 1970, 326-336;

(116) J. J. Keaney: *The Composition of Aristotle's* Athênaiôn Politeia (New York, 1992).

Para discussões de Aristóteles como historiador, veja:

(117) R. Weil: *Aristote et l'histoire: essai sur la* "Politique" (Paris, 1960);

(118) R. Weil: "Philosophie et histoire", in IX.20 = Barnes, Schofield, Sorabji I.62;

(119) G. L. Huxley: "On Aristotle's historical methods", *GRBS* 13, 1972, 157-159;

(120) G. L. Huxley: "Aristotle as antiquary", *GRBS* 14, 1973, 271-286;

(121) K. Von Fritz: "Die Bedeutung des Aristoteles für die Geschichtsschreibung", in IX.20 = Hager I.67;

(122) G. E. M. de Ste.Croix: "Aristotle on history and poetry (*Poetics* 9, 1451a36-b11)", in *The Ancient Historian and his Materials: Essays in honour of C. E. Stevens* (Farnborough, 1975) = Rorty X.45;

(123) G. L. Huxley: *On Aristotle and Greek Society* (Belfast, 1979).

X RETÓRICA E POÉTICA

(A) Retórica
Há comentários sobre *Rhet* escritos por:
(1) L. Spengel: *Aristotelis* ars Rhetorica (Leipzig, 1867);
(2) E. M. Cope: *The Rhetoric of Aristotle with a Commentary* (Cambridge, 1877);
(3) W. M. A. Grimaldi: *Aristotle's Rhetoric I* (New York, 1980);
(4) W. M. A. Grimaldi:: *Aristotle's Rhetoric II* (New York, 1988).
Veja também:
(5) E. M. Cope: *Introduction to Aristotle's Rhetoric* (London, 1867);
(6) M. Dufour: *Aristote: Rhétorique, vol. I* (Paris, 1932);
e a tradução, amplificada em benefício dos estudantes de composição e fala pública, feita por:
(7) L. Cooper: *The Rhetoric of Aristotle* (New York, 1932).
Uma curiosidade do século XVI:
(8) L. D. Green (ed.): *John Rainolds's Oxford Lectures on Aristotle's Rhetoric* (London, 1986).
Há uma compilação de *papers* em Furley e Nehamas I.50, e alguns dos estudos mais antigos estão reimpressos em:
(9) R. Stark (ed.): *Rhetorika* (Hildesheim, 1968).
Tem havido muita disputa sobre a datação de *Rhet* e sobre a unidade dos três livros que a compõem. Veja Solmsen II.2 e:
(10) P. D. Brandes: "The composition and preservation of Aristotle's *Rhetoric*", *Speech Monographs* 35, 1968, 482-491;
(11) W. M. A. Grimaldi: *Studies in the Philosophy of Aristotle's Rhetoric* (Wiesbaden, 1972);
(12) W. W. Fortenbaugh: "Persuasion through character and the composition of Aristotle's *Rhetoric*", *RhM* 84, 1991, 152-226.
Sobre a conexão entre a *Retórica* de Aristóteles e os escritos "exotéricos", veja:
(13) W. Wieland: "Aristoteles als Rhetoriker und die exoterischen Schriften", *H* 86, 1958, 323-346.
Para os antecedentes históricos da *Retórica* de Aristóteles, veja:

(14) G. KENNEDY: *The Art of Persuasion in Greece* (London, 1963);

(15) V. BUCHHEIT: *Untersuchungen zur Theorie des Genos Epideiktikon von Gorgias bis Aristoteles* (Munich, 1960).

Os textos estão compilados e anotados em:

(16) L. RADERMACHER: *Artium Scriptores*, Sitzungsberichte der österreichischen Akademie der Wissenschaft in Wien, 227.3 (Vienna, 1951).

Para a influência de Aristóteles sobre a história subsequente do assunto, veja:

(17) F. SOLMSEN: "The Aristotelian tradition in ancient rhetoric", *AJP* 62 1941, 35-50, 169-190.

A concepção aristotélica da retórica é discutida por:

(18) T. M. CREM: "The definition of rhetoric according to Aristotle", *Laval théologique et philosophique* 12, 1956, 233-250;

(19) K. BARWICK: "Die Gliederung der rhetorischen *technê* und die horazische *Epistula ad Pisones*", *H* 57, 1922, 16-18;

(20) W. RHYS ROBERTS: "Notes on Aristotle's *Rhetoric*", *AJP* 45, 1924, 351-361;

(21) A. O. RORTY: "The direction of Aristotle's *Rhetoric*", *RM* 46, 1992, 63-95.

Para as partes lógicas do tratamento aristotélico do assunto – a maior parte no livro A –, veja os itens em III (J) e também:

(22) J. BRUNSCHWIG: "Rhétorique et dialectique: *Rhétorique* et *Topiques*", in FURLEY e NEHAMAS I.50.

Sobre a explicação das emoções e a relação delas à retórica (livro B), veja:[20]

(23) F. SOLMSEN: "Aristotle and Cicero on the orator's playing upon the feelings", *CP* 33, 1938, 390-404;

(24) W. W. FORTENBAUGH: "Aristotle's *Rhetoric* on emotion", *AGP* 52, 1970, 45-53 = BARNES, SCHOFIELD, SORABJI I.62;

(25) D. MIRHADY: "Non-technical *pisteis* in Aristotle and Anaximenes", *AJP* 112, 1991, 5-28.

Para a relação da *Rhet* de Aristóteles a sua ética, veja:

(26) L. W. ROSENFIELD: "The doctrine of the mean in Aristotle's *Rhetoric*", *Theoria* 31, 1965, 191-198;

(27) E. E. RYAN: "Aristotle's *Rhetoric* and *Ethics* and the ethos of society", *GRBS* 13, 1972, 291-308;

(28) M. WORNER: *Das Ethische in der Rhetorik des Aristoteles* (Freiburg, 1990);

(29) S. HALLIWELL: "Popular morality, philosophical ethics, and the *Rhetoric*", in FURLEY e NEHAMAS I.50;

(30) J. M. COOPER: "Ethico-political theory in the *Rhetoric*", in FURLEY e NEHAMAS I.50.

Para os tópicos de estilo e linguagem que ocupam boa parte de *Rhet*, veja os itens em III (B) e:

(31) S. HALLIWELL: "Style and Sense in Aristotle's *Rhetoric* Book 3", *RIP* 47, 1993, 50-69.

(B) Poética

A *Poética*, na forma como nós a temos, está incompleta. Alguns fragmentos de uma obra anterior, *Dos Poetas*, sobrevivem. Há um comentário estimulante, mas controverso, escrito por:

(32) G. F. ELSE: *Aristotle's Poetics: the Argument* (Cambridge, Mass., 1957).

O comentário padrão em inglês provavelmente continua a ser o de:

(33) S. H. BUTCHER: *Aristotle's Theory of Poetry and Fine Art* (London, 1932).

Há também comentários escritos por:

(34) I. BYWATER: *Aristotle on the Art of Poetry* (Oxford, 1909);

(35) A. GUDEMAN: *Aristoteles Poetik* (Berlin/Leipzig, 1934);

(36) G. M. A. GRUBE: *Aristotle on Poetry and Style* (New York, 1958);

(37) D. W. LUCAS: *Aristotle – Poetics* (Oxford, 1968);

(38) S. HALLIWELL: *The Poetics of Aristotle* (London, 1987);

(39) R. JANKO: *Aristotle – Poetics* (Indianapolis, 1987).

Um grande estudo filológico, publicado na forma de três artigos, em 1865, 1866 e 1867, foi reunido em um só livro como:

(40) J. VAHLEN: *Beiträge zu Aristoteles Poetik* (Leipzig, 1914).

Há úteis estudos gerais escritos por:

(41) H. HOUSE: *Aristotle's Poetics* (London, 1956);

(42) S. HALLIWELL: *Aristotle's Poetics* (Chapel Hill, 1986).

Veja também:

(43) F. SOLMSEN: "The origins and methods of Aristotle's *Poetics*", *CQ* 29 1935, 192-201;

(44) G. K. GRESSETH: "The system of Aristotle's *Poetics*", *TAPA* 89, 1958, 312-335.

Uma compilação de ensaios:

(45) A. O. RORTY: *Essays on Aristotle's Poetics* (Princeton, 1992).

Uma exposição concisa da grande influência da *Poética* sobre o Renascimento é fornecida por:

(46) L. COOPER: *The Poetics of Aristotle, its Meaning and Influence* (New York, 1927).

Veja também:

(47) M. T. HERRICK: *The Poetics of Aristotle in England* (New Haven, 1930);

(48) K. EDEN: *Poetic and Legal Fiction in the Aristotelian Tradition* (Princeton, 1986);

(49) H. JOLY: "Autour de l'Aristote de Brecht", in SINACEUR I.60;

(50) S. HALLIWELL: "The *Poetics* and its interpreters", in RORTY X.45.

(C) Imitação

Aristóteles define a poesia como um gênero de *mimêsis* ou "imitação". A imitação e a natureza da poesia são discutidas por:

(51) A. P. MCMAHON: "Seven questions on Aristotelian definitions of tragedy and comedy", *HSCP* 28, 1917, 97-198;

(52) F. L. LUCAS: *Tragedy* (London, 1957);

(53) A. W. H. ADKINS: "Aristotle on the best kind of tragedy", *CQ* 16, 1966, 78-102;

(54) N. GULLEY: *Aristotle on the Purposes of Literature* (Cardiff, 1971) = BARNES, SCHOFIELD, SORABJI I.62;

(55) R. INGARDEN: "A marginal commentary on Aristotle's *Poetics*", *JAAC* 20, 1971-1972, 163-173, 273-285;

(56) M. P. BATTIN: "Aristotle's definition of tragedy in the *Poetics*", *JAAC* 33, 1974, 155-170; 34, 1975, 293-302;

(57) S. HALLIWELL: "Aristotelian *mimêsis* re-evaluated", *JHP* 29, 1991, 457-510;

(58) A. KOSMAN: "Acting: *drama* as *mimêsis* of *praxis*", in RORTY X.45;

(59) P. WOODRUFF: "Aristotle on *mimesis*", in RORTY X.45;

(60) M. HEATH: "The universality of poetry in Aristotle's *Poetics*", *CQ* 41, 1991, 389-402.

(D) Tragédia

A maior parte de *Poet* é dedicada a uma consideração da tragédia – e muitos dos itens listados na seção anterior discutiram a natureza da tragédia. Veja também:

(61) J. JONES: *Aristotle and Greek Tragedy* (London, 1962);

(62) E. BELFIORE: *Tragic Pleasures* (Princeton, 1992).

Personagem, enredo, e sua importância ou falta de importância relativa são discutidas por HOUSE X.41, cap. 5 e por:

(63) W. J. VERDENIUS: "The meaning of *êthos* and *êthikos* in Aristotle's *Poetics*", *Mn* 12, 1945, 241-257;

(64) C. LORD: "Tragedy without character: *Poetics* 6, 1450a24", *JAAC* 28, 1969, 55-62;

(65) E. BELFIORE: "Pleasure, tragedy, and Aristotelian psychology", *CQ* 35, 1985, 349-361;

(66) E. BELFIORE: "Aristotle's concept of *praxis* in the *Poetics*", *Classical Journal* 79, 1983/4, 110-124;

(67) A. O. RORTY: "The psychology of Aristotelian tragedy", *Mid-West Studies in Philosophy* 16, 1991, 53-72 = RORTY X.45;

(68) R. BITTNER: "One action", in RORTY X.45.

O enredo requer uma virada inesperada (*peripeteia*). É o herói que não espera por ela, ao passo que a plateia não se surprrende? Veja VAHLEN X.40 e:

(69) F. L. LUCAS: "The reverse of Aristotle", *CQ* 37, 1923, 98-104.

Ou há uma mudança na situação que a plateia não é convidada a prever? Veja:

(70) P. TURNER: "The reverse of Vahlen", *CQ* 9, 1959, 207-215.

ELSE X.32, liga a *peripeteia* ao erro do herói (*hamartia*) e um reconhecimento ulterior. Veja também:

(71) D. W. LUCAS: "Pity, terror and *peripeteia*", *CQ* 12, 1962, 52-60;

(72) D. J. ALLAN: "*peripeteia quid sit, Caesar occisus ostendit*", *Mn* 29, 1976, 337-350;

(73) O. J. SHRIER: "A simple view of *peripeteia*", *Mn* 33, 1980, 96-118;

(74) E. BELFIORE: "*Peripeteia* and discontinuous actions: Aristotle, *Poetics* 11, 1452a22-29", *CP* 83, 1988, 183-194.

(E) Erro Trágico

O herói trágico fracassa por conta de uma *hamartia* ou "erro": uma *hamartia* pode ser um simples erro ou ela tem de ser algo mais passível de culpa? Há uma exposição eloquente da posição da culpabilidade em:

(75) P. W. HARSH: "*Hamartia* again", *TAPA* 76, 1945, 47-58.

Mas a opinião predominante admite que a *hamartia* possa ser um mero erro. Veja ELSE X.32 e:

(76) P. VAN BRAAM: "Aristotle's use of *hamartia*", *CQ* 6, 1912, 266-272;

(77) O. HEY: "*Hamartia*: zur Bedeutungsgeschichte des Wortes", *Phg* 83, 1928, 137-163;

(78) S. M. PITCHER: "Aristotle's good and just heroes", *Philological Quarterly* 24, 1945, 1-11; 190-191;

(79) I. M. GLANVILLE: "Tragic error", *CQ* 43, 1949, 447-456;

(80) S. OSTERUD: "*Hamartia* in Aristotle and Greek tragedy", *Symbolae Osloenses* 51, 1976, 65-80;

(81) E. SCHÜTRUMPF: "Traditional elements in the concept of *hamartia* in Aristotle's *Poetics*", *HSCP* 93, 1989, 137-156;

(82) N. SHERMAN: "*Hamartia* and virtue", in RORTY X.45.

A controvérsia recebe um panorama generoso feito por:

(83) J. M. BREMER: *Hamartia* (Amsterdam, 1969).

Sobre as conexões entre as posições teóricas de Aristóteles e a prática da tragédia grega, veja:

(84) J. T. SHEPPARD: *The Oedipus Tyrannus of Sophocles* (Cambridge, Mass., 1920), p. xxiv-xl.

(85) M. OSTWALD: "Aristotle on '*hamartia*', and Sophocles" *Oedipus Tyrannus*", in *Festschrift für Ernst Kapp* (Hamburg, 1958);

(86) E. R. DODDS: "On misunderstanding the *Oedipus Rex*", *Greece and Rome* 13, 1966, 37-49 = seu *The Ancient Concept of Progress* (Oxford, 1973);

(87) R. D. DAWE: "Some reflections on *atê* and *hamartia*", *HSCP* 72, 1967, 89-123;

(88) T. C. W. STINTON: "*Hamartia* in Aristotle and Greek tragedy", *CQ* 25, 1975, 221-254 = seu *Collected Papers on Greek Tragedy* (Oxford, 1990).

(F) Catarse

Aristóteles afirma que, por meio da pena e do medo, a tragédia realiza a *catharsis* dessas emoções. É a plateia que experiencia a *catharsis*, e a *catharsis* é semelhante a uma purificação religiosa ou uma purgação médica? O artigo de BERNAYS, defendendo a posição médica, praticamente varreu o campo:

(89) J. BERNAYS: *Grundziige der verlorenen Abhandlung des Aristoteles über Wirkung der Tragödie* (Breslau, 1957) = BARNES, SCHOFIELD, SORABJI I.62.

Veja também:

(90) A. W. BENN: "Aristotle's theory of tragic emotion", *M* 23, 1914, 84-90;

(91) W. J. VERDENIUS: "*Katharsis tôn pathêmatôn*", in MANSION I.51;

(92) F. DIRLMEIER: "*Katharsis pathêmatôn*", *H* 75, 1940, 81-92;

(93) W. SCHADEWALDT: "Furcht und Mitleid?", *H* 83, 1955, 129-171;

(94) M. POHLENZ: "Furcht und Mitleid? Ein Nachwort", *H* 84, 1956, 49-74;

(95) A. NEHAMAS: "Tity and fear in the *Rhetoric* and *Poetics*", in RORTY X.45.

A posição médica foi contestada por ELSE X.32, comentando *Poet* 6 e 14. Outra posição heterodoxa foi oferecida por:

(96) L. GOLDEN: "*Catharsis*", *TAPA* 93, 1962, 51-60;

(97) L. GOLDEN: "*Mimêsis* and *catharsis*", *CP* 64, 1969, 145-153;

(98) L. GOLDEN: "The purification theory of *catharsis*", *JAAC* 31, 1973, 474-479.

Sobre o pano de fundo da teoria (que às vezes foi vista como uma resposta a Platão, que criticava a poesia por estimular as emoções: *República* 602-7), veja GULLEY X.54; ELSE X.32, sobre *Poet* 14; e:

(99) H. FLASHAR: "Die medizinischen Grundlagen der Lehre von der Wirkung der Dichtung in der griechischen Poetik", *H* 84, 1956, 12-48;

(100) S. HALLIWELL: "Plato and Aristotle on the denial of tragedy", *PCPS* 30, 1984, 49-71;

(101) M. C. NUSSBAUM: "Tragedy and self-sufficiency: Plato and Aristotle on pity and fear", in RORTY X.45.

Veja também:

(102) D. KEESEY: "On some recent interpretations of *catharsis*", *Classical World* 72, 1979, 193-205;

(103) J. LEAR: "*Katharsis*", *Phron* 33, 1988, 297-326 = RORTY X.45;

(104) R. JANKO: "From *catharsis* to the Aristotelian mean", in RORTY X.45;

(105) C. B. DANIELS e S. SCULLY: "Pity, fear and *catharsis* in Aristotle's *Poetics*", *Nous* 26, 1992, 204-217.

E sobre a influência da teoria:

(106) I. BYWATER: "Milton and the Aristotelian definition of tragedy", *JPh* 44, 1901, 267-275.

(G) Comédia

O livro B perdido de *Poet* continha as opiniões de Aristóteles sobre a comédia. Alguns estudiosos viram os restos do livro perdido no assim chamado "tractatus Coislinianus". Veja:

(107) R. JANKO: *Aristotle on Comedy* (London, 1984).

Para o que pode ser recolhido das ideias de Aristóteles, veja:

(108) L. GOLDEN: "Aristotle on the pleasure of comedy", *H* 115, 1987, 166-174 = RORTY X.45;

(109) M. HEATH: "Aristotelian comedy", *CQ* 39, 1989, 344-354.

E note:

(110) L. COOPER: *An Aristotelian Theory of Comedy* (New York, 1922).

Índice de passagens

AELIAN
Varia Historia III 36   34

ARISTÓTELES
An
A   228 n. 1
A   1,   402b16-25   233 n. 9
           403a3-5   249
           403a8-9   251 n. 30
           403a15-19   249, 251
           403a19-25   246
           403a25-27   241
           403a30-b1   241
           403b1-9   241
           403b11-12   240
           403b14-15   240
     3,   407b12-16   237
           407b20-24   238
     4,   408b14-18   248 n. 26
B   1,   412a6-9   228
           412a15-16   228
           412a19-21   228, 231
           412a27-28   231
           412a28-b1   231
           412b5-6   231
           412b11-22   230
           412b18-20   306 n. 7
           412b25-26   228 n. 3
           412b27-413a1   231
     2,   413a13-16   233
     3,   414b32-33   232
           414b20-22   232
           414b25-28   232
           415a12-13   233
     4,   415a16-22   233
           415b8   234
           415b10-12   234
           415b21-26   234
           416b9-15   234
     5,   417a8-9   234
           417b14-16   250

			417b19-21	235
			418a7-8	236
	6,		418a8-11	236 n. 14
			418a20-24	237
			418a26-28	236
			418a28-b2	236
	7,		418a31-b2	239
			419a2-5	236 n. 13
	12		424a17-19	238
Γ	4,		429a24-27	251 n. 30
	7,		431a16-17	251 n. 30
	12-13			239 n. 17
	13,		435a21-24	239

An. Post
	A	2		81-82
		2,	71a21-33	156
		4,	73a35 ss.	159
			73b24 ss.	174
		7		147
		12,	77b5-9	147 n. 32
		13		158
		24,	85b27-86a3	147
		30,	87b19-26	343 n. 17
			87b22-25	161
		31		87
		32		147
	B	1-2		190
		10,	93b38 ss.	233 n. 10
		12,	96a8-11	160
			96a8-19	343 n. 17
		16,	98a35 ss.	158
		17		158
		17,	99a28-29	159
			99b4-7	175
		18,	99b9 ss.	157 n. 4
		19		190, 268
		19,	99b17-18	84

An. Pr
	A	1,	24a18-20	62
		4,	26a3-9	73
		5,	27a9-12	71
			27a37-b1	72
		13,	32a20	112
			32b5-10	343 n. 17
		27,	43b32-36	343 n. 17, 344 n. 18

Cael

A	2,	268b11 ss.	193
	4,	271a33	178
	5,	271b9 ss.	192 n. 1
		271b26-272a7	195
	6,	273b30-274a3	196
	8,	276a18-277a12	193
		277a27-b8	198 n. 6
		277a33 ss.	193
B	14,	296b9 ss.	193
Δ	3,	310b12 ss.	193
	6,	313a14-b21	199

Cartas 30, 37

Cat 60-61, 103

	1		114
	1,	1a1	230 n. 5
	4,	1b25-2a4	91

Constituição de Atenas 22, 39 n. 19, 321

EE 258 n. 4

A	1,	1214a1-8	260
		1214a30-b6	264
	2,	1214b6-27	260
	3,	1215a8-19	164
	4,	1215a25-16a10	264
	5,	1216a10-19	266
	7,	1217a18-40	262
	8,	1217b1-1218b24	263
B	1,	1218b31-1219a39	263
		1219a39-b4	264
		1219b4-8	265
		1219b8-16	264
		1219b26-1220a13	275
	2,	1220a22-b7	276
		1220a34-39	276
		1220b7-20	275
	3,	1221b9-17	281
		1221b18-26	281
	4,	1221b27-1222a5	276
	5,	1222a22-24	281
	7,	1223a21-1224a7	271
	8,	1224a7-1225a36	271
	9,	1225a39-b16	271
	10,	1225b18-1228a19	272

Γ	1,	1228a26-b38	284
		1228b38-1229a11	285
		1229a11-31	285
		1229a32-b25	284
		1229b25-1230a21	285
		1230a21-36	285
	2,	1230a37-b8	284
		1230b9-20	258, 283
		1230b21-1231a26	284
		1231a26-b2	283
	3,	1231b5-26	282
	4,	1231b27-1232a18	290
	5,	1232a19-38	291
		1232a38-b31	292
		1232b31-1233a16	291
		1233a16-30	291
	6,	1233a31-b14	290
	7,	1233b29-38	288
		1233b38-1234a3	289
		1234a4-23	289
		1234a23-34	288
		1234a34-b13	281
H	2,	1235b13-1236a15	293
		1236a15-b26	293
		1237a18-1238a10	295
	4,	1239a27-b2	295
	6,	1240a8-b37	295
	9,	1241b12-40	295
	10,	1242b31-1243b14	295
		1243b14-18	294
	12,	1244b1-1245b19	297
	13,	1246a26-b36	270
	15,	1248b8-1249b25	264

fragmentos   22
12 R³   176
69 R³   330 n. 2
666 R³   34
675 R³   359 n. 28

GA

A	1,	715a10-12	245
	3-4		216
	4,	717b3 ss.	216
	16		214
	17-18		213
	23,	731b9 ss.	216

B		731b32 ss.	166
	4,	740a2-6	187, 218
		740a6-8	187
		740b29-741a3	214
	5,	741a32 ss.	215
		741a38 ss.	216
		741b13	178
Γ	1,	752a1-8	217
	4,	755a22 ss.	179
	5,	765a2 ss.	218
	6,	756b13 ss.	187, 218
		757a2 ss.	216
	10,	760b28-33	188, 216
	11,	761b16 ss.	188
		763a25-b7	216
Δ	1,	766b35	231
	3,		213
	3,	767b13 ss.	163
		769b10 ss.	163
	4,	770b9-17	163
		772a2-35	214
	10,	778a6-9	214
E	8,	788b10-19	187, 218
		789a8 ss.	179

GC

B	2,	329b17-330a29	204
	3,	330b4	206 n. 12
		330b22-30	204

HA   160 n. 6, 172, 215 n. 21

A	I	486a9-14	173
		486a16-19	173
		486a20-b17	173
		486b17-21	173
		487a11-489a19	173
	11,	492a27 ss.	219
B	I,	498a31 ss.	219
Γ	1,	510b3	216
Δ	1,	524a3-20	219
	8,	533a1-11	172
E	1,	539a23 ss.	216
	8,	542a1 ss.	214
	11		216
	11,	543b18	216

		16	216
		21-22	215
Z	2,	560a20-b3	217
	3,	561a6-562a20	187, 217
	10,	565b1 ss.	217
	12,	566b26-567a12	218
		16	216
Θ	2,	590a22-27	211
		591b24	172 n. 16
I	40,	623b7-627b22	215
	45		215
	47		215

IA

	4,	705a26-707a5	188

Insomn

	2,	459b2-7	247 n. 24
		460b16-18	248
		460b22-25	248

Int

	7	67
	9	80

Juv

| | 3, | 468b28 217 |

MA

	7,	701a32-35	248
	9,	702b21-25	248
	10,	703a37-b1	248 n. 26

Mem

	1,	450b-20-27	248

Met

			38n. 19, 103
A	2,	982b8	105
		982b25-26	308
		983a6-9	146
		983a23-24	146
B			55
B	3,	998b21-24	110
Γ	1,	1003a21-22	105
		1003a20-26	107

		1003a26-31	152
	2,	1003a34-b2	115
		1003b5-16	116
		1004b4-7	109
	3,	1005a19-24	109
		1005a20	145
Δ			88, 103
	8,	1017b23-25	132
	11,	1019a2-4	307 n. 6
E	1,	1025b2-3	151
		1026a27-32	150
		1026a29-30	105
	2,	1026b26 ss.	161
		1027a20-27	162
	3,	1027a29-b14	164
Z	1,	1028a10-13	112
		1028a31-33	143
		1028a32-36	308 n. 10
		1028b2-4	106, 117, 131
	3,	1029a7-30	214
	6,	1031a15-18	143
	7,	1032b2 ss.	167 n. 14
		1032b29-1033a22	163
		1032b30 ss.	167
	8,	1033b20-21	229
		1033b23-25	242 n. 20
		1034a5-6	241
	10,	1035b6-12	141
		1035b20-21	243
		1035b23-24	243
		1035b25-27	248 n. 26
		1035b29-30	241 n. 19
	11,	1036b3-7	242
	13,	1038b8-12	138
	16,	1040b5-8	135
	17,	1041a20-32	190
H	1,	1042a33 ss	163, 194 n. 2
	2,	1042b15-28	120
	3,	1043b14 ss.	168
	4,	1044a15 ss.	167 n. 13
		1044a26 ss.	185
		1044b8	163
	6,	1045a34 ss.	194 n. 2
Θ	7,	1049a22-24	135
		1049a25-30	135
	8,	1049b14-15	136

Λ	1,	1049b18-25	137
		1069a18	151
	7,	1072a21-26	148
		1072a26-32	149
		1072b3 ss	194 n. 3
	8,	1074a15-16	149
		1074b1-10	148
M	1,	1076a32-36	124
	2,	1077a2-6	125
	3,	1077b24-30	125
		1077b32-33	124

Meteor

Α-Γ			204-205
Α	1,	338b27-339a6	205
	3,	339b30-340a18	207 n. 13
		340b23	207
		340b24-30	206 n. 12
		341a2	207
		341a7-9	207
		341a13-17	207
	6,	342b30-35	206
		342b35-343a20	206
		343a21-b8	206
	7,	344a5-7	208
		344a13-20	208
		344a25-29	208
		344a29-32	208
		344b19-25	208
Β	2,	354b3-15	209
		354b19-23	209
		354b28-33	210
		355a33-35	210
		355b19	210
		355b21-33	210
		355b33-356a34	210
	3,	356b4-357a3	210
		357a25-28	210
		357b24-26	210
		358a3-25	210
		358b16-18	210
		358b34-359a14	211
	8,	366a5 ss.	209
		366b2 ss.	209
		367a2 ss.	209
		367b19 ss.	209
Δ			203-204

		1,	378b10-27	204
		7,	384b19 ss.	204
		9,	385b9	204
EN				258
	A	1,	1094a1-24	262
		2,	1094a25-b12	263 n. 6
			1094b7-10	308
		3,	1095a2	299
			1095a14-20	262
			1095a15-17	299
		5,	1095b14-22	266
			1095b14-1096a10	261
			1095b22-1096a4	266
		6,	1096a11-1097a14	263
		7,	1097a15-b21	262
			1097b22-1098a20	263
			1098a16-18	300
		8,	1098b9-1099a21	264
			1098b29-1099a7	260
			1099a7-21	276
			1099a22-31	260
			1099a31-b9	264
		9,	1099b9-25	264
			1099b32-1100a1	262
			1100a1-1101b9	265
		10,	1100b30-33	292
		12,	1101b10-1102a4	264
		13,	1102a5-26	263 n. 6
			1102a26-1103a10	275
	B	1,	1103a14-1104b3	276
		3,	1104b3-1105a16	276
			1104b3-8	285
		4,	1105a17-b18	277
		5,	1105b19-1106a12	275
		6,	1106a26-b7	280
			1106b8-35	280
			1107a8-27	281
		8,	1108b11-1109a19	282
		9,	1109a20-b7	282
			1109b7-13	283
	Γ	1,	1109b35-1110b17	272
			1110b18-1111b3	271
		2,	1111b4-1113b2	272
		5,	1113b3-1115a3	273
		6,	1115a6-b6	284
		7,	1115b7-24	285

		1115b24-1116a9	285
		1116a10-1117a27	285
	9,	1117a29-b22	284
	10,	1117b23-1118b8	284
	11,	1118b8-1119a33	283
	12,	1119a33-b18	284
Δ	1,	1119b22-1122a17	290
	2,	1122a18-1123a33	290
	3,	1123a34-1124a24	291
		1124a1-4	264
		1124a4-20	292
		1124a20-b6	291
		1124-1125a16	292
		1125a16-34	291
	4,	1125b1-25	291
	5,	1125b26-1126b10	282
	6,	1126b11-1127a12	288
	7,	1127a13-b32	289
	8,	1127b33-1128a4	289
E	1,	1129a6-17	287
		1129a17-1131a9	285
	3,	1131a9-b24	286
	4,	1131b25-1133b28	287
		1133b30-1134a23	287
	6,	1134a23-b18	286
	7,	1134b18-1135a13	288
	8,	1135a15-1136a9	287
	9,	1136a10-1137a4	287
		1137a4-26	287
	10,	1137a31-1138a3	288
	11,	1138a4-b13	287
Z	1,	1139b18-36	268
	4,	1140a1-23	268
	5,	1140a24-b21	268
		1140a25-28	309
		1140b21-30	268
	6,	1140b31-1141b8	268
	7,	1141b8-1142a23	269
	8,	1142a23-1143a24	269
	12,	1143b18-33	270
		1144a11-20	277
		1144a11-b17	270
	13,	1144b17-1145a6	270
H	1,	1145a15-b20	278
		1145a27-33	277
		1145b1-7	55

	2,	1145b21-1147b19	280
		1146a31-b2	278
	3,	1147a16	249
		1147b8-9	249
	4,	1147b20-1148b14	279
		1148a4-17	279
	5,	1148b15-1149a20	277
	6,	1149a24-b23	279
	7,	1150a9-b19	279
		1150b19-28	279
	8,	1150b29-1151a20	278
		1151a20-28	278
	10,	1152a27-33	279
	12,	1152b25-33	274
		1152b33-1153a17	274
		1153a17-35	275
	13,	1153b1-1154a21	275
	14,	1154a22-b20	258, 274
Θ	1,	1155a5-12	293
	2,	1155b17-1156a5	293
		1155b27-1156a5	325
	3,	1156a6-1157b5	293
		1156b25-32	295
	6,	1158a10-18	295
		1158b1-11	293
	7,	1158b11-28	293
		1158b29-33	295
	8,	1159a25-b1	295
	9,	1159b25-1161b10	295
	10,	1160a35-36	310
	11,	1161a33-b8	326
		1161b11-1162a33	293
	13,	1162a34-1164b21	295
		1162b21-1163a23	294
I	1,	1164b2-6	294 n. 11
	3,	1165b13-36	295
	4,	1166a1-b29	295
	8,	1168a28-1169b2	296
	9,	1169b3-1170b19	297
		1169b16-22	301
		1169b30-1170b10	301
	10,	1170b29-1171a20	295
	12,	1171b29-1172a15	297
K	2,	1172b9-1173a13	275
	3,	1173b20-31	275
	4,	1174a13-b14	275

			1174b14-1175a3	273
			1175a10-21	275
		5,	1175b24-1176a29	274
		6,	1176b9-1177a11	266
			1177b26-31	320
		7,	1177a12-18	266
			1177a18-1178a8	267
			1177b26-1178a8	266
		8,	1178a9-b7	266
			1178a21-1179a32	267
			1178a28-b3	301
			1178b5-7	320
			1178b8-28	320
		9,	1179a32-1181b23	263 n. 6
			1179b4-10	276
			1181b12-23	299
PA				58
	A	1,	639b3 ss.	190
			639b8-11	218
			639b11-642b4	178
			640a14-15	218
			640a20	183
			640a30 ss.	181
			642a10-13	238
			642a24-26	242
		2,	642b9-13	174
			342b11 ss.	190
		3,	642b22-25	174
			642b32	174
			643b1	174
			643b9-12	174
			643b18-22	175
			643b27-644a11	175
		5		218
		5,	644b28-32	187
			645a24-27	189
			645b15 ss.	187
			645b26 ss.	187
	B	1,	646a14-21	204
			646a25-b1	181
			646b2-10	181
			647a25-26	248
		13,	658a9	178
		14,	658a24	179
			658b2-6	178

		16,	659a19	212
Γ		2,	662b26	212
			662b29 ss.	212
			663a11	212
			663a14-16	215
			663b12-15	212
			663b24 ss.	212
			663b30 ss.	212
			663b34-664a11	212
		4,	666a18-24	217
Δ		10,	687a19-23	178
		12,	694a20	212
		13,	697a15-b14	219
		14,	697b14-26	219

Phys

A		2,	184b27-28	167
		7,	190a31 ss.	167
		8,	191b9 ss.	167
B		1,	192b8-9	168
			192b13-14	168
			192b23-27	168
			193a9-17	168
			193b3-12	303 n. 4
		2,	194a19-21	168
		3,	194b23-35	169
			195a1	169
			195a29-31	169
			195a33-b3	170
			195b1-3	170
			195b4-9	170
		5,	196b33 ss.	165
		7,	198a25-28	171
		8,	198b34-35	160
			199a11	163
		9,	200a2-5	184
			200a11 ss.	185
Γ		5,	205a19-20	194
			205b24-206a7	194
		6,	206a9 ss.	192
			206b33-207a14	192
		7,	207b28 ss.	191
		8,	208a20-21	192
Δ		8,	215a24-b4	197

E	6,	230b21-26	198 n. 6
Z	2,	233a32-b14	197
H			246 n. 23
	2,	244b15-24a1	246
	5,	249b29-250a16	196
Θ	5,	256a6-13	201
	10,	266b27-267a22	201

poemas			30, 33, 37, 359
Poet			344-345
	1,	1447a19-21	346
		1447b15-19	348
	4,	1448b6-9	346
		1449a7-9	358
	6,	1449b22-28	350
		1450a16-21	356
	7,	1450b26	355
	8,	1451a16-19	355
	9,	1451a38-b7	348
		1452a3-4	350
	12,	1452b17-18	357
	13,	1452b36-38	350
		1453a6-10	353
	14,	1453b1-2	350
		1453b12	352
	25	1460b7-8	345, 347
Pol			48
A	1,	1252a1-1253a38	181
		1252a19-25	358
	2,	1252a26-27	323
		1252a31	323
		1252a34	325
		1252b7-9	327
		1252b12	327
		1252b27-30	318
		1252b30-32	304
		1252b34-1253a1	305
		1253a1-18	266
		1253a7-18	305, 327
		1253a8-19	305
		1253a18-29	306

		1253a29-30	304
	4,	1253b32-33	323
		1254a13-17	308 n. 11
	5,	1254b2-23	324
		1254b10-13	324
		1254b16-23	308
		1254b22-23	326 n. 17
	6,	1255b4-15	325
		1255b9-12	307
	7,	1255b20	310
	9,	1252b27-31	303
	12,	1260a12-14	307, 313, 324
Γ	1,	1275a23-26	315
		1275b5-11	316
	2,	1275b21-32	316
	5,	1278a40-b5	308
		1278b1-5	310
	6,	1278b32-37	325
		1279a16-21	310
	7,	1279a28-30	306
		1279a32-b7	311
	13,	1284a3-17	278
		1284b22-34	278
	14,	1285b20-33	312
	16,	1287a3-6	314
		1287a10-12	313
	17,	1287b41-1288a5	313
		1288a15-b29	278
		1288a15-19	278
		1288a30-34	278
Δ	4,	1290b17-20	322
	6,	1293a30-1294b13	322
	11,	1295a35-37	300 n. 2
		1295b34-1296b12	323
		1296a22-23	322
Z	4,	1319a19-32	268
H	2,	1324a23-25	317
		1325a23-34	320
		1325b16-30	320
	4,	1326b2-7	302
	7,	1328a37-8	300 n. 2
	9,	1329a24-26	317
	13,	1332a7-9	300 n. 2
	14,	1332b23	314
		1332b25-29	315
Θ	1,	1337a27-30	308 n. 11

Protrepticus			22, 257 n. 2, 256, 257
Ret			332-333
A	1,	1354a1	340
		1354a5-11	330
		1354a12-18	331
		1355a4-8	331
	2,	1356a9-11	333
		1356a30-31	340
		1356b6-10	341
		1356b15-18	343
		1357a2-4	341
		1357a25-32	342
		1357a30	343 n. 17
		1358a2-4	332
		1358a13-14	332
	4,	1359b8-9	334 n. 10
B	1,	1378a7-20	75
		1378a21-22	337
	8,	1385b12-15	338
		1386a2-4	339
		1386a14-16	339
		1386a19-21	340
	22,	1395b24-1396a3	341
Γ	1,	1403b5-10	333
		1404a4-11	335
		1404a37	334
	3,	1406b5-19	336
	4,	1406b20-24	337
	10,	1410b31-33	336
	13,	1414a30-38	335
[Rhet. ad Alex]			330 n. 4
Sens			
	1,	436a7-8	249
	2,	438a12-16	240
	3,	440a31-b25	204
SE			
	34,	183b34-36	59
		184b2-8	101
Somn			
	2,	455a15-21	247
		455b10-11	247

Top			40, 44 n. 24
A	1,	100b21-23	96
	5,	102b3-10	91-92
	9,	103b20-25	90
	10,	104a8-11	97

Diógenes Laércio
Vidas dos Filósofos

V	1	30
	11-16	30, 255
	22-27	65

Inscrições
Dittenberger, Sylloge³ 275   35

Platão

Fedon	111C	210
Protágoras	322B	302 n. 2
República	435D-444A	271
Timaeus	27D-39E	176
	48 E-57D	176

Porfírio
Vida de Plotino 24   240 n. 22

Índice de nomes

Academia, 32-35, 46, 86, 95, 176, 203, 330
Alexandre de Afrodísia, 14, 202
Alexandre, o Grande, 34-37, 297
Alexandria, 35
Amásis, 340
Amintas, 32, 34
Amônio, 42 n. 22
Anaxágoras, 134, 178, 257, 266
Anaxímenes de Lampsaco, 330 n.4
Anaxímenes de Mileto, 180
Andrônico, 39-41, 44, 54, 105, 106, 332
Antípatro, 30, 31, 34, 37
Aquino, 14
Aristóteles
    desenvolvimento pessoal, 45-53, 150, 176, 258-259
    e seus predecessores, 59, 89-90, 93-94, 167, 203, 210, 227
    (*ver também* Platão)
    escritos, 31, 35-40,
        Aristóteles de Bekker, 21-23, 39
        catálogos de, 35-38
        corpus de, 20, 38-40, 53-54
        cronologia de, 38, 49-53
        diálogos, 38
        duplos, 43
        edições da Antiguidade, 40, 44, 53-54, 103-104, 106, 258
        estilo de, 40-41, 257-258
        estilometria, 50, 51, 52 n. 29
        exotérico vs. esotérico, 41
        histórico, 37-39,
        inconsistências, 42, 45
        remissões em, 44, 50, 61, 349 n. 17
        revisões de, 43, 52, 54
    palestras, 33, 42-45, 93, 257-258, 265 n. 5, 266, 294 n. 11
    personalidade, 29-32, 255-257, 290-291
    sistema filosófico, 45, 53-58

       testamento, 30-31, 255-256, 232
       vida, 32-35
Arquimedes, 186
Assos, 33
Atarneus, 33-34, 360
Atenas, 22, 30 n. 4, 32-35, 38-40, 47, 96, 99, 255, 293, 297, 321

Cálcide, 31, 35, 297
Calístenes, 34, 35
Cartago, 311
Cícero, 49 n. 27, 176
Copérnico, 203

Delfos, 34, 35
Demócrito, 37, 141, 187, 189
Demóstenes, 33
Descartes, 15-17, 20, 44, 249

Édipo, 350-357
Empédocles, 134, 173, 177, 210, 348, 349
Epicuro, 49, 117 n. 11
Esparta, 312
Espinosa, 160
Estagira, 31, 32, 34, 255
Eudemo de Chipre, 258 n. 4
Eudemo de Rodes, 258 n. 4
Eudoxo, 203

Felipe II da Macedônia, 34, 37
Féstia, 32, 35
Filodemo, 33 n. 11
Filopono, 199 n. 7, 202
Filoxeno, 283
Frege, 19, 59, 123

Galileu, 166, 198, 200

Hérmias, 33, 359
Herpília, 30, 31, 255

Hipócrates de Cós, 210 n. 15
Hipócrates de Quios, 206
Homero, 337, 346

Isócrates, 32, 330

Jâmblico, 22

Leibniz, 133, 134
Lesbos, 34
Liceu, 34, 35, 40, 91, 258, 297
Lineu, 157 n. 3, 171, 174 n. 19
Locke, 159

Macedônia, 32-35, 297
Mitiline, 34

Neleu, 39
Nicanor, 30-32, 255
Nicômaco (filho de A.), 30, 255, 258 n. 4
Nicômaco (pai de A.), 32, 258 n. 4

Pirro, 31
Pitagóricos, 37, 206, 238
Pítia, 33, 37
Platão, 16, 63, 99, 131, 270-271, 349-347
       criticado por Aristóteles, 85-88, 122-125, 138-139, 173-174, 176, 237, 262-263, 273-274, 319 n. 13
       influência sobre Aristóteles, 30, 32, 36-37, 46-47, 57, 94-95, 145, 214, 329-330
Pródico, 88
Próxeno, 31

Roma, 39, 348

Sépsis 39-40
Sócrates, 34, 63, 64, 66, 68, 78, 86, 94, 95, 97, 134, 140, 241, 242 n. 20, 270, 279, 289
Sófocles, 350, 351, 354

Tales, 134
Teofrasto, 30, 31, 34-36, 39, 40, 75, 79, 297
Teógnis, 276

Xenócrates, 33, 37

Zenão de Eleia, 37, 94

Índice de termos gregos

aisthêton [objeto de percepção], 235
aitia, aition [causa, explicação, razão], 111, 169, 233-237
akrasia [incontinência, fraqueza moral], 55, 249
alloiôsis [alteração], 234
amesos [imediato, não mediado], 82
antiphilêsis [afecção mútua], 325
apodeixis [demonstração, prova], 81
apophansis [asserção], 66
aporia [embaraço], 54, 55, 103
archê [origem, princípio, regra], 168, 169, 234, 310
atmis [exalação], 206 n. 12
autarkeia [autossuficiência], 303

basileia [mando do rei], 312

dialegesthai [argumentar], 94
diaphora [diferença], 87
dunamis [capacidade, potencialidade, poder], 136, 204

eidos [forma, espécie], 139 n. 21, 157 n. 2
endoxos [aceito, respeitável], 96
energeia [atualidade], 136
epagôgê [indução], 63
epistêmê [conhecimento, ciência], 81, 155, 169, 299
eudaimonia [felicidade, sucesso, bem-estar], 260 n. 5, 319

genos [gênero], 87, 157 n. 3

hamartia [falta], 354, 355

idion [propriedade singular], 89, 236, 238, 249

kata sumbebêkos [acidental, incidental], 162, 169
katêgoria [predicado], 91, 118 n. 12
katharsis [purificação], 350
kath'hauto [em si mesmo], 229, 236, 237, 239

kômê [vila], 302
kurios [mestre], 247, 248 n. 26

logos [explicação, definição, fórmula, teoria], 86, 169, 216, 232, 233, 242
logos enhulos [explicação materiada], 240

makarios [abençoado, feliz], 260 n. 5, 319
metapherein [transferência], 337 n. 11
metaphora [metáfora], 337 n. 11
meta ta phusika ["depois da física"], 103 n. 1
metoikos [habitante estrangeiro], 315
mimêsis [imitação], 345, 346

nous [intelecto, intuição, mente], 85, 231, 232, 237, 249, 251 n. 30

oikia [casa], 302
oikonomia [administração da casa], 313
organon [órgão, ferramenta], 61, 92, 231, 231 n. 6, 268
ousia [ser, essência, substância], 92, 143, 228, 236, 306

pambasileia [realeza total], 312
paradeigma [modelo], 169
parekbasis [desvio], 311
phantasia [imaginação], 232, n. 7, 248, 231 n. 30
phantasma [imagem] 247, 252
phronêsis [sabedoria prática], 300, 309, 310, 314, 318, 320
phronimos [sábio praticamente], 310
poion [qualidade], 91
polis [cidade-estado], cap. 8 *passim*
politeia [constituição], 302, 311, 312, 323
politês [cidadão], 311, 314
politikê [(ciência) política], 299
politikos [político], 310
poson [quantidade], 91
pote [quando], 91
pou [onde], 91
pros ti [relação], 91
protasis [proposição], 340
prôtos [primário], 82
psuchê [alma], cap. 6 *passim*

sêmeion [sinal], 207 n. 14
sullogismos [dedução, silogismo], 62

technê [arte, habilidade] 329, 330 n. 4, 345
teleios [perfeito], 319
telos [fim], 169
theôria [contemplação], 301
ti esti [o que é], 91
tode ti [este tal-e-tal], 132
to on [entes], 107
topos [lugar], 97, 101
tragôdia [tragédia], 357, 358

Índice de assuntos

abelhas, 142, 215, 216, 327
ação, 80, 248-248, 252-253, 268-269, 319, 342, 350, 355
    à distância, 195, 200
    [*veja também* movimento]
    acaso, 163-166, 189, 216, 263, 266, 290, 291, 353-355
    [*veja também* acidentes]
aceleração, 198 n. 6 [*veja também* movimento]
acidentes, 36, 40, 89, 90, 116-120, 124, 129, 130, 133, 136, 137,
    145, 152, 225, 236, 237 [*veja também* substância]
adjetivos vs. substantivos, 128-129
afirmação, 66
agência, 41-42, 111, 168, 170, 177, 183, 197, 200-201, 234
    [*veja também* causas]
água, 195, 210 [*veja também* elementos]
alma, 138
    e corpo, 226, 237, 249-254, 323
    como causa, 233
    definível, 232-233
    como forma, 227-233, 238
alteração, *veja* mudança
ambição, 275, 291
ambiguidade, 88, 91-92, 111, 112 n. 6, 113 n. 9
    [*veja também* significado focal, homonímia]
amizade, 264, 288, 292, 301, 325-326, 338
analogia, 173
aquisição de conceitos, 85
ar, 193, 195, 202 n. 9 [*veja também* elementos]
aristocracia, 291, 312 [*veja também* constituições]
arte, 268, 277, 329-335
artefatos, 168, 190 [*veja também* itens naturais]
astronomia, 148-149, 186, 205
atomismo, 131, 141, 143 n. 27, 176, 177, 184, 189, 192
atualidade, 136-138, 171, 231-232, 251-254
    anterior à potencialidade, 137-138
    [*veja também* potencialidade]
autossuficiência, 183, 262, 263, 267, 296, 303-306, 317, 318

avestruz, 219
axiomas, 57, 109, 144, 145, 334 [*veja também* primeiros princípios]

bem-estar, *veja* prosperidade
bem, 92, 113 n. 9, 176, 256-257, 269, 272-273, 300
biologia, 19, 34, 46, 56, 157 n. 3, 159, 160, 171, 172, 174, 177,
        186, 187, 190, 191, 208, 211-214, 219, 220
bisão, 215
boa vida, *veja* prosperidade

calor, 138, 180, 188, 204, 207, 217, 271
camelo, 215
capacidade, 231, 233-237, 243-244, 250, 306
        [*veja também* potencialidade]
caráter, 100, 332-333, 342
casas, 263, 303, 310, 313
catarse, 350
categorias, 90, 93, 119-121
causas, 200-201, 233-238, 241
        as quatro causas, 111, 168-170, 211, 234
        vs. explicação, 164-166, 169-170, 182 [*veja também* explicação]
        final, 160, 166, 171, 179, 182, 184, 234 [*veja também* teleologia]
        primeira, 145-151
        e acaso, 164
        e essência, 175-176
        e conhecimento, 81-84, 168-170, 217
        e termos médios, 69, 83, 156, 189
        princípios de, 137-138, 151-152
        estudo da, 103, 105, 151-152, 189
        [*veja também* agência, forma, matéria]
cavalheiros, 256, 259, 261, 264, 276, 292
cervos, 179, 212
cidadãos, 33, 94, 285, 286, 307-312, 315-319
cidades-estado, 266-267, 302-305, 310-311
        tipo ideal de, 316
ciências, 60, 105-107, 124, 155, cap. 5
        demonstrativas, 57-58, 81-86, 88, 92-93, 155-159
        independência das, 55-56, 107, 147-148, 153
        filosofia da, 38, cap. 4
        natural, 38, 56, 124, 150, 160-166, 191-196, 204-211, 327

classe média, 323
coincidência, 164 n. 11, 165, 191, 323-325 [*veja também* acaso]
comédia, 345, 350
cometas, 205-209
comida, 233-235 [*veja também* nutrição]
completude da silogística, 76
compulsão, 271
comunidade, 301-305, 313, 317, 323, 327
    [*veja também* cidade-estado]
conhecimento, 81-84, 142, 155, 256, 267, 274, 296-297, 329, 342
consciência, 85, 215, 225-227, 254, 268, 271, 273, 274, 279, 280,
    291, 297
consequência lógica, 62
constantes, 186
constituições, 302, 310-316, 321-322
    desviantes, 310-311
    mistas, 311, 322-323
contemplação, 194 n. 3, 257, 264-268, 297, 300, 309, 354
contingência, 80-82, 342 [*veja também* necessidade, empirismo]
contraexemplo, 75, 98
contrapredicação, 89 [*veja também* predicação]
contradição, 67, 78
contrários, 36, 164, 239
coração, 20, 54, 187, 188, 217, 218, 241, 243, 246-248, 250, 252, 253
coragem, 277, 284-285 [*veja também* virtude]
corpo, 226-230, 237-239, 248, 256, 323
    vs. matéria, 238-239, 243, 252 [*veja também* alma]
    celeste, *veja* astronomia
crime, 354 [*veja também* lei]

decisão, 39, 271-272 [*veja também* deliberação]
deduções, 57, 62, 63, 66, 69, 70, 75, 81, 99, 100, 155, 159, 161, 267,
    331, 341, 344
    nomenclatura medieval para, 70 n. 1-2, 72 n. 3
    perfeita vs. imperfeita, 69-70
    prática, 249, 272-273, 279 [*veja também* deliberação]
    regras para, 97-101

definição, 86-88, 121, 159, 173-176, 232-233, 252-253, 308 n. 10
    e demonstração, 45, 86-88
    e substâncias, 132, 141-142, 189-190 [*veja também* essência]
deformidade, 163 [*veja também* natureza]
deliberação, 81, 263, 269, 272, 309, 324, 340
democracia, 309-312, 322 [*veja também* constituições]
demonstração, 53, 60, 61, 81-84, 87, 88, 92, 93, 96, 98, 155, 262
demonstrativos, 83, 94, 132, 133, 155
dentes, 20, 179, 187, 212
desejo, 149, 170, 199, 241, 248, 249, 252-254, 271, 272, 276, 279, 283, 288
determinismo, 164, 252 [*veja também* causas]
deuses, 32, 176, 251 n. 29, 255, 256, 261, 262, 266, 278, 290, 297, 314, 320
    como objetos de estudo metafísico, 106, 144-147
    em nós, 256, 267, 296
    [*veja também* teologia]
dialética, 60, 65, 93-99
    e demonstração, 93, 96, 98
    e retórica, 99-101, 334, 340
diferença (*differentiae*), 87-90, 110, 140, 173 [*veja também* definição]
dinâmica, 196-203 [*veja também* movimento]
dinheiro, 12, 31, 68, 165, 286, 289, 294, 338 [*veja também* riqueza]
discursos, 61, 100, 123, 200, 249, 239, 332, 333, 335, 336, 341, 342, 346
dissecação, 37, 172
distribuição, 285-288, 316, 321
divisão, 86-88, 156-157, 173-176 [*veja também* definição]
divisibilidade infinita, 191
dualismo, 251, 254 [*veja também* alma]

egoísmo, 296
elementos, 164, 141, 168, 181, 187-188, 192-193, 204-205, 207 n. 13
embaraços, 54-56, 80, 84, 95, 98-100, 104, 106, 117, 131, 148, 334
embriologia, 182, 213, 218, 371 [*veja também* geração]
emoções, 240, 267-268, 270, 275-277, 331-340, 350-353
empirismo, 46-47, 85, 138, 150 n. 26, 186, 187 n. 21, 188-190, 195, 198-200, 204, 207 n. 14, 208, 209, 214, 215, 321, 327, 348
enaltecimento, 264, 272, 291, 319

enquanto, 108, 125-126
ente enquanto ente, 103, 106-110, 145, 150-153
entidades abstratas, 121, 126, 138, 241 [*veja também* números]
entimemas, 36, 45, 100, 331, 341-343 [*veja também* deduções]
épico, 345
epistemologia, *veja* empirismo, conhecimento, percepção
equidade, 288 [*veja também* justiça]
escravos, 31, 265, 266, 302, 303, 307, 308, 310, 313, 317, 319, 323-327
espaço, 194-195
espécie, 65, 118, 139 n. 21, 174, 243 [*veja também* gênero]
espirituosidade, 16 n. 3, 288, 289
essência, 109, 139 n. 21, 142,143, 145, 174, 230, 232, 240, 242, 306 n. 6 [*veja também* definição, substância]
estado e indivíduo, 299, 306-309
este tal-e-tal, 112, 113, 120, 127, 132-133, 141, 151, 348
    [*veja também* substância]
estilo, 295, 335-336, 345 n. 20, 346, 348
estrangeiros residentes, 315, 317
éter, 168, 194, 203, 205, 206 [*veja também* elementos]
ética, 33, 38, 42, 56, 60, 99, cap. 7, 327, 334 n. 10, 338, 343,
exalações, 205-210
existência, 106-107, 145
    homonímia de, 91-93, 110-116, 120-124
    não é um tipo, 91
    [*veja também* ser, ente]
exemplo, 100, 341 [*veja também* deduções]
experiência, 85
experimento, 186, 210-211, 217 [*veja também* empirismo]
explicação, 163-166, 178-180, 182, 199, 246
    e causas, 83, 146, 169-170
    e conhecimento, 83, 141-142, 156-159, 188
    e essência, 141
    [*veja também* conhecimento, teleologia]

falácia, 88, 99, 100, 111
fatalismo, 80 [*veja também* determinismo]
felicidade, 260 n. 5 [*veja também* prosperidade]
ficção, 349, 353

figuras silogísticas, 68-69, 74-75
filhos, 30-32, 236, 255, 256, 264, 310, 314, 339
filosofia, 94, 256-257, 261, 319-321
finitismo, 191-196
fisicalismo, 251
foca, 218
fogo, 193-195, 206-207 [*veja também* elementos]
força, 200, 202 [*veja também* movimento]
forma, 139 n. 21 e n. 23, 139-140, 145, 146 n. 21, 167, 177, 185, 190, 212
    e matéria, 139-140, 145, 146 n. 21, 163, 167, 170, 176, 194, 229-231, 241-253
    e alma, 227-233, 238
fraqueza moral, *veja* incontinência
frio, 204, 239
funcionalismo, 250 n. 28
fundacionismo, 84 [*veja também* empirismo]
gênero, 86-93, 110, 116, 129, 140, 157, 174 [*veja também* definição]

geometria, 57, 81, 123, 125, 127, 147, 152, 192 n. 1
geração, 104, 138, 164, 167, 172, 179, 181, 183, 188, 191, 214-216
    espontânea, 216
    [*veja também* embriologia]

habilidade, *veja* arte
hereditariedade, 213 [*veja também* geração]
herói, 353-355
hiena, 216
história, 348
homonímia, 111-119, 129, 230, 336 [*veja também* significado focal]
homossexualidade, 277
honra, 34-35, 123, 262, 286, 290-292, 296
humildade, 291

Ideias (platônicas), 48, 121-122, 131, 138, 176
    do Bem, 262-263
identidade, 66, 104, 134-135
    essencial vs. acidental, 134-135
    pessoal, 244, 296,

ignorância, 271, 354
igualdade, 285-287, 307, 315
imagens, 247, 252
imaginação, 232 n. 7, 248, 251 n. 30
imitação, 317, 345, 346-350, 356
impulso, 177, 185, 193, 203, 278 [*veja também* itens naturais]
inatismo, 85 [*veja também* empirismo]
incontinência, 278
indivíduos, 65-66, 82, 132-133, 135, 138-140
indução, 61, 100, 187, 341 n. 15
     problema da, 61
inércia, 198 [*veja também* movimento]
infinitude, 192, 197
intenção, 176-180
intuição, 85, 268
inversão, 70-72, 86, 178
ira, 241, 275-284, 331, 338 [*veja também* emoções]
ironia, 289
itens naturais, 141, 168, 178, 183, 187-188, 228, 253 n. 32, 311-312, 358-359

justiça, 285-288, 294, 301, 325-326
     natural, 288

lei, 269, 285-288, 314, 321, 326
liberalidade, 289-290 [*veja também* virtude]
liberdade, 195, 199, 276, 286, 290, 300, 308, 310, 319, 324
linguagem, 23, 60, 66-73, 281, 327, 333-336, 346, 350
lógica, 38, 57 n. 30, cap. 2, 109-110, 151, 152, 332-333, 340-344
lua, 162, 166, 188, 209, 257

magnanimidade, 264, 291-292 [*veja também* virtude]
magnificência, 290 [*veja também* virtude]
mais inteligível que, 81, 156 [*veja também* prioridade]
mando do rei, 310-313 [*veja também* constituições]
mar, 205, 209-211, 216, 219
matemática, 33, 36, 48, 46, 59, 81, 104, 107, 109, 123-126, 130, 186, 199, 285, 294 [*veja também* números]

matéria, 112, 139, 167-168, 176, 180-185, 188, 213-214, 237-243, 253-254
    e explicação, 237-243
    e forma, 139-140, 145, 146 n. 31, 163, 170, 176, 194, 229-231, 241-253
    inteligível, 163
    vs. material, 162-163, 167 n. 13
    tópica, 162-163, 194 n. 2
material (*stuff*), 131, 134, 138
    vs. matéria, 162-163, 167 n. 13
mecanicistas, 176, 184, 189
medo, 246, 254, 275, 277, 280, 284-285, 350-353
    [*veja também* emoções]
meio-termo, doutrina do, 13, 280, 282 [*veja também* virtude]
memória, 85, 225, 248 n. 26
mental vs. físico, 225-226, 250 n. 28, 253-254
mente, teoria da, 225-227
metafísica, cap. 3
    dúvida sobre sua existência, 110-114
    o que é, 103-106
metáfora, 210, 334, 336-337
metalógica, 76, 101
meteorologia, 191, 203, 205, 208, 209
meteoros, 205, 208
modalidade, 79 [*veja também* necessidade]
modéstia, 291
monarquia, 302, 310-314, 315 n. 12 [*veja também* constituições]
moriologia, 171 [*veja também* partes]
morte, 164-165, 215, 261, 284, 297, 339, 340, 359
motores imóveis, 104, 144, 148, 149, 151 [*veja também* deuses]
movimento, 130, 138, 148-149, 248-249, 252
    circular, 194-195, 208
    leis do, 138, 196-203
    natural, 192-195
    de projéteis, 200-203
    [*veja também* ação]
mudança, 138-139, 163, 166-171, 187
    e percepção, 237, 240-241, 246-247, 250-251, 253-254
    [*veja também* movimento]

mulheres, 259, 300 n. 1, 313
mundo sublunar, 160, 163, 166, 194, 203, 206
música, 113, 273, 346, 348 n. 24, 357

na maior parte, 159-166, 342 [*veja também* necessidade]
nações, 296, 302, 309, 310, 313, 314 [*veja também* cidades-estado]
não contradição, princípio de, 61, 103, 109, 129, 130
natureza, 168, 177-178, 189, 263, 287
    não faz nada em vão, 178, 212, 305, 358
    humana, 266, 274, 277, 305, 323, 327, 346
    e política, 302-305, 311
necessidade, 78-81, 112, 155, 161, 176-185, 271, 342
    hipotética, 184-185, 238-241
    do passado, 81
negação, 66-67, 72, 76, 78, 80
nomes próprios, 135
números, 104, 117, 124-128, 191-192, 293
nutrição, 225-227, 233, 235

o que é, 89-92
objetos perceptíveis, 124-128, 236 [*veja também* indivíduos]
ócio, 267, 317-318
olho, 13, 29, 172, 186, 230-231, 237, 240, 241, 243, 245, 247, 250, 261, 351
oligarquia, 311-312, 315, 322 [*veja também* constituições]
ontologia, 121, 126, 128 [*veja também* existência]
opiniões respeitáveis, 55-56, 96-98, 264
órgãos, 173, 181, 231-232, 237-241, 243, 251 n. 30
ovos, 127, 211, 217

pangênese, 213, 213 n. 19
paronimia, 114
partenogênese, 215
partes, 139, 141, 144, 171-173, 178, 182, 306-309, 325, 350, 357
    racionais vs. irracionais da alma, 256, 264, 275, 277
particulares, 63, 65, 82, 124 [*veja também* indivíduos]
pena, 206, 275, 331, 332, 338-340, 350-354 [*veja também* emoções]
pensamento, 149, 225-226, 233, 249, 251 n. 29 e n. 30

percepção, 84-85, 216, 225-227, 232-237, 247-256, 274, 279, 296, 324
    objetos da, 128, 232-237
perfeito, 262-263, 273, 303
persuasão, 100, 331-334
peso, 192-193, 196-198
pintura, 346-347
planetas, 158, 203, 206 [*veja também* astronomia]
platonismo, 46-47, 125-176 [*veja também* empirismo]
poderes, 135-136, 140, 204, 236, 295
poesia, 344-349
poética, 38, 56, 344-360
política, 38, 47, 56, 60, 263 n. 63, cap. 8, 358
polvo, 216
possibilidade, 78-79, 112, 344 [*veja também* necessidade]
potencialidade, 136-138, 170, 182, 228 n. 3
prazer, 265, 273-276, 279, 281-284, 294-297, 305, 337-338, 352
    vida de, 261, 266, 274
predicados, 66, 68-70, 74-75, 77, 90-92, 118 n. 9, 138-139
    per se, 159
predicáveis, 88-90
premissas, 61-63, 68-70, 340
    argumentos com uma, 62-63
primazia, 83-84, 155-156 [*veja também* prioridade]
primeiros princípios, 57, 81, 84-86, 96, 98, 190
    conhecimento dos, 84-86, 98, 190
princípios, veja primeiros princípios
prioridade, 83, 138, 142-144, 156, 180-182, 143, 306-309
privação, 167 n. 14, 174, 193
proporção, *veja* movimento, leis do
proposições, 339-341
    imediatas, 83, 156
propriedade, 89, 239
    privada, 303
prosperidade, 256-265, 293, 296, 325, 353
psicologia, cap. 6, 334, 338
punição, 272, 276, 287, 322

qualidades, 54, 90-93, 112-113
quantidades, 90-93, 186

quantificação, 66, 68, 110 n. 5, 129, 161-162, 198
questões, 93-99
química, 17, 56, 203-204

racionalidade, 300, 308, 309, 318, 326
razão, *veja* causas
reducionismo, 180-185
reductio ad impossible, 72, 75
refrão, 188
refutação, 95, 138, 167, 213
regresso infinito, 92
relações, 68, 120
representação, 348-349, 352
resistência, 186, 199
responsabilidade, 35 n. 16, 169, 256, 270-271
retórica, 38, 99-101, cap. 9
riqueza, 256, 264, 267, 268, 289-290, 292, 296, 317, 322, 323

sabedoria, 268
        política, 269
        prática, 267-270, 279, 287, 300
semântica, 336-337 [*veja também* significado]
semelhanças, 346-349
sensíveis comuns, 236 n. 14 [*veja também* percepção]
sentenças categóricas, 67-69, 76-79
sentenças compostas, 68
senso comum, 195, 198 n. 5 [*veja também* empirismo]
separação, 242 [*veja também* substância]
ser
        não é um gênero, 110, 116, 129
        enquanto ser, 103-107
        [*veja também* existência]
ser vs. existir, 106-107, 117
significado, 53, 60, 61, 88, 91-93, 111 [*veja também* ambiguidade]
        focal, 115-122, 129, 143, 145, 257 n. 2
        [*veja também* ambiguidade, homonímia]
silogismo, *veja* deduções
silogística, 53, 59-60, 66, 76-80, 83, 93, 101, 155-156

aplicação da, 60, 160
[*veja também* deduções]
símile, 170, 337 [*veja também* metáfora]
sinais, 37, 115, 207 n. 14, 276
sintaxe, 41, 336
sinonímia, 111 [*veja também* homonímia]
sofística, 36, 60, 88, 90, 99-101, 111
sol, 39, 207, 209, 257, 360 n. 29 [*veja também* astronomia]
substância, 104-105, 116-121, 124-127, 130-132, 149-151, 183,
    229, 241, 249, 251, 253
    vs. acidente, 116-117, 124, 135
    e categorias, 91-92, 119-120
    e definição, 130-132
    e essência, 143-144
    individual, 132
    primazia da, 131, 145, 150
sujeito, 66-70, 75, 77-78, 88-93, 132, 162 n. 10, 234, 246, 248,
    310, 313-315, 318

tato, 239, 247 n. 24 [*veja também* percepção]
taxonomia, 157 n. 3, 171, 174 n. 19, 225 [*veja também* gênero]
tecidos, 173, 256-257
teleologia, 149 n. 34, 176-185, 189, 213 n. 18 [*veja também* causas]
temperança, 279, 281, 283, 301 [*veja também* virtude]
tempo, 191-192
teologia, 56, 103-106, 146-147, 149-151
    [*veja também* deuses, motores imóveis]
teor existencial, 77
teoria, *veja* contemplação
terceiro excluído, lei do, 80-81
termo maior, 69, 75
termo médio, 69, 83, 156, 189
termo menor, 69, 75
termos incontáveis, 135
terra, 168, 181, 188, 193-195, 204 [*veja também* elementos]
terremotos, 205-206, 209
tipos, 109, 111, 118, 157, 174, 189-190 [*veja também* gênero]
tirania, 310-312 [*veja também* constituições]
totalitarismo, 307

toupeiras, 172
tragédia, 37, 338, 345, 349-359
trama, 350, 355-356
treinamento, 95, 276-277
troca, 286-287, 294

unidade, 104, 108, 127, 133, 302, 317, 349-350, 355-356
unidades, 317
universais, 63, 66, 85, 138, 161
universo, eternidade do, 185 n. 29, 210
    finitude do, 191-192
    estrutura do, 207 n. 12
uso ordinário, 62, 170
utilitarismo, 316

verdade, 80, 83-85, 267-268
verso, 357
vício, 276-278, 280-283, 291, 353
vilas, 302-303, 310, 314 [*veja também* comunidade]
vida pública, 32-33, 261, 266-267, 269, 290-291, 308-309
    vs. contemplação, 301, 309-310, 319-321
        virtude, 260, 263-267, 270, 290, 296, 304, 308-309, 317, 320, 353-354, 360
            divina, 278, 313-314
            intelectual, 267-270
            moral, 270, 275-292, 301-302
visão, 230-231, 235-236, 239-240, 247 [*veja também* percepção]
vivo vs. inanimado, 225-226, 228, 234 [*veja também* alma]
voluntariedade, 270-273

xenofobia, 277-278, 284, 326-327

Esta obra foi composta em CTcP
Capa: Supremo 250g – Miolo: Pólen Soft 80g
Impressão e acabamento
Gráfica e Editora Santuário